AF260417

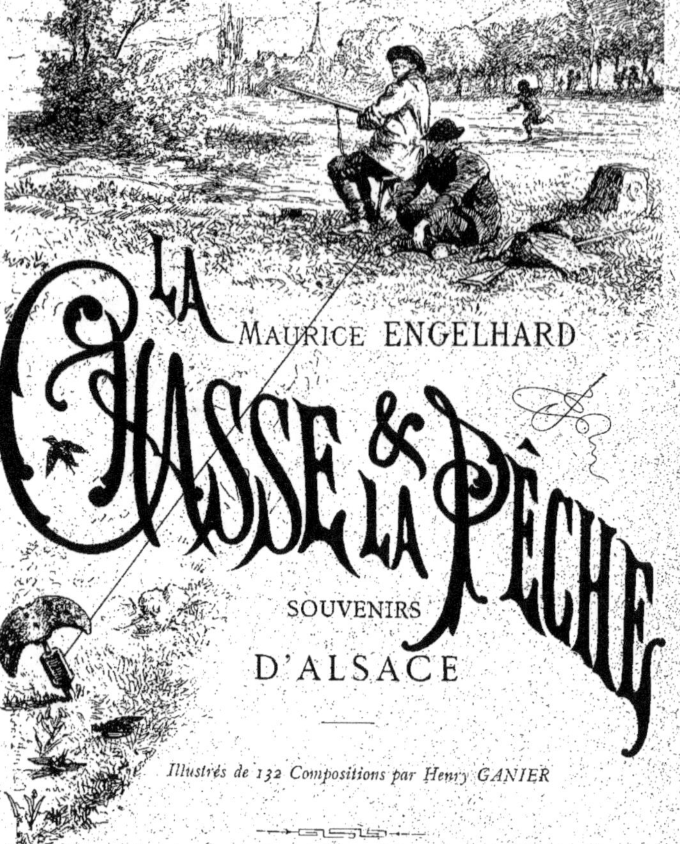

MAURICE ENGELHARD

LA CHASSE & LA PÊCHE

SOUVENIRS D'ALSACE

Illustrés de 132 Compositions par Henry GANIER

PARIS

BERGER-LEVRAULT ET Cⁱᵉ, LIBRAIRES-ÉDITEURS

5, Rue des Beaux-Arts, 5

MÊME MAISON A NANCY

1888

La Chasse et la Pêche

EN ALSACE

Il a été tiré de cet ouvrage 40 exemplaires numérotés à la presse :

20 sur papier du Japon (N°s 1 à 20).

10 sur papier de Chine (N°s 21 à 30).

10 sur papier teinté (N°s 31 à 40).

La Chasse et la Pêche

SOUVENIRS D'ALSACE

PAR

Maurice ENGELHARD

ILLUSTRÉS

De 132 compositions par HENRY GANIER

PARIS

BERGER-LEVRAULT ET Cᶦᵉ, LIBRAIRES-ÉDITEURS

5, rue des Beaux-Arts, 5

MÊME MAISON A NANCY

1888

Tous droits réservés

AU LECTEUR

J'ai écrit, il y a une vingtaine d'années, un petit livre intitulé : *la Chasse dans la vallée du Rhin*, qui est épuisé.

Il y a quelque temps, j'y ai ajouté des articles sur la pêche, les industries et les légendes de mon pays, et j'ai publié le tout sous le titre : *Souvenirs d'Alsace*.

Il paraît que ce volume a eu quelque succès, car il a été tiré à trois éditions, et aujourd'hui on me demande d'en faire une quatrième, illustrée par les charmants dessins de mon compatriote, M. Henry Ganier.

Comme l'ouvrage, sous sa forme actuelle, s'adresse à un public spécial, j'ai cru devoir supprimer les industries et les légendes. Mais, par compensation, j'ai augmenté les

deux premières parties de seize articles, et
le livre, ainsi complété, se présente aujour-
d'hui aux amateurs de belles publications
illustrées, sous la nouvelle dénomination :
La Chasse et la Pêche en Alsace.

C'est le travail de mes vacances d'avocat,
et j'espère que l'on me pardonnera d'avoir
écrit, alors que j'étais dispensé de parler.

M. E.

Paris, septembre 1887.

Chasse

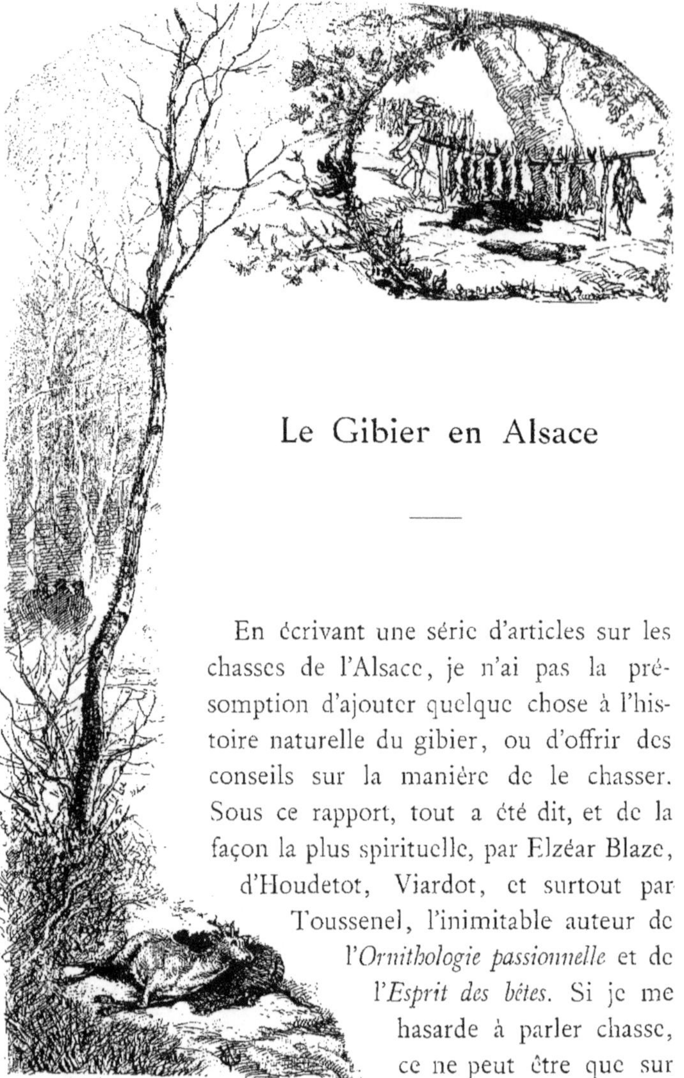

Le Gibier en Alsace

En écrivant une série d'articles sur les chasses de l'Alsace, je n'ai pas la présomption d'ajouter quelque chose à l'histoire naturelle du gibier, ou d'offrir des conseils sur la manière de le chasser. Sous ce rapport, tout a été dit, et de la façon la plus spirituelle, par Elzéar Blaze, d'Houdetot, Viardot, et surtout par Toussenel, l'inimitable auteur de l'*Ornithologie passionnelle* et de l'*Esprit des bêtes*. Si je me hasarde à parler chasse, ce ne peut être que sur le terrain des faits et à un point de vue tout local. J'essaye de faire connaître au lecteur-chasseur un pays magnifiquement titré (comme dirait Toussenel) en richesses cynégétiques.

Pour en donner la preuve, tout d'abord, je vous dirai le produit d'une journée de chasse dans la fertile vallée du Rhin.

Cela se passait, il y a longtemps, dans la grande clairière de la forêt de Windschlæg, l'une des plus belles parties des chasses d'Offenbourg. Encore cette journée-là n'était-elle pas des plus brillantes : quatre ou cinq chevreuils, autant de faisans et cent cinquante lièvres, que deux voitures peuvent contenir. C'était peu, et ce résultat si modeste doit être attribué à deux causes : aux dernières mauvaises années, pendant lesquelles le faisan est devenu *rara avis,* et à 1849, année si fatale aux révolutionnaires et au gibier du duché de Bade, qui n'a pas permis au *Rehstand* de redevenir ce qu'il était auparavant[1].

Heureux temps, où j'ai vu sur le carreau, tout ensemble et pêle-mêle, 400 lièvres, 30 chevreuils, tous broquarts, et 80 faisans, tous coqs.

Un rendement aussi considérable ne s'explique pas par l'habileté de nos chasseurs. Le Parisien qui chasse dans la plaine de Saint-Denis, et le Marseillais embusqué dans sa bastide, peuvent être d'excellents tireurs, mais jamais ils

---

1. *Rehstand* n'a pas de mot correspondant dans la langue française ; c'est un substantif qui veut dire la quantité de chevreuils qui se trouvent dans telle chasse. Quand les Allemands disent *Wildstand,* l'expression se généralise et s'entend de toute espèce de gibier.

ne verront pareille fête. C'est donc la position géographique
de la vallée du Rhin, la configuration du sol, le mode et
l'aménagement des chasses, qui font de cette contrée,
moitié française et moitié allemande, l'une des plus
giboyeuses de l'Europe occidentale.

Notre belle vallée est parcourue dans toute sa longueur
(près de 80 lieues) par le Rhin; à droite et à gauche,
elle est encaissée par deux grandes chaînes de montagnes,
les Vosges en France et la Forêt-Noire en Allemagne.
Sa largeur moyenne est de huit à dix lieues.

Le Rhin, qui relie la mer du Nord aux grands lacs de la
Suisse, est le tracé naturel des migrations des oiseaux d'eau,
palmipèdes, voiliers ou coureurs de rivage aux grands
pieds, que les glaces des contrées hyperboréennes obligent
à la retraite vers des climats plus doux. Il sert ainsi de
ligne de passe aux innombrables canards, aux sarcelles,
aux macreuses, aux oies sauvages qui descendent des zones
polaires et du golfe de Bothnie; parfois même au magnifique cygne sauvage, au cormoran et à des espèces rares,
que les grandes tourmentes de la nature dépaysent ou
égarent, et qui reprennent leur route en se guidant sur les
vertes eaux du fleuve.

Le Rhin est un grand infidèle... il change de lit assez
souvent et passe d'une rive à l'autre sans pudeur, laissant
à sec la rive française, qu'il caresse un peu plus loin pour
la quitter encore et rendre ses impétueuses faveurs à la
rive badoise.

Mais les faveurs du Rhin sont pernicieuses; elles ron-
gent les malheureuses rives qui s'y laissent prendre, et on

les voit dénudées, la plaie au vent, à peine couvertes d'une maigre couche de verdure, se mirer dans de tristes eaux stagnantes, que le fleuve cruel a laissées en se retirant, comme pour leur infliger la marque de son triomphe. Ces

Halte sous bois.

eaux stagnantes deviennent peu à peu des marais touffus, impénétrables, asiles pleins de confort, fréquentés par les échassiers palustriens, bécassines, butors, hérons, poules d'eau, foulques, marouettes, râles, et par tous ces oiseaux

Coup double.

aux longs doigts faits pour marcher sur la boue. Les bar-
boteurs y trouvent aussi leur compte. Après avoir passé
tout le jour sur le Rhin, sur les grandes pièces d'eau, sur
les prairies submergées, là où ils se sentent inabordables,
les canards, lorsque sonne l'Angelus du soir, quittent les
grandes nappes d'eau pour venir s'abattre en sifflant sur
ces mares bourbeuses.

Du Rhin, tous ces effrénés voyageurs gagnent les lacs
de la Suisse, les rivages de l'Adriatique ou de la Méditerranée et enfin la Sicile, dernière étape d'où ils s'élancent
vers le continent africain.

En plein jour, depuis dix heures du matin jusqu'à quatre
ou cinq heures du soir, les vanneaux, par centaines, se pré-
lassent sur les bancs de sable et sur les galets au milieu
du Rhin. Le soir et le matin, ils tournoient sur les champs
labourés les plus voisins du fleuve. Les pluviers sont aussi
très nombreux ; les étourneaux foisonnent, et les trois va-
riétés de sternes (hirondelles de mer) décrivent tout le
long des rives leurs courbes gracieuses.

Dans la plaine s'étendent d'immenses terrains incultes
où les joncs et les herbes paludéennes luttent contre les
efforts de l'agriculture pour les convertir en prés pro-
ductifs. Là, on ne rencontre que de la vase, de l'argile ou
de la tourbe : terrains toujours favorables au gibier de
marais ; vastes remises qui portent dans le pays le nom de
Rieth.

Dépêchons-nous de parler de toutes ces belles chasses.
Dans peu d'années, l'assainissement, l'irrigation, la cana-
lisation, le drainage enfin, puisqu'il faut l'appeler par son

nom, auront fait disparaître ces marais miraculeux, où l'on tire trente coups de fusil en les traversant, et où l'on peut en tirer encore trente en revenant sur ses pas.

Nos deux grandes chaînes de montagnes, dont l'une se relie au Jura et l'autre aux Alpes, constituent, par leur direction du sud au nord, un tracé de passe aussi marqué pour les oiseaux de terre que l'est le Rhin pour les habitués des cantons humides. La bécasse, la grive, le merle, etc., passent deux fois l'an dans ces montagnes ou dans la plaine.

Outre ces espèces voyageuses, il en est, pauvres exilées des plaines, dont la cruauté des hommes a confiné les débris au haut des montagnes, sur les cimes inaccessibles. Quelquefois cependant de hardis chasseurs tentent cette pénible poursuite, et rapportent avec orgueil une gelinotte ou un coq de bruyère!

Les lapins abondent dans certaines forêts d'Alsace, mais on a beau les détruire, il y en a toujours grâce à leur extrême fécondité. Les lièvres aussi sont nombreux, mais ils diminuent sensiblement. Dans les champs de choux aux environs de Strasbourg, la Société de chasse du *Nachtwagen* leur fait la guerre; mais de manière à ménager ses plaisirs. Du reste la chair de cette espèce de lièvres n'est pas bonne. Ceux qui vivent dans la montagne valent bien mieux, mais ils restent dans les bois et pour les en faire sortir, il faut une escouade de traqueurs.

Les compagnies de chevreuils habitent les forêts et il y en a encore un peu partout. C'est une belle chasse qui se fait d'ordinaire en battue ou avec des chiens bassets. L'on emploie aussi les chiens courants, mais si l'aménagement de la forêt ne permet pas de suivre la bête à cheval, il faut bien connaître les passages pour aller s'y poster en courant, et tirer le broquart..... à moins qu'il n'ait pris un autre chemin.

Le cerf est rare dans les montagnes; cependant, grâce à M. Chevandier, de Nancy, on tue huit ou dix têtes par an dans les Vosges.

Les loups sont presque introuvables. Autrefois on en voyait partout pendant les grands froids, mais aujourd'hui on peut dire qu'il n'y en a plus, du moins je n'en ai jamais rencontré.

Ce qui est certain, c'est que les deux chaînes de montagnes sont riches en chevreuils et en lièvres; mais les belles, les splendides chasses de chevreuils, de faisans, de lièvres, de perdrix, de cailles, se font, sans contredit, dans la plaine. La caille seule est rare dans certains cantons.

Il y a plus, il y a mieux encore : les bords du Rhin couverts de forêts, les îles aux fourrés impénétrables, servent de retraite, surtout sur la rive française, à de belles compagnies de sangliers qui se tiennent dans les nombreuses bauges creusées par les eaux du fleuve.

Ce court aperçu sur la variété et la quantité du gibier doit faire reconnaître que la vallée du Rhin est richement dotée par la nature; mais ce qui la rend, par-dessus tout, chère à notre grand patron saint Hubert, c'est que l'on y suit le seul, le vrai principe de l'aménagement du gibier... le respect du sexe.

Il est encore une autre particularité caractéristique du

chasseur en Alsace comme dans le duché de Bade, c'est son esprit d'association qui empêche le morcellement des chasses si funeste au gibier, et lui permet, simple bourgeois, employé ou paysan, de se payer ni plus ni moins qu'un *tiré royal.*

Chasse de la Caille verte

La caille aime les climats tempérés. Il paraît que ses poumons délicats ne supportent ni les grandes chaleurs ni les grands froids. Elle fuit l'ardeur des tropiques au commencement de mai pour venir passer l'été en France et en Allemagne; puis elle s'en retourne vers la fin du mois d'août, de peur de s'enrhumer dans les brouillards du Rhin. Il est fort probable que la caille a un autre motif encore pour régler ainsi les époques de ses migrations. Par ses relations avec le chien d'arrêt, elle a dû apprendre que la loi de 1844 a eu la lumineuse idée de rayer les cailles du nombre des oiseaux de passage, et qu'ainsi elle est à l'abri de tout danger jusqu'au 25 août pour le moins.

En Alsace, les cailles émigrent déjà dans la première

quinzaine d'août, car la grande variété des cultures du pays ne laisse que très peu de guérets et d'abris. Il faudrait pouvoir chasser les cailles en juillet et août, comme on fait des canards et des bécassines. Mais la loi existe ; elle est dure, il faut la respecter, sauf à donner par-ci par-là quelques coups de fusil dans ses prohibitions.

Dans le grand-duché de Bade, les législateurs sont beaucoup plus au courant des habitudes du gibier. Ils n'ont pas commis la maladresse de déclasser la caille ; ils ont permis de la chasser en tout temps et de toutes manières.

Une des chasses les plus curieuses que nous ayons vues dans ce pays, c'est la *chasse de la caille verte,* ainsi nommée parce qu'elle se fait pendant les mois d'avril et de mai, au moment de la verdure naissante.

Le chasseur à la caille verte passe généralement pour un homme très vertueux, car il aime à voir lever l'aurore. Dès que l'aube épand ses pâles clartés, il se rend dans les parties de la campagne où abondent les blés verts, les sainfoins, les luzernes, les prés. Il écoute, et bientôt il entend de tous côtés la voix sonore de la caille mâle, qui dit très distinctement la phrase cauchemardante des pauvres débiteurs : *paye! — tes! — dettes! —* Il déploie alors un léger filet de soie, formant un carré d'environ trois mètres. Il l'étend doucement sur les tiges des blés ou des herbes. Puis il va se poster à une dizaine de pas, de façon à mettre autant que possible le filet entre lui et l'endroit d'où part le chant des cailles. Enfin il prend dans son sac un appeau composé d'un sifflet et d'une bourse. Le sifflet est fait avec l'os de la cuisse d'un mouton que l'on a poli intérieure-

ment et extérieurement. Sa longueur est de trois à quatre
centimètres ; les deux extrémités sont bouchées avec des

Le Filet.

morceaux de liège auxquels on laisse un vide pour le passage de l'air. Sur le côté du sifflet est un trou rond qui se

trouve placé entre les morceaux de liège bouchant les extrémités de l'os. La bourse doit faire soufflet et fournir au sifflet l'air nécessaire pour produire le son désiré. Elle est en peau de chat ou de lapin, plate, plus longue que large, remplie de crin frisé. Elle est cousue à points très serrés et son orifice est fortement attaché au sifflet. Pour en faire usage, on place l'appeau entre le pouce et l'index de la main gauche ; avec le dos du pouce de la main droite on frappe doucement sur la petite bourse et on lui fait produire ainsi un son particulier.

Aussitôt que les cailles entendent les sons de l'appeau, elles se rapprochent en piétinant entre les tiges ; lorsque le chasseur a reconnu qu'il s'en trouve une dizaine sous le filet, il lance une motte de terre pour les effrayer. Les cailles veulent s'envoler, et se prennent dans les rets du filet ; il ne reste plus qu'à leur tordre le cou.

Comment en est-on arrivé à inventer un procédé aussi extraordinaire ? Serait-ce donc que les cailles se laisseraient séduire par la musique, comme jadis les navigateurs par le chant des sirènes ? Sont-elles mélomanes au point d'oublier toute prudence et de se jeter tête baissée dans le filet ?

Hélas ! ce n'est pas la musique, mais l'amour qui les perd ; l'amour qui a perdu Troie, et qui en perdra encore bien d'autres ! Dans l'espèce des cailles, les mâles sont beaucoup plus nombreux que les femelles ; il en résulte naturellement que celles-ci sont très fort recherchées par ceux-là, et lorsque le matin une femelle oubliée fait entendre un cri d'appel, aussitôt une douzaine de célibataires se précipitent pour solliciter ses faveurs.

L'appeau doit imiter exactement le cri d'amour de la femelle, et il faut une étude longue et difficile pour arriver à l'imiter à la perfection. Heureux celui qui y parvient, car bientôt son carnier sera rempli des imprudents qui se sont laissé tromper. Mais, si l'imitation n'est pas parfaite, la caille se méfie ; elle s'arrête, et, renonçant à ses projets de conquête, elle s'enfuit aussi prestement qu'elle était venue.

J'ai vu d'adroits chasseurs prendre, par ce moyen, des cailles par douzaines. Un vieux braconnier possédait le talent de l'imitation à ce point qu'au mois d'octobre il parvenait encore à réveiller les passions des mâles, malgré les habitudes de paresse que l'obésité leur fait contracter à cette époque.

Cette chasse à l'appeau n'a vraiment aucun inconvénient, car les mâles seuls s'y laissent prendre. Les femelles sont en trop petit nombre et, par conséquent, trop recherchées pour avoir besoin de courir après les amoureux.

Quand, par exception, on prend une femelle, ce ne peut être qu'une vilaine jalouse venue sous le filet pour dévisager l'impudente rivale qui se permet d'attirer son époux de tout à l'heure. S'il est à désirer que la vertu trouve toujours sa récompense, il est à regretter que la jalousie, cet horrible défaut, ne trouve pas plus souvent une pareille punition.

La caille est très paresseuse. Elle aime a se vautrer dans la poussière, à ébouriffer ses plumes, et à étirer sa jambe. Elle est aussi très féconde et cela est fort heureux, car le passage de la Méditerranée fait énormément de victimes. On en prend des quantités prodigieuses avec des filets tendus à la hauteur de son vol et les habitants du littoral s'enrichissent en faisant aux cailles une guerre d'extermination.

La chair de la caille est excellente. Son fumet est exquis, et tous les gourmets vous diront que c'est le plus délicat gibier de la race emplumée.

Les Canardières

<hr>

A quelques kilomètres de Kehl, à peu de
distance du Rhin et au milieu d'une immense
plaine, il est un endroit où règne constamment le silence
le plus absolu. C'est un vaste enclos qui renferme un
étang. Aussi loin que peut porter le regard, on n'aperçoit
ni chevaux ni voitures ; pas de passants, pas de chasseurs,
Si, par nécessité, un paysan s'en approche avec sa charrue, il aiguillonne ses bœufs en silence, et les quelques

personnes qui y pénètrent prennent toutes sortes de précautions pour passer inaperçues.

Pourquoi cet abandon absolu ? pourquoi ce silence lugubre ?

C'est que cet endroit est le théâtre de massacres en
masse ; c'est que les assassins ne veulent pas être dé-
rangés dans leur horrible besogne ; c'est qu'il ne faut pas
que les victimes soient averties par le moindre signe du
danger qui les menace.

Cet enclos est une canardière ; ces massacres ont lieu
presque journellement, et les victimes en sont d'innombrables canards, attirés par ce silence absolu, garantie men-
teuse d'une parfaite sécurité !

Ces précautions si grandes ne sont pas exagérées. Le
canard est extrêmement défiant ; le moindre bruit l'effraye ;
la vue d'un homme le met en fuite ; un coup de fusil
l'éloigne à jamais[1]. Lorsque, en 1815, les alliés vinrent
dans le département du Haut-Rhin, la canardière de Guémar fut ruinée pour deux années. — Deux années de
calme complet, il n'en faut pas moins pour donner confiance au canard.

Le canard a non seulement de bons yeux et de bonnes
oreilles, il a de plus l'odorat d'une extrême finesse. Un
jour, le propriétaire d'une canardière voulut faire assister
un ami à une chasse. Ils pénétrèrent dans l'enclos, à pas

---

[1]. « On ne dit pas : bête comme un canard, et l'on a parfaitement raison ; car
le canard est un animal plein de ressources et de malices, et qui cache parfaitement
son jeu quand il a intérêt à le cacher. » (TOUSSENEL, *le Monde des oiseaux*, t. I,
p. 277.)

sourds, par une petite porte habilement masquée. Ils n'avaient pu être ni vus ni entendus, et cependant tout à coup les mille à douze cents canards qui se trouvaient sur l'étang s'élevèrent en tourbillonnant dans la nue avec un bruit effroyable... L'ami fumait un cigare, et les canards en avaient eu le vent !

Pour venir à bout des canards, il a donc fallu ruser avec eux, et, d'expériences en déceptions, l'on en est arrivé à organiser les canardières telles que je vais les décrire.

La scène se passe non loin de Memprechtshoffen, village situé à deux kilomètres du Rhin.

Là, au milieu d'une zone de terrains dont il est défendu d'approcher, existe un enclos de plusieurs hectares, fermé par des planches. Au centre se trouve un étang carré d'un hectare environ, dont les bords sont garnis d'une cloison de roseaux et plantés d'arbres. Cette disposition permet de circuler autour de l'étang, entre l'enclos de roseaux et l'enclos de planches, sans être aperçu des canards. A chaque coin que forme le carré de l'étang, se trouve un petit canal large de trois à quatre mètres à son embouchure, et qui se termine en pointe à une distance d'environ vingt mètres. Ces canaux sont recouverts de filets, espèces de verveux gigantesques. Les filets, tendus en arcades au-dessus des canaux, se prolongent à dix mètres au delà de l'extrémité du canal, recouvrant ainsi non seulement le canal dans toute sa longueur, mais encore une languette de terre formant entonnoir avec la pointe du filet. De chaque côté des canaux, depuis leur embouchure jusqu'à leur extrémité, sont établies des coulisses en paillassons de roseaux disposées de façon qu'un homme qui se met entre deux de ces coulisses puisse voir jusqu'au fond du canal et du filet, et être vu de là, mais reste invisible à tout ce qui se trouve soit sur l'étang, soit sur la partie du canal entre l'étang et la coulisse où il est posté.

Sur l'étang flânent, dorment, plongent, sifflent ou jabotent de cinq cents à deux mille canards. Au milieu de cette multitude sans défiance, un œil très exercé peut seul

reconnaître une quarantaine de canards domestiques. Leur habit est le même, et la grosseur de la tête est le seul signe distinctif de leur domesticité. Cette grosseur particulière de la tête est évidemment produite par la bosse du crime, car ces canards jouent le rôle de traîtres et d'agents provocateurs.

Leur maître les a dressés à venir manger quelques poignées d'orge au fond de celui des petits canaux d'où part un coup de sifflet. Il a soin de donner ce signal lorsque les canards domestiques se trouvent du côté opposé à lui ou au milieu de la bande des canards sauvages.

Les traîtres alors se mettent tout doucement en route vers le petit canal d'où le coup de sifflet est parti. Ils caquettent tout le long du chemin, cherchant à persuader à ceux qu'ils coudoient de l'aile qu'ils vont faire un brillant festin, et entraînent ainsi les plus inexpérimentés et les plus gourmands.

Accompagnés d'un cortège de trente à quarante malheureuses dupes, ils arrivent à l'embouchure du canal. Mais l'aspect des filets étonne leurs camarades plus sauvages : ils s'arrêtent... C'est là le moment critique ! Comment leur faire franchir ce point fatal ? comment vaincre leur méfiance ?

La Canardière.

Le canardier qui, entre nous soit dit, est encore un plus grand traître que ses auxiliaires volatiles, a imaginé un moyen incroyable pour entraîner les canards jusqu'au fond du filet. Ayant remarqué que les canards s'élancent en masse sur l'ennemi commun : renard, fouine, loup, belette, chat..., il s'est avisé du stratagème que voici. Il prend un petit chien qui par son poil ressemble à un renard, et à ce moment critique, le fait paraître aux yeux des canards sauvages, à la hauteur de la coulisse la plus rapprochée de l'embouchure du canal, où la méfiance a arrêté leur pérégrination gastronomique. A cette vue, les canards se précipitent tous vers le petit chien, le bec ouvert et l'aile déployée. Le petit chien est rappelé et se montre aussitôt près de la seconde coulisse. Nouveau mouvement en avant des canards. Ce manège continue sans leur laisser un instant de répit. La méfiance s'efface devant le danger commun, et les canards arrivent ainsi à plus de dix mètres sous le filet. Alors le canardier se hâte de regagner la première coulisse. Là, il se montre : les canards de l'étang ne le voient pas, ceux du canal l'aperçoivent, s'élèvent à quelques pieds au-dessus de l'eau et s'enfoncent toujours de plus en plus dans la nasse. Le canardier les suit de coulisse en coulisse, jusqu'à ce que tous les canards se trouvent refoulés dans l'entonnoir formé par le filet et la languette de terre qui s'étend au delà de l'extrémité du canal. D'ordinaire, une trentaine de canards se trouvent ainsi pris, et il ne reste plus qu'à détacher l'extrémité mobile du verveux pour les envelopper et leur tordre le cou un à un.

Chose inconcevable ! ce massacre s'accomplit sans que les victimes poussent un cri. Il faut croire que la frayeur leur ôte la voix. Le silence n'est pas troublé même par un gémissement, et à quelques pas deux mille canards ne se doutent pas que trente des leurs sont odieusement

Massacre de Canards.

égorgés. Aussi, dix minutes après, le canardier recommence le même tour.

Mais, nous dira-t-on, que deviennent dans cette bagarre les canards domestiques? — Ils s'arrêtent sagement à l'extrémité du canal, mangent sans remords l'orge qu'on y a jetée, et justifient ainsi, une fois de plus, le proverbe qui dit que la vertu trouve toujours sa récompense.

La chasse se fait dans l'un ou l'autre des quatre canaux, selon le vent, selon la position des canards domestiques, selon la disposition des canards sauvages à se porter vers telle ou telle direction. Très souvent, les meilleures combinaisons stratégiques sont déjouées, et quelquefois les bonnes chasses se font à mauvais vent. Cela s'explique facilement. Lorsque les canards n'ont pas le vent du côté où on les attire, la chasse, relativement au chasseur, se fait à bon vent, et pourtant les canards se montrent défiants. C'est qu'ils comprennent parfaitement que, dans ces conditions, un ennemi peut se trouver tout près sans que le vent leur en apporte le sentiment. Au contraire, quand le vent vient vers eux du côté où ils se dirigent, le chasseur se trouve à mauvais vent, et cependant la chasse réussit souvent fort bien, parce que les canards s'avancent de confiance, persuadés que la moindre brise leur apportera l'avertissement du danger.

La chasse est quelquefois contrariée par la présence d'oiseaux de proie qui planent dans les airs. Alors il est impossible d'attirer les canards vers les petits canaux. Ils se serrent les uns contre les autres au milieu de l'étang, chacun espérant dissimuler son individualité dans la masse compacte de tous les canards réunis.

Dans une bonne canardière, l'on prend de cent à deux cents canards par jour. Les principales sont celles de Guémar, dans le département du Haut-Rhin, celle de Memprechtshoffen, que je viens de décrire, et celle des environs de Carlsruhe. Celle de Guémar produit jusqu'à dix mille canards par an; les deux autres de deux à cinq mille. Cette différence provient de ce que celle de Guémar est la plus isolée, la plus silencieuse.

Il existe encore d'autres canardières moins importantes. Je citerai une espèce de canardière que l'on voit en assez grand nombre sur les îlots de sable que le Rhin laisse à nu en hiver. Un grand filet, en forme de natte, est étendu sous l'eau et peut se fermer au moyen d'une corde. Autour de ce filet, on place des morceaux de bois figurant de loin des canards. A quarante pas de ce piège se trouve une petite hutte en roseaux dans laquelle se cache le canardier en compagnie d'une douzaine de canards privés. Dès qu'une bande de canards sauvages est attirée par l'aspect des faux canards, il lâche les canards domestiques, qui vont tournoyer en l'air, en jetant des cris d'appel. Cette conversation aérienne se prolonge pendant quelque temps, puis les canards domestiques piquent droit vers le filet, près duquel ils ont l'habitude de trouver leur pâture. Quelques canards sauvages s'égarent toujours sur l'endroit dangereux. Le canardier tire la ficelle, leur tord le cou et ramène les canards privés dans la hutte pour recommencer le même manège au premier vol qu'il apercevra. Cette chasse peut produire jusqu'à quinze canards par jour, et l'on compte une trentaine de canardières de ce genre dans la vallée du Rhin.

La chasse au moyen des canardières fournit un contingent assez considérable à l'alimentation publique, le mode de capture est original et même dramatique, et, à tous ces titres, les canardières méritaient de faire parler d'elles.

L'on chasse le canard au fusil, mais il est très difficile à approcher. D'ordinaire, le chasseur s'embusque dans une hutte, au bord d'un étang ou d'un cours d'eau; d'autres fois, il se cache derrière une claie de roseaux, car les canards sont prêts à prendre l'alarme à la moindre apparence de danger. En Angleterre, on les tire avec un grand fusil fixé sur une nacelle. En Alsace, on n'emploie pas ce système, mais le chasseur prend toutes sortes de précautions pour ne pas les mettre en fuite avant d'arriver à portée. Il en est qui se couvrent d'un cheval ou d'une vache pour approcher d'une bande de canards et les tirer avec un de ces fusils à canon très long que l'on appelle canardières. Pour la chasse aux canards, il faut un chien très bien dressé, habitué à aller à l'eau, même par les grands froids.

En été, les canards se tiennent dans les contrées les plus septentrionales, et là ils sont en quantité très considérable. Mais dès que l'hiver approche, ils émigrent vers des climats plus doux. On les voit arriver à la mi-octobre par bandes et allant s'abattre sur les lacs, les étangs et les cours d'eau. Mais ces grandes associations sont rompues vers la fin de février où commence la formation des couples. Le nid est placé au milieu des joncs et quelquefois sur des arbres à proximité de l'eau. Alors les jeunes ne peuvent pas descendre et les parents les prennent dans leur bec pour les transporter au bord de l'étang et leur apprendre à nager. Vers le mois de juillet, ils sont garnis de plumes. Ils s'appellent alors des halbrans, nom dérivé de l'allemand *halber-ente* qui signifie demi-canard. C'est le bon moment pour les chasser, car ils ne sont pas encore effarouchés et méfiants.

La chasse d'eau est pénible ; elle donne des rhumatismes, elle éreinte les chiens, et procure peu de profits — et pourtant c'est la chasse préférée, peut-être parce qu'elle est permise alors que la chasse de terre est défendue.

Si vous voulez apprécier la chair du canard, mangez du pâté d'Amiens.

La Grive de vignes

La grive est un petit oiseau chanteur qui, aux premières
ardeurs du soleil, annonce le retour du printemps. Elle
adore le raisin et si elle savait parler le langage des

hommes, elle dirait certainement : Vive le vin ! — C'est parce qu'elle se plaît dans les vignes du Seigneur, que le peuple a pris l'habitude de dire : *soûl comme une grive*. Il est certain que cet oiseau aime un peu trop le jus de la treille, mais la grive n'en abuse pas comme pourrait le faire croire ce vieux dicton. Quant à moi, je suis de l'avis de Toussenel qui a écrit : « Grattez l'ivrogne et vous trouverez l'affligé!... » et avec lui je conclus que la grive est plus à plaindre qu'à blâmer. Elle ne se livre à une passion funeste que pour oublier le sort que lui réservent ses persécuteurs.

C'est que la grive a beaucoup d'ennemis, parmi lesquels il faut nommer l'homme et les oiseaux de proie. On la prend de toutes les façons : à la glu ; au collet ; à la raquette ; à la pipée, et elle est aussi tuée par le fusil,... et quand elle échappe à tous ces engins de destruction, elle est livrée au bec et aux griffes de l'épervier.

Les grives ne se nourrissent pas seulement de baies de raisin, elles mangent des vers et des mollusques. C'est chose curieuse de voir comment elles en arrivent à casser la coquille des escargots, pour les avaler quand ils sont dépouillés de leur carapace.

Les Romains appréciaient la grive et ils procédaient à son engraissement. Ils avaient recours à un moyen qu'on emploie en Alsace pour pousser au développement du foie des oies : c'est de tenir les grives dans l'obscurité et de les gorger de nourriture. Un mélange de farine de millet et de baies de myrte rendait les grives très grasses et très parfumées. C'était une industrie digne de Lucullus. *Nil melius turdo!*

De nos jours les grives sont très appréciées, mais pour faire un plat il en faut beaucoup, car cet oiseau ne pèse pas lourd. Je désire que vous n'en mangiez que de celles qui se sont nourries de raisin, car alors leur chair est exquise.

Faites-les servir à la brochette, bardées de lard et avec une rôtie. Arrosées d'un vieux vin de Bourgogne, elles seront excellentes. Mais un pareil régal n'est pas un ordinaire, et « faute de grives on mange des merles ».

La grive est un grand architecte et son nid est admirablement construit. Placé sur les arbres à épines, il est entouré de mousse et l'intérieur en est parfaitement net et poli. Le mâle et la femelle y travaillent tous les deux. On y trouve d'ordinaire cinq œufs de couleur bleue, pointillés de noir. Les vieux savent défendre les jeunes et les œufs contre les pics et les geais, et toutes les grives des environs se coalisent pour résister à l'ennemi commun.

La grive est un chanteur. Son cri est aigu, mais sa voix mélodieuse et son ramage varié se perfectionnent facilement en captivité. Aussi l'on voit beaucoup de grives et de merles dans des cages où on leur serine des airs faciles à apprendre. La grive chante avant le rossignol et dès que le printemps souffle des bouffées de chaleur. C'est peut-être à cause de cette faculté de chanter qu'elle est poursuivie par une masse d'écoliers, heureux de courir les champs et de la prendre par tous les moyens. L'oiseau qui aime la vendange doit être passionné pour les refrains de la gaieté. Il n'y a de buveur aimable que celui qui chante!

C'est une espèce voyageuse. Les grives viennent en

Alsace au mois de mars pour s'établir dans les grands
bois, sauf à descendre dans les vignobles quand les raisins
sont mûrs. Elles partent à la fin d'octobre pour aller dans
les pays plus chauds, mais quelquefois elles restent séden-
taires.

Chasse du Renard

aux Terriers

— —

Dans les derniers jours d'avril, nous par-
tîmes pour aller fouiller des renards dans un charmant bois de sapins, près du village de Sandweier.

Le terrier, que le garde avait reconnu et qu'il avait fait
surveiller depuis le matin pour empêcher la fuite des
renards, père et mère, se trouvait par exception dans un
terrain absolument plat, car les renards ont coutume de
creuser leurs terriers sur le revers de quelque accident de

terrain, afin d'opposer une couche de terre plus épaisse à ceux qui voudraient violer leur domicile. Nous reconnûmes bientôt que c'était la légèreté et la mobilité du sol en cet endroit qui avait dû décider les renards à y creuser leur demeure conjugale et le berceau de leur progéniture. Du reste, c'était un ancien terrier que l'on avait fouillé deux ans auparavant.

Quatre hommes, deux gardes et deux paysans, nous attendaient. Ils étaient armés de pelles et de pioches pour creuser le sol; de haches pour couper les racines qui feraient obstacle. Autour de nous sautaient et frétillaient six bassets noirs marqués de feu, gros comme le poing, mais pleins d'ardeur, et disant leur impatience par ces notes suraiguës qui forment la voix de fausset particulière à cette espèce.

Nous fîmes entrer d'abord une chienne du nom de Valdine, petite vieille aux jambes torses et aux vives allures. A peine dans le terrier, elle donna de la voix : puis un silence; bientôt on l'entendit de nouveau, mais le son était affaibli, comme s'il sortait à cent pieds de dessous terre. C'est un bien curieux effet d'acoustique que celui produit par le grognement d'un petit basset qui rampe sous le sol, à une profondeur de deux mètres et à vingt pieds de l'orifice du terrier.

On lâcha un second, puis un troisième basset, et l'on se tint aux écoutes, tous couchés sur le sol et l'oreille dans la mousse. Chacun donna son avis et on se décida à ouvrir la tranchée de manière à couper la ligne que suivait le terrier, à une dizaine de pas de son orifice, direction que l'on reconnut par l'endroit d'où partait la voix des chiens. Pendant que les quatre hommes étaient occupés à creuser, l'un des bassets ressortit avec un levraut, échantillon du garde-manger que la sollicitude des parents renards avait établi dans leur demeure souterraine. Le petit lièvre pouvait avoir huit jours, morceau délicat pour les jeunes estomacs des renardeaux. A ce moment la pioche de l'un des travailleurs rencontra la galerie du terrier et un second basset en sortit apportant un autre levraut de même taille que le premier. Les chiens en rapportèrent ainsi jusqu'à six, ce qui prouvait que messieurs les renards avaient fait bonne chasse et n'étaient pas intentionnés de se laisser mourir de faim.

Les six cadavres des levrauts criaient vengeance et l'on se remit à l'œuvre avec un redoublement d'ardeur. Une seconde tranchée rencontra à vingt pas plus loin une galerie si étroite que nous désespérâmes un instant de réussir. Cependant la vieille chienne parut, traversa avec rage la tranchée, pénétra dans l'étroite galerie et donna de plus belle. Nous étions sûrs de Valdine, elle ne trompait jamais. Il fallut creuser une troisième tranchée à trente pas de l'ouverture du terrier. Au bout d'un quart d'heure de travail, l'on tomba de nouveau sur la galerie. Cette fois elle s'élargissait. Nous approchions évidemment de la dernière retraite de ce mystérieux repaire, de l'asile que les renards avaient cru inviolable. Bientôt Valdine, qui avait marché vite, apparut à la tranchée et à peine l'eut-elle traversée, qu'elle reparut portant un renardeau à peu près gros comme elle. Elle l'étrangla sans autre forme de procès.

Les autres bassets étaient furieux de jalousie. On les aida quelque peu en enlevant de la terre, et bientôt quatre renardeaux gisaient à côté des six levrauts, payant ainsi, victimes encore innocentes, les crimes de leurs parents. Ce n'est qu'avec peine que nous pûmes arracher à un trépas certain le cinquième renardeau, que l'un des gardes mit tout vivant dans son carnier.

La chasse était finie, car si les vieux s'étaient trouvés dans le terrier, ils auraient défendu leurs petits contre les chiens. L'on enterra les victimes et l'on reboucha le terrier en y fourrant des branches de sapin. Le tout fut recouvert de mousse et de terre, et l'on eut soin de laisser le terrier intact, afin de permettre aux renards de s'y installer l'année prochaine sans trop de difficulté.

En rejoignant la voiture pour rentrer, nous vîmes débouler à trente pas la renarde qui, cachée dans quelque fourré, nous guettait sans doute pendant notre cruelle opération. Par malheur mon ami L... venait de décharger son fusil sur un oiseau de proie et manqua ainsi l'occasion de compléter dignement la journée.

Le garde nous promit que les méchantes bêtes ne jouiraient pas bien longtemps de l'impunité. En effet, dès le soir, deux hommes furent mis à l'affût sur des arbres, car les renards sont défiants et la moindre émanation les met en fuite. Mais ce fut peine perdue. Ni le lendemain ni le surlendemain l'on n'aperçut même la queue d'un renard. Déjà l'on désespérait, lorsque le garde s'avisa d'un stratagème infernal. Il fit creuser, non loin du terrier, un trou profond de quatre-vingts centimètres et large d'environ un mètre.

Devant le terrier.

Au fond il attacha, contre des tiges de fer, avec une chaînette, le renardeau que nous avions conservé vivant. En haut, tout autour du trou, l'on dressa trois pièges.

Ce moyen paraissait infaillible, car l'on a de nombreux exemples de l'amour maternel des renardes. Le petit, que l'on avait laissé jeûner avec intention, devait attirer la mère par ses cris et devenir ainsi le traître instrument de sa perte!

Le lendemain matin, le garde, plein de confiance dans le succès de sa ruse, alla voir si la mère et l'enfant se portaient..... mal. Il aperçut, en effet, les traces d'un renard se dirigeant droit vers l'endroit fatal. Il les suivit, mais quel fut son étonnement lorsqu'il vit les pièges intacts et reconnut que les traces, à quelques pas du trou, disparaissaient, derrière une butte de terre fraîchement remuée, dans un véritable terrier! Aucune autre trace à l'entour, si ce n'est celles qui constataient que la bête était ressortie du terrier nouvellement creusé pour s'enfuir dans une autre direction.

Que s'était-il passé? Le renardeau, qui la veille encore était maigre et plaintif, avait le ventre arrondi et sautillait gaiement au fond du trou. Qui donc lui avait apporté de la nourriture? En descendant dans l'excavation, l'on reconnut bientôt que la mère renarde avait creusé, en une nuit, une galerie d'environ cinq mètres. Elle avait poussé droit vers l'endroit où elle savait son petit et était entrée dans le trou en passant au-dessous des pièges disposés autour de ses bords. Dans sa direction elle ne s'était pas trompée d'une ligne..... le cœur d'une mère ne se trompe jamais! Elle avait allaité son renardeau, et après avoir

tenté de vains efforts pour briser la chaînette qui le rete-
nait, la pauvre..... mais prudente mère était repartie le
cœur serré en promettant à son enfant de revenir le lendemain pour essayer de nouveaux moyens de sauvetage.

Trop souvent les journaux racontent les généreux efforts
tentés pour sauver quelque malheureux puisatier enseveli
dans les décombres. Certes, ils sont bien mérités les éloges
et les récompenses que l'on décerne à ceux qui jouent leur
vie en opérant d'aussi périlleux sauvetages, mais la pauvre
renarde n'a-t-elle pas aussi quelques titres à une mention honorable lors de la prochaine distribution des prix
Monthyon?.....

Mes lecteurs apprendront avec plaisir que la renarde n'a
pas été tuée..... jusqu'à présent. Il est vrai que l'on n'a pas
poussé la générosité jusqu'à lui rendre son petit.

Les Traqueurs

En Alsace, où il y a beaucoup
d'associations de chasseurs, on procède annuellement à plusieurs battues. C'est une manière de faire la
récolte du gibier et de payer les frais
de la société en envoyant au marchand le produit de la traque. Il est
d'ailleurs certaines parties où le chasseur ne peut pas pénétrer et où il
serait dans l'impossibilité de viser et
de tirer parce qu'elles sont trop touffues. Dans une chasse,
il y a d'ordinaire des bois et des champs. Pour faire sortir
les bêtes de la forêt, il faut nécessairement recourir aux

battues, mais en plaine, on y a recours aussi vers l'époque de la fermeture, afin de tuer le trop-plein de lièvres.

Ce sont les traqueurs que l'on emploie à cet usage. Presque toujours on se sert de gamins de quatorze à dix-huit ans dirigés par les gardes-chasse. Leur arme consiste dans un bâton avec lequel ils frappent contre les arbres et les buissons. Quelquefois ils portent, dans la main gauche, une espèce de planchette contre laquelle vient battre une tige en fer. En agitant cette crécelle d'un nouveau genre, ils font un bruit qui fait fuir le gibier.

Les traqueurs employés dans les battues doivent troubler le silence par un vacarme absolument insolite. Plus ils feront de bruit, mieux cela vaudra. Quand une poule de faisan se lève, ils sont tenus d'avertir les chasseurs en criant : *poule !* Il est même d'usage en Alsace de signaler les chevreuils et quand il part une chèvre de crier : *Geïsz !* Cela vient de ce qu'il est défendu de tuer les poules et les chèvres sous peine d'amende.

Quand les battues sont faites en plaine, il suffit que les traqueurs marchent en ligne et espacés de manière à ne pas laisser un lièvre au gîte. Ils rabattent le gibier vers les chasseurs qui garnissent l'enceinte.

Les chiens ne sont qu'un embarras pendant les battues. Quand ils aperçoivent le gibier, ils s'impatientent, et quoique tenus en laisse, ils dérangent le chasseur qui s'apprête à tirer. D'ailleurs les traqueurs ramassent les bêtes tuées et les chiens sont inutiles.

Quelquefois un seul traqueur accompagne le chasseur, et alors il s'appelle porte-carnier, mais il porte aussi les lièvres. Quand il s'agit de battre une haie, on y fait entrer le chien, et le traqueur placé d'un côté fait du bruit.

Le vacarme des traqueurs.

Le gibier sort de l'autre côté et le chasseur tient son fusil prêt pour l'atteindre dans sa fuite.

Les traqueurs de grande battue ont droit à un salaire de

soixante-quinze centimes à un franc, et participent au déjeuner qui, pour eux, se compose d'un morceau de pain,
d'une saucisse et d'une chope de bière. Le garde-chasse
trouve facilement des gamins disposés à cet exercice, car
il s'agit d'une promenade où l'imprévu fait le sujet des
conversations du soir.

Grande

Battue de Lièvres en Plaine

Le gibier est encore si abondant en Alsace qu'il faut
nécessairement recourir quelquefois à de grandes battues,
tant en forêt qu'en plaine. Les traques en forêt offrent l'avantage de la variété du gibier, mais aussi le chasseur, posté
contre le bois, n'aperçoit qu'une faible partie du champ de
bataille; il entend les coups de fusil sans pouvoir les juger;
le plus magnifique coup double n'est apprécié que par
ouï-dire, et chacun est cru plus ou moins sur parole. En
plaine, il en est tout autrement. Le décor est reculé jusqu'à
l'horizon. Tous les acteurs du drame cynégétique sont en

scène. Là, point de réputation d'habileté sans preuves positives. Tous les coups sont vus, applaudis ou sifflés. Égalité parfaite! Entre chasseurs, de quelque rang qu'ils soient, il n'y a d'autre supériorité que celle de l'adresse dans le tir. Les rabatteurs eux-mêmes se permettent de crier bravo aux beaux coups et de murmurer pour chaque lièvre qu'ils se sont donné la peine d'offrir aux coups des chasseurs, et que les chasseurs ont eu la maladresse de manquer.

Une battue de lièvres se fait d'ordinaire dans une plaine d'une demi-lieue carrée. Sur trois côtés, elle est cernée par quarante à cinquante chasseurs, qui se cachent derrière les arbres ou dans les replis du terrain. Du quatrième côté s'avancent une centaine de rabatteurs, gamins de douze à seize ans, ardents au métier, poussant des hurlements sur tous les tons, agitant des bâtons, et flanqués de quelques gardes, qui dirigent le mouvement.

La battue commence. Les premiers coups de fusil se font entendre. Les lièvres les plus méfiants cherchent à forcer l'enceinte meurtrière et payent cher leur audace. D'autres, plus prudents, se tiennent au milieu de l'enceinte. Pour juger la position, ils se mettent sur leur séant, à la façon des caniches que l'on pose en faction (cela s'appelle faire le bonhomme ou la chandelle). Ils piétinent des pieds de derrière, agitent les pieds de devant, dressent les oreilles et regardent à droite et à gauche. Sans doute qu'ils cherchent à distinguer parmi tous ces ennemis qui les entourent quels sont les tireurs mala-droits; et, il faut bien le dire, souvent ils devinent juste.

Ils forcent l'enceinte près des novices, et c'est peut-être de là que vient le proverbe : Aux innocents les mains pleines ! Quelquefois cependant leur perspicacité est en défaut, et alors, ne sachant quel chemin prendre, ils tournent au milieu de l'enceinte, courent six ou sept à la file, essuient quelques grains de plomb envoyés de trop loin, se dressent de nouveau sur leurs pieds de derrière ; enfin, croyant avoir reconnu un point non gardé, une issue libre, ils se précipitent dans cette direction. Mais à peine sont-ils parvenus à la hauteur de la ligne des tireurs, qu'un vieux chasseur, praticien émérite, se dresse à dix pas devant eux, les met en joue froidement, et alors, soit qu'ils rebroussent épouvantés, soit qu'ils forcent la ligne, une détonation se fait entendre, et une mitraille de plomb vient les frapper d'un coup mortel.

Cependant les rabatteurs s'avancent. Leur ligne se rapproche de plus en plus de celle des chasseurs ; ils n'en sont plus qu'à deux ou trois cents mètres. L'émotion alors est à son comble. Déjà une centaine de coups de feu ont retenti. Les chasseurs chargent, tirent et rechargent. Les lièvres perdent la tête. La dernière scène commence : le massacre final s'accomplit. De cinquante à cent lièvres sont là, en vue, au milieu de ce petit espace, cherchent une issue, hésitent, s'avancent, rebroussent ; le feu continue ; les traqueurs se rapprochent en hurlant ; enfin, les malheureuses bêtes se décident ; elles franchissent la ligne fatale ; le feu converge sur elles ; le plus grand nombre tombe sur le coup pour ne plus se relever ; d'autres s'en vont mourir à quelque cent mètres plus loin ;

quelques-uns enfin, les chançards, parviennent à se sauver poil net.

Autrefois les grandes battues de plaine se faisaient en temps de neige. Alors on voyait les lièvres venir de loin. L'attente était plus longue, et partant l'émotion plus forte. Aujourd'hui, en France, les battues en plaine sont défendues en temps de neige par les arrêtés préfectoraux. Sans doute, cette interdiction donne un peu de répit au gibier, mais l'on peut dire que les récoltes souffraient moins lorsque les battues avaient lieu en temps de neige. Ce ne sont pas les battues qui, en temps de neige, sont plus spécialement destructives du gibier, c'est la chasse au chien courant et surtout le braconnage au bâton, parce qu'alors le lièvre se laisse assommer dans le gîte qu'il s'est creusé au milieu de la neige.

Un rabatteur.

En Alsace, les plus belles battues de plaine étaient celles que l'on faisait dans les chasses de M. Humann. A Düppigheim (Bas-Rhin), l'on a tué en un seul jour trois cent trente-trois lièvres. Dans le grand-duché de

Grande battue de lièvres.

Bade, à Kappel, feu M. Vœlcker permettait à ses invités de massacrer jusqu'à six cents lièvres en deux jours.

Quant aux accidents, ils ne sont pas aussi fréquents qu'on pourrait le penser. Les chasseurs ont l'expérience des battues. Jamais l'on ne tire en ligne. Au commencement de la battue, on tire dans l'enceinte, les traqueurs étant encore loin. Quand il gèle, l'on recommande de faire plus spécialement attention, de peur des ricochets. Vers la fin, on laisse les lièvres franchir l'enceinte, les chasseurs font volte-face et les atteignent au moment où déjà ils se croient hors de danger.

Je me rappelle que nous avions obtenu la permission de faire une battue en temps de neige. Le jour était à son déclin et la dernière traque était commencée. On voyait de loin arriver les lièvres sur le sol couvert d'un immense tapis blanc. L'un d'eux vint droit sur mon voisin. C'était un novice, et, au lieu d'attendre que la bête fût à bonne portée, il lui envoya son plomb à grande distance. Le lièvre alors, courant en travers, se dirigea vers moi. Je lui lançai mon coup de fusil, et, à ma stupéfaction, il s'arrêta net, mais sans tomber. Pourtant, j'étais sûr de l'avoir touché....

A la fin de la traque, je m'avançai vers le lièvre toujours immobile et debout sur ses quatre pattes. J'avais soin de tenir mon fusil armé pour le servir s'il repartait. Entouré des chasseurs curieux et intrigués par cette attitude insolite, je lui passai la main sur le dos..... Il me laissa faire, et alors seulement je m'aperçus qu'il était mort. Il avait été frappé dans la colonne vertébrale et tué net. S'il était resté debout, c'est qu'en cet endroit la neige montait fort haut.

C'est alors que je compris le mot appliqué aux soldats russes : Il ne suffit pas de les tuer; il faut encore les renverser pour qu'ils tombent !

Une

Chasse au Blaireau

Le blaireau est une pauvre
bête qui ne fait de mal à
personne et qui ne demande
qu'à dormir. Il se nourrit de
larves, de baies sauvages et de
mûres ; sa chair n'est pas mangeable et cependant l'homme
lui fait une guerre d'extermination. Pourquoi vouloir détruire un animal utile et inoffensif ? Faute de bonnes
raisons, l'on a imaginé de dire que le blaireau mange
les vignes. N'en croyez rien. Il est vrai que le blaireau

recherche les vignobles, mais c'est tout simplement pour y trouver une retraite plus sûre et afin d'échapper aux poursuites des hommes. Il y avait chez nous des blaireaux bien avant que les Gaulois, pour satisfaire une funeste passion, eussent songé à cultiver la vigne. Ce n'est donc là qu'un prétexte, et le motif réel, il importe de le faire connaître.

Ce motif, c'est le sybaritisme de l'homme, qui a voulu utiliser, pour son agrément, le poil du blaireau, poil blanc à l'extrémité noire, poil très fin, très tendre, très souple. Vous allez croire qu'il s'agit de quelque objet de toilette féminine. Non, je le déclare hautement, le beau sexe n'est pour rien dans la destruction du blaireau. C'est le sexe laid qui se sert de ce poil, et il s'en sert précisément pour paraître moins laid.

Autrefois les figaros faisaient, avec la main, mousser le savon dans le plat à barbe, et c'est avec les doigts qu'ils étendaient la mousse sur la figure de la pratique. Aujourd'hui tout le monde se savonne la barbe avec un épais pinceau, dont les poils soyeux viennent délicatement caresser le menton. Mon Dieu, oui ! le blaireau sert à faire des pinceaux, des pinceaux à barbe surtout. C'est pour confectionner des savonnettes que l'on extermine le blaireau. A quoi tiennent les destinées ! Si l'homme n'avait pas inventé la ridicule mode de se raser la figure, s'il avait laissé croître sa barbe, s'il n'avait pas la prétention de corriger l'œuvre de la nature, nous verrions encore dans nos campagnes le blaireau qui, loin d'être un ennemi, est un auxiliaire de l'homme. Il y aurait bien, par-ci par-là, un peu de terre fouillée, mais il n'arriverait pas que des récoltes entières fussent dévorées par le ver blanc, qui constitue le mets de prédilection du blaireau.

Malheureusement, tout ce que je puis dire en faveur de cette espèce persécutée ne servira à rien. Les hommes continueront à se raser pour avoir l'air efféminé, et je ne suis pas éloigné de croire qu'ils ont ainsi l'air qu'ils méritent. Cependant je tiens à constater, à l'éloge de la victime, qu'elle pratique des vertus que ses destructeurs ne possèdent pas toujours. Lorsqu'un blaireau devient vieux, que ses ongles puissants sont usés, que ses crocs sont émoussés, qu'il ne peut plus subvenir à ses besoins, les autres blaireaux du canton, plus jeunes et plus ingambes, pourvoient à sa nourriture et la lui apportent dans son terrier. Des traits pareils méritaient quelques égards, mais l'homme n'en a pas tenu compte et continue à tuer les blaireaux et à leur couper les poils, afin de pouvoir se les couper plus doucement à lui-même.

Après avoir rempli un devoir de haute moralité, en disant le fond de ma pensée sur cette pauvre bête, je veux raconter la fin lamentable d'un vieux blaireau, auquel les chasseurs avaient donné le surnom d'ermite de la forêt de Schirrhein.

Des deux côtés du Rhin s'étendent de vastes plaines couvertes d'antiques forêts. En Allemagne et en France le sol est le même : les forêts de Sandweyer et de Haguenau présentent le même aspect. Cette dernière, cependant, a plus d'étendue, car elle mesure huit lieues de long. Les arbres sont vieux et robustes, et parmi eux l'on remarque le doyen des chênes de la contrée, qui remonte tout au moins à l'époque des croisades. La partie la plus belle de cette forêt constitue le canton de Schirrhein. C'est là que s'est passé le petit drame dont je tiens le récit de mon ami F...., chasseur intrépide et partenaire de la chasse de ce canton.

Dernièrement il chassait la bécasse dans la forêt de Schirrhein, lorsqu'il entendit un bruit de pioches dans un ravin voisin. C'était un dimanche. Croyant rencontrer des maraudeurs, il s'approcha et reconnut trois paysans du village, le père et les deux fils, qui s'évertuaient à fouiller un terrier. En se promenant le matin, un petit chien-loup, qui les accompagnait, était entré dans ce terrier et avait donné de la voix avec rage. Ils conclurent à la présence d'un renard dans le logis souterrain, et les fils étant allés quérir les outils nécessaires, le père avait fait sentinelle. Puis l'opération avait commencé, et l'on avait déjà creusé une assez forte tranchée. A ce moment le petit chien ressortit ensanglanté, mais à peine eut-il respiré un peu d'air et secoué la terre qui remplissait sa longue fourrure, qu'il rentra dans le terrier avec une nouvelle ardeur, et à ses aboiements successifs, inquiets et menaçants à la fois, l'on reconnut que la bête lui tenait tête. Le vieux paysan colla l'oreille contre le terrier, et bientôt se releva, en disant gravement à mon ami F.... : « Monsieur, nous n'aurons pas fini de sitôt ; ce n'est pas un renard qui tient tête à mon chien, c'est bien le grognement d'un blaireau que j'entends. — Mes enfants, à l'ouvrage, ajouta-t-il, en s'adressant à ses fils, nous avons un rude compagnon à dénicher.... » Le petit chien ressortit avec une nouvelle blessure. Le blaireau profita de ce moment de répit pour

La fourche fatale.

creuser plus avant, en rejetant la terre derrière lui. Mais le petit chien, que ses maîtres suivaient à coups de pioche, enlevait ce nouvel obstacle, et la poursuite continuait, sans que l'on pût gagner sur le fuyard.

Mon ami retourna au village, et vers huit heures du soir, il demanda des nouvelles des fouilleurs. « Ils sont encore là-bas », lui fut-il répondu. — « Mais il fait nuit ? » — « Oh, Monsieur, ils ont des chandelles. » — La curiosité de F.... fut piquée par tant de persévérance ; il prit son fusil, et, accompagné du garde, il retourna au bois. De loin, il aperçut la lueur des deux chandelles qui ressemblaient à des feux-follets, et les trois paysans, capricieusement éclairés, figuraient assez bien des gens en train de conjurer le diable pour la découverte d'un trésor.

Ils n'avaient pas cessé de piocher, oubliant de manger et se contentant de quelques petits verres de kirschwasser pour se donner des forces. Cependant le découragement commençait à se peindre sur leurs visages. Le blaireau, vieux madré de l'espèce, les avait déjoués, en passant sous les tranchées, en changeant de direction, tantôt horizontalement, tantôt verticalement. Vingt mètres de tranchée étaient creusés, ayant à certains endroits jusqu'à un mètre cinquante centimètres de profondeur.

Enfin, vers dix heures et demie, le petit chien, qui était dans un véritable délire, donna de nouveau, et le vieux paysan reconnut bientôt que la petite bête était face à face avec son ennemi acculé. Dès lors, le blaireau, occupé de son adversaire, était obligé de suspendre ses travaux de mineur, et l'on pouvait gagner sur lui. L'on donna les chandelles à un gamin qui avait apporté les vivres encore intacts. Le père exhorta ses fils, et l'on se remit à piocher.

A onze heures, l'on était à un pas du blaireau. L'un des fils alla chercher la fourche, dont on a toujours soin de se munir pour saisir les animaux que l'on fouille, et alla se placer au haut de la tranchée, prêt à enfourcher le blaireau par la tête et le maintenir ainsi jusqu'à ce qu'il fût assommé.

A ce moment il se fit un tumulte affreux, les lumières s'éteignirent, les travailleurs culbutèrent, le petit chien hurla, mon ami lui-même fut saisi d'épouvante. Le garde eut la présence d'esprit de rallumer la chandelle, et lorsque l'on put voir clair sur ce champ de bataille, l'on reconnut heureusement qu'il n'était rien arrivé de fâcheux à personne. Voici ce qui s'était passé. Le blaireau, mal enfourché, était parvenu à se dégager, avait chargé ses assaillants, renversé le père, culbuté les fils, éteint les lumières. Sans doute, il s'était échappé et douze heures de fatigue étaient perdues. Mais non! Le petit chien se remit de plus belle à japper contre le terrier. Le blaireau, ne pouvant pas gravir les bords escarpés de la tranchée, était rentré dans son trou. Grande faute, hélas! car dix minutes plus tard la fourche fatale l'étranglait. Ses cruels adversaires lui passèrent un pieu à travers le cou, le soulevèrent pour le laisser retomber dans un sac qu'on lui noua comme un peignoir au-dessous de la tête. Alors commença une marche triomphale. Le gamin portait les chandelles, le père suivait avec les outils, les deux fils traînaient la victime encore vivante, mon ami F... et le garde fermaient la marche. Les paysans chantaient, la nuit était noire, et ce cortège avait quelque chose de vraiment fantastique, en se dirigeant ainsi vers le village, sous les ramures dénudées des chênes. Il était près de minuit, quand l'on rentra. L'on mit le sac à terre, et le blaireau, qui pesait plus de quarante livres, fut achevé à coups de trique.

Aujourd'hui peut-être quelque peintre, avec ou sans talent, blaireaute son ciel avec les poils de la pauvre bête, sans se douter de la défense héroïque qu'elle a faite et de l'agonie atroce qu'elle a subie.

La Chasse

au Coq de bruyère

Au mois d'avril, alors que le chasseur français a mis son fusil aux crochets et se repose forcément, le *Weidmann* badois peut encore se livrer à sa passion. Depuis février, il est vrai, les lièvres sont, de par la loi, à l'abri de ses coups, mais la bécasse peut se chasser pendant tout le temps de la passe, et la date fatale du 10 avril n'a aucune signification prohibitive dans le grand-duché de Bade. Mais ce qui surtout doit exciter l'envie de tous les disciples de saint Hubert, c'est que pendant le mois d'avril le chasseur peut, dans ce fortuné pays, se donner les bienheureuses fatigues et les délicieuses émotions de la chasse au coq de bruyère.

Cet oiseau magnifique, qui a presque complètement disparu des forêts de la France, existe encore, par compagnies, sur les plus hautes montagnes de la Forêt-Noire. Inutile ici de parler de son plumage et de son ramage, car chacun connaît la charmante description que Toussenel, dans son *Monde des oiseaux*, a faite du coq de bruyère, qu'en vertu de l'analogie passionnelle, il appelle : Fou d'amour!

Ce surnom, que bien des hommes voudraient se faire donner par l'objet de leur flamme, n'est que trop bien mérité par le coq de bruyère. Au printemps, pendant la durée de ses extases amoureuses, il chante à tue-tête, il appelle par des notes suraiguës les poules des alentours, il oublie toute prudence, il n'entend pas le chasseur qui s'approche, il ne voit pas le fusil qui brille, et il meurt dans l'impénitence finale de son délire érotique.

L'homme est une méchante bête qui profite de ce qu'il y a de bon dans les autres animaux pour leur faire du mal. Le chasseur a espionné les habitudes du coq de bruyère, il a reconnu que les transports de l'amour troublent sa vue et bouchent ses oreilles, et, sans pitié, il vient jeter un plomb mortel au milieu de ces chants d'allégresse et de ces rêves de bonheur.

Hélas! moi aussi, je me suis laissé entraîner par cet

attrait irrésistible qu'offre la chasse à tous ceux qui ont
mordu à ses émotions si diverses. Quand une mouche
bourdonne à ma vitre, je suis incapable de la tuer ; j'ouvre

Le chant du coq.

la fenêtre et je la prie de sortir. Cependant, je l'avoue à ma
honte, à la chasse je suis impitoyable, je tue tout ce qui se
présente, à moins que je ne manque, ce qui arrive encore

très souvent et fort heureusement pour ma conscience, obligée de me condamner en cas de succès, mais toujours avec admission de circonstances atténuantes.

J'avais donc accepté une invitation d'aller chasser le coq de bruyère (en allemand, *Auerhahn*) dans les montagnes qui encaissent le cours de la Murg, près de Gernsbach. Dès la veille, il fallut partir et passer la nuit dans une misérable hutte, sur un lit de feuilles sèches, peuplé de puces d'autant plus sanguinaires qu'elles sont moins habituées à rencontrer des épidermes délicats.

Avant l'aurore, nous étions sur pied. Le garde nous fit gravir le sommet de la montagne à travers les ronces et les rochers. Puis nous nous tînmes aux écoutes. Quelques instants s'étaient écoulés dans le plus complet silence, quand soudain le chant du coq retentit, et je reconnus combien la description de Toussenel est exacte : « Le coq de bruyère débute par un violent coup de tam-tam assez semblable au gloussement du dindon. Cette note détonnante est immédiatement suivie d'un feu de file d'autres notes grinçantes, stridentes et criardes, douces au tympan comme le gémissement d'une scie qu'on écorche. Après quoi le chanteur s'arrête, pour reprendre haleine d'abord et ensuite pour juger de l'effet de ce premier morceau, et puis il recommence. »

Il s'agissait d'avancer à portée de fusil pendant que l'oiseau amoureux exécutait ces roulades exagérées dont le bruit assourdissant devait couvrir celui que nous ferions en nous frayant un passage à travers le taillis. La difficulté consiste à s'arrêter avant la dernière note de chaque

A portée de fusil.

couplet, sous peine de voir le coq effarouché s'envoler à tire-d'aile.

J'exécutai la manœuvre et, m'étant cogné le genou contre un rocher, je m'arrêtai précisément à l'instant fatal. L'oiseau recommença et je m'avançai si bien que je l'aperçus fièrement campé sur une des plus hautes branches d'un énorme sapin. Tremblant d'émotion, je mis en joue : le coup partit réveillant au loin les échos des montagnes, et le coq..... vole encore !

Quand le coq de bruyère n'est pas inquiété et que plusieurs poules ont été attirées par son chant d'amour, il descend de son arbre et passe glorieusement en revue son harem futur. Pour éblouir celles qui le contemplent, il se rengorge, fait briller ses plumes, étale sa queue et ne néglige rien de ce qui peut fasciner les poules.

Il est vrai que la nature lui a donné un costume magnifique ; son plumage est d'un noir chatoyant au bleu et au vert, avec une tache blanche sur les ailes. Ses yeux sont couverts d'une bande rouge vif, et son regard paraît d'autant plus aigu et belliqueux.

La poule est plus petite et ses plumes sont rouge-brun. Sa queue ne s'épanouit pas en éventail et la tache écarlate près de l'œil est bien moindre que chez le coq.

Elle fait son nid sur le sol et y porte des feuilles sèches, où elle pond huit à quatorze œufs d'un vert jaunâtre pointillés de brun. Ils sont couvés sans le secours du coq, et quand la poule quitte le nid pour chercher sa nourriture, elle a soin de le couvrir de brindilles. Les jeunes peuvent courir aussitôt après l'éclosion et accompagnent leur mère. Au bout de sept semaines, ils essayent de voler et de se brancher. A la fin de l'automne, ils ont arboré les couleurs de leurs parents.

Les coqs de bruyère se nourrissent de baies de genièvre, de jeunes pousses, de vers, d'insectes et d'œufs de fourmis. Comme les poules, ils se vautrent volontiers dans le sable et la poussière. Ils ont toujours habité les forêts de la Gaule.

Le

Braconnage

au Bâton

En Alsace, et même dans le
duché de Bade, les grandes chasses
seigneuriales sont rares. Le morcellement des terres a énormément augmenté
depuis cinquante ans, et, pour constituer de
belles chasses, il a fallu qu'il se formât des sociétés de
chasseurs qui louent, souvent fort cher, le droit de chasse

sur les biens communaux, et qui obtiennent la permission des particuliers moyennant de légères indemnités.

Ces sociétés tiennent à honneur de ménager leurs chasses. En fait de chevreuils et de faisans, elles ont pour principe de ne tirer que les broquarts et les coqs, et cette prescription est sanctionnée par des amendes contre les contrevenants.

Malheureusement les lièvres sont tirés sans distinction de sexe, car, jusqu'à présent, l'on n'a pu trouver d'autre moyen de distinguer les mâles des femelles que celui que les vieux chasseurs enseignent aux novices : « Quand c'est un lièvre, *il* court ; — quand c'est une hase, *elle* court !!... »

Cependant ce n'est pas cette difficulté de respecter les hases qui cause grand dommage à une chasse. Les chasseurs ont toujours un canton de réserve où les lièvres peuvent croître et se multiplier, et ils profitent largement de la permission.

S'il arrive parfois qu'une société de chasse extermine le gibier en masse, c'est qu'elle se trouve à la veille de l'expiration d'un bail qu'elle n'a pas l'espoir de faire renouveler, parce qu'une société rivale doit pousser les enchères à un chiffre exorbitant. Mais, hors ce cas, les chasseurs ménagent le gibier, et si certains cantons sont dépeuplés de lièvres, ce n'est pas grâce aux coups de fusil, mais grâce aux coups de bâton.

Le braconnage s'exerce partout et de cent manières différentes, mais un des modes les plus destructeurs est certainement le braconnage au bâton. Dans les chasses où le lièvre abonde, un braconnier au bâton peut tuer plus de cent lièvres par an, sans aucun risque d'arrestation ou de condamnation.

Cela vient de ce que les moyens employés sont très simples, qu'ils n'exigent aucun appareil, et qu'ils sont calculés sur une longue expérience des habitudes du lièvre. Je n'ai pas la crainte que la description de ces moyens fasse tuer un lièvre de plus, car les braconniers ne lisent pas les journaux, et, en fait de ruses, il n'y a rien à leur apprendre; mais je pourrai peut-être rendre service aux propriétaires de chasses et aux gardes en dévoilant ce mode illicite de capture du gibier.

Le braconnage au bâton s'exerce quand le lièvre *tient*. On dit que le lièvre tient quand il ne fuit pas à l'approche de l'homme. Généralement, le lièvre tient lors de l'ouverture de la chasse, parce que pendant plusieurs mois il a vécu dans une quiétude parfaite; il tient quand il fait très chaud, quand il a neigé, quand les champs sont détrempés par la pluie, parce qu'il comprend que dans ces conditions il a peu de chances de se sauver au moyen de ses pattes. Alors il se blottit dans sa forme (ou son gîte), espérant rester inaperçu de ses ennemis par son immobilité et à la faveur de son pelage fauve qui le fait confondre avec le sol. Quand le lièvre tient, l'on peut tourner vingt fois autour de lui, l'approcher à deux pas sans qu'il bouge, sans qu'il sourcille. Il semble cloué au sol, et son bel œil noir et rond, qui dévisage le braconnier, est le seul signe d'une existence désormais gravement compromise.

C'est l'observation de ces habitudes du lièvre qui a fait inventer le braconnage au bâton.

Après avoir reconnu un lièvre dans son gîte, le braconnier s'éloigne pour aller prendre son bâton; il revient

Gîte du lièvre.

en marchant hardiment jusqu'à vingt pas environ du lièvre, puis il oblique soit à droite, soit à gauche, et tourne autour du gîte en rétrécissant le cercle qu'il décrit jusqu'à ce qu'il n'en soit plus qu'à deux pas. Alors le braconnier frappe le lièvre sur la nuque, et, si l'animal ne reste pas mort sur place, le bâton, lancé avec adresse, lui casse les pattes de derrière au moment où il va gagner le large.

Rentrée à la nuit tombante.

D'autres fois les braconniers se mettent à deux pour chasser. L'un d'eux s'avance hardiment vers le lièvre au gîte, le dépasse, et, pendant qu'il attire ainsi l'attention anxieuse de la pauvre bête, le complice s'approche d'elle inaperçu et l'assomme.

Ce sont là les procédés primitifs ; mais la crainte des gardes, de l'amende et de la prison, a fait apporter à ce mode de braconnage de grands perfectionnements.

Avant tout, il s'agissait de ne pas être soupçonné ; puis, ce qui était plus important, de ne pas être vu ; enfin, ce qui était essentiel, de ne pas être pris.... le lièvre dans le sac.

Les braconniers au bâton ont soin de choisir pour théâtre de leurs coupables exploits une vaste plaine sans accidents de terrain, sans bouquets d'arbres qui pourraient servir de cachette à un garde trop zélé. Ils portent d'ordinaire sur l'épaule gauche une pioche ou quelque autre instrument aratoire, affectant ainsi d'aller travailler aux champs. Ils possèdent plusieurs bâtons qu'ils cachent en différents endroits du canton, sous les feuilles de choux ou la verdure des buissons. Jamais on ne leur voit un bâton à la main. Quand ils ont aperçu un lièvre au gîte, ils vont chercher le bâton le plus proche. A ce bâton est attachée une ficelle qui permet de le laisser traîner dans les herbes et les sillons, et au moyen de laquelle le braconnier ramène vivement le bâton dans la main quand il s'agit de porter au lièvre le coup mortel.

A quinze pas, l'œil le plus exercé ne distingue rien de particulier dans l'allure de cet homme, et, si une rencontre est inévitable, le braconnier desserre les doigts, lâche la corde, et le bâton compromettant reste couché dans les hautes herbes. Dans cette industrie, comme dans beaucoup d'autres, l'on ne voit pas la ficelle.

Quand le braconnier a tué le lièvre au gîte, il ne se baisse pas pour le ramasser, il continue son chemin et va cacher son bâton. Après avoir fait un grand détour, et s'être bien assuré que personne ne l'observe, il revient au gîte mortuaire, il prend son lièvre et le transporte dans quelque cachette tout près d'un chemin. Ce n'est qu'à la nuit tombante qu'il y retourne pour mettre le lièvre dans un sac et le porter chez lui. A ce moment il ne risque plus rien ; il se trouve sur une route fréquentée, et le garde lui-même, s'il le rencontrait, ne songerait pas à lui demander ce qu'il porte dans son sac, d'autant moins que ce sac n'est pas taché de sang, puisque la mort du lièvre remonte déjà à plusieurs heures.

Ainsi perfectionné, le braconnage au bâton est certainement le moyen le plus facile de prendre les lièvres, le moyen le moins compromettant et le plus productif. Ce genre de braconnage fait le désespoir des gardes.... quand ce ne sont pas eux-mêmes qui le pratiquent !

Le braconnier n'emploie pas seulement le bâton, mais aussi les filets, les piéges et même le fusil. Pour ne pas se faire prendre, il est capable de tout et, au besoin, il ne craindra pas d'assassiner le garde.

Mais d'ordinaire le crime est inutile, car le braconnier évite facilement le surveillant de la chasse. Il sait à quelle heure le garde sort et quand il rentre ; il est au courant de ses rondes, et il travaille là où la sécurité est parfaite. C'est un observateur qui a l'air de ne s'occuper de rien et qui, au cabaret, profite des conversations qu'il écoute.

Il opère la nuit. Couché de bonne heure, il se lève pendant que les autres dorment. Il se glisse par les chemins impossibles ; il pose des collets dans les haies et visite ceux qu'il a tendus. Quant à la vente du gibier, il s'entend avec les aubergistes des environs.

C'est une existence aventureuse ; le danger développe la ruse et stimule l'audace. Le métier de braconnier a ses charmes : c'est le retour à la vie du sauvage et le bénéfice n'y gâte rien.

Les

Iles du Rhin

— —

Il est à présumer que le vieux dicton : « Changeant comme les flots », — a été inventé par les habitants des bords du Rhin. Ce grand fleuve, capricieux comme une jolie femme, a souvent changé de lit et a couru bien des bordées sur les terres de ses voisins. Tout le long de son trajet, entre Bâle et Mayence, l'on rencontre une foule de petits cours d'eau accessoires qu'il a jetés à droite et à gauche, comme des enfants perdus, et qu'on appelle, non pas les fils, mais très improprement les bras du Rhin.

Ces petits Rhin, après avoir vagabondé dans la plaine, viennent rejoindre le grand fleuve, formant ainsi des îles

qui souvent mesurent quelques kilomètres carrés de super-
ficie. Les unes ne sont que de simples bancs de cailloux,
mais d'autres présentent un aspect varié et pittoresque :
rives escarpées, plages de sable fin, saules séculaires autour
des prairies, bois touffus de chênes et de sapins, champs
cultivés sur les points élevés où ne peuvent atteindre les
inondations. Les plantations de saules dominent afin de
fournir les fascines nécessaires pour les endiguements, car
depuis une vingtaine d'années l'on a exécuté d'immenses
travaux pour mettre un terme aux ravages du Rhin. Le
vieux fleuve a l'air de se laisser faire, il accepte les entraves
qu'on lui pose, il fait semblant d'être dompté; mais parfois, quand la sève printanière coule dans ses veines, il se
réveille soudain, rompt ses liens, recommence ses débor-
dements, arrache les saules séculaires et enlève des hectares
entiers qu'il engloutit dans ses eaux mugissantes.

Les îles du Rhin sont peuplées de toute espèce de
gibier. Le faisan y abonde, surtout en automne, quand l'eau
devient rare dans les grands bois de la plaine. Le chevreuil
adore les clairières et les fourrés qu'il y rencontre ; le sanglier y trouve les plus belles bauges. Le lièvre vient demander aux îles la quiétude qui lui manque dans les cantons
du rivage ; la perdrix leur doit un asile presque inviolable
au mois de septembre, quand la plaine est couverte de
bandes d'assassins.

A tous ces titres les îles du Rhin constituent un terrain
bien favorable aux exploits cynégétiques, mais une grande
difficulté s'y rencontre : c'est la multitude des petits cours
d'eau qu'il faut traverser les jours de battue.

Les îles du Rhin.

J'assistais, il y a quelques jours, à l'un de ces petits épisodes de chasse dont le pinceau de Haffner et le crayon de

Les bords du Rhin.

Lallemand ont plus d'une fois formé le sujet d'un gracieux tableau de genre.

Une douzaine de chasseurs et de gardes traversent un de ces cours d'eau dans les îles du Rhin. Les chasseurs qui

ont des bottes bien hautes et bien graissées passent à gué ;
les autres sont tirés d'embarras par quelques. confrères
complaisants qui renouvellent pour eux le miracle de la
mer Rouge en les faisant arriver pieds secs sur la terre
promise. Les malheureux rabatteurs n'en sont pas quittes
aussi facilement ; ils sont obligés d'entrer dans les eaux
glacées et un faux pas peut changer pour eux le bain de
pieds en bain complet. La scène est animée par les chiens
qui passent et repassent vingt fois et viennent se secouer le
poil sur les habits de leurs maîtres.

Tout cela a l'air d'une expédition guerrière. La colonne
s'avance, les fusils brillent, on sent la poudre, le plomb
siffle, l'ennemi se sauve ; mais heureusement les familles
des morts ne réclament pas de pensions et les éclopés
n'obtiennent pas la moindre médaille.

Le

Lièvre au Glaçon

A notre dernière traque, dans les îles du Rhin, la terre était couverte de neige, les branches dénudées scintillaient de givre, et le fleuve charriait de forts glaçons.

Après avoir traqué cinq ou six enceintes l'on fit halte près d'une maisonnette construite sur la grande digue qui suit le cours sinueux du Rhin. Là un vaste chaudron pendait au-dessus d'un feu crépitant de branches sèches. Dans l'eau bouillante nageaient des douzaines de saucisses dont se régalèrent fraternellement chasseurs et traqueurs, avec accompagnement de chopes de bière. Mais l'égalité cessa après ce premier service. Le second, composé de pâté de foie gras et de vieux vin de Bourgogne, fut réservé aux porteurs de fusil. Les petits porteurs de bâton durent s'en priver ainsi que du troisième service consistant en excellent café, renforcé de kirschwasser et accompagné de cigares.

Ainsi restaurés et réchauffés, nous fîmes une nouvelle traque, tout contre les bords du Rhin. Ce côté-là était peu gardé, car il n'était pas à présumer que le gibier à quatre pattes chercherait son salut dans les eaux glacées du fleuve.

.Au signal donné, les traqueurs battent les broussailles et la fusillade éclate; ce sont des détonations isolées quand le gibier est abattu du premier coup; des feux de file quand la bête manquée par les premiers tireurs passe devant la ligne des chasseurs. Les traqueurs s'avancent toujours : les lièvres effarés s'arrêtent, se mettent sur leur séant, dressent les oreilles et souvent alors, comprenant que le danger est plus grand du côté des fusils, ils forcent la ligne des traqueurs au risque d'attraper quelques coups de bâton.

Déjà bon nombre de lièvres avaient rougi la neige de leur sang; plusieurs coqs de faisan avaient pour toujours fermé leurs ailes, lorsqu'il se produisit un épisode qui a manqué avoir des conséquences extrêmement graves.

Un grand lièvre, chassé de son gîte, cherchait une issue. En avant, à droite, à gauche, les coups de feu se succédaient; ses semblables fuyaient éperdus, roulaient sous le plomb, ou piaillaient sous la dent des chiens; derrière, les traqueurs en ligne serrée hurlaient et battaient les buissons.

Où fuir ? — Le danger est partout ! — A ce moment

terrible la pauvre bête s'aperçoit que du côté du Rhin les chasseurs sont plus espacés et les coups de feu plus rares. Mais le large fleuve roule ses flots contre la rive et charrie

Les deux ponts du Rhin.

des glaçons, puis au delà un banc de sable, puis plus loin la vaste nappe des eaux....

Ah ! s'il pouvait atteindre ce banc de sable, là serait le

salut ! — La peur donne du courage. Le lièvre s'élance, se jette à la nage et fait force de rames avec ses pattes. Mais bientôt il est saisi par le froid glacial du fleuve, il sent que ses forces s'épuisent, il ne pourra jamais atteindre le banc de sable sauveur. Il va sombrer, quand un glaçon passe à côté de lui. Il essaye d'y monter. Mais le glaçon est trop petit, il fait bascule et se renverse. Le malheureux ne perd pas courage. Il se dirige vers un autre glaçon plus grand, et après d'énormes efforts il parvient à se hisser dessus.

Aux cris des traqueurs nous étions accourus aux bords du Rhin, et nous aperçûmes le lièvre gravement assis sur le glaçon, descendant rapidement le cours du fleuve, tournant la tête à droite et à gauche et baissant alternativement l'une et l'autre oreille. On aurait pu le tirer, mais à quoi bon, puisqu'il était impossible de le prendre. Les chasseurs rangés en ligne le long de la rive lui présentèrent les armes et le saluèrent en criant : Honneur au courage malheureux ! — Bon voyage pour Mayence !! —

La chasse finie nous rentrâmes à Kehl, rejoindre les voitures qui devaient nous ramener à Strasbourg. Nous avions chassé à une lieue environ en amont des deux ponts du Rhin, le pont sur bateaux et le gigantesque pont en treillage sur lequel passe le chemin de fer. Arrivés près du corps de garde badois, notre attention fut attirée par un attroupement où discutaient vivement des soldats coiffés du casque à paratonnerre, des flotteurs de la Kinzig et quelques citadins de Strasbourg venus en promenade à Kehl pour déguster les bières de Munich ou de Vienne.

C'était le lièvre au glaçon qui faisait le sujet de ces discussions. Voici ce qui s'était passé.

Des soldats badois se promenant sur le pont de bateaux, près de la rive allemande, regardaient passer les glaçons charriés par le Rhin. Tout à coup leur attention fut attirée par un glaçon d'une forme extraordinaire. C'était quelque chose comme une petite pyramide surmontée de deux appendices qui se mouvaient alternativement. Quand l'objet fut arrivé plus près, l'on reconnut un lièvre, assis droit et immobile, ne remuant que les oreilles. Deux soldats descendirent dans l'un des bateaux qui supportent le pont et saisirent le lièvre au passage. Mais impossible de l'enlever. Tout le poil de la pauvre bête était couvert jusqu'aux oreilles d'une brillante couche de glace et la partie postérieure de son corps adhérait solidement au glaçon.

Les deux soldats cassèrent la glace à coups de sabre et ayant ainsi délivré le lièvre, l'un d'eux, pour le réchauffer, l'enveloppa dans les pans de sa capote d'uniforme.

Cependant la foule s'était grossie de tous les passants et des soldats du poste accourus pour voir ce nouveau Moïse sauvé des eaux. Chacun demandant à voir le lièvre, le soldat dut ouvrir sa capote pour satisfaire la curiosité générale.

Mais alors, ô surprise ! le lièvre, ayant eu le temps de dégeler, s'élance, s'échappe et prend sa course sur le pont vers la rive française. Aussitôt la foule se précipite à sa poursuite, les soldats et le factionnaire badois en tête. Le pont de bois tremble sous leurs pas.....

A l'aspect de cette invasion subite le factionnaire français appelle aux armes. Pontonniers et voltigeurs de garde se réunissent à la hâte pour défendre le sol sacré de la patrie. Les troupes ennemies se rencontrent, les deux factionnaires croisent la baïonnette, et le fusil Dreyse pour la première fois se trouve en présence du fusil Chassepot... Heureusement que les armes ne sont pas chargées. L'on s'explique, l'on crie, l'on rit, mais quand l'on rechercha la cause de ce grand émoi, le lièvre avait disparu. Qu'était-il devenu ? Jamais on n'a pu le savoir. Peut-être a-t-il réussi à gagner la rive française et à se réfugier dans *l'île des Épis.* Peut-être a-t-il sauté en bas du pont, et, monté sur un autre glaçon, est-il arrivé jusqu'à Mayence !

La Chasse au Faisan

Le faisan est originaire des rives du *Phase*, fleuve de la
Colchide, d'où Jason a rapporté la Toison d'or. L'on n'a
jamais pu savoir en quoi consistait la Toison d'or, mais il
paraît certain que c'est aux Argonautes que l'on doit l'im-
portation du faisan en Grèce, et il est généralement admis
que ce sont les croisés qui l'ont rapporté de Constantinople.
Depuis lors, l'oiseau du Phase (en latin *Phasianus*) s'est
acclimaté en Allemagne, en France et en Angleterre, mais
il fut d'abord un gibier réservé exclusivement au plaisir et

à la table des princes et des rois. Les grands seigneurs seuls pouvaient se donner le luxe des faisanderies, et les règlements de chasse portaient des peines sévères contre ceux qui se permettaient d'attenter à cet oiseau privilégié. La Révolution française, en décapitant la noblesse, en vendant les biens nationaux, fut cause de l'émancipation du faisan, qui s'échappa des forêts de la couronne et des parcs réservés pour aller vagabonder librement dans les bois communaux et particuliers.

Si l'Alsace et le duché de Bade sont peuplés de faisans, c'est que les seigneurs possessionnés en Alsace y avaient établi à grands frais de magnifiques faisanderies, notamment le landgrave de Hesse-Darmstadt, à Bouxwiller, le maréchal d'Huxelles, à Harthausen, près de Haguenau, et le cardinal de Rohan, prince-évêque de Strasbourg, à Saverne; c'est que les princes allemands entretenaient sur la rive droite du Rhin, dans de vastes parcs, du gibier de toute espèce, et que la Révolution, par ses confiscations et ses guerres, a donné la liberté aux faisans, qui ont été élire domicile dans les îles du Rhin et dans les bois de niveau un peu bas qui avoisinent les bords du grand fleuve. Ainsi, pour que nous, humbles chasseurs, puissions nous donner le plaisir de tirer le faisan, ce phénix des hôtes de nos bois, il a fallu deux expéditions militaires lointaines et une sanglante révolution. A quoi tiennnent les destinées !

Les îles du Rhin étaient désignées par la nature comme le séjour de prédilection du faisan à l'état libre. A l'arrière-saison, il y trouve des champs de maïs, des arbustes aux baies colorées, des mûres sauvages et de l'eau, car le faisan, de même que le chevreuil, fuit les forêts dont le sol est complètement desséché. Aussi s'est-il multiplié dans ces îles charmantes, et il n'est pas rare de tuer plus de quarante coqs dans une seule journée de battue.

Le faisan est un oiseau fort capricieux, il a la bosse du changement. Quoiqu'il soit sédentaire dans nos contrées, il éprouve le besoin de changer souvent de résidence, et il passe d'un canton dans un autre sans rime ni raison. Lorsque les ruisseaux d'un bois se dessèchent, les faisans se hâtent de le quitter, dussent-ils aller dans les champs, dans les cultures, pour trouver leur nourriture et de l'eau. C'est ce qui explique la chance du chasseur de plaine, qui ne s'attend qu'à l'humble perdreau ou au modeste lièvre, et qui rencontre un faisan dans un champ de pommes de terre, voire dans les prairies ou dans les luzernes.

C'est surtout à l'époque où les brouillards d'automne viennent étendre leur voile gris sur la vallée, que le faisan est pris de sa passion de vagabondage. Il s'en va au hasard, sans chemin et sans but. L'on en a vu qui croyaient traverser le Rhin, tandis qu'ils en suivaient le cours : que le Rhin a dû leur paraître large ! Mais hélas ! fatigués enfin de cette traversée impossible, ils tombaient épuisés dans le rapide courant du fleuve, et devenaient ainsi victimes de leur tempérament aventureux.

Lors de l'ouverture, il faut chercher le faisan à la lisière des bois, et si ces bois sont bordés de champs, on le trouvera de préférence dans les champs de maïs, dans les topinambours, dans les pommes de terre et même dans les hautes herbes. Après l'ouverture, en septembre, quand les

récoltes se font, quand on ébranche le maïs et qu'on l'éclaircit pour en faciliter la maturité, le faisan se retire dans les jeunes coupes et dans les îles.

Au mois d'octobre, on le rencontre presque partout : le moindre couvert peut recéler une surprise agréable pour le chasseur. Plus tard, il faut le chercher dans les grands couverts, dans les hautes futaies dont les pieds sont embrouillés dans

Dans les champs de maïs.

d'inextricables ronces. C'est là que le faisan trouve pendant la mauvaise saison un abri contre ses ennemis, contre la neige et le givre. Je parle du faisan de la plaine, car celui qui habite les îles du Rhin, y reste à demeure parce qu'il y trouve tous ces avantages réunis.

Les faisans se nourrissent généralement de limaçons, de vers, d'insectes ; ils ne deviennent nuisibles que par leurs visites dans les champs de maïs. Ce n'est pas seulement leur gloutonnerie qui y cause du dommage, mais ils ont l'habitude de se poser sur les plus beaux épis qui cassent sous leur poids, et autant d'épis cassés, autant de perdus, car ils n'arrivent plus à maturité.

L'on ne doit, lors de l'ouverture, tirer les faisandeaux que lorsqu'ils sont assez maillés pour pouvoir distinguer les coqs des poules. C'est un crime, digne des peines les plus sévères, que d'imiter ces infâmes massacreurs qui tuent sans distinction de sexe toute une petite compagnie, sous le prétexte qu'il était impossible de reconnaître les jeunes coqs.

Lorsque votre chien a signalé la présence de faisans dans un champ de maïs, il faut se hâter de leur couper la retraite du bois, car leur tendance est toujours de fuir à pied de ce côté. Vous voici adossé contre le bois ; votre brave chien est en face à quinze pieds ; les faisans sont blottis. Quel moment solennel ! Attention.... Soudain la poule s'élève à grand bruit. — Respect à la mère, chasseur, ne vous pressez pas, vous allez en voir d'autres. — Un faisandeau sort, puis deux à la fois. — Voyez celui qui est à gauche, c'est un coq, il est maillé. — Pan ! — Bravo ! — En voici d'autres ; ne tirez pas. Le coq est là encore et vous n'avez plus qu'un coup. Le voici qui se lève. Quelle majesté et comme il jabote en s'envolant ! Ne vous pressez pas ; abattez-le avec soin ; la mère leur reste. En voici encore quatre, puis encore deux, puis un dernier, le culot sans doute. Nous avons compté cinq jeunes coqs. Il aurait fallu un revolver pour faire face aux exigences d'une pareille chance. Qu'importe ! vous avez fait un superbe coup double : un vieux coq pour l'œil et un jeune pour la table. Les autres grandiront et vous les retrouverez. Il ne faut pas tout tuer à la fois !...

Au mois de janvier, les propriétaires des grandes chasses d'Allemagne qui ne réussissent pas à détruire assez de coqs dans leurs battues, donnent encore des chasses au chien d'arrêt, ce qu'ils appellent *buschiren*. Ce sont des chasses ravissantes, et avec un peu de bonheur l'on peut y tuer ses huit à dix coqs dans une journée.

Cette attaque *in extremis* de la saison de chasse a pour but de diminuer la quantité de coqs, qui trop nombreux sont nuisibles à la réussite des couvées. Ceci mérite quelques explications.

Les coqs se souviennent de leur origine asiatique et se sentent de force à contenter dix poules. Lorsqu'il y a beaucoup de coqs dans un canton, la part de poules de chacun est réduite à une ou deux, et la passion de ces petits sultans n'est pas suffisamment assouvie. Comment faire ? Il n'y a qu'un moyen, c'est de s'adresser plusieurs fois à la même poule. Mais celle-ci, occupée de ses devoirs maternels, refuse de prêter l'oreille aux sollicitations amoureuses. Elle appartient tout entière à ses enfants ; l'époque du plaisir est passée, celle du devoir est venue ; elle est inexorable. Le

coq cependant se monte la tête, la passion l'exalte, il entre
en fureur. Comme il sait bien que c'est l'amour maternel
qui empêche l'amour conjugal, il s'en prend aux enfants
des dédains de leur mère. Il recherche le nid, il casse les
œufs, il assassine à coups de bec les jeunes faisandeaux, et
tout couvert d'omelette et de sang, il vient réclamer le prix
de son crime à la propre mère de ses victimes innocentes.
Que doit faire la pauvre poule ? Elle tient avant tout à avoir
une famille, et pour remplacer celle qu'elle vient de perdre,
elle est bien obligée, hélas ! de souffrir les caresses du
bourreau de ses premiers-nés. — Voilà cependant à quels
excès conduisent les plus belles qualités physiques et morales. Si les faisans n'étaient pas si bons coqs et si les poules
n'étaient pas si bonnes mères, nous ne verrions pas de pareilles abominations. C'est pour y mettre bon ordre que
nos voisins d'outre-Rhin exterminent annuellement le trop-
plein de coqs ; dès lors chacun des restants obtient la part
de poules nécessaires à son tempérament et les couvées
sont garanties contre ces affreux massacres.

Le faisan est de tous les animaux de chasse celui sur
lequel le braconnage a les vues les plus avides. Ce n'est pas
sa beauté, mais son prix toujours plus élevé sur le marché
qui le désigne aux entreprises nocturnes des maraudeurs
de nos bois.

Les braconniers sortent le soir et tirent le faisan au moment où il se *branche* pour dormir. Leur fusil est caché dans
le bois, et ils ont soin d'y mettre peu de poudre, afin que
la détonation ne soit pas entendue au loin. D'autres moins
hardis emploient les lacets, les filets et aussi un moyen

particulier, une ruse dont il convient de dire quelques mots en terminant.

Dans le royaume de Wurtemberg, les braconniers se munissent d'une perche au bout de laquelle est fixée une mèche soufrée. Quand ils ont reconnu un faisan endormi sur un arbre, ils allument la mèche, la tiennent sous le bec du faisan, et parviennent ainsi à l'étourdir et le faire tomber. Employé avec soin, ce moyen est excellent ou plutôt atroce, car il est très meurtrier et n'est pas excusé par cette passion irrésistible de chasse qui souvent possède et entraîne les braconniers à tir.

Perdreaux et Perdrix

La perdrix vit à terre et ne perche pas. Sa robe est de la couleur du sol et elle peut ainsi se cacher facilement. C'est une bête qui pratique les bonnes mœurs. L'union des perdrix dure une année et même davantage si le fusil du chasseur le permet. Pendant l'incubation, le mâle reste près de la femelle et défend avec elle la jeune famille.

D'ordinaire la progéniture se compose de douze, dix-huit, et jusqu'à vingt-quatre œufs. Après l'éclosion, vieux et jeunes vivent en compagnie. En septembre, à l'ouverture. de la chasse, les nouveaux sont maillés *et à la Saint-Remy, les perdreaux sont perdrix.* Les pariades n'ont lieu qu'en février et alors la chasse est fermée. La loi accorde à ces excellentes bêtes sept mois de répit, non pas afin de les épargner, mais pour qu'elles aient le temps de multiplier et afin de les tuer en plus grand nombre.

Les grands ennemis des perdreaux sont les oiseaux de proie et les carnivores des forêts, mais s'ils parviennent à leur échapper, c'est pour être tués par l'homme, qui tous les ans en massacre des quantités énormes, soit par adresse, soit par inadvertance. Car ce n'est pas seulement le fusil du chasseur que les perdreaux doivent craindre, c'est surtout la faulx qui coupe les sainfoins et la luzerne où la mère a placé le nid. Trop souvent la pauvre couveuse est fauchée en même temps que ses œufs.

En Alsace, on trouve les perdreaux dans les vastes plaines de la vallée du Rhin. Là les abris abondent, car la terre est merveilleusement cultivée. Cependant quand il fait très chaud, il arrive que le chasseur ne rencontre rien dans les champs : les compagnies sont au bois où les appelle la fraîcheur.

Il faut dire que les chemins de fer ont contribué à l'extermination des perdreaux. Non seulement ils amènent de loin les chasseurs, mais le long des lignes ferrées sont tendus les fils du télégraphe précisément à la hauteur où volent les compagnies. Aussi le soir beaucoup de perdreaux se cassent l'aile ou la tête contre ces fils, et les gardes-barrière se nourrissent du gibier qu'ils ramassent en faisant leur tournée du matin.

La chasse la plus agréable est sans contredit celle des perdreaux quand on a un bon chien d'arrêt. Quel plaisir de le voir manœuvrer! Lorsqu'il sent une compagnie, il s'arrête le nez en l'air; flaire l'émanation du gibier; le poursuit; se coule sous les plantes; s'arrête encore; ou reprend sa poursuite selon que les perdreaux piètent devant lui plus ou moins rapidement. D'ordinaire c'est à l'extrémité du champ que la compagnie se décide à prendre son vol, car alors elle n'est plus abritée, mais aussi c'est à ce moment que le chasseur lance son coup de fusil et la pauvre bête tombe à terre où le chien la trouve et la rapporte à son maître.

Il y a bon nombre d'années, je chassais dans les environs de Nordhausen, non loin de Strasbourg. Il faisait très chaud et pendant plusieurs heures de marche, je n'avais rien rencontré. Cara avait inutilement battu les champs et tous les deux nous étions fort las. J'allai me coucher à l'ombre de quelques arbres et ma chienne vint s'étendre à mes pieds. Je crois bien que le sommeil nous gagna et que ce repos dura plus d'une heure. Quand je me réveillai, il faisait un peu moins chaud. J'appelai Cara, mais à peine eut-elle fait quelques pas, qu'elle tomba en arrêt. Pourquoi? Je n'y comprenais rien, car nous étions sur un pré parfaitement fauché et il n'y avait aucun accident de terrain qui pût cacher un gibier quelconque. Je criai donc : Ici Cara! — mais la chienne resta immobile, regardant droit devant elle. Je m'approchai, prêt à tirer. Mais je ne voyais rien. Cara fit quelques pas et s'arrêta de nouveau. J'aperçus alors une toute petite motte de gazon, et encastrés dans les herbes, trois perdreaux couchés l'un près de l'autre et dormant. Que faire ? Si je les faisais lever, je pouvais en tuer un et peut-être deux, mais en tirant dans le tas, j'étais sûr d'en avoir trois. Je l'avoue à ma honte, cette réflexion me décida. Je tirai.... Trois perdreaux étaient frappés à mort, mais un quatrième, que je n'avais pas vu, s'envola et je n'eus pas le courage de lui envoyer mon deuxième coup de fusil.

La chasse ne consiste pas seulement à poursuivre le gibier, mais aussi à le manger. Le perdreau à la broche et la perdrix aux choux — c'est là un régal sans pareil. Moi qui n'aime pas les choux, j'en arrive à les adorer quand ils sont imprégnés du jus de la perdrix. Décidément ceux qui ont imaginé certains plats, étaient de grands artistes !

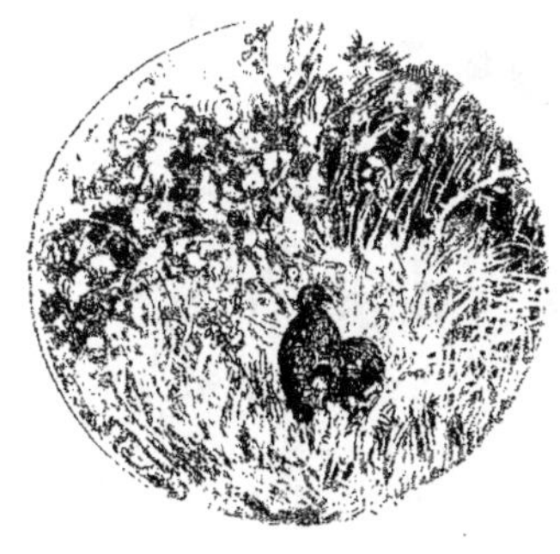

Un
Massacre d'Étourneaux

C'était par une belle soirée des premiers jours
de novembre. Le jour s'éteignait et le globe du soleil démesurément grandi nageait dans une mare de sang

capricieusement découpée par les sommets de la chaîne des Vosges. Nous avions chassé toute la journée dans les plaines giboyeuses de Marlen, village situé non loin de Kehl, sur la rive droite du Rhin. Notre chasse avait été bonne. De grasses perdrix, la tête prise dans un lacet de cuir, pendaient tristement à nos sacs, comme autrefois les voleurs aux branches des chênes. Quelques-uns de mes compagnons avaient fixé sur leur chapeau de grandes plumes d'un bronze doré, témoignage éclatant de leur adresse à tirer le coq de faisan. De petits paysans badois, coiffés du bonnet de fourrure national, portaient, deux par deux, quelques douzaines de lièvres suspendus à des bâtons et rappelaient ainsi les descendants de Noé portant ces immenses grappes de raisin que j'ai toujours suspectées d'avoir été pour beaucoup dans le péché originel.

Nous étions arrivés non loin d'une grande mare couverte de roseaux, à l'extrémité de laquelle se dressait un immense filet, ouvert du côté du marécage. Là nous attendaient trois pêcheurs que je connaissais bien pour avoir été avec eux camper toute une nuit sur un banc de sable au milieu du Rhin, et assister à une pêche au saumon. Ils vinrent à notre rencontre, pour nous prier de nous cacher derrière quelques broussailles voisines, annonçant que nous n'aurions pas longtemps à attendre.

Il s'agissait cette fois d'assister non pas à une pêche, mais à une chasse, et à une chasse en grand, à un coup de filet monstre, à un massacre en masse, et l'on comptait sur six à huit mille victimes pour le moins.

Cependant rien n'annonçait d'aussi énormes hécatombes.

L'air était assez doux ; quelques légers nuages passaient lentement, poussés par le vent du sud et dorés par les feux du soleil couchant ; de petits oiseaux gazouillaient dans les buissons ; un groupe de jeunes filles et de garçons rentraient au village en chantant un vieil air allemand.

Tout à coup l'un des pêcheurs étendit la main du côté du nord. Je regardai dans cette direction et ne vis rien, si ce n'est un petit nuage noir qui se levait à l'horizon. Mais ce nuage marchait vite et en sens inverse des flocons dorés éparpillés dans le ciel. Bientôt il s'étendit en pointe vers nous, grossissant, s'allongeant toujours davantage et traçant des courbes qui le faisaient ressembler à un immense serpent. Tantôt cette masse opaque s'abaissait vers le sol, tantôt elle se redressait vivement dans les airs. Je distinguai alors qu'elle était formée par une quantité innombrable d'étourneaux volant serrés les uns contre les autres et tourbillonnant d'un mouvement uniforme. En approchant de la mare, leurs épaisses et profondes colonnes obscurcirent le ciel et leurs cris retentirent toujours plus stridents. Arrivés au-dessus de nous, ils tournoyèrent deux fois en décrivant une immense spirale, puis ils se perchèrent tout à coup sur plusieurs arbres qui étendaient leurs branches dénudées vers le ciel devenu sombre. Il me sembla alors que les arbres avaient repris leur verdure ; chaque branche était garnie d'autant d'étourneaux qu'elle en pouvait porter ; l'on eût dit des feuilles vivantes. Ils restèrent là quelques minutes, puis ils s'élancèrent en colonne, glissant en ondoyant sur la surface de la mare et s'abattirent sur les roseaux qui plièrent sous le faix de cette multitude ailée.

Aussitôt que les étourneaux furent installés sur les roseaux, ils commencèrent des bavardages sans fin, et comme ils ont la mauvaise habitude de crier tous à la fois, leurs vingt à trente mille voix réunies produisirent un tintamarre formidable. C'étaient des gazouillements immenses, des ramages assourdissants, qui me rappelaient ces réunions générales de sociétés chorales devenues de nos jours de plus en plus fréquentes et de moins en moins mélodieuses. Cependant je dois dire à l'éloge des concerts monstres et à la confusion des étourneaux, que ces derniers n'observent pas de rythme, qu'ils ne paraissent nullement préoccupés de produire un effet d'ensemble, mais que chacun crie pour son agrément personnel et le plus fort possible. Que peuvent se dire trente mille étourneaux perchés sur les roseaux d'une mare? Sans doute chacun raconte les aventures de la journée, combien de vermisseaux, de larves, de grillons, de sauterelles il a mangés, combien il a becqueté de grappes de raisin; il indique les bons endroits, il débite quelques histoires plaisantes, et il faut bien qu'ainsi se passent les choses, car de temps en temps un piaillement général venait témoigner de la satisfaction unanime causée par les récits des loustics de la bande.

Au bout d'un quart d'heure, les trois pêcheurs, jugeant avec raison que nous devions être suffisamment édifiés sur les talents philharmoniques des étourneaux, nous dirent tout bas que ces terribles braillards continueraient sur ce ton pendant quelques heures encore, que nous avions le temps d'aller souper et que la chasse ne recommencerait que vers minuit, lorsque le sommeil aurait fait taire cet immense charivari.

Nous retournâmes à Marlen. Le souper fut bientôt prêt et nous y fîmes honneur, car dix heures de chasse aiguisent admirablement l'appétit. Au dessert, nous versâmes à boire aux trois pêcheurs et j'eus soin de mettre la conversation sur les mœurs des étourneaux. J'appris ainsi que ces oiseaux rendent de très grands services à l'agriculture en détruisant les sauterelles, les grillons et surtout les larves des hannetons. On ne leur reproche que les ravages qu'ils opèrent dans les vignobles. Le soir ils se rassemblent et viennent par bandes immenses prendre gîte au milieu des roseaux d'un étang dont ils ont reconnu à l'avance les alentours. Ils choisissent les marécages pour y passer la nuit, par la raison que l'eau empêche les animaux carnivores d'approcher et que le brouillard que dégagent ces lieux humides les cache aux oiseaux de nuit.

Peu à peu notre conversation languit, plusieurs d'entre nous avaient mis les coudes sur la table et la tête sur les coudes, déjà quelques gros ronflements se faisaient entendre, lorsque les pêcheurs annoncèrent que l'heure du départ était venue, et bientôt nous fûmes en marche vers la mare.

La nuit était presque entièrement noire, car pour cette espèce de chasse il était essentiel de choisir l'époque de la nouvelle lune. Quelques arbres se détachant comme des fantômes sur les éclaircies du ciel nous indiquaient le chemin. Nous approchions de la mare. Un silence profond avait succédé au tapage étourdissant de tantôt. L'armée des étourneaux dormait. Les pauvres oiseaux se reposaient dans une quiétude parfaite, espérant que l'homme reconnaîtrait et respecterait en eux des auxiliaires utiles, les destructeurs de la vermine qui désole ses champs. Vain espoir, hélas ! sécurité trompeuse ! Quelle vertu l'homme a-t-il jamais respectée, devant quelle iniquité a-t-il reculé, quand il s'est agi de gagner un peu d'or ?

A l'extrémité de la mare, du côté opposé au filet, une nacelle était préparée. Nous y entrâmes avec l'un des pêcheurs et avançâmes au milieu de la mare par une espèce d'étroit canal que les pêcheurs avaient ménagé en arrachant les roseaux. Les deux autres pêcheurs, chaussés de hautes bottes, s'avancèrent de front, de chaque côté de la barque. Nous gardions un silence absolu, mais de temps en temps les trois pêcheurs projetaient en avant des poignées de petits cailloux. A chaque jet de pierres, une bande d'étourneaux à moitié endormis se levaient pesamment et avec un bruit sourd, pareil à celui du tonnerre lointain, glissaient par-dessus les roseaux pour se reposer un peu plus loin dans la direction du filet. Successivement les colonnes d'oiseaux se repliaient ainsi comme sur un champ de bataille, devant des forces supérieures, les régiments se replient par échelons en se couvrant de feux roulants. Nous avancions toujours plus vite. Les étourneaux, réveillés mais incapables de distinguer le filet dans l'obscurité, battaient en retraite avec des bruits d'ailes formidables. Déjà des bandes entières s'étaient heurtées contre le filet, d'autres avaient passé à côté, lorsque les trois pêcheurs poussèrent à la fois de grands cris, lançant

Les étourneaux s'engouffrant dans le filet.

des poignées de cailloux et battant les roseaux avec des gaules.

Jusqu'à ce moment, le vol partiel de quelques-unes de leurs bandes avait paru chose naturelle et insignifiante à la masse des étourneaux ; mais à ce tapage soudain, éclatant au milieu du silence de la nuit, ils comprirent qu'ils étaient attaqués par leur plus terrible ennemi. Toute l'armée des étourneaux se leva à la fois, et saisie d'une terreur panique s'engouffra dans l'immense filet avec des cris affreux et un bruit semblable aux détonations de l'artillerie. Au même moment aussi, l'un des pêcheurs tirait une corde, et le filet, garni à ses angles d'anneaux de fer, glissa le long des piquets qui le soutenaient et s'abattit tout d'une pièce.

Alors ce fut une clameur atroce. Ces milliers d'oiseaux se sentant pris dans les mailles, écrasés sous le poids du filet, à moitié submergés dans la mare, poussèrent tous ensemble des cris déchirants qui retentissaient d'une façon sinistre dans cette solitude si complète et sous ce ciel noir où les étoiles se cachaient derrière les nuages pour ne pas voir cet horrible spectacle.

La chasse était finie. Pour recueillir le gibier, il fallait attendre le jour. Nous quittâmes la mare, abandonnant les pauvres oiseaux criant au secours, se noyant, s'égosillant, battant des ailes, faisant de suprêmes efforts pour soulever le filet qui les couvrait comme un drap mortuaire.

Je rentrai à l'auberge poursuivi par ces cris plaintifs, je me couchai et la fatigue me donna le sommeil, mais je fus en proie à un abominable cauchemar. Je me croyais sur une île au milieu du Rhin, attaqué par des myriades d'étourneaux qui se précipitaient sur moi avec acharnement. Je me défendais avec un bâton, mais j'avais beau les assommer par douzaines, leurs rangs n'en étaient pas moins serrés et le cercle qu'ils formaient autour de moi se rétrécissait toujours davantage. Des milliers de becs dirigeaient vers moi leurs deux pointes et je voyais distinctement les petites langues noires et minces s'agiter dans les gorges roses pour me lancer toutes sortes d'imprécations à propos de ma complicité à l'odieux attentat dont la mare était le théâtre. J'allais sans doute être mis en tout petits morceaux par ces becs furieux, lorsque vers six heures du matin l'on vint me réveiller pour assister au dernier acte de ce drame lugubre.

L'aube blanchissait à peine au-dessus des montagnes de la Forêt-Noire ; l'air était frais ; le vent frémissait dans les arbres et en faisait tomber les dernières feuilles. Nous passâmes à travers champs pour arriver plus vite près de la mare. En approchant nous entendions un bruit pareil à celui que produit, lors des enterrements, le roulement des tambours couverts d'un crêpe. C'étaient les malheureux étourneaux qui, de minute en minute, battaient des ailes tous ensemble pour soulever le filet.

Un spectacle lamentable nous attendait. Les roseaux étaient courbés sous le poids de l'immense verveux ; quelques mille étourneaux étaient noyés ; les autres passaient le bec entre les mailles du filet et piaillaient à pleins poumons. Nous entrâmes dans la nacelle pour voir de plus près l'affreux champ de bataille. Quel carnage ! A mesure

que les pêcheurs relevaient le filet, l'on découvrait, rang
par rang, serrés les uns contre les autres, les noirs cadavres
des étourneaux noyés. Les pêcheurs ne faisaient point de
quartier. Ceux qui survivaient étaient impitoyablement
saisis et passés au fil de l'épée, je me trompe, on les em-
poignait de la main gauche par-dessus les ailes et de la
main droite on les prenait par la tête ; puis chaque main
tournait en sens contraire. C'est un procédé horrible qui
s'appelle, je crois, tordre le cou, et qui réussissait parfaitement, car les pauvres bêtes, jetées dans la nacelle, n'avaient
plus qu'une seule convulsion et ouvraient le bec une dernière fois, mais sans pouvoir proférer un cri. A mesure
que nous avancions, le nombre des prisonniers augmentait.
Tordre le cou à chacun aurait demandé trop de temps. Les
pêcheurs entrèrent dans l'eau, jetèrent sur le filet les
planches qui tenaient lieu de banquettes dans la nacelle
et s'en servirent pour submerger les étourneaux par centaines. Ces horreurs froidement accomplies me donnaient
des nausées ; je me croyais aux mauvais jours de la Terreur, assistant aux massacres de Septembre et aux noyades
en masse de Nantes !

Cependant l'affreuse besogne allait toujours. L'on comptait déjà cinq à six mille victimes. J'avais par un élan irrésistible de pitié dégagé quelques-unes de ces pauvres bêtes et
leur avais rendu la liberté avec un plaisir indicible, mais je
ne pouvais empêcher la continuation de la tuerie générale.
Nous approchions d'un endroit où le filet, tombé sur des
roseaux plus forts, s'était maintenu à une certaine hauteur
au-dessus de l'eau. Là, deux à trois mille étourneaux,

le bec passé à travers les mailles, criaient à fendre l'âme et
à chaque instant faisaient des efforts pour soulever le filet.

J'allais demander de retourner à terre pour ne pas assister
au massacre de ce dernier bataillon, lorsque l'un des pêcheurs, s'étant consulté avec les deux autres, me dit de
rester et que je verrais quelque chose qui me ferait plaisir.
Tous trois soulevèrent alors l'un des côtés du filet et aussitôt les étourneaux se précipitèrent par cette issue inespérée.
Ils ne prirent pas la peine de se ranger en colonne, chacun
tira de son côté, battant des ailes pour sécher ses plumes
aux premiers rayons du soleil levant. Cependant, quelques-
uns restaient pendus au filet, la tête engagée dans les
mailles. Mes amis et moi nous mîmes à dégager délicatement les pauvres petites bêtes de ce collier de misère, et
l'une après l'autre nous les laissâmes envoler.

Cette œuvre de délivrance me remit le cœur à l'aise et
je félicitai chaleureusement les pêcheurs de leur humanité...
Faut-il le dire ? ce n'était pas parce qu'ils étaient las de tuer
et parce qu'ils avaient eu pitié de ces jolis oiseaux qui leur
criaient merci, que les pêcheurs en avaient laissé échapper
deux à trois mille, non, c'était tout simplement parce qu'ils
avaient pris plus d'étourneaux qu'ils n'en pouvaient vendre
le même jour au marché de Strasbourg et que ce gibier ne
se conserve que par les temps froids. Tout compte fait, il
se trouva plus de six mille étourneaux dans le bateau et
dans les paniers que les femmes et les enfants des pêcheurs
avaient apportés. C'étaient donc cinq cents douzaines qui,
vendues à raison de 30 à 40 cent., donnaient un bénéfice
de 150 à 200 fr.

Cette chasse est, on le voit, assez lucrative ; mais, quant à moi, je me promis bien de ne plus y assister jamais. Trop

Éducation de l'étourneau.

de sensations pénibles m'avaient agité, et en rentrant en voiture avec mes amis, je ne pus m'empêcher d'exprimer le regret que les besoins de l'alimentation publique rendissent nécessaire l'extermination en masse d'oiseaux aussi utiles à l'agriculture ; j'en vins même à comparer les tueries d'étourneaux dans les mares aux massacres des soldats sur les champs de bataille et à exprimer cette opinion que la guerre n'était excusable que chez les anthropophages.

Pour m'arracher à ces idées noires, l'un de nos chasseurs, bon tireur et grand marcheur, s'il en fut, nous raconta l'histoire miraculeuse d'un sansonnet, nom vulgaire de l'étourneau, histoire qui s'est passée au village de Marlen, il y a une centaine d'années, et que conserve la tradition populaire.

Le barbier du village avait un sansonnet auquel il apprit à parler[1]. L'oiseau répéta bientôt les paroles qu'on lui disait et apprit même certaines locutions familières à son maître, telles que : *Je suis le barbier de Marlen. — Ah ! comme ça ! — Dieu le veut ! — Par compagnie. —* Il apprit aussi le mot *imbécile* dont le barbier gratifiait son petit apprenti quand celui-ci étendait la moitié d'un emplâtre sur la table au lieu de l'étendre sur le linge, quand il affilait les rasoirs par le dos au lieu de les affiler par le tranchant ou quand il cassait quelque fiole à médecine. Comme il venait beaucoup de monde chez le barbier qui débitait du kirschwasser, il arrivait que le sansonnet jetait dans la conversation

---

1. Les étourneaux apprennent sans peine à parler, mais leur prononciation est toujours défectueuse ; elle n'a ni la franchise, ni l'ampleur de celle du corbeau. Ils éprouvent la même difficulté que les Anglais à faire sonner les *r* et parlent généralement du nez comme le peuple français. (TOUSSENEL, *le Monde des oiseaux*, t. II, p. 280.)

quelques-uns de ses mots qui, souvent, tombaient fort à propos. Lorsque l'apprenti lui demandait : *Jeannot, que fais-tu ?* le sansonnet ne manquait jamais de lui répondre : *Imbécile !* et les buveurs éclataient de rire.

Un jour que les ailes coupées lui avaient repoussé, que la fenêtre était ouverte et le temps fort beau, le sansonnet prit la clef des champs.

Grande fut la désolation du barbier et de ses pratiques. L'on espéra d'abord que l'oiseau reviendrait au logis, mais trois mois se passèrent et l'ingrat ne revint pas.

Un matin deux pêcheurs, les ancêtres, sans doute, de ceux qui venaient de nous faire les honneurs d'une chasse aux étourneaux, étaient occupés à relever leur filet et à tordre le cou aux oiseaux prisonniers, lorsqu'une voix s'éleva qui dit : *Imbécile !* Les deux pêcheurs se retournèrent à la fois, chacun croyant que l'autre l'appelait. Heureusement qu'ils n'avaient pas le temps de se quereller, car la besogne pressait. Ils continuèrent donc leur office de bourreau, quand la même voix s'écria : *Dieu le veut !* L'un des pêcheurs avisa un étourneau qui passait tristement la tête entre les mailles du filet, et déjà s'apprêtait à lui tordre le cou, lorsqu'il entendit prononcer ces mots : *Ah ! comme ça !* Le pêcheur s'arrêta tout net et frappé d'une idée subite : *Est-ce toi, Jeannot ? — Je suis le barbier de Marlen,* répondit le sansonnet en ouvrant démesurément le bec et en secouant ses ailes mouillées. — *Et comment es-tu venu ici, Jeannot ? — Par compagnie,* dit l'oiseau.

Les deux pêcheurs éclatèrent de rire et rapportèrent le sansonnet au barbier qui leur donna un beau pourboire.

L'histoire fit du bruit. De tous côtés l'on vint chez le barbier sous prétexte de se faire raser, saigner ou couper les cheveux, mais en réalité pour voir et entendre Jeannot, qui fut ainsi la cause de la fortune du barbier de Marlen.

Se non è vero, è bene trovato !

Bécasses et Bécassines

Il est un proverbe qui dit : *Avoir un pied de nez*,
quand l'on a éprouvé quelque déconvenue majeure. A
ce compte, les bécasses devraient avoir constamment à se

plaindre de leur sort, car leur nez est fort long. Il est aussi d'usage d'appeler *bécasse* une personne qui manque d'intelligence, et cependant l'oiseau dont nous nous occupons n'est pas plus bête que les autres. Tout cela est abusif et le plus simple est certainement de ne pas employer des noms d'animaux pour qualifier les gens, et de faire abstraction de la longueur du nez quand on veut se moquer du monde.

Quant à la bécasse, je suis persuadé que son nez ne lui a jamais paru démesuré. La nature sait ce qu'elle fait. Lorsqu'un oiseau doit se nourrir de vers, il faut que son bec puisse pénétrer profondément dans la terre, et plus l'oiseau est haut sur jambes, plus le bec est long. C'est chose curieuse que l'instinct qui avertit les bécasses de la présence d'un ver qu'elles ne voient pas. Il est à croire qu'elles ont l'odorat d'une finesse extrême et que sous ce rapport elles rivalisent avec les cochons qui découvrent les truffes.

Les bécasses habitent pendant l'été les hautes montagnes du Groënland et de l'Islande. Elles arrivent en Alsace au mois d'octobre et y restent six semaines environ pour revenir au mois d'avril, après avoir passé l'hiver dans les pays chauds. Elles retournent toujours au même endroit. Ce sont des bêtes qui ont de bonnes habitudes.

Les bécasses sont au bois pendant la journée et ce n'est que le soir qu'elles prennent leur vol. Aussi on les chasse au chien d'arrêt pendant le jour. On les trouve d'ordinaire dans les jeunes taillis où règne quelque humidité. Elles cherchent d'abord à se dissimuler, piètent devant le chien et ne se lèvent qu'en cas d'absolue nécessité.

Le soir, le chasseur va à la *passe*. C'est d'ordinaire entre deux bois que volent les bécasses. Il s'agit de bien tirer, car elles filent vite et cette chasse a peut-être reçu son nom de ce qu'elles ne font que passer.

C'est au premier coup de *l'angelus* que la passe commence. On dirait que les bécasses attendent le son de la cloche, et je me suis quelquefois demandé si l'on en verrait une seule dans le cas où *l'angelus* ne sonnerait pas à l'église prochaine. Serait-ce donc que les bécasses ont quelque sentiment religieux et que leur promenade du soir, à heure fixe, constitue une dévotion ? Hélas ! elles en sont trop souvent récompensées d'une triste façon : *l'angelus* sonne le glas de leur mort !

La bécasse n'est pas facile à tuer. Son vol est irrégulier et saccadé ; elle s'enlève lentement, mais quand elle est arrivée au-dessus du sommet des arbres, son élan est d'une rapidité extrême. Il faut jeter le coup de fusil, au risque de manquer ; cela vaut mieux que de ne pas tirer du tout.

Ce qui est plus difficile encore que d'atteindre une bécasse, c'est d'abattre une bécassine. C'est là que l'on peut reconnaître le chasseur qui a du coup d'œil et de l'expérience. Le vol de ce petit oiseau est rapide et gracieux, mais aussi que de crochets et d'évolutions ! Ce n'est pas chose aisée de le toucher dans les cercles qu'il décrit. Le plus facile est encore de tirer la bécassine au moment où elle se lève, ou bien d'attendre que son vol irrégulier soit remplacé par une direction plus droite et qu'elle passe en travers, mais alors il faut viser bien en avant.

On ne doit pas trop en vouloir à la bécasse et à la bécassine de voler vite et irrégulièrement, car c'est ainsi qu'elles parviennent à échapper au plomb du chasseur. C'est une race qui durera et cela est fort heureux pour les plaisirs de la table, puisque la bécasse et la bécassine sont incontestablement un mets des plus fins et des plus délicats.

Que c'est donc bon une bécasse à la broche !... mais d'où peut venir l'habitude de la barder *sans la vider* ? J'ai peine à comprendre cette hérésie culinaire, et quant à moi, je m'abstiens de manger ce que la bécasse n'a pas pu digérer !

Le Chat sauvage

Gracieuse comme une chatte ! — Voilà
ce qui se dit de la femme enchanteresse. La
comparaison est vraie, car il n'y a rien de plus
câlin qu'une chatte : elle cligne des yeux, elle infléchit
la tête, elle arrondit le dos, elle se couche en déployant

toute la souplesse du corps et tous les raffinements des attitudes.

C'est une bête qui adore la paresse, qui est toujours frileuse, qui veut des tapis chauds et une moelleuse couchette. Elle se soigne, se pourlèche, fait sa toilette. Elle aime la musique et les odeurs, alors que le chien aboie aux orgues de Barbarie et se sauve à la senteur du musc. D'ailleurs le chat ne s'attache qu'à la maison, tandis que le chien a de l'affection pour l'homme et lui reste fidèle dans l'infortune.

Il ne saurait être question ici du chat des grandes villes qui attrape les souris et se promène la nuit dans les gouttières.

J'entends parler du chat des villages qui ne reste au logis qu'en hiver et qui, pendant la belle saison, est le plus dangereux des braconniers.

Il commence d'ordinaire par vagabonder dans les jardins et dans les champs voisins de la maison. Là il guette les petits oiseaux, les happe avec ses griffes et n'en fait qu'une bouchée, sauf à laisser les plumes comme preuve de sa victoire. Mais peu à peu il s'enhardit et s'attaque aux perdreaux et aux jeunes lièvres.

Il prend goût à cette chasse et quand il a bu du sang, il reste dehors et ne fait plus autre chose que guetter, happer et égorger. Alors il redevient sauvage et son poil s'allonge de façon à lui constituer une robe de fourrure à l'épreuve du froid.

Aussi est-ce une habitude invétérée chez les chasseurs de tirer sur tout chat qui s'écarte des habitations. C'est un

À l'affût.

maraudeur dont il faut se défaire si l'on veut sauvegarder le gibier.

Ce qui est très curieux, c'est l'entente qui s'établit entre plusieurs chats pour chasser de compagnie. Quatre à cinq chats se concertent pour aller en maraude. Ils choisissent leurs postes et se prêtent un appui mutuel, et il leur arrive de se relayer dans la poursuite d'un levraut. Ils agissent à la façon des renards.

Le chat sauvage habite les forêts touffues. Sa demeure est établie dans le creux d'un arbre, dans la fissure d'un rocher, dans le terrier du renard. Il saute et grimpe avec une adresse remarquable. Acculé, il se défend des griffes et des dents contre les hommes et contre les chiens. Il s'attaque aux perdreaux, aux faisans, aux lièvres et même aux chevreuils et les tue par une morsure à la nuque.

Quand le chat sauvage est enfermé dans une traque, il s'avance en rampant et suit d'ordinaire les sentiers. Il détale en bonds prodigieux et devant les chiens il grimpe aux arbres.

Je me trouvais un jour posté en forêt et devant moi se profilait un étroit sentier. Les traqueurs approchant, je vis tout à coup bondir une bête étrange et je lui jetai mon coup de fusil. C'était un chat sauvage que l'on trouva mortellement blessé au pied d'un arbre. Il avait une robe magnifique et sa queue était forte et ondée de larges anneaux noirs. Un peintre de mes amis le fit empailler et je l'ai revu souvent dans son atelier.

Le chat sauvage n'est pas bon pour la cuisine, mais le chat domestique est souvent employé pour faire une gibelotte.

Pendant le siège de Paris, il a été tué beaucoup de chats et on les a accommodés comme des lapins. Après avoir beaucoup caressé l'animal on le mangeait. Quelle plus grande preuve d'affection peut-on donner à quelqu'un que de se l'assimiler. Cela me semble la seule manière d'excuser les anthropophages !

Autrefois les seigneurs avaient seuls le droit d'entretenir des pigeons. Tout château avait son colombier, qui affectait la forme d'une poivrière. De là partaient d'innombrables pigeons qui prenaient leur nourriture dans les champs voisins, au grand désespoir du pauvre cultivateur. D'ailleurs défense expresse de toucher à ces oiseaux du châtelain.

Après l'abolition des privilèges de la noblesse, les pigeons ont continué à porter la haine du prolétaire. On les accuse de détruire les récoltes, mais le biset ne gratte pas la terre avec ses ongles, il ne la pioche pas avec son bec, et il n'avale que les grains qui n'ont pas été enfouis ou ceux échappés de l'épi après la moisson. Aussi je proteste, avec Toussenel, contre les arrêtés des préfets qui condamnent les pigeons à la réclusion au printemps et en automne pendant six semaines.

Je ne saurais parler ici des pigeons de colombier qui acceptent l'hospitalité de l'homme tout en gardant leurs habitudes sauvages. Quand il en rencontre, le chasseur les respecte, par habitude d'abord, et aussi parce que son coup de fusil serait bien vite dénoncé par les travailleurs des champs. Je ne m'occuperai que des ramiers et des tourterelles qui constituent un véritable gibier.

La déesse de l'amour avait raison d'atteler deux colombes à son char. C'est là un attribut bien choisi, car chez les pigeons l'on est grand observateur des lois de la galanterie. Le mâle fait sa cour en prodiguant les saluts, les évolutions et les pirouettes. Il se rengorge, il gémit, il roucoule, et la femelle ne saurait rester insensible à une adoration si persistante. L'accord se fait par des baisers et c'est de là qu'est venu le joli proverbe : *Se becqueter comme des tourterelles.*

La période de tendresse se prolonge pendant le mariage. Le nid est bâti par la femelle, mais c'est le mâle qui apporte les brindilles pour l'établir sur quelque branche d'arbre. Puis vient la ponte qui est de deux œufs d'une entière blancheur. L'incubation est faite alternativement par la mère et le père, et quand ce dernier est obligé de céder la place, il s'élève droit dans les airs où il plane les ailes déployées : attitude suprême du bonheur ! C'est dans cette gracieuse évolution qu'il faut chercher l'idée chrétienne de représenter le Saint-Esprit sous la forme d'une colombe.

Ce qui est particulier aux pigeons, c'est la façon de nourrir leurs petits. D'ordinaire les vieux, apportant de quoi manger, introduisent leur

Colombier seigneurial.

bec dans celui des jeunes. C'est tout le contraire — le bec

des enfants va plonger dans la gorge des parents, et alors il se produit un besoin d'expulsion qui fait rendre aux nourriciers ce qu'il faut pour alimenter les nourrissons. Il paraît que l'opération est pénible, car elle est accompagnée de convulsions et de cris plaintifs.

Les pigeons ramiers ont de longues ailes très aiguës, qui donnent une puissance de locomotion extraordinaire et permettent les grands voyages. Au départ, ils font entendre un claquement produit par le choc de leurs ailes qui se dressent sous le premier effort musculaire. Ils partent pour les contrées chaudes et ne séjournent dans nos pays que pendant la belle saison.

C'est à propos de ces migrations que Lafontaine a écrit la fable des *deux pigeons* qui commence d'une charmante façon :

> Deux pigeons s'aimaient d'amour tendre.
> L'un d'eux, s'ennuyant au logis,
> Fut assez fou pour entreprendre
> Un voyage en lointain pays...

Et on décrit comment un orage a mouillé les plumes du voyageur, — comment il est pris sous de traîtres appâts, — comment il échappe au vautour, — et enfin comment il est à moitié tué par la fronde d'un enfant. C'est ainsi que la pauvre bête,

> Traînant l'aile, et tirant le pied,

revient au logis. — Il y a là de quoi dégoûter des voyages !

On trouve les ramiers dans les forêts et ils se nourrissent de glands et de faînes. Au mois de septembre, ils se réunissent en grand nombre et se répandent pour glaner dans les champs où la récolte vient d'être faite.

Les tourterelles aussi sont des oiseaux voyageurs. Plus petites que les ramiers, elles arrivent en mai et s'en vont en Afrique à la fin du mois d'août. Leurs mœurs sont pareilles à celles des ramiers, mais elles placent leurs nids dans les buissons. Les tourterelles habitent volontiers les bosquets ; il leur faut de l'ombre et une source. Leur couleur est isabelle avec un collier noir. Dans leurs soupirs il y a une certaine monotonie, mais les amoureux aiment la même note....

Pour tirer les pigeons sauvages, il faut les attendre sous les arbres où ils nichent. L'attente peut être longue, mais ils arrivent.

Avant de se poser, ils usent de toutes sortes de précautions, observent les environs en décrivant des tours nombreux. Il faut leur laisser le temps de se percher et ne pas faire le moindre mouvement. C'est à ce prix que l'on peut en tuer plusieurs et il est à désirer que ce soient des jeunes dont la chair est tendre et qui font très bien en daube ou à la crapaudine.

Les ramiers des Tuileries et du Luxembourg sont parfaitement apprivoisés. Ils ne savent pas ce que c'est que l'hostilité de l'homme.

Pendant le siège de Paris, les pigeons ont joué un grand rôle.

On en a expédié par ballon en province et de là on les faisait repartir avec toute une correspondance en miniature sous les ailes. Quelques-uns de ces messagers sont arrivés et çà a été une grande joie pour les pauvres assiégés de recevoir des nouvelles. Quelle merveilleuse chose que l'instinct qui permet à ces oiseaux de s'orienter et de retrouver l'endroit natal !

Les Chevreuils

Quelles jolies bêtes ! — Poil dru et soyeux ; jambes fines ; museau pointu ; yeux vifs et doux ; et comme le mâle porte fièrement ses cornes ! Quand la famille est réunie dans la clairière d'un bois, les enfants broutent sous la surveillance de la mère ; le père est aux écoutes. Au moindre bruit insolite, les oreilles se dressent et quand le sifflement des naseaux donne le cri d'alarme, la femelle part avec ses petits; le mâle leur laisse prendre les devants afin d'attirer sur lui le danger. Les voilà lancés dans une course rapide, le nez au vent, la croupe allongée, les jarrets d'acier dévorant l'espace. Ils fuient au loin, et ne s'arrêtent qu'au plus touffu de la forêt.

C'est chose vraiment curieuse que les cornes du broquart. Tous les ans il les perd; tous les ans elles repoussent. Ce ne sont d'abord que deux petites excroissances molles qui pointent sur la tête. Elles grandissent vite, mais elles ne sont pas dures encore. Comme pour certains fruits, une gaîne les entoure qui ne tombe qu'au moment où les cornes sont devenues solides. Cela arrive à l'époque des amours, car alors les mâles se disputent la femelle. Ils s'attaquent par les cornes, ils se poussent de la tête, et quelquefois l'un des combattants perd un andouiller à cette lutte, où chacun déploie sa vigueur avec acharnement.

Les cornes qui repoussent ne ressemblent pas aux cornes tombées. Chaque fois elles sont augmentées d'une dent, et plus le broquart est âgé, plus l'ornement de sa tête est grand et contourné en crochets multiples.

En Alsace, on ne chasse guère le chevreuil à cheval, avec une meute, à cor et à cris. Les chasseurs ne peuvent pas se permettre ce luxe de grands seigneurs. Quand ils ont des chiens courants, et que le chevreuil est lancé, on le poursuit à pied. On court se poster à l'endroit où il doit passer, et on l'abat d'un coup de fusil. D'ordinaire, la chasse au chevreuil se fait avec des traqueurs et des chiens bassets. En automne, quand les feuilles tombent, les chasseurs

Chevreuils en fuite.

garnissent les trois côtés d'un bois. Ils se placent face à l'enceinte, et défense est faite de tirer en avant. Les traqueurs entrent dans le bois par le quatrième côté. Ils sont flanqués de quelques chasseurs, car souvent les chevreuils rebroussent.

Les gamins chargés de faire lever le gibier s'avancent. Ils frappent les buissons de leurs bâtons et poussent des cris. Les bassets donnent de la voix. Des lièvres se lèvent et essayent de s'esquiver, en allant de droite et de gauche, cherchant une issue. Leur vue ne provoque pas de manifestations, mais quand un chevreuil bondit à travers le taillis, son apparition est signalée aussitôt. Tous les traqueurs qui l'aperçoivent crient : *Reh!* et les chasseurs redoublent d'attention, car la bête peut apparaître à l'improviste, passer comme une flèche, et il faut être prêt à lancer le coup de fusil.

Oh! la grosse émotion quand le chevreuil paraît. C'est là qu'il s'agit d'avoir de l'œil, car il y a défense de tirer les femelles. Il faut donc, en l'espace d'un instant, savoir reconnaître les broquarts, et cela n'est pas toujours facile, car quand ils n'ont pas leur bois, il faut les laisser se profiler pour faire les constatations essentielles. Il s'agit d'y veiller, sous peine de payer 20 francs d'amende, et de se voir servir, au dîner du soir, un petit plat qui a la spécialité de provoquer force railleries aux dépens du chasseur maladroit.

Il me souvient de deux épisodes de chasse au chevreuil qui m'ont vivement impressionné.

La première fois, c'était à Nonnen-Weyer. Je m'étais

placé au milieu des traqueurs, ayant remarqué qu'aux enceintes précédentes plusieurs chevreuils avaient rebroussé, affrontant les coups de bâton et évitant les coups de fusil. A peine les traqueurs étaient-ils entrés dans les bois, qu'un magnifique broquart en sortait, passant à trente pas de moi et se dirigeant, à travers la prairie, vers la forêt voisine. Sa vue m'avait surpris, et, à la hâte, je lui jetai mon coup de fusil.

Il continua. Je l'avais donc manqué!... Très dépité je le suivais des yeux, lorsque je crus m'apercevoir d'un ralentissement de sa course. Il faiblissait; il s'arrêtait. Plus de doute, il était blessé.

Je me mis à sa poursuite, et, de très loin je lui tirai un nouveau coup de fusil qui le fit repartir du côté de la forêt. Il s'agissait de l'abattre avant qu'il parvînt à se cacher sous bois. Tout en courant, je glissai des cartouches dans les canons. J'approchais. Le broquart s'était retourné et me regardait, arc-bouté sur ses quatre pieds. Je le mis en joue et je visai au cou. Il tomba en poussant un grand cri. C'était une bête énorme, et je conserve son bois, qui est orné de six andouillers.

L'autre fois, c'était dans les îles du Rhin. On m'avait placé sur une digue faisant face à un très grand bois, où deux bassets devait faire lever du chevreuil. J'attendais depuis plus d'une heure et je n'entendais rien. Le jour déclinait, et le soleil allait se coucher derrière les Vosges. Je commençais à croire que l'on avait oublié de me relever de mon poste, et je trouvais qu'il était temps d'aller dîner.

Mais un bruit lointain se fait entendre. Je prête l'oreille.

Le bruit se rapproche et devient plus distinct. Plus de doute, ce sont les bassets qui donnent de la voix, et ils se dirigent vers moi. Je serre la crosse de mon fusil, je mets le doigt sur la gâchette, je suis prêt... Tout à coup un chevreuil sort du bois, lancé au triple galop. Il gravit la digue, et au moment où il la franchit, je tire, car j'avais eu le temps de reconnaître un beau broquart.

Je me précipite au bas de la digue pour voir la bête morte. Rien !... Je regarde autour de moi, très désappointé, car j'étais sûr d'avoir touché. Rien, et derrière la digue un fourré impénétrable.

A ce moment, arrivent les deux bassets suivant la piste. Ils s'arrêtent au bas de la digue, flairent du sang et repartent à travers les ronces du fourré. A mon tour, je cherche à me frayer un passage, lorsque j'entends des cris atroces. C'était comme une voix humaine, mais la plainte éclatait avec un accent étrange. Les petits chiens n'aboyaient plus et, au mi. lieu de ce grand silence, les hurlements lugubres de la forêt me glaçaient d'une indicible horreur.

A grand'peine je pénètre dans le fourré, et à vingt pas je trouve le broquart blessé, étendu à terre, et les deux bassets acharnés à le dévorer vivant, lui déchiquetant le bas-ventre à l'endroit où l'absence de poils donnait prise à leurs coups de dents.

Je comprenais maintenant les cris de la pauvre bête, et voulant abréger son affreux martyre, je tirai mon couteau ; mais au moment ou je le lui plongeais dans la nuque, elle me lança un grand coup de pied qui aurait pu fort bien me faire crier à sa place.

Dans ma chambre à coucher, les cornes du chevreuil des îles du Rhin font pendant aux cornes du chevreuil de Nonnen-Weyer, et servent à accrocher mon fusil. Il en est toujours ainsi : ce sont les victimes qui fournissent les trophées !

Le Miroir aux Alouettes

et la Pipée des Mésanges

L'alouette est un oiseau chanteur. Elle plane à de grandes hauteurs : on ne la voit pas, mais on l'entend. Ses ailes sont infatigables comme sa voix. On dirait qu'elle se repose en volant et elle chante toujours.

Ce qu'elle aime surtout, c'est le soleil. Dès qu'il se lève, l'alouette chante ses louanges. C'est l'oiseau matinal par excellence.

Mais l'homme a spéculé sur cet amour de l'alouette pour le soleil et il a inventé la chasse au miroir.

Au mois de septembre ou d'octobre, le chasseur part

avant l'aurore, accompagné d'un gamin qui porte un instrument singulier.

C'est une planchette taillée en prisme, et ses faces sont garnies de petits morceaux de miroir. Au-dessous est pratiqué un trou où s'agence une cheville. De plus il faut un piquet et une ficelle.

Quand on arrive à l'endroit voulu, le piquet est planté en terre, la cheville fixée sur le piquet, et le miroir tourne selon les mouvements imprimés à la ficelle. Le chasseur et le gamin vont se cacher derrière quelque buisson et là ils attendent que le soleil se lève.

Quand s'allument les rayons dorés du ciel, le gamin tire la ficelle et le miroir tourne. Il reflète la lumière et projette des éclairs.

Les alouettes s'approchent en grand nombre, non pas pour se mirer, mais pour voir l'image de l'astre dont elles sont amoureuses. Et c'est à ce moment que le fusil du chasseur les frappe d'un plomb mortel!

A quoi donc servent les évolutions gracieuses, la richesse du chant, et l'amour du soleil, s'il faut périr d'une si cruelle façon? C'est que les mauviettes à la brochette sont excellentes et que rien n'égale les pâtés de Chartres et de Pithiviers.

Dans le bon vieux temps, les Strasbourgeois portaient le sobriquet de *Meisen-Locker* (pipeurs de mésanges). Il paraît qu'ils avaient l'habitude d'attirer les mésanges et qu'ils en prenaient des quantités considérables.

De grand matin le petit Strasbourgeois partait pour les

champs et les bois. Il portait sur l'épaule un bâton où d'un côté il y avait un crochet et de l'autre un appendice très court fixé à angle droit. De plus il était muni d'une cage où se trouvait une mésange.

Arrivé à l'endroit propice, il piquait le bâton en terre

La pipée des Mésanges.

et suspendait la cage au crochet. Puis il enduisait de glu l'appendice et y appliquait des noix ou des amandes. Enfin il allait se cacher à proximité.

La mésange prisonnière chantait ; elle appelait ; elle

agissait en traître, mais sans se douter du vilain métier qu'elle faisait.

De tous les environs, les mésanges se rapprochaient, écoutaient et venaient se poser sur l'appendice où elles étaient retenues par les pattes attachées à la glu. Alors le petit homme s'élançait et prenait les mésanges qui ne pouvaient s'envoler.

Voilà comment se pratiquait cette chasse fort primitive qui a fait donner à mes compatriotes le surnom de *Meisen-Locker*.

La mésange est un petit oiseau très agressif. Toussenel dit qu'elle a autant de vices que de vertus.

Ses défauts viennent certainement de sa fécondité. Elle pond jusqu'à vingt œufs et elle fait des pontes plusieurs fois par an.

De là, nécessité de suffire à tous ces petits becs qui crient famine, et comme conséquence la préoccupation d'assurer la nourriture de l'énorme famille. Il faut donc amasser et faire des réserves contre la misère. Aussi la mésange thésaurise ; elle accumule les provisions ; elle entasse les semences et les chenilles, les larves et les bouts de chandelles. La passion d'acquérir la rend avare. Mais aussi elle en arrive à considérer tous les autres oiseaux comme des ennemis capables de la dépouiller de ses épargnes. Alors elle voit rouge et s'attaque aux gens les plus inoffensifs, et c'est ainsi que l'amour maternel conduit à l'assassinat !

Un couple de mésanges détruit par jour, pour le moins,

trois cents chenilles, et la manie d'entasser profite définitivement à l'homme.

La mésange est brave et n'hésite pas à attaquer l'épervier
ou la chouette qui menacent sa famille. Son humeur est
batailleuse et elle siffle comme la vipère.

Son nid, dans lequel elle dépose des œufs blancs ta-
chetés de points roses, est très artistement fait, et garni de
laine, de crin et de duvet. Ses petits y sont sur un lit doux
et chaud.

Les compagnies, formées de la même famille, sont
guidées par un chef. Leur vol est gracieux et, tout en
chassant, elles se réclament et se poursuivent.

La mésange a le bec conique et des doigts armés
d'ongles recourbés et doués de la faculté de saisir comme
ceux de l'oiseau de proie. Elle sait se servir de son bec,
non seulement pour tuer ses ennemis, mais aussi pour
faire preuve d'habileté. Elle prend avec ses doigts une noix
ou de la graine de chénevis et y fait une petite ouverture
pour la vider. Quand elle est prise à la glu, elle cherche
à se dégager en y laissant ses plumes et souvent le pipeur
arrive trop tard pour s'en emparer.

Pendant de longues années les Strasbourgeois avaient
un canon, appelé d'*Meis*, qui figurait sur les remparts et
qui était servi par les artilleurs de la ville. Est-ce que ce
nom lui avait été donné en souvenir du sobriquet de mes
compatriotes, ou ce canon portait-il au delà de la portée
ordinaire et les ennemis, se croyant en sûreté, s'appro-
chaient-ils de l'enceinte fortifiée lorsque la Mésange les

écrabouillait? Dans ce dernier cas, l'origine du mot *Meisen-Locker* consisterait à attirer les assaillants dans un piège et à les piper à coups de canon. D'où viennent les surnoms?... qui pourrait le dire!

La rue principale de Strasbourg porte le nom de rue de la Mésange.

Les Cerfs

Les annales de l'Alsace racontent les grandes
chasses mérovingiennes dans les Vosges : Dagobert
et Sigebert, rois d'Austrasie, poursuivant l'aurochs,
l'élan, l'ours et le cerf dans la vallée du Rhin; puis les

Carlovingiens : Charlemagne, dans les vallées de Münster et de Liépvre ; Louis le Débonnaire, dans celle de Saint-Amarin ; l'empereur Frédéric Barberousse, duc d'Alsace, chassant dans la forêt de Haguenau, un bourg dont il fit une ville ; l'évêque Werner qui avait le privilége de vénerie à Scherwiller, à Pfaffenhoffen, et dans les îles du Rhin, près du confluent de la Moder ; Anselme, le téméraire, lancé à la poursuite d'un cerf, se précipitant avec son cheval du haut d'un rocher de la forêt de Ribeauvillé ; les chasses à courre des barons féodaux qui, pendant la paix, s'exerçaient à la guerre, courant les animaux de la forêt, accompagnés par les châtelaines, le faucon sur la main, avec la suite nombreuse des veneurs et des pages ; les chanoines de Marbach à la piste du cerf au Lengenberg ; les comtes de Ribeaupierre dans le val d'Orbey ; les chasses de la Hart et du Bienwald ; et enfin le prince-évêque de Rohan, l'homme du collier, galopant à travers les taillis de Saverne, chassant à cors et à cris, avec la musique obligée d'une meute en fureur.

Aujourd'hui les cerfs n'existent plus dans les plaines d'Alsace. Il en reste dans les grandes forêts des montagnes, mais ils y deviennent très rares.

Le cerf est une bête magnifique. Grand comme un jeune cheval, il porte crânement sa tête ornée de nombreux andouillers.

C'est là une arme dont il sait se servir ; souvent l'on a vu des cerfs s'attaquer par les cornes et après une longue lutte les enchevêtrer au point que le combat finissait par la mort des combattants.

Du reste le cerf est inoffensif; il pratique les vertus familiales, accompagne la biche et le faon et les protége à l'occasion.

Tous les veneurs ont décrit le cerf, depuis Du Fouilloux, dans la *Vénerie,* jusqu'à Toussenel, dans l'*Esprit des bêtes,* et mes récits de chasse ne seraient pas complets si je négligeais de parler de ce gibier à grande ramure auquel saint Hubert a dû sa conversion au christianisme.

Qu'il me soit donc permis de donner la description d'une chasse à courre telle qu'on la pratiquait avant la Révolution.

De grand matin, les piqueurs, tenant leurs limiers en laisse, vont faire le bois et s'assurent de la présence d'un cerf.

A l'heure convenue, les invités arrivent au rendez-vous et sont reçus par le seigneur et la châtelaine. Les chasseurs et les chasseresses s'assoient sous les vieux chênes où la collation est servie sur l'herbe. On mange, on boit, on cause. Les chevaux piaffent et hennissent. Les chiens aboient et s'impatientent.

Les piqueurs arrivent et rendent compte à leur maître. Ils lui disent où les bêtes sont logées et comment ils ont pu reconnaître leur âge et leur sexe par l'empreinte du pied, les fumées et les portées. L'on se décide pour un vieux cerf. On le fera lever en allant aux brisées.

L'attaque se prépare et les relais sont disposés. On monte à cheval et bientôt le cerf débuche. On sonne la vue et toute la compagnie part au galop, suivant la meute.

Mais bientôt le dix-cors distance les chiens. La bête fait des ruses et des hourvaris. Il y a un défaut. Le change est relevé. On revoit et on repart.

Les costumes aux vives couleurs éclatent aux rayons du soleil; les plumes des chapeaux flottent agitées par la course rapide; la trompe sonne furieusement; on crie : tayaut! tayaut! les chiens donnent de la voix; les chevaux lancés à toute vitesse, passent comme un tourbillon à travers les champs et les futaies, par-dessus les fossés et les fondrières, par monts et par vaux; — tran! — tran! — tran! — tayaut! — tayaut!!!

Cependant la poursuite se prolonge; les cavaliers bien montés suivent la chasse, les autres sont distancés.

Un relais de chiens est découplé, mais le cerf court toujours.

Déjà le jour baisse. L'on arrive à un étang. Le dix-cors se jette à la nage et la meute à sa suite. Les piqueurs sonnent du cor. Le cerf aborde à l'autre rive serré de près par les chiens.

Alors, acculé, il leur fait tête et se défend avec ses cornes. Il éventre les chiens qui hurlent. C'est le dernier combat.

L'un des chasseurs s'avance et plonge son couteau dans le cou du cerf. On sonne l'hallali! La bête est morte et la trompe chante victoire.....

Enfin l'on revient au château. Les piqueurs portent le cerf sur un brancard de feuillée. Les chiens recouplés tirent la langue. L'on arrive et alors se fait la curée. Les entrailles et le cœur sont livrés à la meute qui s'arrache

Les Vosges. — Au pied du Mennelstein.

les morceaux, pendant que les chasseurs et les chasseresses se préparent au banquet du soir.

Ainsi se terminent toutes les chasses à courre le cerf, à moins qu'il n'y ait un défaut et que le change ne puisse pas être relevé.

La chasse au cerf était l'apanage des classes aristocratiques. Il y fallait des chevaux, des meutes, des piqueurs, un appareil coûteux qui ne pouvait constituer qu'un privilège. Aussi les peines édictées contre les braconniers étaient-elles très sévères.

La Révolution, ayant eu pour conséquence la liberté de chasser, vit disparaître à peu près le cerf en Alsace.

A Strasbourg il existait une auberge qui avait un cerf sur son enseigne. Elle était située près de la maison de l'Œuvre Notre-Dame, non loin de la cathédrale.

Dès longtemps la légende s'en était mêlée ! L'histoire d'Alsace est remplie des exploits de chasse d'Anselme, comte de Ribeaupierre, dont nous avons dit quelques mots. Entraîné à la poursuite d'un cerf, il arriva au haut d'un rocher de la forêt de Ribeauvillé, qui se terminait à pic. Le gibier qu'il poursuivait n'hésita pas au bord de l'abîme — il se précipita — et la chute lui fut fatale ! Le chasseur, voyant le danger, eût voulu s'arrêter, mais il ne parvint pas à retenir son cheval lancé dans une course furibonde, et, à son tour, il dut faire le saut périlleux — ô miracle ! — la légende raconte qu'Anselme se trouva sain et sauf au bas du rocher. Son cheval périt, il est vrai, victime d'une chute de plus de quarante pieds, mais le cavalier était sur ses jambes et put s'emparer du cerf.

Le comte de Ribeaupierre fonda une chapelle au village
de Dusenbach et le peuple a donné au rocher le nom de
Hirschsprung.

Les légendes sont bonnes à quelque chose, et Anselme
y gagna le surnom : le téméraire !

La
Chasse aux Lapins

— —

Quelqu'un a dit que l'on pouvait se faire trois
mille francs de rente en élevant des lapins !... C'est là
une affirmation très hasardée. Bien des gens élèvent
des lapins et ne parviennent pas à s'enrichir. Le lapin est
incontestablement d'une extrême fécondité : mettez-en deux
et au bout de l'année vous en aurez deux cents. Le lapin
domestique ne cherche pas à s'enfuir ; il se nourrit des
épluchures de la cuisine ; il donne sa chair pour faire une

gibelotte et son poil pour faire un manchon, voire même un chapeau. Cela permet d'en élever beaucoup, mais malgré tout, il n'y a pas de quoi faire fortune!

Ce qui doit tout spécialement ici nous occuper, c'est le lapin de garenne. Quand un bois est envahi par les lapins, les lièvres émigrent. Les deux races ne peuvent pas exister au même endroit et cependant toutes deux sont de la même famille. Cela vient sans doute de ce que le lièvre aime la tranquillité, l'absence de bruit, le repos absolu, tandis que le lapin est fort agité. Il court de côté et d'autre, il est toujours en mouvement, il fait du bruit. Le lièvre craintif croit à la présence d'un ennemi et va se gîter ailleurs pour bientôt déguerpir encore. A la fin, il se lasse et va habiter un autre canton où il n'aura pas de voisinage désagréable.

Le lapin est beaucoup plus petit que le lièvre et comme il ne peut pas courir fort et longtemps, il creuse des terriers où il va se réfugier en cas de danger. Quand il fait beau, il séjourne dans les fourrés à proximité du trou qui doit assurer sa retraite. Si on le fait lever, sa course consistera en crochets et en zigzags. Aussi n'est-il pas facile à tirer et c'est une excellente école que de jeter le coup de fusil pour atteindre le lapin malgré toutes ses évolutions. Il y faut de la prestesse et du coup d'œil.

Les lapins ont grand soin de creuser leurs terriers dans un sol à l'abri des inondations. Ils choisissent de préférence un endroit sec, un terrain aride et sablonneux. Ils y établissent un vrai labyrinthe souterrain, formé d'étroites galeries et de petites niches pour le repos. Quand par extraordinaire les terriers sont envahis par les eaux, les lapins se retirent à l'endroit le plus élevé et au besoin ils grimpent sur les arbres.

La vie de famille est la conséquence du logis en commun. Quand le nombre des enfants augmente, le lapin creuse de nouvelles galeries. La mère a pour ses petits les soins les plus tendres ; le père les avertit du danger en frappant le sol de ses pieds de derrière. Aussi chez les lapins les vieux parents sont-ils généralement respectés.

En Alsace, le lapin est chassé avec des bassets qui le font partir de dessous les buissons, ou bien au furet qui le force à sortir de son terrier. Dans le premier cas, on le tire si l'on peut ; dans le second, on le prend d'ordinaire avec des bourses, petits filets tendus à la gueule des terriers. D'autres fois aussi on lui lance un coup de fusil quand il sort de son habitation poussé par le furet. Il est bon de commencer à chasser la nuit quand les lapins sont au gagnage. Alors on bouche les terriers, on lance les chiens, et quand le lapin ne peut pas se réfugier dans son trou, il tombe sous le plomb du chasseur.

L'on dit que les lapins causent beaucoup de dégâts. C'est possible, mais les cerfs, les sangliers et les lièvres font tout autant de dommages. D'ailleurs quand le nombre des lapins augmente par trop, il est facile de le réduire : les furets et les bourses, les bassets et les coups de fusil diminuent vite leur quantité.

Le lapin de garenne a bien meilleur goût que le lapin domestique. L'un vit au grand air, libre dans la forêt, courant de-ci de-là, choisissant sa nourriture, mangeant le thym et le serpolet, tandis que l'autre habite un étroit taudis, prisonnier sédentaire, et nourri exclusivement de choux. Aussi pour faire une gibelotte, les cuisiniers ont-ils bien raison de préférer le lapin gris des bois au lapin blanc de la cage.

Quant à moi, j'avoue que la gibelotte n'est pas le mets que je préfère. Je trouve la chair blanche du lapin sans saveur, mais je dois dire que la sauce est tout. Il s'agit d'accommoder le lapin... là est l'essentiel, et il est des sauces qui font que l'accessoire vaut mieux que le principal.

Les Sangliers

Le sanglier est-il un cochon sauvage ou le cochon est-il un sanglier domestique?

Grave question sur laquelle les veneurs ont discuté de tout temps.

A n'en juger que par les apparences extérieures, ces deux espèces d'une même race diffèrent du blanc au noir. Le porc peut se permettre un vêtement de couleur claire, car il ne craint pas d'attirer l'attention et il s'en rapporte à son maître pour la conservation et pour... la fin de son existence.

Le sanglier a besoin d'un pardessus de couleur sombre pour échapper aux poursuites de ses ennemis, et il est continuellement obligé de montrer les dents. A force de les montrer elles s'allongent et même elles s'aiguisent, car ses dents d'en haut ne servent qu'à donner du tranchant aux longues défenses de sa mâchoire inférieure.

Même voracité d'ailleurs.

Le cochon et le sanglier ne sont pas difficiles sur le chapitre de la nourriture. Ils font ventre de tout, et c'est avec raison que Toussenel a appelé le porc : le grand chiffonnier de la nature.

Il y a pourtant entre eux cette différence tout à l'éloge de la bête sauvage, c'est que le porc mange à l'occasion les petits enfants, tandis que le sanglier n'attaque l'homme que lorsqu'il est poussé à bout, acculé par les chiens, blessé grièvement, et en état de légitime défense.

Selon toutes les apparences, les premiers cochons furent de jeunes sangliers apprivoisés, mais il est incontestable que les cochons peuvent redevenir sangliers, et je puis en citer un exemple qui s'est produit dans la forêt du Neuhof, tout aux portes de Strasbourg.

Pendant la Révolution et dans les années qui suivirent, le peuple usa de représailles. En haine des seigneurs qui chassaient par monts et par vaux, à travers les bois et les champs, avec chevaux, chiens, valets et fanfares, et détruisaient en un instant les récoltes obtenues par tant de travail et de sueur, le paysan déclara la guerre aux bêtes de grande chasse, bêtes d'aristocrates, bêtes noires. La plupart des forêts furent dépeuplées de cerfs, de chevreuils et de sangliers.

Ces derniers disparurent complètement de la forêt du Neuhof.

Mais ce que le paysan avait détruit, le bourgeois enrichi a voulu le rétablir.

Dans les premières années de ce siècle, la chasse du Neuhof appartenait à un banquier d'origine russe qui s'était établi à Strasbourg.

Pour se donner un tiré nouveau, un coup de fusil plus beau, M. Livio ne craignit pas de mettre la plaie au champ et au cœur du cultivateur. Il lâcha dans la forêt des porcs, de vrais cochons, tirés de la Hongrie, qui, après trois générations vivant en liberté, sont devenus (ô leçon pour les nations opprimées) de beaux sangliers, d'indomptables solitaires.

Quelques vieux chasseurs se souviennent encore d'avoir vu au Neuhof des sangliers portant de grandes taches blanches, stigmates de leur domesticité primitive.

Il y a quelques années, les sociétaires de la chasse du Neuhof furent actionnés en dommages-intérêts par les habitants de cette partie de la banlieue de Strasbourg à raison des ravages exercés par les sangliers.

Lorsque ce procès parut devant le juge de paix, les

parties lésées reprochèrent aux chasseurs de cultiver le sanglier comme une plante de serre chaude et de le ménager intentionnellement pour la plus grande satisfaction de leurs plaisirs cynégétiques.

Les cultivateurs furent déboutés de leur demande par le motif qu'ils ne fournissaient pas la preuve que les locataires de la chasse avaient favorisé la multiplication des sangliers.

Peut-être que le jugement aurait été rendu en sens contraire, s'il avait été révélé alors que les sangliers du Neuhof n'étaient que des fils de truie artificiellement rendus farouches, car s'il doit être permis au propriétaire d'une chasse de conserver le gibier, l'on ne saurait admettre qu'il puisse légitimement mettre dans sa chasse des animaux nuisibles. Que dirait-on d'un spéculateur qui, dans un pays où il n'y a pas de rats, introduirait ce rongeur sous le fallacieux prétexte que de sa peau l'on fait des gants excellents, connus dans le commerce sous la dénomination de gants en peau de Suède?

Cependant je ne suis pas partisan de la responsabilité absolue en fait de dégâts causés par les sangliers. Ces animaux sont essentiellement nomades et changent fréquemment de résidence.

Du Fouilloux a dit, il y a bien longtemps : « Le sanglier n'est qu'un hôte. »

Vers le printemps surtout, quand il est en proie à de nouvelles ardeurs, le sanglier est capable de faire en une seule nuit des voyages qui fatigueraient un coursier numide.

Comment dès lors déterminer à quelle chasse appartient la bête qui a causé des dégâts et résoudre la question de l'imputation du dommage?

Il y a trente ou quarante années, les sangliers étaient redevenus très nombreux dans les forêts de l'Alsace, mais on ne constatait que très rarement des ravages commis par eux dans les champs cultivés, tandis que de nos jours ces ravages sont journaliers.

Comment expliquer ce fait?

Les sangliers sont-ils devenus plus civilisés, plus raffinés et préfèrent-ils comme aliments les denrées produites par l'industrie humaine aux plantes sauvages que la nature leur offre dans les bois?

Ou bien les terrains à l'entour et au milieu des forêts sont-ils mieux cultivés aujourd'hui et présentent-ils par leur proximité un appât plus facile aux sangliers?

Cette dernière raison est certes pour beaucoup dans les dégâts constatés, mais la principale cause doit en être attribuée à un fait auquel on n'a pas reconnu jusqu'à présent l'importance qu'il mérite.

La nature, en créant les animaux, a produit en même temps les aliments nécessaires à chaque espèce. A ceux qui habitent les forêts elle a donné les produits qui poussent dans la forêt même. Pendant des siècles, les sangliers se sont contentés de glands, de faînes, de noix, de noisettes, de merises, de pommes et de poires sauvages, de truffes, de champignons et de morilles.

Aujourd'hui, grâce à la nécessité toujours croissante de faire argent de tout, le commerce arrache ces produits spontanés de la terre à l'alimentation des pauvres sangliers pour les livrer à la consommation des hommes. Les prunelles vont à la distillerie, les noisettes au marché, les noix et les faînes chez le fabricant d'huile, les champignons, les morilles et les truffes sont accaparés par le pâtissier et le marchand de comestibles. Par surcroît de malheur, l'administration forestière fait extirper peu à peu toutes les

Chasse en hiver.

espèces non nobles; les pommiers et les poiriers sauvages disparaissent et avec eux leurs fruits si agréables aux groins délicats.

Enfin le gland, mets de prédilection du sanglier, lui a été enlevé par l'établissement des chemins de fer. La construction de ces grandes voies de communication a nécessité l'emploi d'une immense quantité de traverses en chêne qui servent à soutenir les rails. Pour se procurer ces traverses, les entrepreneurs ont passé des marchés dans toutes les contrées couvertes de forêts, et partout les chênes séculaires aux larges ramures sont tombés sous la hache des bûcherons.

Au moment actuel, dans les forêts de l'Alsace, le promeneur ne rencontre presque plus de vieux chênes et les sangliers ne trouvent plus de glands.

Que reste-t-il alors à ces pauvres bêtes si elles ne veulent pas mourir de faim?.... le vol dans les terres cultivées! — et si je qualifie de vols les déprédations des sangliers, j'ai tort, car il est de bonne guerre, puisque l'homme s'empare de la nourriture naturelle du sanglier, que ce dernier se rattrape sur les denrées artificielles destinées à la table de son plus cruel ennemi.

En Alsace, la chasse au sanglier ne se fait pas avec les grandes meutes et les brillants équipages du vautrait. Tout se passe bourgeoisement, et cela doit être dans un pays où il n'y a plus de seigneurs possédant de grandes fortunes territoriales.

Il y a une trentaine d'années l'on avait encore de beaux et bons chiens courants; de nos jours on n'emploie plus guère que des bassets.

Alors aussi on ne s'acharnait pas à une pauvre bête de compagnie ou à une laie accompagnée de quelques marcassins que nous sommes trop heureux de voir passer aujourd'hui; alors il vous défilait des compagnies de 20,

30, 40 pièces; les chasseurs dédaignaient les petits marcassins; ils exerçaient leur adresse sur les grosses bêtes et souvent ils pouvaient faire, et quelquefois ils faisaient, de magnifiques coups doubles.

En ce temps-là il y avait encore parfois de ces beaux épisodes de chasse mêlés de plaisir et de crainte : un vieux solitaire blessé tenait ferme aux chiens...

La meute acharnée l'attaquait avec furie, le prenant à la gorge et aux oreilles; quel vacarme! quels rudes assauts! quels grands coups de boutoir et que de chiens éventrés jusqu'à ce que la bête eût reçu le coup de grâce!

Hélas! je ne connais que par ouï-dire ces drames émouvants.

Maintenant les chasses au sanglier ne sont que des corvées. Il n'y a plus de danger, mais aussi il n'y a presque plus d'émotions.

Autrefois on était sept ou huit chasseurs, tous bons amis et bons vivants, aimant à rire et à plaisanter, partageant fraternellement leurs provisions et se moquant des maladroits, quel que fût leur rang ou leur position sociale.

Aujourd'hui des invitations envoyées par la poste réunissent 15, 20, 30, 40 chasseurs dont les quatre cinquièmes se rencontrent pour la première fois. On se salue, mais on ne se parle pas. Aucune intimité et partant pas de gaîté.

Le troupeau des chasseurs suit le garde, qui les place et assigne à chacun le meilleur poste.

A peine est-on placé que partent du côté opposé une

Chasse en été.

trentaine de traqueurs. Ils crient, ils hurlent! mais au lieu de marcher en ligne, ils se suivent par files pour éviter de se déchirer les mains et la culotte aux épines des broussailles. Beaucoup de bruit, peu de résultat, car la bauge se trouve au milieu des fourrés, et bien souvent Monsieur de la robe noire reste très tranquillement couché.

D'autres fois, quand il daigne se lever, c'est pour rebrousser plus tranquillement encore au travers de ces piailleurs qu'il ne craint pas. L'enceinte faite, on se dépêche d'en prendre une autre, puis une troisième, sans un instant de repos.

Les traqueurs coûtent cher, et l'on tient à leur faire gagner leur salaire.

Les chasseurs mangent comme ils veulent et comme ils peuvent, quelquefois en marchant d'une enceinte à l'autre, afin qu'il n'y ait pas de temps perdu. Et cela continue ainsi jusqu'à la tombée de la nuit. Aussi rentre-t-on de ces grandes chasses ennuyé, fatigué, éreinté et presque toujours bredouille!

La superstition populaire a fait au sanglier une vilaine réputation de méchanceté; l'on se figure assez généralement qu'il attaque le chasseur dès qu'il l'aperçoit, afin de le déchirer à belles dents.

Au contraire, le premier mouvement du sanglier qui passe la ligne des chasseurs est de se sauver, même quand on le blesse au passage. Ce n'est que lorsqu'il est fatigué par une longue poursuite, qu'il est acculé, que les chiens l'entourent et que le chasseur s'avance vers lui, que l'on voit de vieux solitaires entrer en fureur et devenir réellement dangereux.

Cependant il est incontestable que la vue seule d'un animal sauvage de cette taille donne de l'émotion au chasseur, alors même qu'il a déjà tout son sang-froid pour les autres espèces de gibier, mais qu'il n'a jamais assisté à une chasse au sanglier.

Le premier sanglier qui m'est venu, m'a laissé calme jusqu'à ce que j'eusse vu qu'il continuait à courir après mes deux coups. Mais alors, quand avec la bête tout danger avait disparu, j'ai été pris d'un tremblement général, mes dents claquaient, mes genoux s'entre-choquaient et j'ai bien été cinq minutes avant de pouvoir maîtriser mon système musculaire.

Au second sanglier le tremblement a été moins prononcé et a duré moins longtemps.

Depuis je n'ai plus rien ressenti.

Quand on se trouve à une traque au sanglier, la première condition et la plus essentielle est de se cacher autant que possible et surtout de rester complètement immobile lorsqu'il se fait quelque bruit dans les broussailles.

Le sanglier qui n'a pas la meute au derrière, flaire, évente de tous les côtés avant de passer la ligne, et il a le nez bon, l'œil perçant et l'oreille exercée; tous ses sens sont d'une finesse extrême. Si vous faites le moindre mouvement, s'il vous évente, il rebroussera, y eût-il cent traqueurs derrière lui, et il forcera leur ligne sans s'inquiéter du bruit qu'ils font.

En restant bien tranquille, on a encore un autre avantage, c'est quelquefois de voir la bête venir à soi sans défiance et de la pouvoir tirer sous bois.

Ici un conseil: si vous ne tirez pas aussi bien que Bas-de-Cuir ou Gérard, le tueur de lions, si vous n'êtes pas sûr de lui loger une balle dans l'œil, ne tirez jamais en pointe, c'est un coup perdu. Si vous laissez venir le sanglier, il se présentera peut-être un peu en travers, ou s'il se retourne, vous aurez plus de chance pour le tirer par derrière.

On croit généralement qu'une aussi énorme bête ne peut pas s'approcher du chasseur sans faire beaucoup de bruit.

Cela est vrai quand un gros sanglier est lancé par les chiens, car alors il passe comme un boulet de canon à travers tous les obstacles. Mais très souvent aussi le sanglier suivra un sentier garni d'herbes, et la plus grosse pièce peut vous débouler sans que vous l'ayez entendue venir. Quand elle vous passera, n'oubliez pas que pendant la course les poils (les soies) du dos se hérissent et donnent à la bête une apparence de grosseur énorme. Si vous n'en tenez pas compte, vous tirerez trop haut, d'autant plus que la balle a toujours de la tendance à monter.

Pour être sûr de son coup, il faut viser à une ligne représentée par la jonction du tiers inférieur avec les deux tiers supérieurs du corps de l'animal.

Enfin n'oubliez pas que, si votre coup de fusil ne porte que dans la partie postérieure de la bête, la balle ne fera pas plus d'effet qu'un coup de fouet donné à un cheval. On a dépecé des sangliers qui étaient comme lardés de balles. Une triple graisse protège comme un triple airain cette partie de leur corps que je n'ose appeler par son nom, de peur qu'une lectrice effarouchée ne dise de mon article sur le sanglier ce que le maréchal de Vauban disait lui-même d'un traité qu'il avait fait sur le cochon.

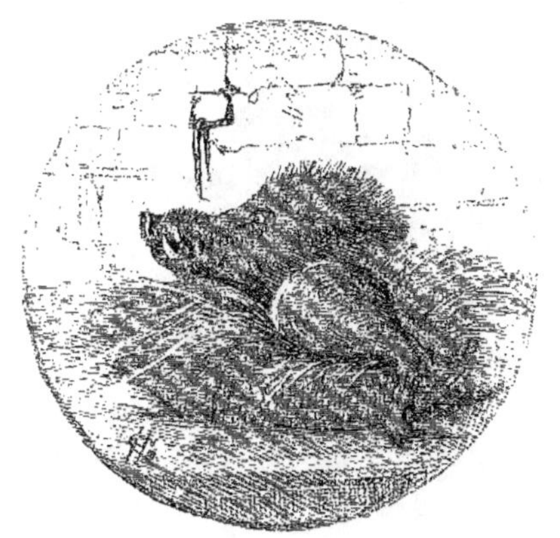

Hirondelles

On ne doit pas chasser les
hirondelles, mais on tire dessus
et, à cet exercice, le jeune chasseur
apprend à manier le fusil. Qui n'a pas
essayé son habileté à tuer des hirondelles ? Heureusement,

il n'est pas facile de les atteindre à cause de l'irrégularité de leur vol. C'est chose mauvaise que de vouloir en abattre, car il faut se souvenir que l'hirondelle mange des cousins, des mouches, des chenilles et des hannetons, et qu'en détruisant ces jolis petits oiseaux on multiplie la vermine.

C'est à raison des services qu'elles nous rendent que les hirondelles sont considérées comme des oiseaux de bon augure. De même que les cigognes, elles sont censées nous porter bonheur. Elles le savent, et c'est pourquoi elles bâtissent leur nid contre nos maisons. Ce nid, qui est une merveille d'architecture, est d'ordinaire placé sous le toit et affecte la forme d'une soucoupe avec une doublure en plumes. Heureuses les maisons où nichent les hirondelles !

Que leur vol est donc gracieux ! et le cri aigu qu'elles jettent, en décrivant leurs courbes, n'a rien de désagréable. La nature les a organisées pour vivre dans l'air : corps petit — ailes grandes — muscles puissants — queue longue et fourchue – vue perçante. Aussi, quand elles aperçoivent des oiseaux de proie, elles jettent le cri d'alarme et les volailles de la basse-cour s'empressent de se garer.

La mère aime ses petits. Quand ils sont tout jeunes, elle leur donne soigneusement la becquée. Un peu plus tard, elle leur apprend à voler. Il s'agit de leur enseigner à happer les moucherons, et toute la famille est contente quand la leçon a réussi. Les hirondelles pratiquent la solidarité, et quand un accident arrive, toutes s'empressent de venir au secours de celle qui est ainsi éprouvée. Entre elles l'affection est de rigueur : les veuves sont inconsolables ; les voisines se chargent des orphelins ; les parents se sacrifient pour les enfants.

L'hirondelle émigre à la fin de l'été et revient au printemps. Son départ est jour néfaste et son re-
tour est une joie. Elle va passer l'hiver dans le pays où fleurit l'oranger.

Cependant quelques-unes restent dans nos climats ; cachées dans les crevasses des vieux murs, elles sont comme engourdies. Apparemment à l'époque du départ, les petits ne pouvaient pas faire le voyage.

Est-il vrai que Tobie soit devenu aveugle parce qu'il regardait voler les hirondelles, et que ces oiseaux rapides avaient laissé tomber quelque chose dans ses yeux ?

Les nids d'hirondelles en Chine.

C'est probablement un conte biblique comme d'autres événements merveilleux, car rien ne peut faire croire à un pareil effet de la fiente de ces charmantes filles de l'air.

Ce qui est plus vrai, c'est que les hirondelles peuvent remplacer les pigeons pour porter les nouvelles. De tout temps, elles ont été employées comme messagers et elles reviennent au nid avec une régularité parfaite.

A Strasbourg on appelle les ramoneurs : *Hirondelles de cheminée.*

Chez les Chinois, on mange les nids d'hirondelles ; la raison en est fort simple : ils sont fabriqués avec des algues sucrées.

Quant à moi, j'aime les hirondelles. Tous les poètes ont chanté leur éloge. Je n'en veux d'autre preuve que ces vers :

> . . . . cet oiseau passager,
> Qui pour nous des beaux jours est l'heureux messager.

Et ceux-ci :

> Hirondelle,
> Toi si belle,
> D'où viens-tu?...

Les Loups

Je n'ai jamais vu de loups
qu'au Jardin des Plantes, mais je sais
qu'autrefois ils étaient très nombreux en Alsace.
Pour en diminuer la quantité, on fut obligé d'établir une

prime pour celui qui parvenait à en tuer. Leurs déprédations étaient énormes, et, pour protéger les moutons, les chèvres et le gibier, il fallut mettre leur tête à prix.

Aujourd'hui il n'y a plus de loups, mais il y a encore des lieutenants de louveterie. Ces fonctionnaires ont un uniforme, ils montent à cheval, ils entretiennent des meutes et sous prétexte de détruire les loups, ils courent le cerf, le chevreuil et le renard.

Le loup ressemble beaucoup au chien de berger. Comme les chiens, les loups sont sujets à la rage. Entre les deux espèces, il y a eu des rapprochements. Il est donc probable que le loup est un chien à l'état sauvage. Cependant les loups n'aboient pas — ils hurlent, d'où est venu le proverbe : hurler avec les loups.

Ils habitent au plus épais du fourré épineux. Ils sont prudents et rusés. Comme les renards et les sangliers, ils *vont d'assurance,* et mettent très régulièrement la patte de derrière à la place que celle de devant vient de quitter, ayant l'air ainsi de n'avoir que deux pieds au lieu de quatre.

Quand les loups veulent dépister les chasseurs, ils se suivent et chacun marque son pas dans l'empreinte de son devancier.

On prétend qu'en passant une rivière, les loups nagent en se tenant par la queue.

S'il est vrai que Romulus et Rémus ont été allaités par une louve, il doit paraître tout naturel que les Romains aient été un peuple de bandits, car loup est synonyme de brigand, au dire de l'auteur de l'*Esprit des bêtes.* Ce qui est

Dans les Vosges.

certain, c'est que les loups suivent les armées et mangent les cadavres sur le champ de bataille. Cela vaut mieux que d'imiter les hommes qui s'entretuent sans même se connaître.

Les loups mangent les moutons et les chèvres, mais rarement ils s'attaquent à l'homme. Quand la faim ne les presse pas, ils sont plutôt craintifs et poltrons ; ils ne sont méchants et féroces que si l'hiver les empêche de manger. Alors la faim met le loup hors du bois.

Leur grand ennemi, c'est le chien qui garde les troupeaux. Aussi ils se réunissent pour le tuer.

Les loups sont classés parmi les animaux nuisibles et chacun peut les détruire. Cependant les vieux loups ne sont pas faciles à forcer. La chasse à courre n'en a que difficilement raison, car ils vont toujours tout droit, à travers les prés, les vignes, les bois et les rivières, et ainsi ils lassent les cavaliers et les chiens. Ils sont d'ailleurs très méfiants et avec eux les pièges ne réussissent guère. Rien n'est difficile comme d'empoisonner un loup.

Quand un hiver est très rigoureux, les journaux parlent encore des loups qui mangent les petits enfants... Il ne faut pas y croire : ces loups sont des *canards !*

L'homme est aujourd'hui le pire ennemi de l'homme : *homo homini lupus.*

Lafontaine a fait une charmante fable qui a pour titre : *le Loup et le Chien,* et le sujet en est ainsi exposé : un loup rencontre un dogue; le loup était maigre, le chien était gras. La conversation s'engage : le dogue conseille au loup d'abandonner la forêt, de se rallier à l'homme, lui décrit les bons repas qu'il fait et les caresses qu'il reçoit. Mais le loup s'aperçoit que le cou du chien est pelé et il demande pourquoi. Le chien répond que c'est l'effet produit par le collier auquel il est attaché.....

Attaché !

Cela dit, maître loup s'enfuit, et court encor.

Ruse pour

prendre les Corbeaux

On ne chasse pas le cor-
beau : on le tue... quand
on peut, car on ne l'approche
pas facilement. Le corbeau a conscience de sa réputation.

Il sait que le paysan le déteste et qu'il passe pour un oiseau de mauvais augure. Aussi est-il très méfiant, et du plus loin qu'il aperçoit un chasseur, il s'envole hors de la portée de son arme.

L'âme du corbeau est-elle aussi noire que son plumage ? — Je ne saurais le dire. Je crois bien qu'il lui arrive de détruire quelques œufs de perdrix et de manger un peu de grain répandu dans les sillons à l'époque des semailles. Mais s'il commet ainsi des dégâts, il est certain qu'il rend aussi des services. Il dévore les vers blancs et les limaces, il débarrasse les champs de toutes les charognes, et quand les hommes se sont entre-tués dans l'intérêt des rois, les corbeaux s'abattent sur le champ de bataille et nous préservent de la peste en faisant curée des cadavres.

Ce qui a perdu le corbeau dans l'opinion publique, c'est sa robe noire, son cri rauque et son goût pour les chairs en putréfaction. Et cependant il remplit consciencieusement son métier de balayeur d'ordures et de croque-mort, et on devrait lui pardonner son costume funèbre et sa voix criarde en retour des services qu'il rend à la salubrité publique.

Il est de fait que le corbeau est l'objet de l'antipathie générale. La malignité publique le compare volontiers aux hommes d'église et aux hommes de loi. Je vois bien la ressemblance par la couleur de la robe, j'admets aussi quelque analogie entre les cris du corbeau, les prières des chantres d'enterrement et les éclats de voix de certains avocats d'assises, mais pour le surplus j'en suis réduit à me ranger de l'avis de Toussenel qui trouve l'origine de la comparaison dans l'habitude qu'ont les prêtres, les avocats et les corbeaux de parler le latin. Chacun sait qu'au palais et à l'église on emploie cette langue; quant aux corbeaux, l'auteur de l'*Esprit des bêtes* nous apprend qu'eux aussi parlent latin, parce qu'ils répètent sans cesse le mot *cras* qui veut dire demain. Toussenel en conclut que le corbeau nous encourage à compter sur un avenir meilleur.

J'ai dit que l'on ne fait pas la chasse aux corbeaux. Leur chair n'est pas bonne à manger. Un pot-au-feu de corbeau est loin de valoir un bouillon de bœuf. Cependant, quand les chasseurs rentrent bredouille, ils tirent volontiers sur des troupes de corbeaux. Manière de se venger et de s'exercer. Mais le corbeau a l'œil au guet, et tirer sur un corbeau, c'est jeter son plomb au vent.

Il est cependant un procédé pour s'en emparer où la ruse du braconnier remplace avantageusement l'habileté du tireur.

Voici le stratagème pour les prendre. Il est décrit dans l'*Aviceptologie française,* par Buliard, traité général de toutes les ruses dont on peut se servir pour prendre les oiseaux. Il est employé en Alsace.

En hiver, quand les champs sont couverts de neige, les corbeaux sont en peine de leur nourriture. Ils viennent la chercher dans le fumier répandu sur les routes. Il s'agit de spéculer sur leur faim. On confectionne de petits cornets avec du papier gris un peu fort. On les garnit dans le fond avec de la viande hachée et on enduit les bords avec de la glu. Ces cornets ainsi préparés sont piqués dans le fumier par la pointe, présentant ainsi leur ouverture béante à la voracité des corbeaux.

Les oiseaux affamés sont attirés par l'odeur de la viande. Ils viennent tournoyer au-dessus de la route. Ils hésitent longtemps. Enfin ils s'abattent et les voilà picorant de leur bec la charogne dans les cornets. La première bouchée sera la dernière, hélas! Le cornet gluant s'attache autour de la tête. L'oiseau cherche à s'en débarrasser et il n'y parvient pas. Il se débat, il tressaute, il bat des ailes. Enfin perdant la vue et la respiration, la pauvre bête s'enlève à une hauteur prodigieuse pour retomber aussitôt comme un plomb.

Cette chasse est fort amusante, car les corbeaux coiffés du petit éteignoir en papier se livrent à toutes sortes d'évolutions drolatiques, et l'on peut de cette façon en prendre un grand nombre.

Les

Cigognes de Strasbourg

—

Il y a une vingtaine d'années
je demeurais à Strasbourg dans
le voisinage de la vieille église
protestante appelée le Temple-
Neuf. C'était une construction toute en briques, assez
laide, très grande et surmontée d'une énorme toiture.
L'église n'avait pas de clocher, et le chœur, retranché de

la nef, avait été affecté à la bibliothèque municipale. Tout cela a été détruit pendant le bombardement.

Régulièrement, chaque année, entre le 10 et le 20 août, toutes les cigognes de la ville venaient, vers le soir, se réunir sur le Temple-Neuf.

Elles arrivaient des cheminées d'alentour, vieilles et jeunes, et se rangeaient en une longue file sur l'arête du toit.

C'était chose curieuse à voir que tous ces grands oiseaux blancs, au long bec, montés sur leurs maigres échasses. Ils battaient des ailes, se tenaient tantôt sur l'une et tantôt sur l'autre jambe et faisaient entendre ce bruit particulier aux cigognes que l'on appelle claquement.

Quelques vieilles voletaient de-ci et de-là, comme pour donner un mot d'ordre. Des émissaires étaient envoyés aux retardataires pour hâter leur arrivée.

La réunion durait une heure au moins, puis chaque famille retournait à son nid, pour revenir le lendemain à la même heure.

De nouveau l'inspection était passée par les anciens et la consigne répétée.

Cette revue de départ se renouvelait trois ou quatre fois, et un beau matin les Strasbourgeois constataient à regret que toutes les cigognes étaient parties.

L'habitude des migrations annuelles est chez les cigognes aussi vieille que le monde.

Pline l'Ancien, qui périt le jour où disparurent Pompéi et Herculanum, en rend témoignage. Dans son *Histoire de la nature,* il s'exprime ainsi : « De quel lieu viennent les cigognes, en quel lieu se retirent-elles ? C'est encore un problème. Nul doute qu'elles ne viennent de loin, de même que les grues. Celles-ci voyagent l'été ; la cigogne l'hiver. Avant que de partir, elles se réunissent dans un lieu déterminé. Nulle ne manque au rendez-vous, à moins qu'elle ne soit esclave ou prisonnière. Elles s'éloignent toutes à la fois, comme si le jour était fixé par une loi. Jamais personne ne les a vues partir, quoique partout elles annoncent leur départ d'une manière sensible. Nous apercevons bien qu'elles sont venues, mais jamais nous ne les voyons venir. Le départ et l'arrivée ont toujours lieu la nuit. »

Ce qui a été dit de la cigogne il y a dix-huit siècles, est toujours vrai. Les bêtes sont trop intelligentes pour changer d'habitudes !

Il est certain que les migrations sont concertées ; l'époque en est déterminée et le jour choisi. Les débats n'ont pas lieu sans discussion. On n'est pas d'accord. Les jeunes, les inexpérimentés veulent rester encore. Les vieux, les sages, les voyageurs éprouvés insistent pour le départ. Ils font valoir que les pluies d'automne abattent les insectes qui se réfugient dans la terre. Dès lors plus de nourriture : il faut partir vers des climats plus doux. — Mais la route est immense ; il s'agit d'aller par delà les montagnes, les mers, les déserts ; les vents sont variables ; il faudra braver tous les périls !! — Pourtant les plus faibles se rassurent en songeant au grand nombre des compagnons de voyage et au plaisir de se baigner de soleil. — Le jour du départ est fixé.....

Où les cigognes vont-elles passer l'hiver? Dans des climats plus chauds: en Grèce, en Arabie, aux environs du mont Sinaï, en Égypte et dans toute l'Afrique jusqu'au cap de Bonne-Espérance.

« On montre à Bâle, dit Toussenel, dans une salle de l'hôtel de ville, une cigogne empaillée, dont le corps est traversé de part en part d'une flèche africaine des environs du Cap. Cet accident n'avait pas empêché l'oiseau de partir avec les autres à l'époque du voyage du Nord. »

Les cigognes reviennent en Alsace avec le printemps et le même couple reprend le même nid.

Les nids sont invariablement installés sur les cheminées qui, à Strasbourg, sont larges et hautes et dont la plupart sont couplées au nombre de trois et de quatre. La partie supérieure constitue ainsi une espèce de plate-forme qui couvre les ouvertures latérales donnant passage à la fumée.

C'est là que les cigognes établissent leur domicile affectant la disposition d'une corbeille d'où déborde la paille et qui est garnie à l'intérieur de plumes et de duvet, couchette molle et chaude pour les œufs à couver.

Le cours du Rhin paraît constituer pour les cigognes la patrie d'été de prédilection. Depuis Bâle jusqu'en Hollande on trouve les cigognes installées sur les cheminées.

Aujourd'hui, hélas! la France n'a plus de cigognes! Elle les a perdues en perdant l'Alsace.

Il y a plus de vingt ans, Toussenel constatait déjà que: « la cigogne n'avait trouvé que deux départements habitables en cette vaste France..... deux départements sur

Sur les toits de Strasbourg.

quatre-vingt-six, ce n'est guère... » Je demande la permission d'achever cette citation où le spirituel auteur du
Monde des oiseaux explique comment la cigogne justifie
son établissement exceptionnel en Alsace: « Ce n'est pas
« seulement, dit-il, parce que les deux départements du
« Rhin sont ceux où l'industrie agricole et l'industrie
« manufacturière ont atteint leur plus haut degré de per-
« fection, mais avant tout, parce que ces deux départements
« nourrissent la population la plus probe et la plus éclairée
« de France. » (T. III, p. 350.) Cet éloge est doux au
cœur des exilés !

Partout où réside la cigogne, qu'elle pose sur les mi-
narets d'Orient, ou qu'elle craquète sur les clochetons des
cathédrales d'Allemagne, partout le peuple l'aime et la
vénère. C'est un animal sacré !

Il est incontestable que les cigognes rendent des services.
Elles font la chasse aux serpents, aux reptiles, aux mulots
et à toutes les vermines. On les voit suivre gravement la
charrue et dévorer les larves des hannetons que le sillon
creusé met à découvert.

Jamais un chasseur ne tire sur une cigogne. J'aime à
croire que l'immunité dont elle jouit est due à ses vertus.
Il me serait pénible de penser qu'on la respecte tout simplement parce que sa chair est détestable.

Quoi qu'il en soit, la légende considère la cigogne
comme un oiseau de bon augure.

Dans un vieux recueil de contes de matrones, intitulé :
les Évangiles des quenouilles, imprimé à Bruges en 1475, on lit :
« Quand une cigogne fait son nyd deſſus une cheminée,

c'eſt ſigne que le ſeigneur de l'oſtel ſera riche et vivra longuement. »

Les antiques croyances admettaient que la cigogne protège la maison contre la foudre. C'était une bête sainte, et dans certaines villes d'Allemagne, l'arrivée des cigognes, messagères du printemps, était annoncée par une fanfare du gardien de la tour de l'église.

Ce qui est certain, c'est que l'on peut appliquer à la cigogne, ce que Michelet dit de l'hirondelle : « Elle n'a pas pris seulement notre maison, mais notre cœur ! »

La légende va plus loin encore. Elle considère les cigognes comme l'incarnation des âmes des trépassés. En cette qualité d'hommes métamorphosés en bêtes, elles auraient pour mission d'aller chercher au fond des puits l'âme destinée à l'enfant qui vient de naître.

Dans toute l'Allemagne du nord et du centre, chaque ville avait son puits aux enfants. Strasbourg avait son *Kindelsbrunnen*.

Cette naïve croyance trouve sa source dans la mythologie qui fait de la cigogne, conjointement avec le paon, l'oiseau favori de Junon, déesse des relevailles.

Quant à moi, j'avoue modestement que ces graves questions de l'origine de l'homme et de sa destinée après la mort me laissent froid. Que nous partions du singe pour aboutir à la cigogne, qu'importe, pourvu que nous fassions le bien et que nous vivions le mieux possible !

D'ailleurs les cigognes méritent notre estime par des raisons plus sérieuses que toutes celles imaginées par la superstition. Elles pratiquent la piété filiale, l'amour mater-

nel, la fidé-
lité conju-
gale!!!

Voilà certes
de bien grandes
vertus, et tant de
qualités réunies
ne laissent pas
que de jeter quel-
que défaveur sur les hommes et
les femmes qui trop souvent re-
nient les vieux parents, aban-
donnent les petits enfants et se
complaisent aux conversations
criminelles.

La cigogne a donné de nombreuses preuves de son amour
maternel.

Elle prépare le nid avec soin,
elle le garnit de duvet, elle y
dépose ses œufs, elle les couve
tendrement et ne quitte pas un
instant sa chère progéniture.
Quand les petits sont éclos, un
autre travail commence. Le père
se charge d'apporter leur nourriture; la mère doit veiller à leur
éducation.

Il s'agit de leur apprendre à

En Égypte.

voler et ce n'est pas chose facile. Quand, en essayant de marcher, nos enfants tombent, ils ne se font pas grand mal, mais les cigogneaux doivent apprendre à voler et pour cela il faut sortir du nid et se lancer dans l'espace. Aussi combien les petits sont craintifs et combien la mère est inquiète !

Et cependant la première leçon est donnée sans accident et bientôt l'on voit les jeunes voleter gaiement autour du nid aérien.

Mais ces soins maternels sont choses ordinaires. La cigogne pousse plus loin le dévouement : elle aime ses enfants jusqu'à mourir pour eux.

En voici un exemple mémorable.

A Delft, une maison brûle, les flammes envahissent la toiture ; la couvée d'un nid de cigognes vient d'éclore, les petits sont tout nus et ne peuvent s'envoler, la mère comprend le danger ; elle s'agite, bat des ailes, craquète désespérément, vole aux alentours pour chercher du secours, et quand enfin le nid s'enflamme, elle se jette dans le brasier et périt avec ses enfants !

Il n'est que juste qu'en retour d'un pareil dévouement, les petits aiment les vieux parents.

Aussi quand l'âge est venu, quand les vieilles cigognes, criblées de rhumatismes, ne peuvent plus voler au loin à la recherche des provisions, les jeunes leur apportent à manger. Soins pieux qui ont inspiré le législateur d'Athènes quand il a édicté la *loi pelargonia* (Πελαργός : cigogne) qui oblige les enfants à servir des pensions alimentaires aux parents vieux et infirmes.

Il me reste à parler de la fidélité conjugale des cigognes, et sur ce sujet les preuves abondent.

Quand un couple s'est uni, mâle et femelle ne se quittent plus; c'est un véritable mariage. Tous les ans ils partent ensemble pour les pays lointains, traversent de compagnie les mers et les déserts, reviennent ensemble et reprennent le même nid.

Le mari est vertueux; l'épouse est fidèle. Dans les familles de cigognes l'adultère est inconnu!

Si quelquefois la chronique scandaleuse a parlé des cigognes, c'est que la malice humaine a troublé leur ménage, mais aussi un châtiment terrible a frappé celles qui étaient accusées d'inconstance.

En Hollande, de vilains gamins profitèrent un jour de l'absence d'une cigogne pour enlever les œufs de son nid et y substituer des œufs de poule. La mère ne se douta de rien et couva consciencieusement cette fausse progéniture. Mais quand les petits poulets eurent brisé leur coque, le père et la mère furent épouvantés; ils jetèrent des cris d'effroi, battirent des ailes, tournoyèrent au-dessus du nid, puis tout à coup ils fondirent ensemble sur les poussins et les massacrèrent impitoyablement.

Une histoire analogue nous vient de plus loin. A Smyrne, un chirurgien français voulant se procurer une cigogne, s'avisa de voler les œufs d'un nid; il les remplaça par des œufs de poule. La mère les couva, mais quand les poussins apparurent, une scène conjugale éclata et le mari quitta le nid pour revenir bientôt accompagné d'un grand nombre de cigognes. Un tribunal fut constitué, les juges

formèrent le cercle autour de l'épouse accusée d'adultère.
Le mari exposa sa plainte et la pauvre innocente, condamnée à mort, fut immédiatement mise en pièces. Le nid
resta abandonné.

Comme la femme de César, une cigogne ne doit pas
être soupçonnée !

Cara et Caro

Cara, ma chienne, était blanche avec des taches couleur
café au lait. Fine de taille et admirablement musclée, elle
courait et sautait comme le vent.

C'était une bête de race, poil ras, oreilles longues, et la lèvre inférieure retombant comme chez les fumeurs qui abusent de la pipe.

Ses yeux étaient bons et doux. Elle témoignait son affection, non seulement par son regard caressant et des allures câlines, mais par le frottement de son museau pointu, par les lécheries de sa langue rude et les frétillements de sa queue longue et mince.

Elle aimait la chasse passionnément.

Il fallait voir ses gambades folâtres et entendre ses abois joyeux, quand son maître décrochait le fusil et endossait la carnassière.

Folle de joie, elle prenait sa course et faisait à travers champs des randonnées fantaisistes. Mais aussitôt l'entrée en chasse, un signe ou un regard la ramenait près du chasseur.

Elle allait à droite et à gauche dans les couverts, levant le nez, prenant le vent, regardant parfois en arrière pour s'assurer qu'elle était suivie et que le fusil était prêt.

Quand alors elle rencontrait, l'on pouvait selon ses attitudes savoir quel gibier elle avait devant elle.

Si c'était un lièvre, elle tombait brusquement en arrêt, le nez vers le sol, immobile, battant légèrement de la queue. Si c'étaient des perdreaux, elle s'arrêtait le nez en l'air, aspirant les émanations, puis quand la compagnie s'éloignait en piétant, elle suivait à pas comptés, se coulant, se glissant, s'arrêtant, rampant encore, jusqu'à ce que, au bout du champ, les perdreaux partaient, salués et abattus par le feu croisé des chasseurs.

Et comme elle était prompte à se lancer à la poursuite d'un lièvre blessé ! Elle le gagnait à la course, le terrassait d'un coup de gueule, le mordillait à plaisir, et le rapportait pantelant aux pieds de son maître.

Et quand un perdreau démonté essayait de se sauver et allait se blottir à l'endroit le plus touffu, comme elle savait le chercher et le découvrir, et comme elle était orgueilleuse de le porter tête haute, ayant l'air de dire : je l'ai trouvé ; le voici !...

Ce que je raconte sur *Cara,* on peut le dire de tout bon chien d'arrêt, mais j'en parle avec quelque émotion parce que tout chasseur se figure volontiers que son chien a des qualités exceptionnelles.

Et si vous voulez que je l'avoue... oui, *Cara* avait des vertus spéciales. En voici un exemple :

Un jour, c'était à la fin du mois d'août, alors que les champs d'Alsace ne sont pas dépouillés encore, j'avais chassé depuis assez longtemps, il faisait très chaud et je n'avais rien rencontré encore. *Cara* avait disparu.

J'appelle, je siffle, je regarde un peu partout... Rien, pas de *Cara.* Je vais plus loin, pensant qu'elle allait revenir auprès de moi. Attente vaine !

Je rebrousse chemin, j'entre dans les champs couverts de chanvre, de maïs, de colza.

Il s'était bien passé une demi-heure, lorsque j'aperçus *Cara.* Au milieu d'un champ de maïs, elle était immobile... en arrêt.

J'approche et je vois devant elle un lièvre au gîte. La bête ne bougeait pas, fascinée par le regard du chien.

Il fallut à coups de pied faire décamper le lièvre et le tirer au crochet. — Si je n'avais pas retrouvé *Cara,* elle serait encore en arrêt à la même place !

Le chien a été donné à l'homme pour voir, sentir et courir. Il est plein d'amitié, d'intelligence et de dévouement. L'absence du chien en Amérique a créé le Peau-Rouge qui sait découvrir et suivre le gibier... (et l'ennemi). Il est probable que, avec le chien, les sauvages de ce pays ne seraient pas des cannibales : c'est la faim qui pousse à l'anthropophagie.

Les chiens sont capables d'apprendre bien des choses. Dans les steppes neigeuses on les attelle à des traîneaux et ils servent de chevaux de poste. Les boulangers les emploient à voiturer des pains. A Constantinople ils font la police des rues. Ceux du mont Saint-Bernard sauvent les voyageurs égarés. Les chiens des premiers pasteurs, en leur permettant d'avoir des troupeaux, leur donnaient le loisir de faire du gigot, de la laine et de l'astronomie. Qui ne connaît le chien du contrebandier et qui n'a vu des chiens savants ! Un chien se laisse mourir sur la tombe de son maître...

Pour en revenir à ma chienne, hélas, *Cara* est morte ! — Pendant le bombardement de Strasbourg elle fut comme affolée. Les détonations continuelles des obus lui agaçaient les nerfs.

Évidemment elle ne comprenait rien à cette canonnade à travers les maisons. Elle en tomba malade et il fallut la faire abattre.

Mais *Cara* a eu un fils qui s'appelait *Caro.* Il était né

quelques mois avant la guerre, et lorsqu'il fallut abandonner la maison de campagne, le chien fut confié à un fermier du voisinage.

Caro avait alors environ dix mois. Il était de même robe et marqué comme sa mère, mais il était plus grand et plus fort.

Bientôt la maison fut occupée par une compagnie du 6ᵉ régiment d'infanterie badoise.

Une centaine d'hommes s'installèrent dans les chambres, les greniers et les caves.

Ils avaient pour lieutenant porte-drapeau une espèce de hobereau qui s'appelait le baron de Maifisch (poisson de mai — alose). C'était probablement le descendant d'un cuisinier qui, plus heureux que Vatel, avait servi au dîner de son souverain quelque poisson merveilleusement accommodé et avait reçu, en récompense de ses talents culinaires, une particule et un titre.

L'officier rencontra *Caro* et s'en empara, mais il ne parvint pas à s'attacher le chien autrement qu'en le tenant en laisse. Par fanfaronnade il le surnomma *Chassepot*, et quand *Caro* s'évadait, on entendait le Maifisch crier : *Chassepot, hier !* (ici, *Chassepot*).

Cela durait depuis quelques semaines lorsque la compagnie reçut l'ordre de changer de campement.

Le lieutenant monta à cheval, et comme *Caro*, attaché à une longue corde, refusait de marcher, il le plaça devant lui sur sa selle.

Puis s'opéra le départ; mais à peine en route, *Caro* s'élance à terre, le cheval se cabre et le baron de Maifisch va rouler dans la poussière aux éclats de rire de la compagnie.

C'est ainsi que *Caro* a refusé de devenir allemand, et depuis il a toujours regardé comme une injure d'être appelé *Chassepot.*

Les Oies

et les

Pâtés de foie gras

Bête comme une oie! est un proverbe
qui ne fait pas honneur à la sagesse
des nations. Les oies sont, comme tous
les animaux, douées de l'intelligence nécessaire à leur condition, en vertu du grand
principe qui veut que les aptitudes soient pro-
portionnelles aux destinées. Remplir honnêtement
la mission pour laquelle on a été créé et mis au
monde, constitue un mérite auquel bien des hommes
intelligents ne peuvent pas prétendre.

L'oie jabote et barbote, elle s'en va paître aux champs et sait distinguer les bonnes herbes parmi les mauvaises; elle aime ses enfants et au besoin elle les défend des coups de son bec et du battement de ses ailes, sans compter qu'en mourant elle nous laisse son corps pour faire un rôti, sa graisse pour remplacer le beurre, son duvet pour garnir nos oreillers, et ses plumes pour écrire des choses plus ou moins spirituelles.

Et ce n'est pas tout : dans l'antiquité les oies ont sauvé le Capitole, et de nos jours elles contribuent à la fabrication des délicieux pâtés de foie gras connus et appréciés dans toutes les parties du monde civilisé.

Quand les Romains ont mis des oies au Capitole, ce n'était pas, j'imagine, pour le défendre contre les Gaulois. Les guerriers se sont endormis et les oies ont jeté le cri d'alarme. J'en conclus qu'elles avaient plus de vigilance et de patriotisme que leurs maîtres, et quand je vois aujourd'hui tant de commissaires de surveillance de sociétés anonymes laisser commettre toutes sortes de malversations, je me demande si les actionnaires ne feraient pas mieux de faire garder par des oies les titres et la caisse de la compagnie.

Quant aux pâtés, je sais fort bien qu'ils n'ont pas été inventés par les oies, mais ces pauvres bêtes nous fournissent le meilleur de leurs corps pour satisfaire notre gourmandise, et nous devrions, ne fût-ce que par reconnaissance, leur épargner les injures et la calomnie.

L'oie sauvage (*Schnéegans* — oie de neige) est aujourd'hui fort rare en Alsace; on ne l'aperçoit qu'à l'époque

Le pâturage aux bords de l'Ill.

des migrations fuyant les régions polaires pour se diriger le long du Rhin vers des climats plus doux. C'est un oiseau qui mérite incontestablement le coup de fusil du chasseur, lorsqu'il peut l'approcher.

Je ne parlerai ici que de l'oie domestique, qui mérite une mention spéciale au point de vue gastronomique.

L'oie a dû s'acclimater facilement dans la vallée du Rhin. Séduite par les vastes pâturages et les nombreux cours d'eau, elle a renoncé aux migrations annuelles; voyageuse, elle est devenue sédentaire; sauvage elle s'est faite domestique.

L'oie est une mère tendre et dévouée.

Après une incubation de quatre semaines, elle ne quitte ses petits ni de jour ni de nuit. Elle les conduit au bain à la mare prochaine; elle sait choisir pour eux les gazons les plus verts et les salades les plus appétissantes; au moindre danger elle les couvre de ses ailes avec une attitude tragique.

Quand enfin l'éducation achevée et les plumes poussées, elle les abandonne, c'est pour que les adultes répondent par des cris joyeux au cornet du pâtre, qui le matin les appelle au pâturage.

Au retour, le soir, chacune reconnaît sa maison et jamais il n'arrive qu'une oie se soit trompée de porte.

Aujourd'hui, dans les villages de la plaine entre l'Ill et le Rhin, il est peu de maisons où l'on n'entretienne pas quelques oies.

Mais c'est aux environs de Strasbourg, dans un rayon de douze à quinze kilomètres, que se fait l'élève des oies au point de vue de l'industrie des pâtés. Strasbourg et les villages environnants fournissent la plus grande quantité de foies et les plus beaux.

Dès les premiers jours d'octobre, des légions de paysannes envahissent les marchés de Strasbourg. Vêtues de la jupe rouge ou verte, la tête ornée de nœuds de rubans, elles apportent dans de grands paniers des cargaisons de jeunes oies. Les cours s'établissent entre cinq et six francs la pièce.

C'est d'ordinaire quelque vieille femme qui achète et qui s'en va porter la pauvre bête au fond de son taudis.

Là, elle commence par lui administrer une dose de carottes suffisante pour la purger, puis elle l'enferme dans une cage placée au fond d'une cave ou de quelque couloir sombre et humide.

C'est là, dans ces réduits ténébreux, que se commettent pendant six mois des crimes sans nombre, et quels crimes!... l'assassinat par l'indigestion.

La malheureuse oie est étroitement enfermée dans une cage à claire-voie, munie d'un simple godet rempli d'eau. Ses cris lamentables sont répétés par cinquante ou cent compagnes de son infortune, condamnées comme elle à l'immobilité et à l'obscurité.

Par compensation, la nourriture leur est distribuée en abondance.

Trois fois par jour, la maîtresse du logis vient retirer les oies de leur cage, l'une après l'autre. Elle les prend entre ses jupes de manière à ne laisser passer que le cou, et en serrant le cou, elle oblige l'oie à ouvrir le bec. Elle y introduit une certaine quantité de maïs savamment graduée, qu'elle fait descendre dans l'estomac de l'oie par une compression exercée de haut en bas sur le cou de la bête.

C'est ce qu'on appelle le gavage. Sans doute, la nourriture est bonne, mais il y en a trop et c'est toujours la même, et puis le repos forcé, quand on était habitué à se promener dans les vertes prairies, et les ténèbres perpétuelles, quand on aime le grand air et le plein soleil. Il y a là de quoi se faire de la bile : aussi au bout de trois semaines de ce régime, l'oie a absorbé de force deux décalitres de maïs et elle est malade d'une hypertrophie graisseuse du foie !

On le serait à moins.

Imaginez-vous un malheureux gourmand enfermé dans un cabinet noir, chez Bignon ou Véfour, et bourré matin et soir de vol-au-vent à la financière !

La gaveuse reconnaît parfaitement le moment précis où il est temps, sous peine de mort naturelle, de mettre fin à ce supplice gastronomique.

L'oie est saignée, le foie est extrait avec des soins minutieux et vendu au pâtissier à raison de huit ou de dix francs selon sa grosseur et sa blancheur. Le corps est plumé et, au marché à la volaille, il est payé de quatre-vingts à quatre-vingt-dix centimes la livre, soit encore environ huit francs la pièce. C'est donc un métier très lucratif et bien des gens, à Strasbourg, y trouvent une petite aisance.

Je regrette d'avoir à le dire : le gavage des oies n'a pas

Un marché aux oies.

été inventé en Alsace. Les Égyptiens le pratiquaient dans la plus haute antiquité.

A la grande Exposition de 1878, l'on a pu voir la copie d'une ancienne peinture murale qui représentait la série des opérations du gavage des oies en Égypte.

Les Pharaons ont-ils connu le pâté de foie gras? La question est douteuse, mais il faut bien reconnaître que sous le soleil il n'y a rien de nouveau!

On a fait courir sur les gaveuses des bruits horribles. On a prétendu que pendant le gavage les oies étaient clouées dans leur cage et qu'on leur crevait les yeux. Pourquoi les crucifier, puisque la cage est si étroite qu'elle ne leur permet aucun mouvement? pourquoi les aveugler, puisque dans la cave il fait nuit noire?

Ce qui est certain, c'est que le développement graisseux du foie est favorisé non seulement par l'absorption exagérée de nourriture, mais par l'obscurité et par l'immobilité forcée des infortunés volatiles.

C'est peut-être ce qui explique que les médecins, après l'essai de tous les remèdes, envoient leurs clients malades du foie se promener et se distraire.

Le premier essai des pâtés de foie gras est dû à l'inspiration d'un cuisinier du maréchal de Contades, gouverneur d'Alsace.

Ce cuisinier, qui s'appelait Clauss, comprit que le foie si appétissant de l'oie ferait merveille dans la pâtisserie.

Ses pâtés eurent un grand succès, et quand en 1790 le maréchal quitta Strasbourg, Clauss se hâta d'épouser la veuve d'un pâtissier et s'établit fabricant de pâtés.

Mais peu de temps après il trouva un concurrent dans le pâtissier Doyen, qui eut l'idée heureuse d'ajouter au pâté de foie gras les truffes du Périgord. Ce fut un trait de génie, et depuis on n'a pas fait mieux.

L'industrie de la fabrication des pâtés de foie gras a pris une extension énorme et a fait la fortune de plusieurs familles de pâtissiers.

Strasbourg expédie tous les ans plus de cent mille pâtés et terrines. La fabrication commence en octobre et finit au premier avril.

On prétend que les foies les plus délicats sont ceux des oies qui n'ont pas encore pondu.

Pourquoi la qualité de vierge et martyre a-t-elle ce résultat ? C'est un mystère !

Au mois d'avril les foies deviennent huileux ; est-ce l'effet de la saison des amours ? Autre mystère !

N'approfondissons pas ces secrets et mangeons des pâtés de foie gras de chez le bon faiseur, car la contrefaçon est grande et ses produits sont mauvais.

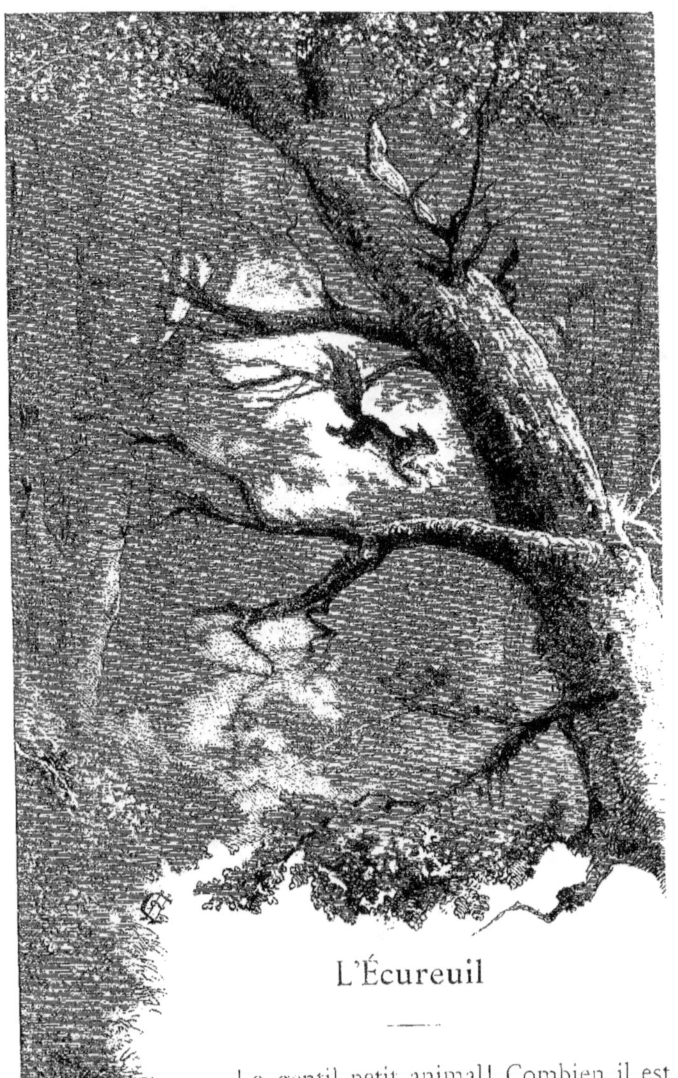

L'Écureuil

Le gentil petit animal! Combien il est
vif, et souple, et agile. L'éclat de ses yeux et sa faci-

lité à grimper lui ont fait donner le nom de *singe des Vosges.*

Les écureuils sont très habiles de leurs pieds de devant, qui leur servent de mains. Quand on leur présente une noix, ils s'asseyent sur leurs pieds de derrière et laissent la noix tourner avec une vitesse extraordinaire entre les ongles des mains et les dents de la bouche. Puis la noix est cassée morceau par morceau, et l'amande absorbée.

Leur séjour est dans les forêts; ils se tiennent sur les sapins, les chênes et les arbres à fruits. Leur nourriture se compose de noix, de glands, de faînes, de châtaignes, de noisettes. Ils passent de branche en branche et d'arbre en arbre. Quand il s'agit de faire un saut, ils se balancent toujours plus vite, et grâce à l'impulsion ainsi acquise, et aussi à leur queue qui sert de parachute, ils tombent avec une légèreté incroyable, de sommet en sommet. S'agit-il, au contraire, de se garantir du soleil, ils se servent de leur queue qui forme panache et qui leur tient lieu d'éventail.

Leur nid, établi sur les arbres, est formé de mousses et de brindilles flexibles entrelacées très artistement. L'on a prétendu qu'il avait deux ouvertures : l'une vers le midi, l'autre vers le nord, et que l'écureuil bouchait celle qui était ouverte au vent. Mais l'observation a prouvé que l'entrée du nid était au sommet. Deux fois par an, la femelle y met bas des petits au nombre de trois à sept, qui sont aveugles pendant huit jours et qui, au bout de quatre semaines, se suffisent à eux seuls.

La voix des écureuils est un sifflement pendant la période

du rut, un claquement quand ils ont peur, et une espèce de grognement lorsque la colère les prend.

On chasse l'écureuil, par ce temps de pénurie du gibier, pour ne pas en être réduit à ne rien chasser du tout. C'est en automne qu'on le poursuit ; à l'époque où les arbres sont dépouillés de leurs feuilles. Les chiens suivent facilement ses traces, car la bête répand une forte odeur, et conduisent les chasseurs au pied de l'arbre qui l'abrite derrière ses branches. C'est un excellent exercice, car il s'agit de découvrir le fugitif qui se glisse par des coulées mystérieuses et ne laisse apercevoir que son fin museau. Il se sert des branches comme d'un rempart, et au besoin il fera un saut de plus de trois mètres pour se soustraire aux coups de fusil.

C'est une curieuse chasse que celle de l'écureuil. Qu'on se représente une demi-douzaine de chasseurs amenés par les chiens au pied d'un arbre. La petite bête est sur une branche et ne laisse paraître que sa tête qui se confond avec l'écorce. Tous ont les yeux en l'air et le fusil en joue. Ils s'avertissent, ils fusillent, et ils manquent. Cependant l'écureuil finit par être atteint ; il tombe et on se montre le pauvre animal avant de l'emporter dans le carnier de celui qui croit l'avoir tué.

La chair de l'écureuil est bonne à manger, mais elle sent un peu fort. En Alsace, on en fait de bons pâtés de venaison. Sa fourrure sert à garnir les parties dénudées de la peau du renard.

Mais ce qui charme surtout les enfants, c'est l'écureuil apprivoisé. Pour qu'il se familiarise avec l'homme, il faut le prendre très jeune. Alors il s'accoutume volontiers et bientôt il se glisse dans les poches des habits; il se promène sur les épaules; il escalade les têtes. Mais il a besoin de sa liberté.

Quand on l'enferme dans un cylindre qui tourne, il s'agite et exécute ses gracieuses évolutions: — il n'est plus libre!

Les Daims

Le daim n'existe plus dans les forêts d'Alsace. Autrefois on chassait les daims comme l'aurochs, l'ours, le bison, l'élan, le renne et le cheval sauvage, animaux qui ont disparu de notre pays. Les rois mérovingiens et les empereurs d'Allemagne poursuivaient le daim. C'est vers 1650 que la race s'en éteignit.

Au XVIIIe siècle la maison de Rohan occupait l'évêché de Strasbourg, non pas de père en fils, mais un Rohan succédait à un Rohan. C'étaient des seigneurs très opulents et leurs châteaux accueillaient la noblesse avec une générosité magnifique. Tout imitait chez eux la cour de Louis XIV : bâtisses, jardins, parcs, personnel de pages, d'échansons et de chambellans. Ils voulurent avoir des chasses élégantes et les réserves royales envoyèrent des daims dans l'évêché alsacien.

On en peupla le parc de Saverne et le *Thiergarten* de Heiligenberg. Des daims furent donnés à quelques grands personnages et à plusieurs prélats. Alors ce furent des chasses de bon ton. Les belles dames les suivirent sans danger et le luxe princier remplaça le courre fatigant du vieux temps.

Cependant la Révolution mit un terme à ces plaisirs. La passion pour la chasse, trop longtemps comprimée, éclata avec une violence inouïe. Le gibier en fut la première victime et par suite les châteaux. Les daims avaient vécu !

Sur la demande de la société de chasse de Schlestadt, le gouvernement français fit placer, en 1854, un troupeau de daims dans la forêt, près de la ville. D'abord ils parurent s'acclimater, mais bientôt le voisinage des chevreuils rendit leur existence impossible. Les deux espèces se déclarèrent

Au temps jadis.

une guerre à mort, et les chevreuils, étant en nombre, eurent raison des daims.

Une dernière tentative a été faite pour acclimater les daims en Alsace. En 1856, un couple a été placé dans le Niederwald de Colmar. Ces daims n'ont pas prospéré.

La ramure des daims tombe au mois de septembre, et le mâle paraît tout surpris de perdre ainsi l'ornement de sa tête. En octobre ses cornes ont repoussé, mais elles sont comme veloutées, et le daim les frotte contre les arbres jusqu'à ce que la gaine en soit partie.

A la troisième tête, le bois devient plat ; il est plus large que celui du cerf, et les empaumures s'élargissent les années suivantes.

Le daim est plus petit que le cerf, mais plus grand que le chevreuil. Sa couleur varie selon les saisons ; en été, la partie supérieure de son corps est d'un brun rougeâtre, tacheté de blanc, et bordé d'une bande blanche ; en hiver, le dessus du corps devient d'un brun-olive, et les taches s'effacent presque entièrement. Sa queue est de moitié plus longue que celle du cerf.

Quand le daim est chassé, il fait des sauts et des détours : il ruse. Il se contente de tourner autour du lancé et ne s'en éloigne pas autant que le cerf. Le courre du daim est dès lors moins fatigant et n'offre pas les mêmes émotions.

Les daims, comme les cerfs, se disputent la daine, et le choc de leurs andouillers s'entend au loin.

La chair de ce gibier est très succulente. On peut l'accommoder à la broche, en civet, ou en pâté. Le faon de daim rôti est parfait. En Angleterre il n'y a pas de bon dîner sans une *jambe de venaison,* et c'est au daim que l'on a recours pour ce mets gastronomique.

Le Garde-Chasse

Pour qu'une chasse soit abondante en gibier,
deux conditions sont nécessaires : c'est tout d'abord
que le terrain soit favorable aux remises et à la nourriture des bêtes à poils et à plumes ; c'est ensuite que le

garde-chasse connaisse son métier et exerce bien ses fonctions.

Bien garder une chasse n'est pas une petite affaire. Il y faut de nombreuses qualités.

Le garde doit être en très bons termes avec les fermiers et être bien vu des cultivateurs. Ce n'est qu'à cette condition qu'il sera parfaitement averti par les travailleurs des champs et qu'il saura où vont d'habitude les compagnies de perdreaux, où l'on trouvera les faisans, où se gîtent les lièvres.

Par ses bonnes relations il pourra empêcher la destruction des œufs et le massacre des petits oiseaux pendant la fenaison.

Il obtiendra aussi que les perdrix ne soient pas troublées pendant l'incubation. Et alors il pourra renseigner son maître sur la quantité du gibier, sur ses remises et sur ses habitudes.

En Alsace, où la terre est très morcelée, le porteur de baudrier doit connaître par le détail les parcelles du canton et quand elles ne sont pas toutes affermées pour la chasse, savoir discerner le champ où elle est permise d'avec le champ où elle est interdite. Il faut qu'il soit présent un peu partout et quand des étrangers viennent chasser, son devoir est de les prévenir qu'ils s'engagent sur un terrain défendu, et de ne pas se borner à dresser procès-verbal quand ils ont franchi le sillon qui sépare l'innocence du délit.

Il doit aussi veiller à la destruction de tous les animaux nuisibles, et il y en a beaucoup dans les bois et dans les airs.

Pour cela il lui faut rechercher les éperviers, les vau-
tours, les chouettes, les buses, les milans ; découvrir les
nids, casser les œufs et tuer les petits. Il s'agit de se mettre
à la poursuite des belettes, des martres, des fouines, des
putois et de débarrasser le gibier de ses mortels ennemis.
Il ne suffit pas de leur envoyer à l'occasion quelque coup
de fusil et d'orner un mur de la maison de leurs dépouilles,
il faut les exterminer.

Pour être bon garde, il s'agit de bien connaître les lois
de la chasse ; de savoir se cacher ; d'apparaître au bon
moment ; de surprendre les braconniers quand ils tendent
un piège ou qu'ils viennent relever le gibier ; de ne jamais
faire grâce à un délinquant, et surtout de ne pas s'entendre
avec le preneur de taupes et le bûcheron pour partager
leurs déprédations.

Aussi est-il essentiel que le garde-chasse soit au courant
des habitudes des braconniers ; qu'il surveille les cabarets ;
qu'il n'ignore pas quels sont les revendeurs de gibier ; qu'il
soit dehors, tantôt la nuit, tantôt le jour ; qu'en un mot il
ne se mette pas au lit quand il est prévenu que les maraudeurs vont se livrer à leur industrie.

Mais la plus grande preuve d'honnêteté et la plus méri-
toire qu'un garde puisse fournir, c'est de ne pas braconner
pour lui-même.

Ah ! la tentation est grande... Se promener en tout temps
avec un fusil, surprendre un lièvre au gîte, apercevoir une
compagnie de perdreaux, et ne pas tirer, c'est là une
abstinence rare. Il est si facile de cacher le gibier dans
la carnassière et il est agréable de manger un civet en

temps prohibé. Et qui le saura ? — le coup de fusil sera
entendu, mais l'homme à la plaque de fer-blanc en sera
quitte pour répondre aux questions indiscrètes : J'ai manqué un oiseau de proie !

Donc le meilleur conservateur d'une chasse sera celui
dont on ne pourra pas dire : braconnier comme un garde !

Le Schlittage

des bois

dans les Vosges

— —

Avant l'établissement du
chemin de fer des Vosges, on
allait de Strasbourg à Barr au moyen
d'une vieille patache traînée par trois
chevaux dont la paisible allure protestait
contre le nom de diligence inscrit sur le véhicule.

On partait à quatre heures du soir de l'hôtel de la

Vignette; on sortait par la porte de la Tour-Blanche et bientôt, au delà des champs aux cultures variées, on voyait à l'horizon la chaîne des Vosges. A droite, au-dessus d'Ottrott, les ruines de Lutzelbourg et de Rathsamhausen, en face le couvent de Sainte-Odile, et plus à gauche, le rocher du Mennelstein formant l'extrémité de l'immense et gigantesque circonvallation qui porte le nom de mur des Païens.

La voiture cahotait doucement sur la route bordée d'arbres fruitiers; l'on s'arrêtait à tous les cabarets et l'on avait le temps de voir les jolis villages dont aujourd'hui on n'aperçoit plus que le nom inscrit sur des stations qui se ressemblent toutes.

C'était chose curieuse cependant que ces maisons aux larges toitures sous lesquelles sèchent les épis de maïs et les feuilles de tabac, avec leur charpente en bois sculpté, leurs fenêtres garnies de petites vitres rondes, la grange et l'étable, le verger et le potager, et les poules picorant sur un gros fumier placé en évidence, comme pour affirmer que l'agriculture est la source du bien-être des habitants.

Enfin l'on gravissait la dernière colline, couverte de vignobles, et l'on entrait à Barr, petite ville aux rues étroites et raboteuses, aux vieilles maisons à pignons hauts et pointus, aux sombres tanneries dégageant des odeurs désagréables.

Un bon gîte s'offrait à l'auberge de la *Couronne,* où le souper comportait, comme plats habituels, d'excellentes truites au bleu et une délicieuse tarte aux prunes, le tout arrosé d'une vieille bouteille du joli vin rouge d'Ottrott.

Coupe de bois

C'est de Barr que par-
taient les excursions dans
les montagnes. Tantôt l'on se dirigeait vers le couvent

de Sainte-Odile, tantôt vers le Hohwald, la Rothlach ou le Champ-du-Feu.

La description des Vosges n'est plus à faire. C'est la Suisse sans les glaciers et les grands lacs.

Si vous voulez apprécier la magnificence du panorama, allez vous asseoir sur quelque bloc de rocher du Mennelstein, à l'extrémité de la croupe du mont Sainte-Odile, et regardez. A droite, à gauche, en arrière, des montagnes et des montagnes, la plupart couvertes d'épaisses forêts, quelques-unes dénudées au sommet et ressemblant au crâne tonsuré d'un moine.

Au-devant de vous, au pied du précipice formé par les roches, les cimes des sapins ondulent comme une mer de verdure ; par-ci, par-là, quelques prairies coupées d'un filet d'eau ; des troupeaux aux clochettes retentissantes, puis des collines envahies par les vignobles et la culture. Plus loin, la vaste et riche plaine d'Alsace, les champs aux vives couleurs, les nombreux villages avec leurs clochers pointus, les rivières bleues, les routes blanches, et enfin, à l'horizon brumeux, le filet d'argent du Rhin et la flèche de la cathédrale de Strasbourg se détachant sur le fond sombre de la Forêt-Noire !... Allez-y voir, le spectacle en vaut la peine.

Comment les forêts des Vosges sont-elles exploitées ? C'est ce que je me propose de raconter.

Pour qui connaît le charmant album de Théophile Schuler, avec texte par A. Michiels, intitulé : *les Bûcherons et les Schlitteurs des Vosges,* mon récit arrive un peu tard et n'apprendra rien de nouveau. Mais le sujet est bien intéressant et je lui dois une des plus vives et persistantes impressions de ma jeunesse. A ce titre, le schlittage des bois dans les Vosges devait figurer parmi mes souvenirs d'Alsace.

Sur les deux versants des Vosges, la surface boisée couvre plus de cinq cent mille hectares.

Pendant des siècles les parties les plus élevées de ces montagnes restèrent inexploitées; des arbres gigantesques pourrissaient sur pied, et le silence de la solitude n'était troublé que par le bruit des cascades et le chant du coq de bruyère.

Exploiter les bois qui garnissent les cimes des Vosges n'était pas chose facile. Pas de routes! pour chemins les lits desséchés des torrents; partout des escarpements ina-bordables aux voitures, des ondulations de terrains coupés de précipices, de ravines, de rochers. Il ne suffit pas d'abattre un arbre centenaire... on en vient à bout avec la hache et la scie... mais il faut descendre dans la vallée le tronc, les bûches, les écorces, les fagots. Comment faire? Ce qui paraissait impossible a été exécuté! Quand l'homme a intérêt à faire une chose, il la fait. Le génie inventif de l'un trouve le procédé; la misère de l'autre l'oblige à fournir le travail.

La difficulté de l'exploitation a été vaincue par le *schlit-tage.*

Il consiste dans une espèce de chemin de fer dont les rails sont formés par des madriers et dont la locomotive est remplacée par un traîneau auquel s'attelle un homme dont la force musculaire est employée tour à tour à traîner

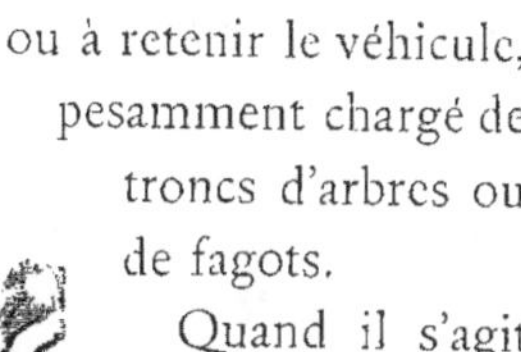

ou à retenir le véhicule, pesamment chargé de troncs d'arbres ou de fagots.

Quand il s'agit de faire une coupe sur des cimes inaccessibles, on trace avec des piquets une ligne qui suit les contours et la pente de la montagne. Le problème consiste à obtenir une inclinaison douce, et on y arrive en contournant les collines, en évitant les escarpements, en franchissant les bas-fonds, en faisant mille circuits pour aboutir dans la vallée.

Le chemin tracé, il faut le construire. Sur tout le parcours, les arbres sont coupés et les matériaux qu'ils fournissent servent à établir le *Schlittweg*. Il ressemble à une échelle sinueuse couchée à terre et se compose de montants parallèles fixés dans le sol au moyen de piquets et réunis par des traverses. A la rencontre des dépressions du terrain on exhausse le sol par des bûches de bois; quand il faut franchir une large ravine ou quelque gorge béante, on construit des ponts, et au besoin des viaducs formés de madriers arcboutés et chevronnés, s'élevant quelquefois à double étage.

Le chemin construit, il s'agit de fabriquer les traîneaux : les *schlittes*. Ils sont faits de bois léger, mais solide, d'ordinaire du frêne. Les jambages se redressent pour former les brancards entre lesquels se place le schlitteur. L'écartement est de deux pieds, et grâce à la disposition des chevrons, le traîneau peut recevoir une charge énorme. Les jambages sont garnis de semelles formées de bandes de bois mince, sec et poli, graissées de suif, qui peuvent être remplacées quand le glissement les a usées. Un traîneau ne pèse guère plus de douze à quinze kilogrammes et revient à six francs environ.

Pendant que les schlitteurs construisent le chemin et confectionnent leurs traîneaux, les bûcherons travaillent dans la coupe et préparent les bois à transporter.

L'opération commence par l'arpentage de la coupe, puis vient le martelage des arbres qui sont désignés pour la mort.

Autrefois on abattait les vieillards de la forêt avec toute leur ramure; mais depuis longtemps, pour éviter les dégâts causés par la chute, on commence par les ébrancher. C'est la toilette des condamnés. On procède de bas en haut et les tronçons des branches inférieures coupées servent d'échelons pour atteindre la cime où on ne laisse qu'un petit bouquet de verdure, dernière parure de celui qui va mourir.

Quand ces préparatifs sinistres sont terminés et que le vieil arbre est là, long, dépouillé et nu, alors s'avancent les bourreaux armés de haches.

Ils choisissent le côté couvert de mousse, parce que c'est là que le fer pénètre le plus facilement. Ils s'arc-boutent du pied contre le tronc et lèvent les bras; la hache brille et s'abat sur l'écorce. L'arbre n'a pas bougé. Que peuvent ces pygmées contre ce colosse! — Mais les coups redoublent, l'entaille s'élargit. Quand la hache ne peut plus mordre dans la plaie, on y applique la scie. D'un mouvement cadencé les deux bûcherons tirent la lame dentelée qui pénètre jusqu'à la moelle centrale. L'arbre n'a pas tremblé; mais alors on apporte des coins ferrés, on les introduit dans l'ouverture, et on les frappe du dos de la hache. L'arbre tient encore, mais il a frissonné jusqu'au sommet.

De nouveau on applique la scie et il ne reste plus que quelques pouces à trancher... Tout à coup l'arbre oscille, soupire, penche, et enfin s'abat avec un bruit formidable, cassant les branches de ses voisins, faisant fuir les oiseaux, réveillant les échos d'alentour qui semblent répercuter les éclats du tonnerre.

Quand le géant est par terre, alors se fait le nettoiement par l'ablation des tronçons de branches, et l'écorçage qui se

Le Schlittage.

pratique avec un levier; puis les grosses branches sont façonnées et forment des piles de bois de chauffage; les petites sont liées en fagots; enfin le tronc est scié à des longueurs de 4 et de 6 mètres, pour servir comme bois de charpente ou être débité en planches à la scierie de la vallée.

Il y a dans les Vosges des arbres de dimension extraordinaire : cinquante mètres de haut, quatre ou cinq mètres de circonférence, qui donnent de cinquante à soixante stères de bois. Dans la forêt de Strasbourg, on en cite qui avaient deux mètres de diamètre et qui ont fourni plus de cent vingt stères.

L'œuvre des bûcherons est terminée, celle des schlitteurs commence. C'est la plus pénible et la plus dangereuse.

Le traîneau est placé sur le *schlittweg,* à proximité des piles de bois formées par les bûcherons. Les bûches et les fagots sont rangés en travers des schlittes, puis des piquets sont fixés aux quatre coins du chargement et d'autres bûches empilées atteignent jusqu'à deux mètres de haut; enfin, une corde est lancée par-dessus, serrée et fixée à l'arrière. Tout est prêt... mais un seul homme pourra-t-il mettre en mouvement cette pyramide énorme qui comporte bien six mètres cubes de bois?

Cependant le schlitteur se place devant le traîneau, il empoigne les brancards, il tire, il agite par des secousses saccadées la lourde machine, et il parvient à la mettre en mouvement: elle glisse, elle s'avance, et bientôt, au lieu d'activer, il faudra ralentir sa marche. Alors le schlitteur raidit ses pieds sur les traverses et supporte avec son échine tout le poids de la charge.

Quelquefois deux traîneaux sont accouplés pour charrier un même fardeau. Les troncs de grande longueur sont posés sur une première schlitte, appelée *le bouc* à cause de ses brancards recourbés comme des cornes, et sur une deuxième schlitte, dépourvue de brancards, qui se nomme *la chèvre*. La manœuvre est plus difficile, et le schlitteur qui dirige la marche est aidé par un homme qui, au moyen d'une corde, maintient le second traîneau dans la bonne direction.

Enfin l'on arrive au chantier de la vallée; là se fait le déchargement, et puis le schlitteur remonte le même chemin en portant le traîneau sur les épaules.

Les bois sont enlevés du chantier par des voitures traînées le plus souvent par des bœufs. Les chemins sont mauvais et ce n'est pas sans peine que les troncs des sapins centenaires arrivent à la scierie, leur destination habituelle, ou, par exception, à quelque port de mer pour servir à la mâture d'un vaisseau qui fera le tour du monde.

Le schlittage ne dure que quelques mois. Il y faut un temps sec et c'est la température de l'automne qui s'y prête le mieux. Pendant les pluies, le travail doit être interrompu, car sur les chemins mouillés les traîneaux glissent et les efforts du conducteur seraient impuissants à arrêter leur impulsion toujours plus forte.

L'existence des schlitteurs est des plus misérables. Le salaire n'est pas proportionné à la peine. Un travail aussi dur devrait être très bien payé : c'est tout le contraire. L'entrepreneur de la coupe spécule sur la misère des campagnards et il ne manque jamais d'ouvriers, car il faut vivre et faire vivre la famille. Quand les petits enfants n'ont pas de pain, le père accepte tous les métiers, même les plus pénibles et les plus dangereux.

Pendant la bonne saison, schlitteurs et bûcherons ha-

Une hutte de schlitteur.

bitent, au haut de la montagne, une petite baraque qu'ils construisent eux-mêmes. Elle est formée de troncs d'arbres superposés, dont les joints sont bouchés avec des écorces et de la mousse ; la toiture est faite de solives croisées et de branches laissant une ouverture pour la fumée. L'intérieur est tout aussi primitif ; tout à l'entour règne une espèce de banquette formée par des planches et remplie de ramilles de sapins: c'est le lit où les hommes couchent tout habillés. Au milieu, un poêle qui sert à faire la cuisine.

La nourriture se compose invariablement de pommes de terre, tantôt cuites à l'eau, tantôt rôties sous la cendre. On y ajoute un peu de sel et un morceau de lard. Pas de fromage, pas de lait, pas de vin.

L'eau est fournie par le ruisseau voisin et le pain leur est apporté de la vallée, sur un âne conduit par quelque invalide du travail. De temps à autre, la *marchande de kirsch* renouvelle leur provision d'eau de prunes, seul réconfortant pour un si dur labeur. L'unique plaisir de ces hommes relégués loin de toutes relations consiste à fumer la pipe, et encore ils s'en privent souvent... le tabac est trop cher!

Dans cette existence les distractions sont rares. Cependant, à certains jours de la semaine, les femmes et les filles font l'ascension de la montagne pour couper les herbes, ramasser le bois mort, cueillir les fraises et les myrtilles. Alors on s'arrête un peu, on cause, et parfois le jeune schlitteur se sent le cœur réjoui par l'amour qui le conduit au mariage et le gratifie d'une nombreuse progéniture.

Il est pourtant un jour de repos, c'est le dimanche. Les schlitteurs descendent au cabaret de la vallée, ils boivent du vin; ils en boivent beaucoup et même trop. Hélas! il s'agit de chasser le lourd ennui de la semaine; il faut s'étourdir sur le présent et sur l'avenir. L'ivresse procure quelques moments de gaieté ; elle donne non pas l'espérance, mais l'oubli !

On s'habitue à tout, et cette vie si rude serait à la rigueur supportable si le schlitteur n'était pas exposé chaque jour aux plus graves accidents.

Quand, au détour d'un chemin, le traîneau, trop lourdement chargé, ne peut pas être dirigé et maintenu sur les montants en bois, il déraille, il se renverse, et le conducteur n'échappe aux plus grand péril que si, par un saut de côté, il sait se dégager des brancards et éviter d'être écrasé sous la chute des bûches empilées. Mais si, à cet endroit, le chemin longe un escarpement, s'il passe sur un viaduc, la schlitte entraîne le conducteur dans le précipice.

L'accident le plus horrible se produit quand, pendant la descente, il survient une averse, car alors le glissement du traîneau s'accélère. Le schlitteur a beau se raidir de son soulier ferré contre les échelons et s'arc-bouter du dos contre la charge, le mouvement toujours plus rapide de l'énorme pile de bois le presse, le pousse, et si son genou fléchit, si le pied lui manque, le traîneau lui passe sur le corps, lui laboure les chairs, lui casse les reins, lui arrache un membre... S'il n'est pas mort sur le coup, il n'en vaut guère mieux. Pas de secours possible, pas de médecin, pas de remède. Une affreuse agonie termine une existence misérable !

Ah ! si les riches savaient ce qu'il en coûte aux pauvres de peine, de sueurs, de misère et de douleurs pour leur procurer les objets qui constituent leur luxe !... Mais ils le

sauraient que ce serait la même chose. Il est encore des
gens qui sont persuadés que le maintien du bon ordre
dans le monde comporte deux classes d'hommes, les fai-
néants qui jouissent et les travailleurs qui souffrent. Ils
disent qu'il doit en être ainsi en vertu des décrets de la
Providence !

La

Chasse enragée

————

Les légendes se perdent et je n'y vois pas
de mal. C'est la superstition et l'ignorance des lois de la

nature qui les ont fait naître ; la raison et les progrès de
la science doivent les détruire.

Les légendes populaires sont mortes : on ne croit plus
aux revenants, aux rondes du sabbat, où sorciers et sorcières, enfourchant leur balai, se rendaient la nuit, à travers
les airs ; aux vampires, aux gnomes et aux naïades ; mais
les légendes religieuses survivent : bien des gens croient
encore aux miracles, au purgatoire, au paradis et au diable.

En attendant que ces croyances se perdent à leur tour,
je veux rappeler ici une légende, fort répandue en Alsace,
qui dans le patois allemand en usage s'appelle *s'Wüteheer,*
littéralement : *la troupe ou la chasse enragée.*

C'était, selon la tradition, une chasse nocturne et aérienne
de mauvais augure.

Au milieu de la nuit, le paysan était réveillé en sursaut
par un bruit étrange, prodigieux, surnaturel.

C'était le vacarme d'une grande vénerie infernale avec
les abois de la meute, les appels des cavaliers, le hen-
nissement des chevaux, le rugissement des bêtes fauves,
les cris stridents des oiseaux de proie.

Quand alors, pâle et tremblant, le malheureux osait se
lever et regarder par l'étroite fenêtre de la masure, il
apercevait courant sur le ciel sombre des figures singulières, des animaux impossibles, des spectres informes,
toute une bande de noirs démons lancés à fond de train
à la poursuite d'un gibier fantastique ; et le paysan terrifié
avait le frisson et sa femme se signait en annonçant tout
bas quelque malheur prochain.

Cette légende n'est pas spéciale à l'Alsace. Elle est

répandue un peu partout et porte, selon les pays, des noms différents. Au centre de la France, elle s'appelle *chasse maligne*, la *chasse à bôdet* ou la *chasse à Rigaud ;* en Normandie, la *chasse du diable*. On en retrouve la trace dans *Robin des bois*. En Allemagne, la troupe d'esprits qui accompagne le chasseur nocturne s'appelle : *Wodan-Heer* (l'armée d'Odin). Wodan ou Odin était le dieu des Germains qui, selon la mythologie scandinave, conduisait les âmes aux enfers. Le *Wode-Heer* est devenu en Alsace le *Wüle-Heer*, et il est propable que la dénomination française de *Bôdet* a la même origine.

Dans une haute antiquité, la superstition populaire croyait voir dans ces fantômes courant sur les nuages, les âmes des morts entraînées par un dieu vengeur. Au moyen âge, la signification donnée à ces apparitions nocturnes changea de caractère. Non content de prélever sur les serfs la dîme et les autres droits du seigneur, le régime féodal défendait au malheureux paysan de chasser sur ses propres terres, sous peine des galères. Malheur au téméraire qui aurait tué un lapin mangeant ses choux, un sanglier dévastant son champ, un renard enlevant ses poules ! Les pauvres habitants de la campagne n'avaient même pas le droit de couper le chaume après la moisson, car le chaume devait servir de remise au gibier. Et ce n'était pas tout ; le seigneur chassait en tout temps, à sa guise, sans respecter les clôtures, les haies et les fossés, passant avec ses piqueurs, ses chevaux et ses chiens à travers les champs et les vignes, foulant sans pitié la récolte obtenue à force de travail.

Cette destruction toujours possible des fruits de son pénible labeur était le cauchemar permanent de ces misérables que La Bruyère nous montre comme : « des animaux farouches, à face humaine, noirs, livides et tout brûlés du soleil, attachés à la terre qu'ils fouillent et qu'ils remuent, vivant d'eau et de racines et méritant bien de ne pas manquer du pain qu'ils ont semé ».

Quand le malheureux laboureur était réveillé par un bruit insolite, sa première pensée se reportait sur son seigneur ; le vacarme nocturne, produit peut-être par une bande d'oiseaux voyageurs traversant les hautes régions de l'atmosphère, c'était la chasse de son maître qui passait, ravageant sa récolte et aggravant sa misère. Ainsi se transforment les légendes. L'homme primitif vit dans la crainte de Dieu ; l'esclave vit dans la crainte de son maître.

Chassés

Avant.

C'était par une belle soirée du mois de juin 1870.

A quelques kilomètres de Strasbourg et à une portée de fusil du chemin de fer de la ligne des Vosges, une grande maison blanche se détache coquettement sur un fond de verdure.

Devant, une cour sablée avec des parterres de gazon, un perron formé par deux colonnettes supportant un balcon où grimpent les glycines et les chèvrefeuilles; derrière, un vaste jardin encadré de vigne et d'espaliers, et au fond un petit bois plein d'ombre et de fraîcheur.

Du côté du jardin règne une large terrasse d'où l'on aperçoit, à gauche, la flèche gracieuse de la cathédrale de Strasbourg et les cimes de la Forêt-Noire; à droite, toute la chaîne des Vosges, se détachant en vives arêtes sur les nuages frangés d'or par le soleil couchant.

Sur la terrasse, deux petites filles, Berthe la blonde et Lucie la brune, s'amusent en jouant avec leurs balles et leurs poupées.

Leur mère, occupée à un travail de couture, surveille leurs joyeux ébats.

Un chien d'arrêt, blanc marqué de brun, est couché à ses pieds.

Quand parfois la balle lancée par les enfants tombe près de lui, le chien saute dessus et la mordille entre ses dents.

Alors les enfants poussent des cris, la mère prend la balle dans la bouche du chien et la jette au loin.

Cara bondit par l'escalier de la terrasse, gambade dans le jardin et rapporte la balle, à la grande joie des deux fillettes.

Tout à coup, le sifflet aigu d'une locomotive retentit. La mère s'écrie : « Voici papa! » — et un instant après un train de chemin de fer passe à grande vitesse pour aller s'arrêter à la station voisine.

Aussitôt chacun s'apprête, et l'on va à la rencontre du père qui revient de la ville, où l'appelle chaque jour le

A la rencontre du père.

soin de ses affaires. Berthe se met à courir, et va se jeter dans les bras de son père. Cara survient et bondit. La maman s'approche, portant Lucie, et tout le monde reprend le chemin de la maison.

Les parents se tiennent par le bras, les enfants courent devant, le chien saute autour de la petite famille qui rentre au logis, et sous la porte, la grosse Madeleine annonce que le dîner est servi.

La table est dressée sur la grande terrasse. Le repas se passe gaiement.

Le père raconte les nouvelles de la ville. Les petites filles jacassent et donnent du pain à Cara, qui de son museau leur pousse le coude et frappe les chaises des battements de sa queue.

L'on fait une dernière promenade dans le jardin et le petit bois.

Les enfants se roulent sur l'herbe. Le père secoue les arbres et fait tomber une averse de hannetons. L'on va s'asseoir sur un banc, et chacun fait silence pour écouter le rossignol qui chante dans la forêt voisine. La soirée est tiède et l'atmosphère tout imprégnée des vives senteurs du printemps.

Cependant la nuit vient. Il faut coucher les fillettes et rattacher Cara dans sa niche.

On rentre à la maison, et bientôt les enfants dorment dans leurs petits lits.

Les parents prolongent la veillée, l'un tenant la plume, l'autre tirant l'aiguille, et interrompent parfois leur besogne pour parler de Berthe, la jolie blonde, au visage blanc et rose, au regard curieux et profond, et de Lucie, la petite brune, au teint mat, aux yeux pleins de douceur et de malice.

Puis la lumière s'éteint, et il règne un grand silence, interrompu un instant par quelque paysan attardé qui chante un vieil air d'Alsace...

Existence tranquille : le présent est bon ; l'avenir paraît assuré.

C'est le bonheur dans l'aisance modeste ; c'est le contentement dans l'intimité...

C'est la paix !.....

Pendant.

Deux mois se sont passés..... La soirée du 24 août est sombre, le temps humide et le ciel couvert de nuages. La maison blanche est toujours là, encadrée de verdure ; mais combien la scène a changé !

Dans la cour est établie une cantine où sont attablés des soldats allemands coiffés du casque à pointe de cuivre. Des factionnaires veillent aux portes, armés du lourd fusil à aiguille. Sur la terrasse sont réunis plusieurs officiers prussiens. Ils boivent de la bière et fument des cigares. Leurs regards sont tournés vers la cathédrale de Strasbourg, dont la flèche dentelée se détache en noir sur le ciel gris. On dirait qu'ils sont dans l'attente d'un spectacle. Ils regardent l'heure à leur montre et s'impatientent.

Il règne un grand silence. Pas un passant dans le

chemin, pas une voiture sur la route. Les oiseaux ont cessé de chanter. Tout est morne et sombre.

Tout à coup l'on entend au loin sonner l'heure. La cloche de la cathédrale tinte huit fois... C'est le glas funèbre de l'antique capitale de l'Alsace !

Aussitôt éclate un bruit épouvantable. Cent pièces d'artillerie détonent à la fois. De tous côtés les projectiles sont lancés et convergent sur Strasbourg. Les bombes tracent dans l'air leur sillon de feu. Les obus sifflent et éclatent. Les gros mortiers établis au delà du Rhin dominent ce vacarme de leur tonnerre formidable.

La forteresse répond par tous les canons de ses remparts, et la vieille cité apparaît au milieu d'une ceinture de feux !

A ce spectacle sinistre les Prussiens poussent un triple *hurrah !* La joie et la haine éclatent sur leurs visages. Une ville entière est bombardée ; des femmes, des vieillards, des enfants sont en danger de mort, et leur cœur ne connaît pas la pitié !

Cependant au-dessus de Strasbourg s'élève une épaisse fumée que parfois le vent agite comme un immense drapeau noir. Bientôt les flammes jaillissent. La grêle des projectiles allume partout des incendies. La clarté qu'ils projettent est telle que l'on aperçoit comme illuminés les grands édifices, les hautes toitures, les clochers des églises. La cathédrale est intacte encore, et sa masse colossale se dresse majestueusement et semble grandir au milieu des ruines qui l'entourent.

L'on peut compter un à un les édifices qui brûlent. Ici,

le faubourg et les casernes ; là, le musée de la place Kléber. Plus loin, le Temple Neuf et la Bibliothèque avec ses manuscrits précieux, ses médailles, ses trésors accumulés depuis des siècles. D'immenses gerbes de flammes s'élèvent vers le ciel, et les papiers qui brûlent tourbillonnent au loin en vives étincelles. L'ennemi dirige ses projectiles vers les foyers d'incendie pour rendre tout secours et tout sauvetage impossibles. Ce sont d'énormes brasiers au milieu desquels les bombes et les obus font explosion. Détonations incessantes ; longues paraboles lumineuses dans le ciel noir ; éclatement sinistre des incendies ; une mer de feux !...

Et pendant que dans la ville assiégée les maisons brûlent et les toitures s'effondrent, que les habitants se réfugient dans les caves, que les petits enfants pleurent dans les bras de leurs mères qui tremblent, que partout les obus font des victimes... les officiers prussiens, réunis sur la terrasse de la maison blanche, boivent, fument et chantent ! Déjà ils croient la victoire certaine. Demain la population, affolée de terreur, ouvrira ses portes au vainqueur ! — Calcul inhumain qui sera déjoué par le patriotisme des Strasbourgeois.

Quand enfin le canon cesse de gronder et que le jour paraît, un spectacle horrible se présente : partout des débris fumants ; des quartiers entiers consumés ; des femmes tuées ; des petits enfants estropiés ; des milliers de familles sans asile et sans pain !

C'est le massacre et la ruine.....

C'est la guerre !

Après.

Six mois plus tard, tout est rentré dans le calme. Les arbres sont couverts de neige, la maison blanche est vide, et ses volets sont fermés. Plus de soldats au bivouac, mais aussi plus d'enfants qui jouent.

A la porte pend un grand écriteau : « Maison à vendre. »
C'est la conquête et l'émigration.....
C'est l'exil !

Pêche

Le
Poisson en Alsace

Dans le bon vieux temps le poisson abondait en Alsace. Les montagnes n'étaient pas dénudées encore.

Recouvertes de forêts, elles retenaient la pluie par le feuillage et les racines, et alimentaient d'une manière régulière les torrents et les ruisseaux. Aussi les cours d'eau étaient-ils plus forts et plus paisibles, conditions essentielles pour l'éclosion du frai. Il n'existait alors que de rares moulins et scieries, tandis que de nos jours l'industrie a utilisé partout la force motrice des courants. Les rivières ont été rectifiées; on y a établi des barrages et des écluses. Les usines nouvelles ont troublé et sali les eaux. Amoureux de silence et de mystère, d'ondes fraîches et limpides, le poisson a dépéri dans les rivières agitées de remous et contaminées de résidus. Il faut dire aussi que le nombre des pêcheurs a considérablement augmenté, que les engins de pêche ont été perfectionnés, et enfin que les antiques et sévères règlements ont fait place à une tolérance qui ne protège plus que d'une manière bien insuffisante les animaux aquatiques.

La richesse des rivières d'Alsace est attestée par les anciens historiens. Le marché de Strasbourg était renommé par la quantité de poissons qu'on y débitait. Les pêcheurs formaient dans les principales villes des corporations privilégiées. La pêche était sévèrement réglementée; les jours étaient fixés; la longueur des lignes et la forme des filets déterminées. L'évêque, les seigneurs et les abbés prélevaient la meilleure part de la pêche. Les droits de l'évêque de Strasbourg s'étendaient sur le Rhin, l'Ill, la Brusche et la Kinzig. Avant la Révolution, le droit épiscopal de pêche était affermé à la famille Dürr, établie de père en fils dans le quartier du Finckwiller, où elle conservait dans de grands coffres flottants dans l'Ill, des carpes moussues et des lottes centenaires.

Pêcheurs du Rhin.

La carpe, le brochet, la perche, le meunier, la tanche, l'anguille et le goujon étaient les principales espèces indigènes des rivières de la plaine d'Alsace. La truite se tenait de préférence dans les ruisseaux et les lacs des Vosges. Dans le Rhin on prenait à certaines époques l'esturgeon, l'alose et le saumon.

D'ordinaire l'esturgeon ne remontait pas jusque dans le Rhin supérieur. Aussi c'était fête à Strasbourg quand les pêcheurs capturaient un de ces poissons gigantesques. On les exposait dans la salle de réunion de la tribu. On percevait un droit d'entrée pour les voir. Il y en avait qui mesuraient deux à trois mètres de long et pesaient jusqu'à quatre cents livres.

Chaque fois que les grandes villes d'Alsace recevaient quelque visite princière, les saumons du Rhin, les carpes et les brochets de l'Ill, figuraient au festin ou parmi les dons de joyeuse arrivée. Dans son charmant livre : *l'Alsace à table,* Gérard raconte que lors de l'entrée solennelle de l'empereur Maximilien à Strasbourg, en 1496, la ville gratifia ce prince de cent pièces de brochets et de carpes. Il dit aussi : « Aux fêtes offertes par Strasbourg à Louis XV, « en 1744, les pêcheurs qui donnaient au roi le spectacle « d'une pêche arrangée sur l'Ill, en retirèrent devant lui « des brochets du poids de 36 livres. » — Le 13 juin 1790, lors de la fête de la Fédération, célébrée à la *Metzgerau,* près Strasbourg, la corporation des pêcheurs présenta au maire, comme hommage à la Patrie, deux carpes du Rhin pesant chacune vingt-cinq livres.

Dans les torrents et ruisseaux des Vosges, l'existence des poissons ne manque pas de charme. Le fond de l'eau est un séjour agréable. Il y a là du sable fin, des roches

Torrent des Vosges.

moussues, de longues herbes qui ondulent avec le courant. C'est toute une végétation spéciale, plus déliée dans son feuillage que les plantes qui croissent en plein air. Il est de mystérieux refuges où le poisson vit heureux et tranquille. Là, il glisse doucement, fendant l'eau de sa tête pointue et dirigeant son essor d'une simple flexion de la queue. Quand le soleil luit, les profondeurs sont illuminées d'une manière fantastique; les rayons se brisent et se réfractent, et l'onde cristalline resplendit de toutes les couleurs de l'arc-en-ciel. Parfois les eaux sont à ce point transparentes, qu'on peut regarder tout au fond, et c'est chose curieuse que de voir tout un monde d'êtres étranges, les uns immobiles et ne hasardant que de rares mouvements, les autres souples et agiles, prompts à poursuivre et à happer leur proie. Ces mœurs sous-marines, peu étudiées autrefois, ont été mises au grand jour par les aquariums. C'est là que l'on peut connaître la vie des poissons et que l'on arrive à constater que les bêtes à sang froid ont aussi leurs passions, dont la principale est, sans contredit, la gourmandise.

De nos jours, la pêche tend de plus en plus à dégénérer. Ce n'est plus un art, mais une industrie. A certains endroits, les flots du Rhin ont creusé des excavations insondables où des poissons centenaires vivent dans un fouillis d'herbes épaisses et de branches vermoulues. Impossible d'y jeter le filet... Qu'a-t-on imaginé ? — On y lance des balles explosibles, et bientôt les vieilles carpes viennent expirer à la surface de l'eau où elles sont ramassées par les braconniers.

Ce n'est plus la pêche, mais la destruction. Encore quelques années de ce régime meurtrier, et le poisson, malgré sa fécondité prodigieuse, sera chose rare comme le gibier!

La
Truite

— —

La pêche à la ligne
a été définie : *Un grand
bâton qui commence par un hameçon et finit par un imbécile.* —
Le mot est dur et il n'est pas mérité.

Sans doute la pêche ne constitue pas une occupation

aussi mouvementée que la chasse, mais c'est aussi une passion.

Le pêcheur se tient immobile, il jette sa ligne avec calme, il suit de l'œil le bouchon qui flotte, mais il faut qu'il connaisse parfaitement les habitudes des divers poissons, leurs retraites, les endroits de leur prédilection, leur genre de nourriture, les insectes qui peuvent les attirer. Toutes ces connaissances ne logent pas dans la tête d'un imbécile.

Ce qui est vrai, c'est que l'homme a une tendance à revenir à l'état sauvage et c'est pour cela qu'il aime la chasse et la pêche.

Seulement la chasse coûte cher, et pour la pêche il suffit d'avoir des loisirs. Mais ce sont deux passions très vives et je n'en veux d'autre preuve que le nombre toujours croissant des permis de chasse et la quantité énorme de lignes que les badauds contemplent du haut des quais de la Seine.

Il paraît même que la passion de la pêche est si absorbante que l'on a vu des pêcheurs à la ligne au moment même où les troupes de Versailles entraient dans Paris, aux derniers jours de la Commune.

Faut-il avoir une âme placide pour pêcher, alors que tout à l'entour éclatent les détonations des fusillades de la guerre civile!

Il est beaucoup plus facile de tracasser le goujon que de pêcher la truite, car ici il faut des préparatifs scientifiques et une façon d'agir qui comporte la connaissance parfaite des habitudes du poisson que l'on veut prendre.

La truite habite les torrents des montagnes, les ruisseaux qui en débouchent dans la plaine et les petits lacs.

Le lac des Truites.

Il lui faut des eaux limpides, l'ombre des arbres, un lit
semé de cailloux et de roches.

Au fond des eaux, il y a une végétation particulière où le poisson passe une existence mystérieuse. Souvent le sol est éclairé et la réverbération se produit au loin. C'est un séjour qui n'est pas sans charmes.

C'est là que la truite est à l'affût derrière un rocher et qu'elle va se précipiter sur les insectes qui tombent des branches.

Si vous voulez prendre beaucoup de poisson, il faut savoir imiter exactement la mouche et déguiser l'hameçon sous les plumes.

Il s'agit de tromper la truite qui s'y connaît bien et qui ne se dérangera pas pour happer l'imitation grossière de la proie convoitée.

J'ai assisté à la confection des mouches et je sais combien il faut d'habileté et d'artifice pour donner à l'appât les apparences de la réalité.

Faire des mouches, c'est là tout un art et des plus difficiles.

Que de soins pour arranger les antennes, appliquer les ailes, et surtout pour dissimuler le crochet de l'hameçon!

Mais là n'est pas tout encore. Il faut savoir jeter la ligne sans la faire claquer; il faut la rejeter en arrière, puis la ramener quand elle a pris son développement et en arriver à laisser tomber la mouche comme si sa chute était naturelle.

Il faut surtout savoir fatiguer le poisson quand il a mordu et qu'il est gros, et ne pas essayer de l'enlever trop tôt, sous peine de le voir un instant pour disparaître en emportant l'hameçon. Le pêcheur doit éviter aussi d'être vu par la truite qui surveille les bords du torrent. Il faut qu'il pêche de loin et qu'il opère avec discrétion, et surtout avec calme.

Voyez cette mouche aux reflets d'or qui flotte sur l'eau du torrent. Un fil invisible la rattache à la ligne que tient le pêcheur.

La truite embusquée derrière une roche guette sa proie. Elle observe la mouche — tout est tranquille — l'instant est favorable — rapide elle s'élance... et c'est elle qui est harponnée par l'hameçon perfide. Arrachée à l'eau fraîche, elle sera bientôt plongée dans l'eau bouillante et servie au bleu !

La truite au bleu — c'est là certainement la meilleure façon de la servir.

Mais pour la manger ainsi il faut de l'huile excellente, et en Alsace, l'huile ne vaut rien. Je ne veux pas dire que l'huile y est bonne pour les quinquets, mais d'ordinaire c'est de l'huile d'œillette, et il faudrait de l'huile fine d'olive.

C'est chose curieuse, là où la truite est bonne, l'huile est mauvaise. Si par chance on trouve les deux de bonne qualité, il faut en manger beaucoup, car le plat en vaut le plaisir !

Dans mon pays, on parle le français avec un accent tout spécial, et c'est par allusion à cette prononciation que l'on raconte qu'un Strasbourgeois se trouvant à la table d'hôte de l'hôtel de Darmstadt, à Bade, après avoir mangé pas mal de truites et voyant que l'on en apportait un nouveau plat, s'écria :

— *Carsson, bassez-moi les druides !*

Ce qui fit dire à une dame :

« Ce monsieur voudrait faire croire qu'il est Gaulois ! »

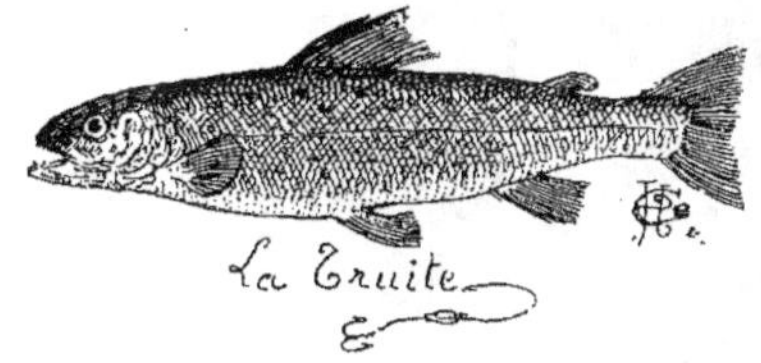

La

Pêche du Saumon

dans le Rhin

———

Le gibier est parti et le poisson s'en va ! Nos ancêtres d'Alsace vivaient de la chasse et de la pêche ; ils faisaient gras et maigre à volonté, et mon ami Gérard, dans son curieux livre : *l'Ancienne Alsace à table,* a donné le menu de leurs festins pantagruéliques. Ces beaux jours ont passé. Aujourd'hui le gibier est plus rare et plus cher ; le poisson diminue en quantité et augmente de prix.

Sous prétexte de protéger le gibier, les ordonnances

et les arrêtés ont dépeuplé nos champs et nos bois. En desséchant les marais, en traçant des chemins dans les forêts, en coupant les chênes pour en faire des traverses de chemin de fer, on a éloigné les bécassines et les faisans, les chevreuils et les sangliers. La progression effrayante du nombre des permis de chasse et les fusils illégitimes des braconniers ont fait le reste. Le gibier se meurt et dans cinquante ans le lièvre sera classé parmi les animaux fantastiques.

La dépopulation de nos rivières est tout aussi manifeste. A quoi l'attribuer? à une consommation plus grande, à une réglementation défectueuse, à la rectification des cours d'eau, et surtout à la passion pour la pêche à la ligne qui augmente dans des proportions vraiment effrayantes.

C'est en Alsace qu'ont eu lieu les tentatives les plus intelligentes pour remédier à la pénurie du poisson. L'établissement de pisciculture d'Huningue a fait des expériences heureuses appliquées plus spécialement à la multiplication de la truite. Espérons que le jour est prochain où l'éclosion artificielle pourra rendre à l'alimentation tout ce qu'elle a perdu. Le véritable rôle de la science est de faciliter et d'améliorer la nourriture du genre humain.

En attendant, l'Alsace fournit encore du poisson en quantité respectable. Toutes les espèces d'eau douce y sont pêchées, depuis le modeste goujon jusqu'au superbe saumon; les ruisseaux cascadants des Vosges fournissent des truites; l'Ill donne encore quelques-uns de ces brochets aux reflets d'acier si appréciés des gourmets, et le Rhin recèle dans ses profondeurs les dernières carpes cente-

Le guetteur du saumon.

naires. Enfin l'écrevisse que l'Académie a si heureusement définie : « *petit poisson rouge qui marche à reculons* », l'écrevisse n'a pas encore passé à l'état mythologique.

Parmi tous ces poissons, le saumon mérite le premier rang et par sa taille et par la délicatesse de sa chair. Il jouit de la faculté de pouvoir vivre indifféremment dans l'eau salée de la mer et dans l'eau douce des rivières. Pendant l'été le saumon quitte la mer du Nord et remonte le Rhin jusqu'au delà de Bâle. Il s'arrête à Laufenburg où les rochers et les cascades lui barrent le passage. La pêche ne commence guère avant le mois de juin et dure jusqu'en novembre et décembre, époque où le saumon fraie. La femelle, avec sa tête, creuse un trou dans le gravier et pond ses œufs dans cette espèce de nid. Le mâle passe dessus et les féconde avec sa laitance. L'incubation dure de sept à huit semaines. Les saumoneaux, nés en janvier ou février, restent dans le Rhin environ seize mois, c'est-à-dire jusqu'au mois d'avril de l'année suivante ; alors ils s'en vont par bandes vers la mer, se laissant aller au courant du fleuve.

Les saumons ne mangent pas de poissons dans les eaux douces ; il est même probable qu'ils n'y mangent pas du tout, car en les découpant on ne trouve pas trace de nourriture. Aussi dans l'eau douce le saumon maigrit toujours, et au moment où il fraie, sa chair cesse d'être rouge et devient presque blanche. C'est bien le cas de dire que l'amour lui fait perdre l'appétit, et le saumon donne ainsi la preuve d'une tendresse paternelle bien supérieure à celle d'Ugolin, qui mangeait ses enfants pour leur conserver un père.

La pêche du saumon dans le Rhin se fait au moyen de filets, mais elle est pratiquée, selon les localités, de diverses façons. L'engin ordinaire consiste dans un grand filet carré muni d'une longue perche. Ce carrelet est disposé au fond de l'eau et au-devant est tendu verticalement un autre filet

Pêcheuse de saumon.

aux mailles très larges. Le saumon peut y passer facilement, mais il frôle toujours plus ou moins le filet qui, au moyen de ficelles, fait retentir une sonnette. Aussitôt le pêcheur accourt, fait jouer le balancier du carrelet, et le saumon est pris.

D'autres fois les pêcheurs s'en vont passer la nuit sur un banc de sable du Rhin. Ils ont soin de choisir un ciel sans nuages et un beau clair de lune. Le saumon se repose le jour et voyage la nuit. A quelques mètres du banc de sable est dressé avec des perches un petit échafaudage de trois

Pêcheur de saumon.

mètres de haut qui se termine par une espèce de siège. Là s'installe le guetteur. Il surveille le fleuve et comme le saumon en remontant le Rhin nage à fleur d'eau, un sillage décèle son approche. Aussitôt le guetteur agite son chapeau et à ce signal une barque se détache en amont du banc de sable, le filet est jeté et la capture est faite... à moins cependant que le guetteur n'ait été trompé par les reflets ondoyants de la lune. La bonne et la mauvaise chance varient selon la bonne ou la mauvaise lune.

Le procédé que nous venons de décrire a été perfectionné avec une perfidie vraiment diabolique. L'homme, grand observateur des défauts d'autrui, s'est aperçu que le saumon était sujet à des accès d'une jalousie comparable à celle du tigre. Son sang froid bouillonne volontiers, et quand on est passionné, on oublie d'être prudent. Tout un procédé de pêche a été basé sur la jalousie des saumons.

Lorsqu'au mois d'octobre les glaciers de la Suisse ont cessé de fondre, que les torrents sont à sec et que le Rhin, réduit à l'état de simple rivière, charrie mélancoliquement ses eaux vertes le long d'immenses bancs de sable, l'on voit les pêcheurs des villages riverains suivre attentivement les bords des petits bras du fleuve et chercher une place favorable à l'exercice de leur industrie. Quand ils rencontrent un petit cours d'eau claire et rapide, pas trop large, pas trop profond, et qu'au fond le gravier forme un trou où les cailloux reluisent, ils s'arrêtent : c'est l'endroit cherché. C'est là que les femelles de saumon aiment à déposer leur frai, et pour faire une pêche fructueuse, c'est là qu'il faut s'établir pendant deux ou trois mois.

Sur le bord du chenal on construit une petite hutte où les pêcheurs passeront jours et nuits. Dans l'eau sont disposés deux filets : l'un est tendu en travers du ruisseau perpendiculairement au courant, l'autre, d'une surface de trois mètres carrés environ, est placé au fond de l'eau en avant du premier filet. Les deux engins, attachés ensemble, forment un angle droit, le filet perpendiculaire est fixe, le filet immergé est mobile et peut, au moyen de cordes aboutissant à la hutte, être soulevé pour se replier contre le filet perpendiculaire. Tout étant ainsi disposé, il s'agit de placer l'amorce. C'est un saumon qui joue le rôle d'agent provocateur. On lui passe sous les narines une corde dont l'extrémité correspond à une sonnette pendue dans la cabane. On le met à l'eau après avoir pris soin de lui casser deux dents pour l'empêcher de couper la corde qui le retient ; puis on le laisse circuler au milieu des engins et les pêcheurs fument leur pipe en attendant le succès de leur stratagème.

Et alors voici ce qui se passe. Une grosse saumonne a quitté l'Océan pour aller faire son voyage de noces en Suisse. Souvent elle ne se contente pas d'un amoureux, elle en traîne deux à sa suite. Ces deux-là se querellent bien un peu pendant la route, mais à la longue ils finissent par s'entendre et se partagent les faveurs de la dame. Celle-ci arrivée près de l'endroit fatal, est séduite par la limpidité des eaux et ne peut résister au plaisir de déposer sur cette couche de brillants cailloux, les germes d'une nouvelle famille. Les deux compagnons de voyage s'apprêtent à glisser amoureusement sur le lit choisi par leur bonne amie et tout irait pour le mieux dans le meilleur des ruisseaux possible, lorsque paraît le saumon captif. C'est un nouveau rival : être deux, c'est beaucoup ; être trois, c'est trop ! Aussitôt l'un des maris de la saumonne fond comme un trait sur le nouveau venu et l'attaque avec

fureur. Le pauvre poisson, qui a la corde au cou et les
dents cassés, ne pouvant se défendre, cherche à fuir, mais
le saut de carpe qu'il fait, tend la corde et met en branle
la perfide sonnette. Les pêcheurs s'élancent, l'un s'empare
de la corde attachée aux narines du fuyard et le dirige vers
le filet où le mari jaloux s'élance à sa suite ; alors l'autre
pêcheur tire sur le filet horizontal qui vient s'appliquer
contre le filet vertical, et la jalousie compte une victime
de plus !

La pêche du saumon est, on le voit, assez originale,
mais ce qui vaut mieux, elle est fort productive, car il
arrive souvent que deux pêcheurs prennent dans la même
journée cinq ou six saumons de dix à trente livres. En
Alsace, la pêche dure deux mois environ et le poisson
vaut d'ordinaire deux francs la livre. C'est une industrie
assez lucrative.

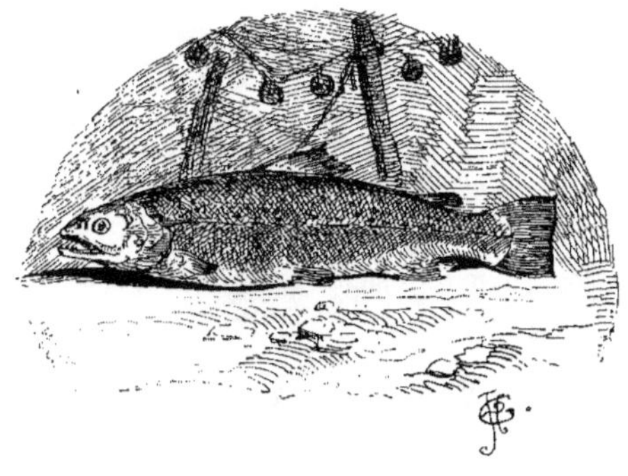

Les

Écrevisses

Au moyen âge, les chevaliers avaient
le corps tout bardé de fer : casque avec visière,
cuirasse avec corselet, cotte de mailles, brassards
et jambières. Alors que les armes à feu n'existaient
pas, cette armure était une protection suffisante contre
les coups de lance et d'épée, mais aussi combien toute cette
ferraille était lourde et incommode. S'il avait fallu la garder

toujours, l'homme le plus robuste n'y aurait pas résisté. Et pourtant la nature a formé des êtres enveloppés d'une armure complète qui ne les quitte ni le jour, ni la nuit. Sans parler des crocodiles, des tortues et des homards, regardons au fond de nos rivières et examinons l'écrevisse.

Ce petit crustacé est admirablement organisé pour la défense et pour l'attaque. Tout son corps est couvert d'une croûte calcaire fort dure. La tête, allongée en pointe, est protégée par deux cornes latérales ; les yeux peuvent à volonté sortir de leur orbite et y rentrer ; deux paires d'antennes servent à tâter le terrain ; la bouche, fendue en long, n'a pas de mâchoire inférieure, mais elle est aidée par deux petites mains barbues qui lui présentent la nourriture ; la queue est formée de six anneaux articulés qui en se courbant garantissent l'abdomen ; son extrémité, composée de lamelles bombées, se meut comme un éventail et sert à guider la natation ou la marche ; enfin l'écrevisse a dix pattes dont les deux premières, très élargies, se terminent en forme de pinces dentelées, capables de saisir, de serrer et d'écraser comme feraient de fortes tenailles. Ajoutons que cette petite bête est constituée de manière à pouvoir vivre dans l'eau et sur la terre — pendant quelques jours tout au moins.

Voilà certes des avantages exceptionnels, et l'on serait tenté de croire que l'écrevisse est à l'abri de tous les dangers. Hélas ! il n'en est rien. Son existence est pénible et mal assurée. Elle doit chercher sa nourriture et se garer des atteintes de l'ennemi. Manger... ne pas être mangé !....

cette double préoccupation ne laisse pas que de troubler la vie la plus calme en apparence.

Combien l'écrevisse est tenue d'user de ruse et de patience pour trouver son alimentation : passer des journées et des nuits aux aguets; garder l'immobilité la plus parfaite; se jeter sur sa proie au moment propice... et recommencer toujours, car l'appétit est permanent et la voracité grande. Aussi l'écrevisse est-elle toujours en chasse, et gare aux grenouilles et aux petits poissons!

Mais en même temps qu'elle attaque les autres, elle est obligée de se défendre, car ses ennemis sont nombreux. Le gros poisson blanc, l'anguille, les rats et les oiseaux aquatiques, et surtout l'homme, lui font une guerre acharnée. Et malheureusement il est une époque de l'année où l'écrevisse quitte son armure. A la fin de juin sa carapace tombe et elle reste nue et molle. C'est alors qu'elle court les plus grands risques d'être mangée, mais par contre les pêcheurs ne la recherchent pas, car elle n'est pas bonne pour la table.

Ce changement de carapace est nécessité par la croissance de l'écrevisse. Dans les premières années elle subit deux ou trois mues : quand les enfants grandissent, il faut élargir leurs vêtements. Plus tard la mue n'est qu'annuelle, et après l'âge de vingt ou trente ans, les vieux ne changent plus d'enveloppe. La taille n'augmente plus et on use ses vieux habits.

Quelques jours après la mue, la carapace se reforme. La matière calcaire qui la fournit est sécrétée par deux petites pierres blanches placées dans l'estomac et auxquelles la superstition attribuait autrefois des vertus spéciales. Les sorcières s'en servaient volontiers pour leurs philtres et mixtures.

L'écrevisse jouit d'une faculté précieuse : elle peut renouveler ses membres perdus. Qui n'a remarqué que les deux pinces ne sont pas toujours de la même grandeur? C'est que l'une a été mutilée. Elle se reforme à la prochaine mue, mais le bénéfice de la croissance est perdu pour la nouvelle pince et la disproportion persiste pendant des années. Pourquoi donc l'espèce humaine ne jouit-elle pas de cette faculté de reproduction? Un bras amputé ne repousse pas et c'est tout au plus si la mécanique peut fournir un membre articulé. Dire que sous ce rapport nous sommes inférieurs à l'écrevisse!

Quand, après la mue, la carapace a repris sa dureté, et que les pinces sont redevenues fortes, l'écrevisse peut se défendre, mais alors aussi elle est plus spécialement réclamée par les gourmets, et la pêche recommence.

Pour la prendre, les procédés sont nombreux. Le plus ancien, mais qui est toujours employé, consiste à entrer dans le cours d'eau, à relever les pierres, ou à fourrer les doigts dans les trous de la berge, pour prendre les écrevisses à la main. L'on y risque de se faire pincer un doigt, mais comme la tenaille ne lâche pas ce qu'elle a saisi, l'on retire facilement la bête de la cavité où elle se cache.

Ce procédé, tout primitif, a été perfectionné. L'on s'est avisé de couper des épines noires et de les réunir en fagot, en plaçant au milieu quelque chat crevé. Les épines sont liées très légèrement et placées au fond de l'eau où elles sont retenues par de grosses pierres. Quand on relève le fagot, on le trouve rempli d'écrevisses que la charogne a fait entrer et que les épines ont empêchées de sortir.

Pêche à la balance.

L'étude attentive des mœurs de l'écrevisse a fait imaginer deux autres modes de capture qui donnent d'excellents résultats.

Le premier consiste à employer un filet cylindrique formé de deux cercles en fer, ouvert par le haut, fermé par le bas. Ce filet est posé à plat au fond de l'eau. Au cercle supérieur sont attachées trois ficelles de manière à constituer une espèce de balance. Le plateau est muni d'une amorce et les trois ficelles de la balance sont rattachées à une baguette fixée au rivage. On place ainsi une vingtaine de balances le long du cours d'eau et on les relève tour à tour. Les écrevisses attirées par la gourmandise sont prises dans le sac formé par le filet entre les deux cercles de fer. Cette pêche est très productive.

L'autre procédé consiste dans l'emploi d'un petit verveux formé de plusieurs cercles entourés de mailles et disposé de façon que l'entrée ait la forme d'un entonnoir tourné vers le fond du verveux, où se trouve l'appât. Cet engin, fixé à deux baguettes, a sa pointe en amont et l'entonnoir en aval, car d'ordinaire l'écrevisse remonte le courant. Attirée par l'appât, elle vient tourner autour du petit verveux et essaye de passer ses pinces à travers les mailles, mais elle n'arrive pas à toucher la grenouille ou le morceau de viande fixé au milieu. Alors la voracité l'emporte sur la prudence, et elle se décide à entrer par l'entonnoir, mais comme l'entrée en est fort étroite, elle ne parvient pas toujours à y passer. Qu'importe, elle se retourne ; elle avance en reculant ; la queue pénètre d'abord, puis les pieds et les pinces... et l'écrevisse est prise : ce que c'est que de faire les choses à l'envers du bon sens !

La pêche des écrevisses a, dans ces dernières années,

pris un développement énorme. En huit mois, Paris en consomme près de cinq millions. Aussi, malgré leur fécondité phénoménale, les écrevisses diminuent sur les marchés, et dans beaucoup de pays défense est faite de les pêcher, afin de permettre le repeuplement.

L'Alsace a, de tout temps, joui de la réputation d'avoir de belles écrevisses. On en prenait dans les ruisseaux de la plaine et de la montagne, mais les meilleures étaient pêchées dans l'Ill et plus particulièrement à Nordhausen, et à la Wantzenau, près de Strasbourg.

D'ordinaire on les servait en buisson, où elles faisaient bonne figure en raison de leur grosseur. Le potage à l'écrevisse est d'origine alsacienne et il faut reconnaître que les petites queues roses nageant dans le bouillon gras et rouge ont la propriété de chatouiller agréablement le palais et d'aiguiser l'appétit. Pendant des années les baigneurs de Niederbronn allaient manger des bisques d'écrevisses au Bærenthal, à l'auberge du Bœuf.

Il est une autre manière de les accommoder qui n'est guère connue que de rares gourmets. J'entends parler du *foie d'écrevisses* inventé par un maître d'hôtel de Schlestadt. Exécuter ce plat n'est pas chose facile [1]. C'est une espèce de bouillie d'écrevisses accommodée avec du lait et des œufs et assaisonnée de sel et de poivre. Il paraît que ce mets extraordinaire a le goût du foie d'oie qui lui a donné son nom. Ceux qui en ont mangé disent qu'il est fondant et savoureux, mais quelques-uns prétendent que le foie d'é-

---

1. Voir la recette du foie d'écrevisses dans l'*Alsace à table*, de Ch. Gérard, page 76 (2ᵉ édition).

crevisses n'est réellement exquis qu'à la condition que les écrevisses aient été pilées avant d'être cuites.

Quant à moi, je crois que là-dessus il faudrait consulter les écrevisses, et je suppose qu'elles ne se soucient pas plus d'être vivantes pilées dans un mortier que d'être vivantes jetées dans l'eau bouillante. J'ai des raisons de penser qu'elles aimeraient mieux ne pas être mangées.

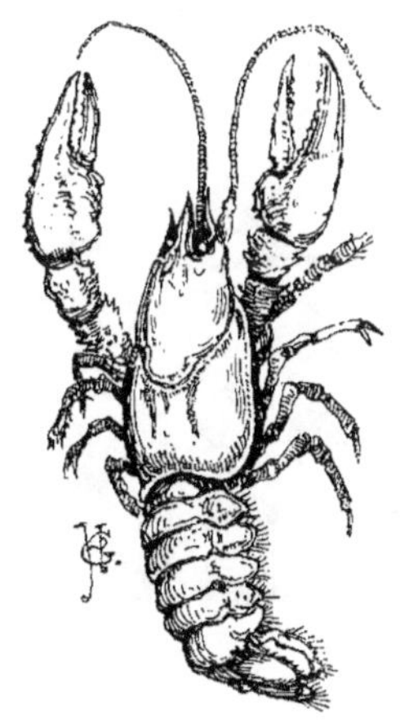

Le Flottage des bois dans la Forêt-Noire

La plus belle vallée de la Forêt-Noire est, sans contredit, celle de la Mourg, rivière qui prend sa source

non loin du Kniebis, passe à Freudenstadt, Forbach, Gernsbach, Rothenfels, Rastadt, et se jette dans le Rhin à Steinmauern, vis-à-vis de Seltz, dans le département du Bas-Rhin.

A son origine et jusqu'à Forbach, la Mourg n'est qu'un torrent serré de près par les montagnes et roulant ses flots écumeux par-dessus les blocs de rochers qui essayent vainement de lui barrer le passage. A partir de Forbach, la vallée s'élargit et la Mourg prend des allures de rivière; elle devient flottable et presque navigable.

La Forêt-Noire tient son nom des épaisses et sombres forêts qui couvrent les flancs des montagnes. Leurs sommets les plus élevés sont dénudés et pendant huit mois couverts de neige; mais, en été, ils présentent l'aspect le plus riant. Lorsqu'on a péniblement grimpé jusqu'à ces plateaux supérieurs, on est émerveillé de trouver de vertes prairies et des champs cultivés, au milieu desquels s'élèvent quelques maisons de bois en forme de chalets et où paissent librement des troupeaux de chèvres et de vaches portant des clochettes retentissantes. Les habitants de ces hauteurs ne descendent que bien rarement dans la vallée, et leur industrie consiste à fabriquer les horloges en bois et à sonnerie vulgairement appelées *coucous*.

Les parties inférieures et moyennes des montagnes sont couvertes de hêtres, de mélèzes, de pins, de merisiers, et surtout de sapins qui atteignent à des hauteurs énormes et dressent fièrement vers le ciel la gracieuse pyramide de leur noire verdure.

Dans la vallée, se mirant dans les eaux de la rivière,

on aperçoit de jolis villages entourés de vergers et de prairies. Des ponts très grands et très solides franchissent la Mourg, qui, d'ordinaire, ne présente que quelques maigres filets d'eau.

De distance en distance, l'industrie a profité de la pente pour établir des scieries qui découpent de toutes façons les sapins de la montagne.

L'aménagement et l'exploitation de ces immenses forêts constituent la richesse du pays. Depuis des siècles il existe à Gernsbach une société de marchands de bois-flotteurs (*Murgschifferschaft*) qui est propriétaire, sur la rive gauche de la Mourg, de toutes les forêts jusque vers la vallée de Kappel et le couvent d'Allerheiligen, et dont les possessions s'étendent, sur la rive droite, sur les montagnes du Wurtemberg, jusque vers Wildbad.

Cette société se divisait autrefois en trois classes : les flotteurs de forêts (*Waldschiffer*), les flotteurs de la Mourg (*Murgschiffer*), et les flotteurs du Rhin (*Rheinschiffer*), et était, en dernier lieu, régie par une charte de l'année 1626. Une dizaine de familles la constituent, et l'on se demande comment il a pu arriver que des particuliers soient devenus possesseurs par indivis de domaines aussi étendus et plus vastes que mainte principauté. Les parts des sociétaires ne sont pas égales. Ils contribuent aux frais et partagent les bénéfices au *prorata* de leurs droits. C'est la plus ancienne société commerciale par actions.

De temps immémorial, cette association jouit du privilège de flotter le bois de ses forêts sur la Mourg et ses affluents; d'établir des scieries sur la Mourg; d'acheter exclusivement les bois des communes et des couvents de la vallée ; de conduire ses flottes jusqu'en Hollande.

Aujourd'hui les trois classes de flotteurs sont réunies. L'administration et l'aménagement se font en commun ; la société a ses gardes forestiers, ses bûcherons, ses flotteurs. Cependant lors de chaque coupe, les troncs d'arbres et les bûches de bois sont partagés entre les sociétaires en proportion de leurs actions et marqués de la marque particulière de chacun. Alors l'intérêt général cesse, et chaque sociétaire s'occupe séparément du commerce des bois qui lui sont échus. La société possède un grand nombre de scieries tout le long du cours de la Mourg, et les sociétaires ont le droit d'y faire scier leurs bois moyennant une rétribution convenue.

Pour exploiter les immenses richesses que recèlent les forêts appartenant à la société des marchands de bois-flotteurs de la Mourg, la difficulté consistait à amener les troncs de sapins de la cime des montagnes jusqu'aux scieries établies sur la rivière. Dans les Vosges, l'ondulation des montagnes étant plus douce, on a eu recours au *schlittage,* mais ce moyen de transport était impraticable dans la Forêt-Noire, où les pentes sont plus raides et les précipices plus fréquents. Il fallut songer à se servir des torrents pour le flottage des bois. Malheureusement ces torrents sont presque toujours à sec, et, même pendant les plus fortes crues, leurs eaux n'auraient jamais eu la force d'entraîner au fond de la vallée des troncs de sapins tout entiers. La nécessité rend inventif. L'on imagina d'établir d'énormes barrages vers les sommets des différents affluents de la Mourg. — Ces barrages (*Schwellungen*) retiennent les eaux des torrents, et forment ainsi des bassins qui peuvent contenir jusqu'à 1,500,000 et même

Flotteur de la Mourg.

3,000,000 de mètres cubes d'eau. Ils se remplissent lors de la fonte des neiges et après de fortes pluies, quelquefois en moins de vingt-quatre heures. Alors les écluses sont ouvertes, et la masse des eaux, se précipitant dans le lit du torrent, entraîne avec elle les troncs d'arbres et les bûches amoncelés sur ses rives.

Cette avalanche périodique des bois de la montagne s'appelle la *Schwellung*, et de tous côtés arrivent des curieux pour assister à ce spectacle grandiose qui est annoncé à jour fixe par les journaux.

Cette année, la *Schwellung* avait été fixée au mardi, 12 avril. De grand matin, nous quittâmes Forbach et nous remontâmes le cours de la Mourg, sur la rive gauche, pendant une lieue environ. L'air était frais et vif; le soleil levant resplendissait dans un ciel sans nuages et chamarrait de reflets éclatants les rochers et les montagnes; la futaie retentissait du chant des oiseaux; les vergers étaient tout poudrés de fleurs dont le parfum se mariait avec la vive senteur des pins pour embaumer l'atmosphère; la Mourg coulait en minces filets d'eau, et la tunique d'argent de la naïade se fronçait légèrement au contact des rochers épars dans le lit de la rivière. Arrivés à l'endroit où la Raumünzach se jette dans la Mourg, nous tournâmes à droite, et nous nous arrêtâmes en face d'un pont en bois d'une seule arche, situé au confluent du Schwartzenbach et du Hundsbach qui, par leur réunion, forment la Raumünzach. Au haut de chacun de ces deux torrents, sur le Schwartzenbach, près de Herrenwiese, et sur le Hundsbach, près du hameau de ce nom, sont établis deux énormes barrages. Celui du Hundsbach est situé dans une contrée sauvage, au milieu d'une gorge étroite de la montagne, et est formé par des piliers en bois reliés entre eux par d'immenses troncs de sapin. Celui du Schwartzenbach est une superbe construction en pierres de taille, avec traverses en bois, qui mesure plus de 400 pieds de long sur 30 de haut.

De l'endroit où nous étions placés, et qui forme une espèce d'amphithéâtre, la vue est admirable. A gauche, la montagne, couverte de sapins, s'élève par une pente rapide, et le lit du Hundsbach se profile dans toute sa sauvage horreur, encaissé entre les rochers, parsemé de blocs de pierre, encombré de bûches de bois et de troncs de sapin, par-dessus lesquels de minces cascatelles projettent leur blanche écume avec un léger murmure. En face et au flanc de la montagne, se présente le pont en bois qui franchit le torrent du Schwartzenbach. Son arche unique est solidement construite avec d'énormes troncs de chêne; son tablier est formé de gros madriers; des sapins entiers lui servent de garde-fous. Immédiatement au-dessous du pont, la montagne est taillée à pic, et les eaux du torrent tombent en cascade d'une hauteur de 10 mètres. A l'endroit même de la chute, les eaux du Hundsbach se réunissent à celles du Schwartzenbach, forment un petit bassin d'où s'écoulent vers la Mourg les deux torrents confondus sous le nom de Raumünzach.

Les écluses des deux barrages devaient être ouvertes en même temps au coup de huit heures. Déjà l'heure avait sonné, et le silence le plus profond régnait encore, lorsque tout à coup un bruit sourd se fait entendre, pareil au grondement lointain du tonnerre. Le bruit augmente, retentit, éclate enfin comme des décharges d'artillerie que répercutent tous les échos de la vallée. Au fond du ravin du Hundsbach apparaît un objet informe, un mur de bois qui s'avance avec fracas, poussé par le flot échappé du barrage. Les troncs de sapins et les bûches de bois se pressent, se heurtent, s'entrechoquent dans cet étroit passage et bondissent par-dessus les rochers. Au même moment, un bruit plus terrible encore retentit au-dessus du pont, dans le lit rocailleux du Schwartzenbach. Une avalanche de troncs d'arbres et de bûches de bois vient se heurter contre l'arche du pont, qui tremble sous ce choc épouvantable.

Les sapins se dressent contre les parapets et retombent avec de sourds gémissements; les vagues furieuses s'élancent en mugissant, l'écume jaillit dans les airs, puis tout cet amas confus s'engouffre sous l'arche du pont, et tombe en cataracte massive d'une hauteur de vingt pieds, au fond du bassin formé par la réunion des deux torrents. Là s'établit une lutte corps à corps entre les pièces de bois que charrient les deux courants contraires; les eaux bouillonnent, sifflent et tournoient en tourbillons gigantesques; des bandes d'écume déferlent sur les rives, les détonations se succèdent sur tous les tons et coup sur coup; un nuage de poussière d'eau enveloppe le pont, et les rayons du soleil s'y réfractent avec toutes les couleurs de l'arc-en-ciel.

C'est vraiment là un spectacle grandiose et incomparable. Cette contrée sauvage, ces arbres tout entiers entraînés par les eaux, cette avalanche de pièces de bois qui tombent et se heurtent, ces flots en fureur et blancs d'écume, ces bruits pareils au retentissement du tonnerre, vous font croire à quelque scène du déluge, lorsque les montagnes se

L'avalanche des sapins.

soulevaient et que les eaux de la mer faisaient irruption
sur les continents.

Cependant, au bout d'une demi-heure, les eaux se
calment peu à peu, le bruit s'apaise, le lit des torrents est
balayé, et les pièces de bois des hautes cimes, entraînées
au fond de la vallée, flottent sur la Mourg, qui est devenue
une rivière large et impétueuse. Ses eaux soulèvent les
troncs d'arbres amoncelés sur les rives, les entraînent pêle-
mêle avec les bûches de bois, en passant à Hilpertsau, à
Obertsroth, à Gernsbach, et toute cette masse de bois ne
s'arrête qu'à une lieue en aval de Gernsbach, à Hoerden, où
la société des marchands de bois-flotteurs a fait établir un
batardeau colossal, qui s'appelle *les Anes*. C'est une énorme
construction qui constitue un encaissement composé de
piliers en pierre de taille et en chêne, reliés entre eux par
de fortes traverses. De longues poutres, placées à deux ou
trois pieds de distance, viennent s'appuyer sur ces traverses,
et descendent en biais dans le lit de la rivière, en formant
une espèce de râteau.

A Hoerden, les bois sont repêchés et conduits dans les
scieries. Là ils sont coupés en planches de toute longueur
et de toute dimension, puis ces planches sont réunies en
radeaux et descendent la Mourg jusqu'à Steinmauern, et le
Rhin jusqu'à Spire, Mayence et Cologne.

La vallée de la Mourg ne fournit guère que des planches
et du bois de chauffage : les troncs de sapin sont coupés
à la longueur extrême de 15 à 20 pieds. Les grandes pièces
de charpente, les poutres aux dimensions colossales, sont
flottées sur la Kinzig, autre rivière du grand-duché de Bade,

qui prend sa source sur le versant méridional du Kniebis, traverse la Forêt-Noire du nord au sud jusqu'à Schiltach, coule ensuite de l'est à l'ouest en passant par Wolfach, Hausach et Haslach, remonte vers le nord par Gengenbach et Offenbourg, et se jette dans le Rhin, près de Kehl, vis-à-vis de Strasbourg.

La Kinzig, étant plus large que la Mourg, permet de laisser aux troncs d'arbres toute leur longueur. Ses eaux amènent des poutres qui mesurent jusqu'à 80 et 100 pieds, et ce sont des pièces de cette dimension qui ont servi aux pilotis du pont de service établi pour la construction du pont du chemin de fer qui, à Kehl, relie l'Allemagne à l'Alsace. Ces poutres ont coûté de 150 à 200 francs rendues au pont.

Arrivés à Offenbourg, ces immenses troncs d'arbres sont réunis en flottes, et c'est en flottes qu'ils descendent la chute d'eau de Willstedt, qui a quinze pieds de haut. D'ordinaire, on place dix à douze troncs d'arbres côte à côte et on les relie entre eux par d'énormes liens d'osier sec et tordu. L'on en ajoute bout à bout jusqu'à quinze, ce qui compose un train total qui a parfois un kilomètre de longueur. Chaque train de bois est muni de trois sabots qui servent à ralentir ou à arrêter la marche. Ce sont des poutres disposées de façon à basculer et à racler à volonté le lit du fleuve. L'une est à l'avant, l'autre au milieu, la troisième à l'arrière du train, c'est la plus importante, car elle sert en même temps de gouvernail. Quatre hommes suffisent pour diriger la flotte.

Les flotteurs du Rhin sont une forte race d'hommes,

durs à la fatigue et accoutumés aux privations. Ils exercent leur pénible métier jusque dans un âge très avancé. A force de marcher sur les poutres rondes, ils finissent presque tous par avoir les jambes arquées. Leur costume est extrêmement pittoresque. Ils portent un chapeau rond, un gilet rouge avec bordures vertes, sur lequel remontent les culottes soutenues par des bretelles en cuir noir piqué de fil blanc et rouge. Par-dessus le gilet, ils mettent une veste en toile écrue ; des guêtres blanches ou de grandes bottes leur montent jusqu'aux genoux. Ils sont armés d'une gaffe et d'une hache à long manche, qui leur sert à écarter et à couper les pièces de bois qui viennent barrer le passage. Deux ou trois batelets sont placés sur le train, afin de pouvoir ramener les troncs qui viendraient à se détacher. Les flotteurs font la cuisine sur le radeau et descendent ainsi sur le Rhin quelquefois jusqu'en Hollande, où les sapins séculaires de la Forêt-Noire sont employés à la mâture des navires. On voit des flottes qui valent plus de 30,000 francs. La société des marchands de bois-flotteurs de Gernsbach vend annuellement plus de 3 millions de mètres cubes de bois. La Forêt-Noire est pour le duché de Bade une source inépuisable de richesses, car, malgré cette énorme consommation de bois, les montagnes sont toujours également fournies d'arbres de haute tige, et l'on n'y remarque pas la moindre clairière.

Étrange destinée des choses de ce monde ! La petite graine tombée sur la terre y germe et verdit ; l'arbre grandit d'année en année, donnant de l'ombre aux hommes et un abri aux oiseaux ; au bout d'un siècle, il a atteint tout son développement; alors il est abattu, il est précipité au fond de la vallée par le torrent déchaîné; il flotte lentement sur les fleuves, puis il sert à former un puissant navire; il parcourt les immensités de l'Océan jusqu'à ce qu'enfin il vienne, au milieu de la tempête, se briser contre une côte lointaine, où quelque sauvage en ramassera les débris pour réparer sa misérable cabane.

Tables

TABLE

DES GRAVURES

Vues et Paysages

— --

TABLE

DES MATIÈRES

Chasse

Pêche

(Les 16 articles nouveaux sont marqués d'un astérisque.)

ACHEVÉ D'IMPRIMER

LE PREMIER OCTOBRE MIL HUIT CENT QUATRE-VINGT-SEPT

PAR

BERGER-LEVRAULT ET Cⁱᵉ

A NANCY

PUBLICATIONS ILLUSTRÉES PAR HENRY GANIER

RÉCITS ET LÉGENDES D'ALSACE

Album in-4°, avec 56 illustrations, dont 12 grandes compositions hors texte gravées sur bois. Texte en collaboration avec E. TUEFFERD. Tirage sur beau papier vélin, titre rouge et noir, reliure en percaline richement gaufrée or, argent et couleurs, plaque spéciale d'après un croquis de l'auteur. . . . . **15** fr.

Exemplaires numérotés, brochés en portefeuille gaufré :
10 sur papier du Japon (n°s 1 à 10). . . . . **40** fr.
10 sur papier de Chine (n°s 11 à 20) . . . . **30** fr.

COSTUMES
DES RÉGIMENTS ET DES MILICES

RECRUTÉS DANS LES ANCIENNES PROVINCES D'ALSACE ET DE LA SARRE,
LES RÉPUBLIQUES DE STRASBOURG ET DE MULHOUSE,
LA PRINCIPAUTÉ DE MONTBÉLIARD ET LE DUCHÉ DE LORRAINE,
PENDANT LES XVIIe ET XVIIIe SIÈCLES

Album grand in-4°, 152 pages de texte encadrées de filets rouges, et 20 grandes planches en chromo, tirées par Lemercier à Paris, avec légendes imprimées sur feuillets protecteurs. Texte par Henry GANIER. Tirage à 500 exemplaires numérotés, sur fort papier vélin, en portefeuille. . . . . **50** fr.

STROSBURJER HOLZHAUERFAWLE

Contes en vers strasbourgeois, par Jules FRŒLICH. Plaquette de grand luxe, in-12, avec 20 vignettes et un frontispice sur cuivre, titre rouge et noir.
Tirage à 210 exemplaires numérotés :
10 exemplaires sur papier du Japon (n°s 1 à 10). . **20** fr. (*épuisé.*)
200 — sur papier chamois (n°s 11 à 210). **7** fr. **50** c.

En préparation
VOYAGE AUX CHATEAUX HISTORIQUES
DE LA CHAINE DES VOSGES

Un beau volume grand in-8° jésus, d'environ 640 pages, avec environ 300 gravures. Texte en collaboration avec Jules FRŒLICH. Tirage sur beau papier vélin. Prix de souscription. . . . . **15** fr.

30 exemplaires numérotés :
10 sur papier du Japon (n°s 1 à 10). . . . . **45** fr.
10 sur papier de Hollande (n°s 11 à 20) . . . **35** fr. (*souscrits*)
10 sur papier teinté (n°s 21 à 30). . . . . . **35** fr.

Ces prix seront augmentés à partir du jour de la mise en vente.

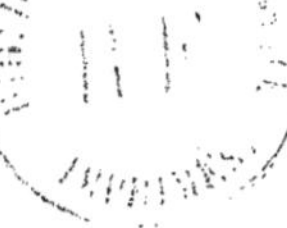

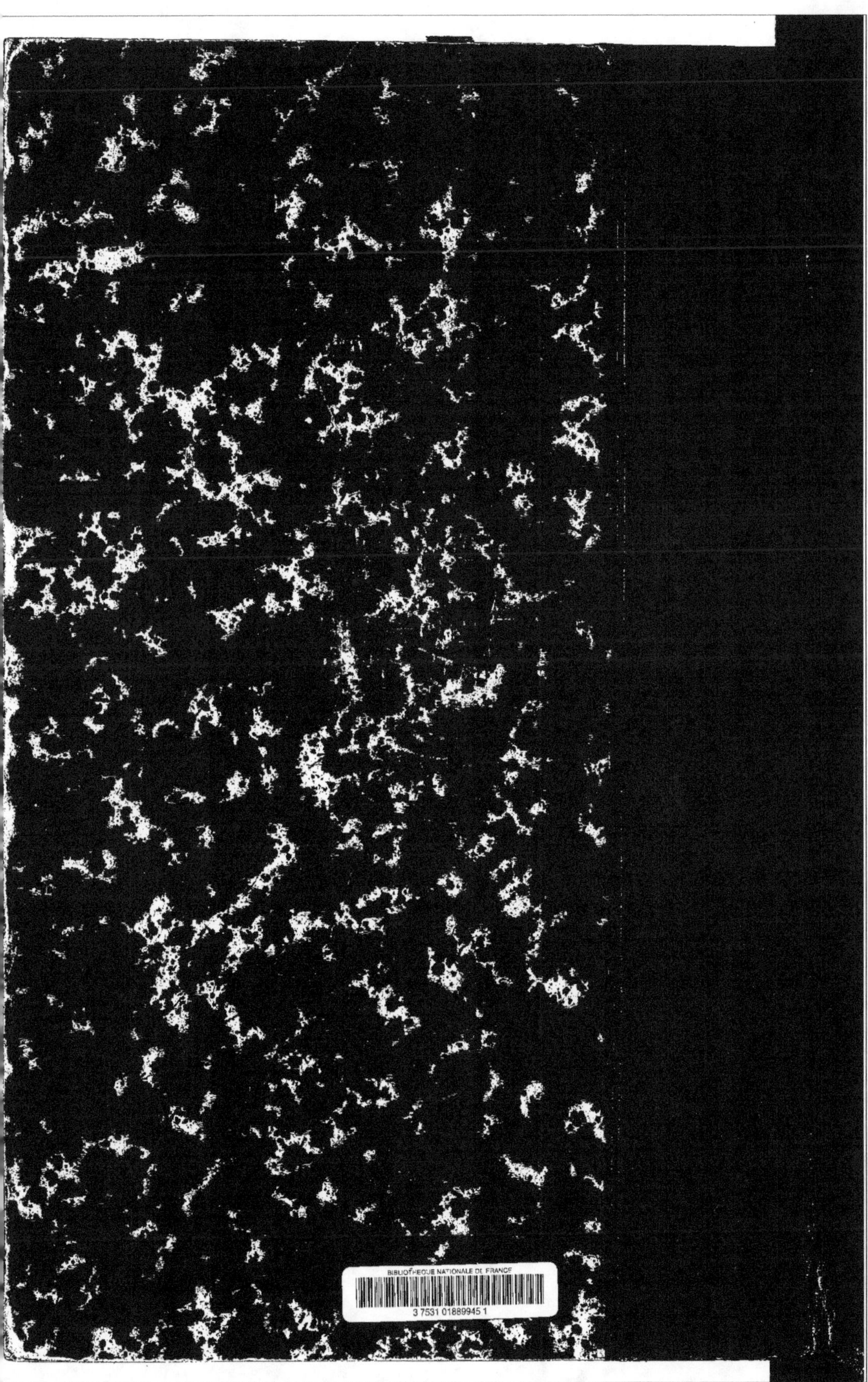

L'ALLEMAGNE

D'AUJOURD'HUI

COULOMMIERS. — TYPOGRAPHIE PAUL BRODARD ET Cie

L'ALLEMAGNE

D'AUJOURD'HUI

1862—1882

ÉTUDES POLITIQUES, SOCIALES ET LITTÉRAIRES

PAR

ALEXANDRE PEŸ

DEUXIÈME ÉDITION

PARIS

LIBRAIRIE HACHETTE ET Cie

79, BOULEVARD SAINT-GERMAIN, 79

1883

PRÉFACE

Les vaincus sont enclins à s'exagérer le génie de leur vainqueur et à lui prêter plus de talents, plus de force et de courage qu'il n'en a réellement montré : la défaite en devient moins humiliante. C'est pour cela sans doute qu'il y a en ce moment tant de bons Français qui admirent outre mesure les Allemands, et qui voudraient nous persuader de les imiter en tout, de leur emprunter tout, depuis leur organisation militaire, y compris la coupe de leurs tuniques et la forme de leurs casques, jusqu'à leurs institutions scolaires, avec leurs procédés d'enseignement, leurs méthodes et leurs livres.

Cet engouement, du reste, ne date pas d'hier. Ainsi, dès 1866, dès cette foudroyante campagne qui étonna l'Europe et qui se termina par l'écrasement de l'Autriche et de ses alliés, bien des gens, chez nous, crurent pouvoir attribuer à la supériorité intellectuelle du soldat prussien, et, par suite, à l'excellence de l'instruction populaire en Prusse, des résultats qui étaient surtout dus à la politique de M. de Bismarck et à la stratégie de M. de Moltke. « C'est le maître d'école prussien qui a gagné la bataille de Sadowa, » répétait-on de tous côtés; et l'on s'en faisait un argument pour introduire en France l'enseignement primaire obligatoire. Ceux qui avaient imaginé ou qui redisaient cette niaiserie ignoraient, paraît-il, que dans les régiments badois et wurtembergeois qui venaient d'être ainsi vaincus la proportion des illettrés n'était que 2 pour 100, tandis que, parmi les Poméraniens et les Posnaniens, qui les avaient si outrageusement battus, plus de 30 sur 100 ne savaient ni lire ni écrire.

Aujourd'hui, c'est de la supériorité morale des Allemands qu'il s'agit; c'est la générosité de leur âme et la noblesse de leur cœur que l'on vante; et, dernièrement encore, dans la préface d'un livre, d'ailleurs excellent, un de nos plus savants historiens littéraires, après avoir présenté la prépondérance de l'Allemagne comme la conséquence et la récompense des services rendus à la civilisation par les Schiller et les Gœthe, en tirait cette conclusion que « l'Allemagne s'est élevée par un effort d'intelligence et d'abnégation [1] ». Singulière abnégation que celle qui consiste à rançonner et à dépouiller ses voisins, à leur prendre cinq milliards et deux provinces!

Les Allemands, de leur côté, ne négligent rien pour nous faire croire qu'ils valent mille fois mieux que nous et que le reste des hommes. Au rebours des Français, qui se parent bien souvent de vices qu'ils n'ont pas, sans songer qu'on les prend au mot, les compatriotes de M. de Bismarck exaltent sans cesse « l'honnêteté allemande, la loyauté allemande, la fidélité allemande », comme si l'honnêteté, la loyauté, la fidélité étaient chez eux d'une qualité exceptionnelle, et que les autres nations ne possédassent que des vertus de pacotille.

Et comme ils nous dédaignent! comme ils nous méprisent! Ils n'ont pourtant guère le droit de le prendre avec nous de si haut; et la France

---

1. *La Littérature allemande au moyen âge et les origines de l'épopée germanique*, par A. Bossert, ouvrage couronné par l'Académie française. Paris, Hachette, 1882.

pourrait répondre à l'Allemagne, quand celle-ci lui reproche la légèreté de son langage et de sa conduite, ce que la Marie Stuart de Schiller répond à l'orgueilleuse et hypocrite Élisabeth : « Je n'ai jamais couvert mes fautes d'un voile menteur ; le monde sait ce que j'ai fait de pire, et je puis dire que je suis meilleure que ma renommée. Mais vous... ce n'est pas la chasteté que vous avez héritée de votre mère, et l'on sait pour quelle vertu Anne Boleyn est montée sur l'échafaud. »

La moralité, la chasteté des Allemands et des Allemandes ! c'est un sujet trop délicat pour que nous y voulions insister ici ; mais nous pouvons renvoyer nos lecteurs au jugement de Henri Heine, qui pensait que, « de toutes les institutions romaines, celle qu'il eût été le plus difficile d'acclimater en Allemagne, ç'aurait été celle des Vestales. » Nous pouvons aussi nous en référer au témoignage plus sérieux, mais non moins significatif des statistiques officielles, d'où il ressort que, de toutes les villes de l'Europe, celles qui fournissent chaque année le plus grand nombre de naissances illégitimes, ce sont Munich et Francfort, Berlin et Vienne ; Paris, sous ce rapport, « Paris, cette ville corrompue, cette

Babylone moderne », comme on l'appelle au delà du Rhin, ne vient qu'au quinzième rang.

L'honnêteté, la probité des Allemands! Nous ne voudrions pas non plus sur ce chapitre nous montrer pour eux trop sévères. Nous ne pouvons pourtant oublier les révélations qui ont été faites tout récemment au Reichstag et qui ont prouvé combien la vénalité et la corruption avaient pénétré profondément jusque dans la partie la plus saine de la nation, jusque dans l'armée. Il a été établi à la tribune et dans la presse qu'un grand nombre de chirurgiens-majors trafiquent des exemptions de service ; quatre, dans un seul corps d'armée, ont été suspendus de leurs fonctions; deux se sont suicidés. Il a été constaté que les sous-officiers se livrent à l'exploitation en règle des volontaires d'un an; il n'est presque pas un volontaire de bonne famille qui ne paye au sergent, chargé de son instruction, plus de 25 francs par mois, sans compter les cadeaux; et, dans les régiments aristocratiques, ces contributions plus ou moins obligatoires atteignent parfois un chiffre si élevé que l'année de volontariat coûte aux parents jusqu'à 8 ou 10 000 francs.

Les Allemands n'ont guère sur nous qu'un avantage ; nous reconnaissons qu'il est considé-

rable, et nous ne doutons pas qu'il n'ait, plus
encore que le génie de M. de Moltke et de M. de
Bismarck, contribué à leur donner sur nous la
victoire : ils savent obéir à leurs chefs civils et
militaires; ils ont le respect de la hiérarchie et
le culte de la discipline. Mais combien de temps
ces vertus, que nous pourrions leur envier, ré-
sisteront-elles encore aux ravages de cette démoralisation croissante que nous signalions tout à
l'heure, à la contagion de l'esprit révolutionnaire, aux progrès des doctrines socialistes?

Momentanément comprimé par la main de fer
de M. de Bismarck, le socialisme allemand a
cessé, pour un instant, de s'étendre en Allemagne, au moins d'une façon visible. Il s'en est
dédommagé en s'épanchant sur les pays voisins :
il inonde l'Angleterre et la Belgique, la Suisse et
la France. Dernièrement, à Bruxelles, lorsqu'on
enterra cet anarchiste, victime de ses propres
bombes, sur une centaine de socialistes qui suivaient le convoi, il y avait cinquante Allemands;
et plus récemment encore, à Paris, lors des manifestations du 9 et du 11 mars, notre police a arrêté
plusieurs Prussiens.

Le socialisme allemand ne travaille, dans ce
moment, en quelque sorte que pour l'exporta-

tion ; mais soyez sûrs qu'il n'a pas renoncé pour cela à faire le bonheur de sa patrie : il n'attend que des circonstances plus favorables. Qu'arrivera-t-il lorsque la forte et énergique génération d'hommes d'État qui gouverne actuellement l'Allemagne aura disparu ? Qu'adviendra-t-il lorsque l'octogénaire empereur Guillaume et ses vieux ministres ne seront plus là pour faire respecter les principes d'autorité et d'ordre, pour contenir, en même temps que les passions révolutionnaires, les aspirations « particularistes » des populations violemment privées de leur indépendance ?

A Dieu ne plaise que nous voulions ici prendre des airs de prophète ! Mais, ou nous nous trompons fort, ou l'édifice si laborieusement construit par M. de Bismarck est exposé, dans un avenir prochain, à de violentes tempêtes. L'empire des Hohenzollern aura à subir les mêmes assauts que la plupart des grands États européens, et nous doutons qu'il soit mieux que les autres préparé à les soutenir, étant donnés les éléments disparates dont il se compose et surtout les moyens qu'on a employés pour les réunir.

L'œuvre de 1866 et de 1870 est minée par sa base ; ce colosse imposant a des pieds d'argile.

C'est une conviction que nous avons acquise en relisant, pour les publier, ces études qui ont paru à diverses époques, dans différentes Revues ; et nous serions bien aise de la faire partager à nos lecteurs, estimant que leur patriotisme y pourra puiser ce qu'y a puisé le nôtre : une consolation et une espérance.

A. P.

15 avril 1883.

UN MOT

A PROPOS DE CETTE NOUVELLE ÉDITION

—

Noùs sommes heureux de pouvoir nous présenter, cette fois, à nos lecteurs, sinon avec la recommandation, ce qui serait trop dire, du moins avec l'approbation, pour une partie importante de notre livre, d'un personnage qui a joué un rôle considérable dans quelques-uns des événements que nous y retraçons.

Ayant soumis au jugement de M. le comte de Beust les pages où nous essayons de caractériser, en même temps que l'attitude des grandes puissances en général et de l'Autriche en particulier, pendant la guerre de 1870, les efforts si généreusement tentés par ce diplomate en faveur de la France, l'éminent homme d'Etat nous a honoré d'une réponse dont nous voulons le remer-

cier publiquement, quoique nous devions ici
nous borner discrètement à en reproduire la
conclusion :

*Tout ce que vous dites de mon passé est stricte-
ment conforme à la vérité; mais, j'en ai fait
l'expérience, il s'est trouvé peu de personnes qui
aient pensé que la vérité soit bonne à dire.*

BEUST.

13 mai 1883.

Il y a dans ces derniers mots du vaillant adversaire de l'heureux Bismarck une sorte de protestation, d'autant plus digne qu'elle est plus
voilée, contre les mensonges d'une presse allemande, presque tout entière vendue au ministre
prussien.

L'ALLEMAGNE

D'AUJOURD'HUI

LES

LUTTES PARLEMENTAIRES

EN PRUSSE (1862-1863)

Le conflit entre la Couronne et la Chambre. — Les lois
militaires. — Débuts de M. de Bismarck.

Lorsqu'en 1858 le prince royal, aujourd'hui Guillaume Ier [1], prit possession de la régence, il sembla qu'une nouvelle ère allait s'ouvrir pour la Prusse. Le chef de l'Etat avait choisi ses ministres dans les rangs de l'ancien parti libéral; le cabinet Hohenzollern-Auerswald, composé d'hommes honorés pour leur caractère, estimés pour leurs lumières, était soutenu dans le pays par l'opinion publique, dans la Chambre par une majorité compacte et dévouée.

1. Ces premières pages ont été écrites au mois d'octobre 1863.

Que ne pouvait-on pas espérer de ce rare accor
du gouvernement et de la représentation national
travaillant de concert à accroître la prospérité et l
liberté de tous? Mais on comptait sans la Chambr
des seigneurs. Il ne suffit pas, en effet, dans un
monarchie constitutionnelle, qu'une loi soit adopté
par le roi et par les mandataires du peuple; il fau
encore qu'elle soit consentie par l'autre partie du
pouvoir législatif, et le véto d'un des trois facteur
de l'État arrête nécessairement la marche des deux
autres. Les seigneurs donc opposèrent leur véto à
toutes les mesures vraiment importantes et libérales
votées par les députés, et le ministère n'eut ni assez
d'habileté ni assez d'énergie pour vaincre leur résistance. La haute Chambre n'était pas du reste l'unique foyer de la réaction, et dès les premiers jours
on avait vu se serrer autour du régent un certain
nombre d'hommes encore épris de l'ancien ordre de
choses, des membres de l'aristocratie et de l'armée,
de vieux généraux surtout ou de jeunes officiers qui,
profitant du goût personnel du prince pour les pa-
rades et les exercices militaires, réussirent bientôt
à détourner son attention des vrais intérêts politiques et économiques de la nation, pour la concentrer tout entière sur l'organisation des troupes et la
force de l'armée. C'est du sein de ce petit groupe,
aussitôt flétri du nom de camarilla, qu'a été lancée
la pomme de discorde qui trouble encore aujourd'hu
le pays et menace d'une ruine complète le frêle édifice constitutionnel.

Jusqu'ici, les forces militaires de la Prusse s'étaient composées, conformément à la loi du 3 septembre 1814, d'une armée permanente relativement assez faible, soutenue par une milice nombreuse et bien exercée. Ce système était excellent pour la défense du pays; il devenait défectueux s'il s'agissait de porter à son tour la guerre sur le territoire ennemi, ou seulement de concentrer rapidement un corps considérable sur la frontière, pour faire une de ces démonstrations menaçantes qui sont quelquefois nécessaires au succès de l'action diplomatique. On comprend donc qu'un roi jaloux de s'immiscer dans les affaires générales de l'Europe, et de faire écouter sa voix dans les conseils des grandes puissances, ait désiré réformer cette organisation et faire modifier la loi de 1814. Malheureusement, la nation prussienne est à peu près unanime pour en réclamer le maintien. Le peuple se souvient avec orgueil que les jeunes bataillons de sa milice ont lutté sans désavantage contre les vieux régiments de Napoléon Ier; les libéraux pensent, comme Montesquieu, que, « pour que le pouvoir exécutif ne puisse pas opprimer, il faut que les armées qu'on lui confie soient peuple et aient le même esprit que le peuple, » et ils s'inquiètent de voir affaiblir l'institution toute démocratique de la landwehr, pour augmenter les troupes permanentes qui ne sont que trop disposées à servir les passions réactionnaires de leurs aristocratiques officiers. Tous enfin s'effrayent des charges que la réforme projetée imposerait au budget, et de l'énorme accroissement d'impôts qui en serait la conséquence. Aussi, quand le moment fut venu de proposer aux Chambres la nouvelle loi, le ministre de la guerre, M. de Bonin, donna sa démission et laissa cette pénible tâche à son successeur, M. de Roon. Les autres ministres auraient peut-être dû se retirer également, plutôt que d'accepter un collègue que les organes de la réaction désignaient hautement comme « le coin destiné à s'enfoncer dans le cabinet libéral pour le faire éclater »; ils restèrent cependant et aidèrent M. de Roon, au risque de partager son impopularité, à remporter sur l'opinion publique une demi-victoire. La Chambre repoussa en principe le projet de réforme; mais elle permit au gouvernement d'en commencer l'exécution, en lui accordant à titre provisoire, et sous prétexte de maintenir l'armée sur le pied de guerre, un crédit extraordinaire de 9 millions de thalers en 1860, et un autre de 7 500 000 en 1861.

La majorité, qui venait de se montrer si complaisante, reçut, aux élections générales de 1861, une sévère leçon : la plupart de ses membres ne furent pas réélus. Les suffrages se portèrent principalement sur les députés sortants qui, pendant les deux dernières sessions, s'étaient séparés de leurs anciens amis politiques pour observer vis-à-vis du ministère une attitude plus indépendante, et sur un certain nombre de démocrates qui s'étaient tenus à l'écart depuis 1848 et qui comprirent que le moment était venu de reparaître dans l'arène. Dès lors, les partisans du cabinet ne furent plus en majorité dans la Chambre ; et les deux fractions de l'opinion libérale avancée, réunies sous le nom de *progressistes*, purent aisément tenir tète aux conservateurs et aux féodaux coalisés. On en eut la preuve dans la séance du 6 mars 1862. Le député Hagen demandait que le budget fût voté par chapitres spéciaux et non par états, afin de rendre plus sérieux le contrôle de la représentation nationale sur les deniers publics. Le ministère repoussait énergiquement cette motion, comme portant atteinte aux droits du pouvoir exécutif, et donnait clairement à entendre que, si elle n'était pas rejetée, il serait obligé de se retirer. Elle fut adoptée par 171 députés contre 143 opposants. Le 11 mars, la Chambre était dissoute, et quelques jours après le ministère lui-même donnait sa démission.

Un nouveau cabinet, dans lequel rentrèrent quatre membres de l'ancien, MM. de Heydt et de Roon, le comte de Bernstorff et le baron de Schleinitz, fut constitué sous la présidence intérimaire et plutôt honoraire qu'effective du prince Hohenlohe-Ingelfingen-Oehringen, général de cavalerie. Le premier soin des ministres, sitôt qu'ils eurent pris possession de leurs portefeuilles, fut de convoquer les collèges électoraux. Mais au lieu de s'abstenir de toute immixtion dans la lutte des partis, comme l'avaient fait leurs prédécesseurs, avec une délicatesse peut-être excessive et qui avait été d'ailleurs assez mal récompensée, ils se hâtèrent d'adresser à tous les hauts fonctionnaires les circulaires les plus pressantes, pour les inviter à employer toute leur influence et toute celle de leurs subordonnés dans l'intérêt des candidats dévoués au gouvernement. C'était répandre de l'huile sur le feu. Les protestations surgirent de tous côtés; les sénats universitaires, les conseils municipaux, les magistrats, les avocats réclamèrent avec une imposante unanimité contre ce qu'ils regardaient comme un attentat à la liberté des électeurs. Le mécontentement s'accrut; l'impopularité du ministère ne connut plus de bornes; pas un de ses membres ne put obtenir un mandat de député. M. von der Heydt lui-même, qui depuis près de vingt ans représentait dans toutes les assemblées délibérantes le collège d'Elberfeld, que ses relations de famille, ses richesses et ses incontestables talents financiers rendaient si puissant dans toute la vallée commerçante et industrielle de la Wupper, échoua près des mêmes électeurs qui l'avaient tant de fois nommé. Ni les féodaux ni les anciens libéraux ne furent beaucoup plus heureux que les candidats ministériels; le parti libéral avancé remporta une victoire presque complète.

Ce fut le 19 mai 1862 que se réunit pour la première fois l'Assemblée dont nous allons bientôt exposer avec plus de détails les derniers travaux. Les trois premières semaines furent consacrées presque tout entières aux longs et stériles débats d'une Adresse au roi. La Chambre tenait à témoigner solennellement dès l'origine que, fidèle à la théorie fondamentale de la monarchie parlementaire, elle entendait distinguer toujours le souverain d'avec ses conseillers, et conserver au premier, que la Constitution plaçait au-dessus de toute responsabilité et de toute appréciation, un dévouement inaltérable, tout en faisant aux autres, dont la loi permettait de discuter les actes, une franche et vive opposition. Mais le roi, dans sa réponse à l'Adresse, repoussa catégoriquement cette distinction; il déclara qu'il prétendait partager avec ses ministres l'honneur des mesures qu'on osait blâmer, que ceux-ci n'avaient fait que se conformer à ses instructions et qu'il approuvait par conséquent tous leurs actes; et, sans prendre l'Adresse des mains du président qui la lui présentait, il tourna brusquement le dos à la députation. Cette conduite de Guillaume Ier n'était guère de nature à apaiser l'opinion publique; et si les députés, pour ne point se départir des habitudes parlementaires, persistèrent à accuser le ministère de l'aggravation du conflit, nous ne doutons pas que la nation, moins accoutumée aux subtiles fictions de la légalité, n'ait fait dès lors remonter plus haut la responsabilité du malaise et de l'inquiétude générale. La Chambre, d'ailleurs, quoique blessée, ne témoigna au cabinet ni mesquine rancune ni injuste ressentiment; elle discuta sérieusement et loyalement tous les projets vraiment utiles qu'il lui proposa; et, lorsqu'il lui soumit le traité de commerce avec la France, elle l'adopta sans chercher dans de minutieuses critiques de dé-

tail l'occasion d'une petite vengeance, et le vota presque à l'unanimité (25 juillet). Mais quand la fatale
question de la réforme militaire fut de nouveau sou-
levée, quand M. de Roon vint demander que le crédit,
alloué seulement à titre provisoire et comme dépense extraordinaire par la plus complaisante des
Chambres, fût enfin introduit définitivement dans
le budget ordinaire de l'Etat, il ne se trouva dans
l'Assemblée que 11 voix pour admettre cette exi-
gence, contre 308 qui la repoussèrent (23 septembre). Ce vote fut le signal d'une nouvelle crise ministérielle : MM. de Bernstorff, de Holzbrinck et
von der Heydt se retirèrent, et M. de Bismarck fut
appelé de Paris, où il remplissait les fonctions d'am-
bassadeur, pour venir à Berlin présider le conseil
des ministres.

M. Othon de Bismarck-Schœnhausen [1] est un de
ces rares hommes d'Etat dont les principes et la
conduite ne se sont jamais démentis, et dont on
peut évoquer tous les actes et toutes les paroles
sans y découvrir une contradiction. Egalement inaccessible aux entraînements du libéralisme et aux
séductions de la popularité, il n'a point à se reprocher d'avoir jadis contribué au progrès des idées
qu'il combat aujourd'hui. En 1846 et 1847, quand

1. Au moment de ses débuts dans la carrière politique, il
n'était que baron : pendant la campagne de France, nous le
trouverons revêtu du titre de comte; aujourd'hui, il est
prince; mais, sous ces noms divers, c'est toujours M. de Bismarck; et tel nous le jugions en 1863, tel il est encore
aujourd'hui, c'est-à-dire vingt ans après.

la plupart des réactionnaires actuels réclamaient
bruyamment dans les diètes provinciales l'établissement de la monarchie constitutionnelle, il luttait
opiniâtrément pour le maintien de l'absolutisme et
des privilèges féodaux. En 1848, quand tout ce qui
avait un peu de jeunesse et d'ardeur se passionnait
pour la liberté, Othon de Bismarck, à peine âgé de
trente ans, fondait la *Gazette de la Croix*, pour y
déclamer contre la révolution. Il n'entra au service
de l'Etat qu'en 1851, au moment où la réaction
était le plus violente, et ce fut par M. de Manteuffel
qu'il fut nommé secrétaire d'ambassade, et trois
mois après ministre plénipotentiaire à Francfort.
Ses ennemis, habitués à voir les hommes d'Etat
prussiens traverser toute la filière administrative,
conclurent de cette tardive arrivée aux affaires
qu'il devait manquer de capacité aussi bien que
d'expérience. Mais nous avons peine à croire que,
s'il eût été réellement dénué de talent, ses opinions politiques eussent suffi pour le faire élever
ou maintenir à des postes aussi importantes que les
ambassades de Saint-Pétersbourg et de Paris, par
des ministres qui étaient pour la plupart bien loin
de penser comme lui. M. de Bismarck n'est pas à
proprement parler un orateur, mais il possède une
dialectique féconde en ressources, une verve originale et mordante, une remarquable promptitude
de repartie. La nonchalance dédaigneuse de son
débit, l'expression hautaine de sa physionomie,
l'élégance aristocratique de ses manières, son main-

tien, son extérieur, sa taille même, tout est chez lui en harmonie avec les doctrines qu'il professe et les sentiments qu'il exprime. On voit, quand il s'adresse à la Chambre, qu'il ne se croit point pétri du même limon que ses auditeurs, et il ne se fait d'ailleurs pas faute de leur rappeler qu'il est né dans une autre sphère, et que leurs habitudes sociales ne sont pas les siennes.

Lorsqu'il fut nommé président du conseil, il y avait déjà longtemps que l'opinion publique le désignait pour ce poste éminent; et, depuis la chute du cabinet libéral, il n'y avait pas eu de combinaison ministérielle où l'on ne s'attendît à le voir entrer. Ceux qui le connaissaient ne doutaient pas que son arrivée au pouvoir ne fût le signal d'une campagne absolutiste contre toutes les libertés nationales; mais il y avait aussi beaucoup d'optimistes qui prétendaient que les opinions de M. de Bismarck s'étaient modifiées dans le maniement des grandes affaires et dans le commerce des hommes d'Etat étrangers; qu'il avait appris à connaître la force irrésistible des idées modernes, et qu'il ne songeait plus à gouverner d'après les principes surannés du droit divin. Il fallait être bien aveugle pour croire un homme de cette trempe converti au libéralisme, parce qu'il avait cessé d'écrire dans la *Gazette de la Croix* et qu'il avait passé quelques mois à Paris. Les dernières illusions s'évanouirent quand le cabinet publia son programme. « La Constitution, faisait observer avec quelque raison le nouveau ministre, exige le consentement unanime des trois facteurs de l'Etat, pour que le budget soit légalement fixé; mais elle n'indique pas ce qu'il faut faire quand ce consentement ne peut être obtenu. La machine gouvernementale doit-elle cesser de fonctionner? Si je n'obtiens pas de la Chambre les fonds nécessaires aux besoins de l'administration, je me les procurerai sans son autorisation. » C'était faire la critique non seulement de la constitution prussienne, mais de toutes les constitutions parlementaires. Elles supposent l'accord absolu des trois pouvoirs; mais comment sortir d'embarras si cet accord est impossible? Ne devrait-on pas convenir au moins qu'à défaut de l'unanimité la majorité tranchera les questions? Or cette majorité était acquise à M. de Bismarck. La Chambre des seigneurs avait encore une fois approuvé le projet de réforme militaire, et, non contente de rejeter le budget voté par les députés, ce qui était parfaitement dans son droit, elle avait rétabli et adopté le budget ministériel, ce qui dépassait évidemment ses attributions constitutionnelles. « Il faut, dit l'auteur de l'*Esprit des lois*, que le corps des nobles, dans les lois qui concernent la levée de l'argent, n'ait part à la législation que par sa faculté d'empêcher, et non par sa faculté de statuer. J'appelle *faculté de statuer* le droit d'ordonner par soi-même ou de corriger ce qui a été ordonné par un autre. » La Chambre des députés déclara nulle et non avenue la décision des seigneurs, et fut aussitôt

prorogée (13 octobre). M. de Bismarck alors s'oc
cupa de compléter son cabinet : MM. de Roon, d
Lippe et de Mühler restèrent aux ministères de l
guerre, de la justice et des cultes; le comte d'Eu
lenbourg reçut le portefeuille de l'intérieur, M. d
Bodelschwingh celui des finances, le comte d'Itzer
plitz celui du commerce, et M. de Selchow, un de
coryphées du parti féodal, fut chargé de l'agricul
ture et des travaux publics. Le triomphe de la ca
marilla était complet.

La rentrée des Chambres avait été fixée au 14 jan
vier 1863. L'ouverture de la session fut précédée
comme de coutume, d'un service divin, auquel l
plupart des députés se dispensèrent de paraître
n'ayant pas oublié sans doute que, l'année précé
dente, en pareille circonstance, le prédicateur de l
cour, Hengstenberg, avait profité de l'occasio
pour fulminer contre l'opposition une violente dia
tribe. Cette fois pourtant, ceux qui y assistèrent e
furent quittes à meilleur marché, et le sermon
quoique visant à l'a-propos, — c'était un éloge de l
paix et une exhortation à la concorde, — ne fu
point trop rempli d'allusions blessantes. Après l
cérémonie religieuse, les membres du Parlemen
se rassemblèrent dans le salon blanc, en traversan
la foule nombreuse qui stationnait sur la place d
château. Le discours du trône n'était point dign

d'une si grande curiosité. Pâle, insignifiant et ne s'exprimant sur les questions pendantes que dans les termes les plus généraux, il ne contenait aucune révélation nouvelle, et tout ce qu'on en pouvait conclure, c'est que le ministère, en cherchant à se donner l'avantage de la modération dans la forme, était bien décidé à ne pas faire la moindre concession quant au fond. Lorsque M. de Bismarck eut achevé la lecture du message royal, les députés se rendirent dans le local provisoire où, depuis dix ans, le gouvernement réunit les représentants de la nation, attendant probablement, pour leur bâtir un palais digne d'eux, que les institutions parlementaires se soient définitivement acclimatées en Prusse. La séance fut ouverte par le président de la Chambre pendant la dernière session, M. Grabow, qui accusa hautement le ministère d'avoir violé la Constitution et déclara que l'Assemblée avait toujours la confiance du pays, en montrant sur son bureau 194 adresses d'adhésion, couvertes de 221 951 signatures. Le mécontentement du gouvernement fut grand, et, le lendemain, le Moniteur prussien, le *Staatsanzeiger*, gourmanda l'orateur avec une violence dont les journaux officiels savent ordinairement s'abstenir. Mais la colère ministérielle ne fit que consolider la popularité de M. Grabow, qui, après avoir appartenu longtemps à l'ancienne majorité libérale, ne s'était approché que lentement et peu à peu du parti progressiste; et, lorsque la Chambre renouvela son bureau pour

1863, il fut réélu président par 247 suffrages s
261 votants. M. Behrendt fut nommé premier vic
président par 197 voix, et M. Bockum-Dolffs,
cond vice-président, par 204.

Ces trois élections faisaient bien voir quelle ét
l'influence du parti libéral avancé. Il se divisait
deux grandes fractions, d'accord entre elles sur 1
principes, et qui ne différaient le plus souve
d'avis que sur le mode ou l'opportunité de le
application : les progressistes, qui disposaient
136 voix, et le centre gauche, qui se composait
96 membres. Il comptait dans son sein, sinon bea
coup d'orateurs illustres et d'habiles hommes d'Et
du moins un nombre considérable d'hommes di
tingués par leurs lumières, estimés pour leurs tr
vaux, honorés pour leur caractère, amis de l'ordr
mais épris de la liberté, sincèrement dévoués à
Constitution, mais à condition qu'elle serait ince
samment développée et perfectionnée, conform
ment aux intérêts politiques et sociaux du pays. A
premier rang des progressistes figurait le vétéra
de la démocratie prussienne, M. Waldeck. Ju
intègre, magistrat incorruptible, et déjà si ch
au peuple, bien avant la révolution, que ses ennem
l'avaient surnommé par dérision *le roi des paysa*
(den Bauernkœnig), il a joué un rôle importa
dans les Chambres de 1848 et de 1849, et siégé
la gauche de ces deux assemblées. Il est pourta
monarchique et bien éloigné de vouloir ébranle
dans l'Etat, l'autorité, qu'en sa qualité de catholiq

il respecte et soutient dans l'Eglise. Accusé de haute trahison, traduit en justice, jeté en prison, il s'est abstenu ensuite, pendant dix ans, de toute participation aux luttes politiques; mais les injustes persécutions auxquelles il a été en butte n'ont ni altéré la nature de ses opinions ni détruit la modération de ses sentiments, et c'est chose intéressante aujourd'hui que d'entendre ce majestueux vieillard, en cheveux blancs, s'exprimer tour à tour avec la mélancolique résignation qu'inspirent les déceptions du passé et avec l'enthousiasme juvénile que donne la foi dans l'avenir.

Il n'y avait dans toute la Chambre qu'un député qui égalât en popularité M. Waldeck. M. Schulze de Delitzsch, l'infatigable vulgarisateur des plus féconds principes de l'économie politique, le fondateur de la plupart des banques de crédit, des sociétés pour l'achat des matières premières ou des objets de consommation qui fonctionnent aujourd'hui en Allemagne, le créateur ou l'organisateur de plusieurs centaines d'associations ouvrières, est un orateur entraînant et persuasif; exerçant sur son parti une grande influence par la chaleur de ses convictions et la loyauté de son caractère, commandant le respect, même à ses adversaires, par l'autorité de toute une vie consacrée aux intérêts de l'humanité, il est écouté de tous avec une sympathie presque égale; mieux fait pourtant encore pour les luttes tumultueuses des meetings que pour les calmes discussions des parlements, il impose

aux masses par son extérieur mâle et vigoureux,
il les charme par sa voix sonore, il les fascine pai
son regard vif et perçant; c'est un véritable tribun
Autour de M. Schulze-Delitzsch — c'est ainsi qu'on
l'appelle pour le distinguer de ses nombreux ho
monymes — s'est groupée la petite phalange de
économistes : M. Michaelis, l'habile collaborateur d
la *Gazette nationale;* M. Prince Smith, un Anglai
qui a conquis son droit de cité en important ei
Allemagne les théories du libre échange et les idée
de M. Cobden; M. Jules Faucher enfin, qui, sort
d'une des familles protestantes que la révocatioi
de l'édit de Nantes a chassées de notre pays, port
avec honneur un nom bien connu des économiste
français.

C'était encore au parti des progressistes qu'appar
tenaient deux hommes également éminents dan
des sciences diverses, M. de Sybel et M. Virchow ·
l'un naturaliste distingué, habile anatomiste, auteui
de découvertes importantes pour l'art médical, pro
secteur à l'hôpital de la Charité à Berlin, et ensuit
professeur à l'université de Wurtzbourg; l'autre
écrivain de talent, auteur d'ouvrages remarquable
sur les croisades et la Révolution, professeur d'hís
toire, d'abord à l'université de Marbourg, puis ˙
Munich, où la faveur du roi le soutint quelque temp
contre les intrigues des ultramontains, et enfin ˙
Bonn, où une foule d'auditeurs se presse chaqu
année autour de sa chaire. Doués tous deux d'ui
esprit fin et pénétrant, d'une physionomie agréabl

et spirituelle, s'énonçant tous deux avec autant de clarté que d'élégance, parleurs diserts, en un mot, et quelquefois même éloquents, ils étaient destinés à jouer un grand rôle dans la session de 1863. Près de MM. de Sybel et Virchow siégeaient M. Unruh, qui a présidé la Chambre des députés en 1848, et M. Behrendt, que la Chambre actuelle venait de choisir pour son premier vice-président; M. Taddel, le vénérable magistrat qui a été puni de son intégrité par le ministère Manteuffel; M. de Forckenbeck, qui devait rallier à son amendement sur la loi militaire la majorité du parti libéral; M. de Hoverbeck, qui a été l'un des premiers à se séparer de l'ancienne majorité ministérielle pour arborer le drapeau du progrès; M. de Rœnne, le député de Solingen, qui rassemblait autour de lui, sous le nom d'Union parlementaire (*Parlamentarischer Verein*), une petite fraction de dix-huit députés.

Moins nombreux que le parti progressiste, moins riche en personnalités remarquables, le centre gauche comptait pourtant dans son sein beaucoup d'hommes de mérite : M. de Carlowitz, qui avait été ministre du roi de Saxe, et qui représentait maintenant l'opulente et populeuse cité de Gœrlitz; M. Twesten, le jeune et intelligent magistrat qui s'était rendu fameux par son duel avec le général de Manteuffel; M. Gneist, le brillant avocat qui vient de faire acquitter, ces jours derniers, les journalistes poursuivis pour leur protestation contre l'ordonnance du 1er juin. C'était au centre gauche qu'appartenait le second vice-président de l'assemblée. Quoique investi de hautes fonctions administratives, M. de Bockum-Dolffs ne craint pas de faire au gouvernement une vive et franche opposition. Avant d'entrer dans la magistrature, il a étudié les mathématiques et subi avec distinction les examens imposés aux officiers de la landwehr; il a même servi quelque temps dans un régiment de hussards, et ce n'est pas sans quelque connaissance des choses de la guerre qu'il s'est fait aujourd'hui le champion de la landwehr et le défenseur opiniâtre de l'ancienne organisation militaire du pays. M. de Bockum-Dolffs n'était pas d'ailleurs le seul membre de son parti qui pouvait élever la voix avec une certaine autorité sur la question brûlante du moment, et le centre gauche possédait dans ses rangs plus d'un député dont le ministère ne pouvait, sans mauvaise foi, décliner absolument la compétence. C'était, par exemple, M. Harkort, l'actif et énergique vieillard qui, après avoir combattu à outrance les révolutionnaires de 1848 et siégé à l'extrême droite de l'Assemblée nationale, s'est mis depuis à lutter avec autant de courage — mais avec moins de succès — contre la réaction triomphante. C'est un vétéran de 1813 : blessé deux fois, décoré de la croix de fer, promu au grade de capitaine, il n'a quitté le service qu'à la paix. C'était encore le major Reitzke, le patriotique écrivain, le narrateur enthousiaste des exploits de l'armée prussienne contre les soldats de Napoléon. C'était surtout le général Stavenhagen, qui passe en Allemagne pour un savant théoricien, pour un tacticien consommé, et qui a eu l'honneur, grâce sans doute à cette réputation, d'être chargé de l'éducation militaire du duc Ernest de Saxe-Cobourg.

Au centre de la Chambre siégeait le parti catholique, c'est-à-dire les députés de cette confession qui, n'envisageant les questions qu'au point de vue religieux, se préoccupaient avant tout de servir les intérêts de l'Église romaine; n'ayant pas d'ailleurs, en politique, de principes bien arrêtés, tenant parfois le même langage que la gauche et votant le plus souvent avec la droite; fermes soutiens de la légitimité à l'extérieur, et aussi bienveillants pour l'Autriche qu'hostiles à l'Italie; ardents apôtres de la liberté de conscience à l'intérieur, et la réclamant d'autant plus bruyamment pour eux-mêmes qu'ils la refusent obstinément aux juifs et aux sectes dissidentes. M. Reichensperger était le chef de ce parti. Collègue de M. Waldeck à la cour d'appel et membre de plusieurs sociétés archéologiques, il joint à la connaissance approfondie de la jurisprudence les notions les plus précises sur l'architecture sacrée, et son goût passionné pour les arts n'est peut-être pas pour son dévouement au catholicisme un auxiliaire inutile. Il a du talent, de l'esprit, du tact; il a dû en déployer beaucoup pour faire aux 30 catholiques qui le suivent une situation tolérable au milieu de 300 protestants; et, quoique les malveillants prétendent que son éloquence a beaucoup tari depuis que les questions religieuses reviennent moins souvent à l'ordre du jour, il a encore été, pendant la session de 1863, un des personnages importants de la Chambre.

Mais c'était surtout à la droite de l'assemblée que se groupaient les célébrités parlementaires et les illustrations politiques de la Prusse : M. Simson, l'habile président du Parlement de Francfort; M. le baron de Patow, l'ancien ministre des finances; M. le comte de Schwerin, l'ancien ministre de l'intérieur; M. d'Auerswald, leur collègue et l'ami personnel du roi, qui n'a consenti à se priver de ses services qu'à la condition de pouvoir toujours compter sur ses conseils; le financier M. Kühne et quelques autres; une vingtaine de membres en tout, voilà ce qui restait de la grande armée libérale qui avait été pendant trois ans l'espérance du pays; un brillant état-major, mais point de soldats. Il semble que M. de Vincke aurait dû éprouver quelque humiliation en voyant tous ses amis chassés l'un après l'autre de la Chambre par la nation mécontente, et cette majorité si compacte qui se serrait autour de lui se dissoudre peu à peu et se disperser au vent toujours croissant de son impopularité; en voyant surtout cette poignée de progressistes, qu'il avait si longtemps raillée de sa faiblesse, grandir et se développer sous le souffle fécond de la sympathie publique. Mais l'honorable député de Stargardt ne sait ni se décourager ni douter de lui-même; il traite avec autant de dédains l'imposante majorité d'aujourd'hui que l'imperceptible minorité d'hier, et déploie contre l'opposition victorieuse toutes les ressources de sa verve mordante et de son éloquence impitoyable. Converti au culte de l'autorité depuis qu'il a assisté à la révolution de 1848, il a prêté successivement son concours à presque tous les ministères ; et le hardi réformateur de 1847 serait maintenant encore, malgré le petit nombre de ses adhérents, un des plus fermes appuis du cabinet réactionnaire, s'il n'avait l'habitude de faire les plus cruelles blessures à ceux mêmes qu'il prétend défendre, et d'ébranler par ses sarcasmes ceux qu'il soutient de ses votes.

A l'extrême droite de l'assemblée se tenaient les onze députés féodaux : rudement mutilés aux dernières élections, privés de leur ancien chef M. Blankenbourg, ils n'étaient plus représentés dans les discussions que par M. Bethusy-Huc. A l'extrême gauche siégeaient les députés polonais ; représentant une nation et non un parti, se considérant comme des étrangers au milieu de la Chambre allemande, tournant sans cesse leurs regards du côté de la Vistule, écoutant avec une avidité anxieuse les cris de douleur ou de vengeance de leurs frères, ils ne prêtaient aux travaux de l'assemblée qu'une attention distraite, et ne prenaient part aux débats que lorsqu'ils leur offraient l'occasion de protester encore une fois contre les injustes traités qui les ont rivés à la monarchie prussienne, et de déclarer à la face de l'Europe que la Pologne seule est toujours leur véritable patrie. L'insurrection du printemps dernier devait coûter à la fraction polonaise plusieurs de ses membres; au commencement de la session, elle disposait de 23 voix et reconnaissait pour son chef le comte Czieskowski, savant économiste, philosophe distingué, penseur éminent. Il fait partie de la Chambre des députés depuis 1848 et s'est acquis, par la noblesse de son caractère, par l'élévation de son esprit et la modération de son langage, l'estime et le respect de tous ses collègues : ce sont des feuilles allemandes qui lui rendent ce témoignage.

Telles étaient, au mois de janvier 1863, la composition de la seconde Chambre prussienne et la force respective des divers partis qui s'agitaient dans son sein.

Les premières séances n'offrirent qu'un médiocre intérêt. Le ministère n'avait déposé sur le bureau de la Chambre que des projets de loi d'une importance très secondaire. Convenait-il de modifier la loi *Anastasiana* et de décider qu'à l'avenir tout acheteur d'une créance pourrait exiger du débiteur non seulement le prix auquel il l'aurait acquise, mais le montant intégral de la créance? N'était-il pas nécessaire de régler par une loi le commerce des animaux domestiques dans l'ancienne principauté de Hohenzollern, et d'obliger le vendeur d'un poulet ou d'un mouton à garantir la qualité de l'animal vendu? Telles étaient les graves questions que le cabinet croyait devoir soumettre à la Chambre, dans un moment aussi solennel, quand la nation entière avait les yeux fixés sur ses représentants et attendait avec anxiété l'issue de la lutte qu'ils soutenaient contre la couronne. Evidemment, M. de Bismarck espérait détourner ainsi l'attention publique des travaux de l'assemblée, et triompher de la surexcitation des esprits, par la lassitude et l'ennui. Mais les députés déjouèrent cette tactique. L'article 81 de la Constitution leur reconnaissait le droit de présenter une adresse au roi, quand ils le jugeraient convenable ; ils résolurent d'en faire usage. Le projet d'adresse, rédigé par MM. Virchow et Carlowitz, et adopté presque à l'unanimité, dans une réunion préparatoire, par les deux grandes fractions du parti avancé, était conçu en termes aussi fermes que respectueux. Sire, y était-il dit, Votre Majesté vient de convoquer encore une fois son fidèle Parlement. Mais, avant de commencer ses travaux, la seconde Chambre regarde comme un devoir sacré de vous éclairer sur la véritable situation du pays. La dernière session a été close sans que le budget de 1862 ait été régulièrement établi et voté. Le projet de budget pour 1863 a été retiré, et l'invitation adressée au gouvernement de le présenter en temps opportun est demeurée sans résultat. Cependant, le ministère n'a pas craint de disposer des fonds publics pour des dépenses non autorisées par la Chambre ou même expressément interdites par elle. Il a ainsi porté atteinte à ce qui est regardé

dans toutes les monarchies constitutionnelles comme
le droit le plus essentiel de la représentation nationale; il a provoqué des démonstrations hostiles aux
députés; il a persécuté des fonctionnaires coupables
seulement d'avoir témoigné leur attachement à la
Constitution..... Sire, vous venez de déclarer encore,
dans une occasion solennelle, que vous êtes résolu
à observer fidèlement la charte que vous avez jurée,
et nul de nous ne vous fera l'injure de douter de
votre parole royale.... *Mais vos ministres ont violé la
Constitution;* nous croyons vous donner une preuve
de notre dévouement à Votre Majesté en vous dé-
nonçant cette violation, en vous signalant ceux qui
se couvrent de votre nom sacré pour attaquer impunément, dans l'intérêt d'un parti, les lois fondamen-
tales du royaume. »

Ce fut le 27 janvier que s'ouvrit la discussion sur
le projet d'Adresse dont nous venons de donner le
résumé; les fractions Reichensperger et de Vincke,
quoique opposées en principe à la présentation d'une
Adresse, avaient formulé des contre-projets. On s'attendait à des débats intéressants; les tribunes
étaient remplies. Le commencement de la séance
fut marqué par un incident qui, bien que sans importance en lui-même, témoigne bien quelles étaient
alors les dispositions des esprits, et comme on désespérait déjà de voir le conflit se terminer d'une
manière pacifique. En prenant possession de son
fauteuil, M. Grabow annonce à la Chambre que
M. le président du conseil va donner lecture d'un

message royal. Aussitôt tous les députés se lèvent ; une même préoccupation se peint sur tous les visages. Que va-t-on entendre ? Depuis plusieurs jours, le bruit courait que le cabinet était résolu à empêcher la discussion de l'Adresse, à recourir à tous les moyens plutôt que de permettre aux députés d'agiter le pays. Est-ce un décret de dissolution que M. de Bismarck va lire ? Est-ce seulement une ordonnance de prorogation ? Le roi voulait simplement recommander à la générosité de la Chambre les invalides de 1813 et lui annoncer que les ministres allaient lui soumettre un projet de loi pour augmenter la pension de ces vénérables défenseurs du pays. On se rassied en souriant ; et M. de Sybel, rapporteur de la commission, prend la parole en faveur du projet d'Adresse.

Fidèle expression des opinions de la majorité, le discours de l'honorable historien insistait principalement sur la nécessité d'éclairer le roi trompé par ses conseillers ; il essayait de démontrer, conformément aux principes constitutionnels, que le blâme formulé contre les actes du gouvernement n'atteignait point le prince ; il ajoutait au milieu des bravos : « Ce n'est point nous qui manquons de respect à notre souverain ; ce sont les ministres qui, en prétendant s'identifier avec le roi, outragent la majesté royale. » M. Waldeck, qui parla après M. de Sybel, provoqua une bruyante démonstration en l'honneur du président de la Chambre ; rappelant le discours que celui-ci avait prononcé à l'ouverture

de la session, il déclara que M. Grabow avait bie
mérité de la patrie. Aussitôt des applaudissemen
enthousiastes éclatèrent dans la salle ; toute la gau
che, tout le centre gauche se levèrent en sign
d'adhésion ; les catholiques, les féodaux et la fra
tion de Vincke, 60 membres environ, restèrent seul
assis. Une assemblée ainsi disposée ne pouva
écouter avec beaucoup de faveur le froid et calm
langage de M. Reichensperger, qui vint ensuite r
procher au projet d'Adresse d'élever contre le m
nistère des accusations peu fondées. La Chambre
dit-il, n'a point la preuve que des sommes *définiti
vement* refusées aient été réellement dépensées ; o
aurait dû se borner à réclamer catégoriquemen
pour le Corps législatif le droit de fixer le budget e
s'abstenir de critiquer les actes du pouvoir exécutif
On écouta avec moins d'intérêt encore M. Bethusy
Huc, qui essaya de défendre la politique du cabine
et qui repoussa au nom de son parti toute Adress
qui contiendrait autre chose que des protestation
d'absolu dévouement au monarque et qui se termi
nerait autrement que par le cri de : Vive le roi !
Mais l'attention se réveilla quand M. de Bismarck
prit la parole.

Abordant la question avec cette absence de ménagements, avec cette rigueur de dialectique presque
brutale qui le caractérise, le président du conseil
atteignit du premier coup le fond même du débat.
« Vous prétendez, dit-il aux députés, que la Constitution a été violée, parce que le roi et la Chambre des

seigneurs ont rejeté le budget que vous aviez voté. La constitution vous reconnaît-elle donc le droit de fixer à vous seuls le budget? J'y lis au contraire, article 99, que le budget doit être établi chaque année par une loi, et, article 62, que toute loi exige l'accord unanime des trois pouvoirs de l'Etat. Le roi, la Chambre des seigneurs et la Chambre des députés doivent concourir dans une proportion égale à la confection des lois. Je ne me dissimule pas que cette égalité même engendre tôt ou tard des conflits qui, s'ils ne sont pas apaisés à temps par des concessions mutuelles, doivent être à la fin tranchés par la force. Quoi qu'il en soit, ce n'est point nous, c'est vous qui violez la Constitution, en prétendant exercer un droit qu'elle ne vous donne pas; en vous arrogeant une prérogative qui vous soumettrait absolument les deux autres pouvoirs, qui ne permettrait pas au gouvernement de déplacer un fonctionnaire, ni de lever un soldat sans votre autorisation. Je sais qu'il y a des pays — des pays que vous avez sans cesse sous les yeux — où, en cas de désaccord, le souverain renvoie ses ministres et introduit dans la Chambre haute un nombre suffisant de nouveaux pairs pour déplacer la majorité; des pays enfin où la seconde Chambre est véritablement souveraine. Mais les princes de Hohenzollern n'en sont pas encore venus à n'être plus qu'un ornement dans le mécanisme parlementaire. Les ministres prussiens sont les ministres du roi, et non les ministres du Parlement; ils n'agissent que par ses ordres, et

vous affectez en vain de déverser sur eux se
tout votre blâme; vos insultes rejaillissent pl
haut. »

Que pouvait répondre l'opposition à cette rude
franche attaque? Devait-elle avouer que, au moi
en matière d'impôt, elle réclamait pour les mand
taires du peuple le droit de décision souverain
Mais comment se maintenir alors sur le terrai
d'ailleurs si favorable, de la Constitution? M. Unr
faillit se laisser glisser un instant sur cette pen
dangereuse quand il fit observer « que, dans la pl
part des constitutions, la Chambre des déput
exerce sur l'établissement du budget une influen
prépondérante, » lorsque surtout il ajouta « q
c'est à ceux qui payent qu'il appartient de fixer
qu'on doit dépenser. » Heureusement, M. de Schw
rin, sentant que les principes mêmes de la mona
chie constitutionnelle étaient ici en question, inte
vint dans le débat et mit au service de la majori
son éloquence habile et persuasive. Évitant prude
ment le vrai sujet de la discussion, il choisit dans
discours de M. de Bismarck une phrase peut-èt
ambiguë, et en détourna la signification avec u
adresse qui nous surprendrait de la part d'un hom
aussi loyal, si nous ne savions que la loyauté d'u
ancien ministre constitutionnel est toujours te
pérée par un peu d'adresse. « Je viens d'entendre
commença-t-il, des paroles qui m'ont étonné e
contre lesquelles je dois protester. M. le présiden
du conseil vient de déclarer que la force doit passe

avant le droit [1] (M. de Bismarck avait dit « que la force doit décider quand le droit est impuissant »). C'est au contraire, continua M. de Schwerin, en suivant la maxime opposée, que la Prusse est devenue grande. (Bravo!) Le droit doit passer avant la force! (Nouvelle explosion de bravos.) Voilà la véritable devise de nos princes. » Les applaudissements recommencèrent et couvrirent la voix de l'orateur. Ce fut le dernier incident de la séance. En vain M. de Bismarck, qui, suivant son habitude dédaigneuse, était sorti de la salle après avoir parlé, voulut rétablir le sens de ses paroles, quand il apprit en rentrant l'apostrophe qu'il avait essuyée en son absence; la Chambre voulut rester sous l'impression de son triomphe. Le jour baissait d'ailleurs, et les députés prussiens ne peuvent siéger de nuit, parce que le plafond de leur palais provisoire ne saurait supporter un appareil d'éclairage. La continuation des débats fut renvoyée au lendemain.

Le 28 janvier, MM. Twesten, Schultze et Virchow reprirent le développement et la défense du projet d'Adresse avec un redoublement de verve et d'esprit, quoique sans apporter beaucoup d'arguments

---

1. C'est donc à M. de Schwerin qu'appartient la responsabilité d'avoir ainsi attribué à M. de Bismarck une maxime qu'on lui a depuis si souvent reprochée, quoiqu'il ne l'ait pas prononcée. Mais ce qui atténue l'injustice qu'on a commise ainsi envers lui et contre laquelle il a protesté publiquement plus d'une fois, c'est que, si les fameux mots : *Macht geht vor Recht*, ne sont jamais tombés de sa bouche, il a toujours agi comme s'ils faisaient le fond de sa pensée et la règle de sa conduite.

nouveaux. La discussion pourtant avait fait un p'
et deux de ces orateurs acceptèrent un moment
lutte sur le terrain où M. de Bismarck l'avait port
la veille. « Le président du conseil, dit M. Tweste
en réduisant les ministres au rôle d'instrumeι
passifs, circonscrit le conflit entre le roi et les rep
sentants de la nation. Qui doit l'emporter, suiva
lui? Le roi, sans doute? Alors, c'est l'absolutism
Ou bien pense-t-il que nous ne représentons p
réellement la nation, que la nation pense autreme
que nous? Alors, qu'il la consulte, qu'il deman
aux électeurs si nous avons toujours leur confiance
M. Schultze s'exprima nettement encore : « M.
Bismarck croit que les conflits constitutionnels
peuvent être résolus que par la force; il y a
autre moyen auquel il n'a pas songé, un moyen pa
faitement légal et auquel il peut recourir, la diss
lution de la Chambre. » Mais le cabinet ne releva p
le gant qui lui était lancé, et, sans s'expliquer s
leurs intentions, les ministres se bornèrent à r
pousser de leur mieux les attaques dont chac
d'eux avait été l'objet, les véhémentes accusatio
de M. Schultze et les piquants sarcasmes de M. Vi
chow. La séance se termina par un discours
M. de Vincke. Selon sa coutume, l'honorable dépu
de Stargardt distribua impartialement le blâme
droite et à gauche, reprochant au cabinet de mar
quer d'égards envers la Chambre, et accusant l
Chambre de manquer de condescendance envers l
cabinet, reconnaissant que les ministres avaieι

réellement violé la Constitution, et trouvant mauvais que le projet d'Adresse les en accusât ; recommandant enfin son contre-projet, qui répondait, suivant lui, aux exigences de la situation, sans courir le risque d'offenser le roi.

Ce fut M. de Sybel qui eut les honneurs de la troisième séance. Résumant les débats en sa qualité de rapporteur, il peignit, avec une éloquence peut-être un peu déclamatoire, les catastrophes auxquelles s'exposent les rois en restant sourds aux justes plaintes de leurs sujets ; il puisa dans l'histoire contemporaine des exemples qui ne pouvaient manquer leur effet, et montra le ministre détesté de l'électeur de Hesse, expirant dans les convulsions du *delirium tremens* ; puis, faisant allusion aux dangers qui semblaient menacer alors la paix de l'Europe, il reprocha au cabinet de choisir un pareil moment pour jeter la désunion « entre le plus fidèle des peuples et le plus loyal des monarques ». « Pour nous, s'écria-t-il en terminant, nous persisterons dans notre conviction, sans nous laisser aller ni à l'irritation ni au découragement, priant Dieu pour le roi et pour la patrie, jusqu'à l'heure où le soleil de la justice s'élèvera de nouveau pour nous guider — nous ou nos enfants — dans la voie glorieuse du progrès. » Ce discours, qui provoqua les applaudissements de la Chambre et qui porta à son comble l'enthousiasme du public entassé dans les tribunes, ne parut pas à M. de Bismarck exiger une réponse sérieuse ; il savait que la Chambre avait depuis longtemps

pris son parti, et que rien ne pouvait plus influ
sur le résultat du vote. « Si je prends encore la p
role, dit-il dédaigneusement, ce n'est point po
vous dissuader d'élever contre nous les accusatio
que nous vous semblons mériter. Je veux seuleme
vous faire une question. Quelle est la conclusi
pratique de votre Adresse? que doit faire le r
pour vous contenter? Renvoyer ses ministres sat
doute, pour en choisir d'autres qui aient votre co
fiance. Mais croyez-vous que des ministres qui jou
ront de votre confiance posséderont aussi celle
Sa Majesté? Ou bien prétendez-vous que le r
doive vous sacrifier entièrement ses opinions et s
préférences? Je doute fort d'ailleurs que, s'il vo
était permis d'élire parmi vous les conseillers de
couronne, vous parvinssiez à former un cabinet q
conservât pendant un mois les sympathies et le coi
cours de la majorité! » M. Gneist riposta; sa r
plique, plus habile que solide, termina la discussioi
et, après quelques explications personnelles échai
gées entre plusieurs membres, le président pr
nonça la clôture des débats. Le projet d'Adress
Virchow-Carlowitz fut adopté par 255 voix contre 6

Si la Chambre s'était proposé autre chose, en vo
tant l'Adresse, que de grandir sa propre popularité
si elle s'était réellement flattée de déterminer le ro
à changer de politique et à se séparer de ses minis
tres, elle dut s'apercevoir bientôt combien elle s'éta
trompée. Le roi refusa de recevoir la députatio
chargée de lui remettre l'Adresse, et répondit a

manifeste de l'opposition par un message sec et hautain, dans lequel il déclarait encore une fois que ses conseillers jouissaient de toute sa confiance et revendiquait pour lui-même la responsabilité des actes qu'on leur reprochait. En même temps, il recevait, de la manière la plus gracieuse, une députation de la Chambre des seigneurs, qui lui apportait également une adresse, mais conçue naturellement en un sens opposé; les seigneurs approuvaient sans restriction la conduite du gouvernement et offraient au roi leur appui pour défendre, contre tous les empiètements, les prérogatives souveraines de la couronne. Ainsi, le vote du 29 janvier avait fourni au parti féodal une nouvelle occasion de manifester son mépris pour les représentants de la nation et son dévouement aux principes de l'absolutisme; il avait aggravé le conflit constitutionnel et creusé un abîme plus profond entre le roi de Prusse et son peuple; il avait aigri l'un contre l'autre le cabinet et la Chambre et fait dégénérer leur dissentiment politique en une sorte de querelle personnelle. Les ministres profitèrent désormais de tous les prétextes pour humilier l'assemblée; ils affectaient de ne point se mêler aux discussions; souvent même, ils négligeaient d'y assister. Le 9 février, au moment de discuter un projet de loi proposé par le cabinet, on s'aperçut qu'aucun de ses membres n'était là pour le soutenir. Il fallut s'ajourner et inviter M. de Bismarck et ses collègues — en vertu de l'article 60 de la Constitution — à venir le lendemain occuper leur banc.

La discussion de l'Adresse avait fait ressortir u
fois de plus, aux yeux de la nation, le désaccord d
gouvernement et de la Chambre; les débats que so
levèrent quelques jours après les affaires polonais
le firent éclater à la face de l'Europe. Dès le co
mencement de l'insurrection, on avait vu avec éto
nement les deux puissances qui partageaient avec l
Russie le fruit de la honte du crime de 1772, prendr
dans cette grave question une attitude opposé
L'Autriche, oubliant sans doute que le triomphe d
Polonais lui coûterait tôt ou tard une province, s'e
pressa de leur témoigner les sympathies les plu
vives; l'avenir dira si cette noble conduite du cabin
autrichien n'était pas un odieux stratagème; si, e
feignant de s'associer aux efforts des puissances oc
cidentales, elle ne se proposait pas de les para-
lyser, et si, en promettant ses secours aux insurgé,
elle voulait autre chose que d'empêcher les nôtre
d'arriver à temps. En tout cas, c'était un habile
moyen de retenir les Galiciens dans le devoir par
les liens de la reconnaissance, ou de les écraser sous
le poids de l'indignation publique, s'ils causaient le
moindre embarras à la généreuse puissance qui pro-
tégeait leurs frères. Le cabinet de Berlin fut moins
adroit. Troublé par la peur ou égaré par l'amitié,
il offrit son concours au gouvernement moscovite;
il fit revivre des conventions oubliées; il proposa

d'en conclure de nouvelles; il mit enfin au service
des autorités russes ses officiers et sa police, ses
forteresses, ses prisons, ses chemins de fer et ses
télégraphes. Mais l'opinion s'inquiéta de ce zèle
excessif; elle craignit que le gouvernement n'attirât
sur le pays les armes de la France, et qu'en voulant
sauver les provinces orientales d'un péril douteux
il n'exposât les provinces occidentales à des dangers
trop certains.

Le 16 février, le député polonais, M. de Kantak,
adressa au ministère l'interpellation suivante : « Est-
il vrai que le grand-duché de Posen ait été l'objet de
mesures exceptionnelles, et que l'administration de
la province ait passé dans les mains d'une commission composée en partie de militaires? Le gouvernement approuve-t-il le langage tenu par le président
supérieur du grand-duché dans sa proclamation du
1er février, et trouve-t-il bien qu'un fonctionnaire,
relativement subalterne, se permette de flétrir, dans
un acte officiel, la conduite d'une nation voisine? »
M. de Bismarck répondit négativement à la première
de ces questions et affirmativement à la seconde; en
même temps, il lut une note collective des ministres
concernant l'attitude qu'ils entendaient prendre en
face de l'insurrection. Les troubles qui avaient éclaté
dans le royaume de Pologne leur faisaient un devoir
de redoubler de vigilance; le gouvernement était
résolu à employer tous les moyens pour empêcher
le désordre de se propager dans la province de Posen, et pour protéger les fidèles sujets de la monar-

chie prussienne contre les coupables menées d
agitateurs. Si nette que semblât cette déclaratio
elle ne pouvait satisfaire la Chambre. On savait qu
le 8 février, le général d'Alvensleben avait concl
une convention avec les autorités russes pour l
répression commune de l'insurrection, et M. de Bi
marck avait gardé sur ce fait important le plus pr
fond silence. Dès le surlendemain, une nouvelle in
terpellation, signée de MM. Schultze et Carlowit
et soutenue par 175 membres, était adressée a
ministère : « Le gouvernement du roi s'est-il engagé
par un traité, à prêter son aide au gouvernemen
russe contre les insurgés polonais, et, si ce traité
été réellement conclu, quelle en est la teneur? »

Quoique toutes les constitutions parlementaire
reconnaissent aux députés le droit d'interpeller l
gouvernement, et que le droit d'interroger impliqu
nécessairement celui d'obtenir une réponse, les mi
nistres constitutionnels ne satisfont pas toujours l
curiosité souvent indiscrète des membres du Parle
ment, mais ils prennent soin du moins d'entoure
leur refus d'assez de précautions oratoires pour qu
la Chambre ne s'en trouve pas offensée. M. de Bis
marck ne connaît point ces ménagements. Sans allé
guer un motif, sans invoquer un prétexte, il déclar
en deux mots qu'il ne répondrait pas à l'interpellatio
de MM. Schultze et Carlowitz. Une pareille déclara
tion n'était point faite pour calmer les esprits. M. d
Unruh s'élança à la tribune et se fit l'éloquent in
terprète de l'irritation générale. Il accusa le cabinet

d'exposer volontairement la Prusse aux périls d'une guerre, afin d'avoir un prétexte pour augmenter l'armée et pour arracher à la nation les crédits qu'elle refuse. « Mais j'ai la confiance, dit-il en terminant, que la Chambre trompera cet indigne calcul, et que le cabinet n'obtiendra pas un thaler pour sa politique de casse-cou. » M. Waldeck, qui parla ensuite, fit observer que, si la convention n'existait pas, le ministre se serait empressé de la nier; elle existait donc, et elle ne pouvait être qu'onéreuse pour la Prusse, que déshonorante pour les troupes prussiennes, obligées de servir aux Russes d'espions et de gendarmes. Pendant qu'il était l'objet de ces rudes attaques, M. de Bismarck avait quitté la salle; il n'y rentra qu'au moment où M. Waldeck finissait de parler, et lui lança, pour toute réponse, une épigramme contre ceux qui croient avoir le monopole de la sagesse et de l'honnêteté politiques. L'assemblée passa à l'ordre du jour, mais auparavant elle renvoya à une commission de 21 membres une motion de MM. de Hoverbeck et de Carlowitz, conçue en ces termes : « Plaise à la Chambre de déclarer qu'il est de l'intérêt de la Prusse que le gouvernement ne soutienne ou ne favorise ni les Russes ni les insurgés, et ne permette à aucune des parties belligérantes d'entrer sur le sol prussien sans avoir été préalablement désarmée. » La commission choisit pour son président M. Schultze-Delitzsch, et pour son rapporteur M. de Sybel.

Une semaine entière fut consacrée à l'examen de

la motion dans les bureaux. Le ministère se dispens
d'assister aux délibérations; il ne daigna même pa
s'y faire représenter par des commissaires. Un pare
mépris des usages parlementaires ne pouvait qu'au{
menter le mécontentement de la Chambre et gross
les rangs de l'opposition; l'attitude des ministre
pendant les débats porta l'exaspération à son comble
Répondant au reproche d'avoir livré quatre voyageu
polonais à la police moscovite, le ministre de l'ir
térieur assura que le fait était inexact, que les quat
personnes dont on parlait n'avaient pas été livrées
la police moscovite, mais seulement reconduites à
frontière russe, « ce qui était de toute justice, puisq
leurs passe-ports n'étaient pas en règle. » M. de Bi
marck fut plus ironique encore. Il traita de fab
ridicule, d'invention absurde la convention qui ex
tait le blâme de la Chambre; il ne nia pas cependa
que le gouvernement n'eût pris quelques arrang
ments avec la Russie, et qu'il n'existât par cons
quent une véritable convention; mais de celle-ci,
les députés, ni lord Russell, dont ils invoquaient
témoignage, ne connaissaient les termes : « Il n'e
guère sage, disait-il d'un ton railleur, de discut
sur ce qu'on ne connaît pas. » Puis, d'accusé se fa
sant accusateur, il reprocha à la majorité de voulc
livrer le pays sans défense aux attaques de l'étrange
et, comme ces dernières paroles soulevaient de viv
réclamations, il ajouta : « Je suis charmé de voir qi
vous êtes *encore* sensibles à un pareil reproche!
Aussitôt les murmures éclatent de plusieurs côt

de la salle; le cri : *A l'ordre!* se fait entendre, et une curieuse altercation s'engage entre le ministre d'Etat et M. Behrendt, qui présidait en ce moment l'assemblée.

M. Behrendt : « Je demande du silence; M. le ministre vient d'exprimer sa satisfaction des sentiments que témoigne la Chambre; il était dans son droit, et je ne vois rien là qui puisse motiver un rappel à l'ordre. » M. de Bismarck : « Je ne veux pas examiner en ce moment jusqu'à quel point un rappel à l'ordre peut s'adressr à un ministre, je remets cet examen à une autre occasion, et je continue : « la menace de laisser le pays sans défense a été formulée ici, messieurs, et par un député qui a cherché en 1848 à organiser le refus de l'impôt, M. Unruh..... » (Violente interruption.) M. Behrendt : « Je dois faire remarquer à M. le président du conseil que la conduite de M. Unruh en 1848 n'a rien de commun avec la question qui nous occupe. » M. de Bismarck : « Je ne puis reconnaître à M. le président le droit de critiquer mes paroles. Je n'ai pas l'honneur de faire partie de cette assemblée; je n'ai pas contribué à en élire le président. L'autorité disciplinaire du président de la Chambre expire (montrant le banc des ministres) à cette limite. Je n'ai pour supérieur que Sa Majesté le roi. Je n'ai pas besoin de votre autorisation pour porter ici la parole. Je la prends en vertu des pouvoirs qui m'ont été conférés par le roi. Vous n'avez pas le droit de m'interrompre. » M. Behrendt : « Je n'ai point voulu retirer la parole

à M. le président du conseil, parce que je sais qu
la Constitution ne m'en donne pas le droit. Mais j
sais aussi que le pouvoir disciplinaire du préside
de la Chambre n'a pas d'autres limites que les mur
mêmes de cette enceinte (approbation), et ce pouvoi
je l'exercerai. » M. de Bismarck : « C'est une opinio
que le ministère ne partage pas. Je disais donc qu
M. Unruh avait cherché en 1848 à organiser le refu
de l'impôt..... » (Explosion de murmures. « Leve
la séance, » crie-t-on de tous côtés). M. Behrendt
« Je me verrai forcé de lever la séance (marque
d'approbation), si M. le ministre répète une obser
vation que j'ai déclarée étrangère aux débats.
M. de Bismarck : « Je n'ai pas de raison pour répéte
une troisième fois ce que j'ai dit ; il me suffit de vou
l'avoir fait entendre deux fois..... » (Nouvelle inter
ruption, nouveaux cris : « Levez la séance ! » Le pré
sident agite sa sonnette.)

Après cet incident, que nous avons cru devoir rap
porter en entier, parce qu'il fut le précurseur d'u
autre incident plus grave, le calme se rétablit, et l
ministre acheva son discours au milieu des sourires
et des marques d'improbation de la Chambre. La
discussion recommença le lendemain avec une viva-
cité nouvelle. M. de Vincke, qui parla le premier,
vint au secours du cabinet. Quoiqu'il n'approuvât
point en général la politique des ministres, quoiqu'il
blâmât leur peu de respect pour la Constitution, leur
peu d'égards surtout pour la Chambre, il ne pouvait
s'associer aux reproches qu'on leur adressait en cette

occasion. On se laissait égarer, suivant lui, par une sentimentalité trompeuse : les Polonais n'étaient pas dignes des sympathies qu'on leur prodiguait ; ils avaient mérité autrefois leurs anciennes infortunes, et aujourd'hui ils cherchaient à recouvrer leur indépendance par des moyens coupables. « Je ne puis admettre, continuait-il, que l'on compare l'insurrection polonaise à notre soulèvement national de 1813 ; nous n'étions pas les sujets du souverain contre qui nous prenions les armes, nous n'avions pas promis de lui obéir, — M. de Vincke oubliait qu'au moins une partie des Prussiens, ceux de la Westphalie et des provinces rhénanes, avaient prêté serment à l'Empereur. — Nous n'avons jamais eu recours à l'assassinat, — M. de Vincke oubliait l'attentat de Schœnbrunn. — Nous devons d'ailleurs songer d'abord à nos intérêts ; la reconstitution de la Pologne serait un danger pour la Prusse, et il vaut mieux pour nous avoir l'empereur Alexandre pour voisin que M. Mierolawski. Je crois donc, poursuivait-il, que le ministère n'a failli dans cette circonstance que par excès de zèle ; s'il a permis aux militaires russes de franchir la frontière, il a eu tort ; mais, à l'exception de la violation du territoire, toutes les mesures qu'il peut avoir prises pour hâter la compression de l'insurrection doivent être approuvées et encouragées. » A ce discours, qui méritait peut-être des remerciements, M. de Bismarck fit une réponse que M. Virchow appela avec raison une espièglerie d'écolier. « Je ne comprends pas, dit-il, pourquoi l'on attache tant

d'importance à ce que les militaires des deux nation
ne franchissent pas les limites de leurs territoire
respectifs. Il est arrivé souvent que des officier
russes ont passé la frontière pour faire une visit
aux officiers prussiens leurs camarades, et que ceu ·
ci sont allés quelques jours après leur rendre leu
politesse, sans que jusqu'ici l'opinion publique s'e
soit émue. »

La Chambre entendit encore ce jour-là deux ora
teurs qui firent sur elle une impression égale, quoi
que diverse : l'un, M. Schultze, montra quel déshon
neur ce serait pour la Prusse de se mettre en oppo
sition avec le sentiment unanime du monde civilis
pour se faire l'alliée du despotisme, le satellite d
la barbarie, et son éloquence chaleureuse excita le
plus vifs applaudissements dans la salle et dans le
tribunes; l'autre, M. de Bonin, l'ancien président d
grand-duché de Posen, fit voir combien les mesure
prises par le ministère dans cette province étaient ·
la fois inhumaines et impolitiques, et le ton calm
et grave de ce vénérable vieillard, dont nul ne pou
vait contester ni la parfaite loyauté ni la profond
connaissance de la question, acheva de porter la con
viction dans tous les esprits. Mais, si intéressant
que fussent ces deux discours, le véritable événement de la séance fut la brève et significative
réponse de M. de Bismarck à M. Hennig. Ce député avait encore une fois demandé au cabinet
pourquoi le gouvernement ne dissolvait pas la
Chambre, puisqu'il doutait qu'elle représentât réel-

lement l'opinion du pays. « Avant d'en venir là, répliqua le président du conseil, nous voudrions que la nation prussienne fût complètement édifiée sur le compte de ses mandataires. » Ainsi, dès le 27 février, le cabinet était déjà résolu à dissoudre l'assemblée, et l'avouait assez clairement ; l'exécution de cette grave mesure n'était plus à ses yeux qu'une question d'opportunité.

Le lendemain 28, après un long et habile plaidoyer de M. de Sybel, la motion de MM. Hoverbeck et Carlowitz, légèrement amendée par M. Bockum-Dolffs, fut adoptée par 246 voix contre 57. Telle fut l'issue de cette importante discussion. L'insurrection polonaise revint pourtant encore plus d'une fois à l'ordre du jour : le 31 mars, par exemple, M. de Sybel demanda au ministre de la guerre où il prenait les fonds nécessaires pour concentrer des troupes dans la province de Posen ; le 4 mai, M. Carlowitz interpella le ministre de l'intérieur sur l'hospitalité accordée aux soldats russes à Inowraclaw. Mais l'intérêt que les députés prussiens avaient semblé prendre à cette douloureuse question s'affaiblit peu à peu, à mesure que les affaires intérieures réclamèrent davantage leur attention, à mesure surtout que le péril d'une guerre avec la France parut s'éloigner. Quant à M. de Bismarck, l'énergie qu'il avait déployée durant les trois journées des 26, 27 et 28 février ne demeura pas sans récompense : le roi lui écrivit quelques jours après une lettre gracieuse et le nomma grand-croix de l'ordre de l'Aigle rouge. Ses amis de

Coblentz, pensant qu'un aussi valeureux champio
méritait une distinction toute militaire, lui envoyèren
un sabre d'honneur portant sur un côté de la lam
ces mots gravés : *Viele Feinde, viel Ehre* (beaucou
d'ennemis, beaucoup d'honneur) ; et sur l'autre côté
Zur Erinnerung an den Februar (en souvenir d
26 février), et l'on assure que le roi conféra à so
ministre le grade de major, pour qu'il pût se parer
dans les jours de cérémonie, de cet ornement guer
rier. Mais ce qui dut flatter encore plus M. de Bis
marck, ce fut l'hommage délicat que lui rendiren
les dames de Kottbus : elles lui envoyèrent un
adresse de félicitations conçue en termes enthou
siastes, et un magnifique gâteau pétri sans doute d
leurs nobles mains. On sut plus tard que les signa-
taires de l'adresse se réduisaient à trois — troi.
femmes de fonctionnaires — et que le gâteau avait
été acheté chez un pâtissier de Berlin.

*
* *

Nous sommes bien éloigné de faire retomber sur
M. de Bismarck toute la responsabilité des embarras
intérieurs de la Prusse. Cette regrettable situation
est née, en premier lieu, des imperfections de la
Constitution prussienne ; en second lieu, de l'opiniâtreté également fâcheuse, bien qu'également
légitime, de la nation et du roi à défendre leurs
prérogatives réciproques. Mais nous sommes obligé
de convenir que M. de Bismarck a singulièrement

contribué à aggraver le conflit. A mesure que nous avançons dans cette courte histoire de ses rapports avec la Chambre, nous le voyons devenir toujours plus absolu dans ses exigences, toujours plus impérieux dans son langage, toujours plus provoquant dans son attitude. Ni lui ni ses collègues ne laissent plus échapper une occasion de blesser les députés dans leurs susceptibilités les plus justes. Il est impossible, par exemple, d'expliquer autrement que par un parti pris d'exaspérer l'assemblée la conduite du ministre dans la séance du 17 avril. M. Twesten avait demandé si le gouvernement considérait l'ordonnance danoise du 30 mars comme une violation des traités de 1851-1852, et s'il ne se regardait pas, en conséquence, comme dégagé à son tour des obligations que ces mêmes traités lui avaient imposées; il avait rappelé que M. de Bismarck avait, en 1848, traité de *rebelles* les insurgés du Schleswig, et fait observer que si la Prusse se trouvait maintenant forcée de faire la guerre au Danemarck, elle ne pourrait guère conserver à sa tête un ministre qui professait de pareilles opinions. La réplique du président du conseil fut, comme d'ordinaire, raide et sèche, et se termina par ces mots : « Il faut que vous soyez bien convaincus, messieurs, vous et les puissances étrangères, que, si nous croyons nécessaire de faire la guerre, nous la ferons *avec* ou *sans* votre consentement. » Au milieu de l'émotion produite par ces paroles, le ministre sortit de la salle. M. Virchow monta alors à la tribune; il soutint que

la discussion ne pouvait continuer en l'absence d
président du conseil et proposa de s'ajourner, e
invitant les ministres à assister à la prochaine séanc
Au moment où cette motion allait être votée, M. c
Bismarck rentra en souriant et engagea les députe
à ne point prendre une peine inutile. « Je suis, di
il, dans la pièce voisine, d'où j'entends parfaitemer
tout ce qui se dit ici. Je suis accablé d'affaires, co1
tinua-t-il ; j'ai des lettres à lire et à écrire, des au
diences à donner, et je ne vois pas pourquoi, quar
un orateur est doué d'un organe assez sonore pou
se faire entendre à travers la porte, je n'en profit·
rais pas pour aller travailler dans le cabinet
côté. » Nous n'avons pas besoin de dire combie
la Chambre fut blessée d'un pareil langage. I
vice-président, M. Behrendt, exprima le sentimer
général en quelques mots graves et mesurés. M. c
Sybel ajouta que le ministre traitait l'assemblée pru
sienne aussi cavalièrement que Louis XIV le parl·
ment de Paris, et qu'il n'avait plus qu'à dire, comm
ce monarque, « que, lorsqu'il ne lui plairait pa
d'assister aux séances, il se contenterait d'y envoy·
une de ses bottes. »

Cette attitude du ministère devait soulever cont1
lui toute la Chambre, sans distinction de parti. C
s'en aperçut le 27 avril, quand la loi sur la respo1
sabilité ministérielle vint à l'ordre du jour. L·
auteurs du projet de loi, MM. Schultze et Imme·
mann, s'étaient appliqués à rendre réelle et effe·
tive la responsabilité jusqu'alors purement nom·

nale des ministres; ils avaient déterminé dans quelles circonstances et sous quelle forme un acte d'accusation pourrait être dressé contre les conseillers de la couronne, par quel tribunal ils devraient être jugés, quelle pénalité ils pourraient encourir. Entre plusieurs dispositions qui ne témoignaient que trop des préoccupations du moment, on remarquait celle-ci : « Les ministres seront civilement responsables des sommes que l'Etat aura dépensées pendant leur administration *sans l'autorisation du pouvoir*. » M. de Bismarck repoussa le projet de loi comme inopportun; ce n'était pas, disait-il, au moment où le gouvernement et la Chambre étaient divisés sur les principes mêmes de la Constitution, qu'on pouvait espérer de s'entendre sur l'application de ces principes. On lui répliqua que le conflit constitutionnel ne faisait que donner au projet un caractère tout particulier d'urgence, et qu'il était d'ailleurs bien étonnant que le gouvernement n'eût pas encore songé à proposer cette loi, depuis treize ans qu'elle était promise par la Constitution. M. de Mühler, le ministre des cultes, sortit alors de son mutisme habituel et déclara, d'un air solennel, qu'il était bien inutile de faire une loi pour rendre les ministres responsables devant un tribunal humain, puisque, ayant juré d'observer la Constitution, leur serment les rendait responsables devant Dieu. Ce mystique langage ne pouvait que faire sourire dans la bouche d'un homme qui n'était point connu pour son austérité, et dont une chanson

bachique avait longtemps fait toute la célébrité.
discussion ne fut pas longue. MM. de Reichen
perger et Bethusy-Huc vinrent annoncer, au no
de leur parti, qu'ils voteraient pour le projet de lo
quoiqu'il fût loin de les satisfaire entièremen
aimant mieux une mauvaise loi que point de lo
Elle fut adoptée à l'unanimité des votants, moi
six voix.

Cependant le vrai sujet du conflit, la questio
militaire, n'avait pas encore été abordé. Déposé s
le bureau de la Chambre le 10 février, le projet
loi du ministre de la guerre avait été renvoyé à u
commission au sein de laquelle s'étaient élev
bientôt de vifs débats. M. de Waldeck et la plupa
des progressistes ne voulaient entendre parler
d'une élévation du contingent annuel, ni d'une au
mentation de la durée du service, et proposaient
rejet pur et simple du projet ministériel. M. Bo
kum-Dolffs et le centre gauche, animés d'intentio
plus conciliantes, cherchaient à satisfaire en part
les désirs du roi, sans imposer à la nation de tr
grands sacrifices. Enfin, le 16 avril, la majorité
la commission se rallia à l'amendement de M. For
kenbeck, qui accordait au gouvernement un co
tingent annuel de 60 000 hommes, avec trois ans
présence sous les drapeaux pour 20 000 d'ent
eux, et deux ans seulement pour les autres 40 00
M. de Roon, du reste, n'avait rien fait pour obten
ces concessions ; il n'était pas même venu défend
son projet dans la commission, et ne s'y était f

représenter que par des officiers, qui avaient assisté d'un air distrait aux délibérations des députés, sans daigner jamais exprimer une approbation ou formuler une critique.

La discussion générale commença le 7 mai. Une foule nombreuse se pressait dans les tribunes. On se demandait, avec une certaine anxiété, si le ministère allait se prêter au compromis que lui offrait la majorité, ou si, résolu à ne rien rabattre de ses exigences, il allait se délivrer brusquement de l'opposition par un coup d'Etat ; en tout cas, l'on sentait qu'une situation aussi tendue ne pouvait se prolonger davantage, et que la crise approchait nécessairement de son dénouement. Le silence obstiné que gardèrent les ministres pendant toute la séance ne parut pas de bon augure : évidemment, si le cabinet avait encore conservé l'espoir ou le désir d'un accommodement, il aurait au moins discuté les propositions qui lui étaient faites. Le bruit d'une prochaine dissolution de la Chambre ou d'une clôture immédiate de la session commença à circuler ; il sembla prendre une nouvelle consistance quand le président annonça qu'il n'y aurait pas de séance le lendemain, parce que tous les ministres étaient convoqués chez le prince royal pour une délibération importante. Il ne sortit pourtant, de ce conseil de cabinet, ni décret de dissolution, ni ordonnance de prorogation, et l'on sut plus tard qu'il n'y avait été question que des affaires polonaises. Le 9 mai, les ministres persévérèrent

d'abord dans leur muette et dédaigneuse attitude
malgré les efforts tentés par M. Twesten pour leur
arracher quelques paroles conciliantes. Une innocente plaisanterie de M. de Unruh les décida enfin
à rompre le silence. Ce député ayant demandé « si
les ministres ne seraient pas, par hasard, entrés dans
l'ordre des trappistes, » M. de Roon prit la parole
et déclara d'un ton brusque que le cabinet ne pouvait accepter aucun des amendements proposés par
M. de Forckenbeck. « Le gouvernement, ajouta-
t-il, ne consentira à aucune modification du projet
de loi; il ne fera plus aucune concession..... l'abîme
qui nous sépare aujourd'hui de la Chambre est trop
grand pour que nous essayions encore de le combler. » Paroles significatives et qui ne prédisaient
que trop clairement à l'Assemblée le sort prochain
qui l'attendait.

Les débats recommencèrent le 14, mais ils furent
bientôt interrompus par une scène étrange et dont
les annales parlementaires n'offriraient peut-être
pas un second exemple. M. de Sybel venait de terminer un sage et éloquent discours par cette apostrophe peut-être un peu vive : « M. de Roon nous
rappelle au patriotisme; il rend lui-même au pays
de trop mauvais services pour avoir le droit de nous
donner de semblables leçons. Qu'il commence donc
par prêcher d'exemple en cessant d'être un obstacle
à l'union et à la prospérité de la patrie! » Justement
blessé de ce langage, le ministre de la guerre prit
la parole. « J'avais l'intention, dit-il, de ne pas

mêler davantage à cette discussion ; mais, quand des députés abusent de la liberté de la tribune pour lancer contre les membres du ministère des personnalités injurieuses, je ne puis m'empêcher de leur rappeler qu'ils dépassent à la fois les bornes des convenances et les limites de leurs droits [1]. » A ces mots du ministre, des murmures et des réclamations éclatent sur plusieurs bancs. Le vice-président, M. de Bockum-Dolffs, qui venait de prendre place au fauteuil, se lève . « Je suis obligé, dit-il, d'interrompre M. le ministre de la guerre..... » M. de Roon : « J'ai la parole, et je ne me laisse pas interrompre..... (le président agite sa sonnette; vive émotion dans la salle et dans les tribunes); il n'y a pas de sonnette du président qui puisse m'interrompre..... » (M. de Bockum-Dolffs sonne de nouveau; le ministre continue à parler.) Le président, élevant la voix : « Quand je crois devoir interrompre M. le ministre de la guerre, il doit se taire.... » M. de Roon, criant en même temps : « Je ne peux pas me laisser interrompre..... » M. de Bockum-Dolffs : « Puisque M. le ministre ne veut écouter ni moi, ni ma sonnette, je demande maintenant qu'on m'apporte mon chapeau. » M. de Roon : « Je ne puis

---

1. Nous avons dû traduire par une périphrase l'expression dont M. de Roon s'est servi pour caractériser la conduite des députés : *anmassung* signifie à la fois *usurpation*, *prétention excessive*, *présomption*, *insolence*; c'est un de ces mots *qui en disent plus qu'ils ne sont gros* (pour parler comme Molière), et nous ne sommes pas surpris qu'il ait causé une si grande tempête.

empêcher M. le président de se couvrir, mais.....
Silence ! silence ! » crie-t-on de toutes les parties d
la salle. La voix du ministre est un instant couverte
mais dès que les cris ont un peu diminué, elle s
fait de nouveau entendre : « Trois cent cinquant
voix sont plus fortes qu'une seule..... — Silence !
s'écrie-t-on encore ; le président agite sa sonnett
longtemps et avec force. M. de Roon, criant et fra
pant sur la table : « Je réclame mon droit constitu
tionnel. La Constitution me reconnaît le droit d
parler quand je veux !..... » Enfin le président par
vient à se faire écouter. « J'interromps, dit-il, M. l
ministre de la guerre..... Quand le président de l
Chambre parle, chacun ici doit se taire..... Qu'
soit dans la salle ou dans les tribunes, chacun do˙
obéir au président. Si les députés qui ont parl
avant M. le ministre eussent mérité quelque blâm
c'eût été à moi seul à le leur infliger..... (Vi
applaudissements). Maintenant je donne la parole
M. le Ministre. » M. de Roon, d'une voix forte et e
appuyant sur les mots : « Je dois faire remarque
que je proteste de nouveau contre le droit que l
président de cette Chambre s'arroge vis-à-vis d
gouvernement du roi. Mon avis est que le pouvo˙
disciplinaire du président, comme il a été déjà d
dans une autre circonstance, va jusqu'à cette tabl
— montrant la table des ministres, — mais pas plu
loin..... » En ce moment, le président se couvre
dit : « Je suspends la séance pour une heure.
Aussitôt les députés se lèvent en poussant un cou

mais unanime : « Bravo! » Le ministre de la guerre reste un moment immobile et les regarde sortir; puis il se lève à son tour, remet ses papiers dans son portefeuille et quitte la salle en s'entretenant avec son collègue, le ministre de l'intérieur.

Quand on relit dans les *Comptes rendus sténographiés* des séances l'incroyable scène que nous venons de retracer ici brièvement, il est presque impossible de douter que les ministres n'eussent pris la résolution — sans doute depuis l'altercation de M. de Bismarck avec M. de Behrendt — de profiter de la première occasion pour protester d'une manière éclatante contre toute autorité disciplinaire exercée par le président de la Chambre sur un des membres du cabinet. Ce qui rend surtout cette supposition vraisemblable, c'est l'empressement de M. de Roon à réclamer contre l'intervention de M. de Bockum-Dolffs, avant même de savoir si celui-ci voulait formuler contre lui le moindre blâme; ce qu'il conteste au président, ce n'est pas seulement le pouvoir de lui retirer la parole ou de le rappeler à l'ordre, c'est le droit de l'interrompre. Il est pourtant évident qu'un président d'assemblée ne pourrait remplir sa principale fonction, qui est de diriger les discussions, s'il n'avait le droit d'interrompre tous les orateurs sans distinction, sinon pour les rappeler à l'ordre, au moins pour les ramener à la question quand ils s'en écartent. M. de Roon avait contre lui la pratique constante de tous les gouvernements représentatifs, et l'on aurait pu,

sans sortir de l'histoire parlementaire de la Prusse,
qui n'est cependant pas encore bien longue, lui
opposer plus d'un exemple d'un ministre non seulement interrompu, mais blâmé et rappelé à l'ordre. Le 9 avril 1851, le président de la Chambre des
députés, M. de Schwerin, rappela à l'ordre le président du conseil, M. de Manteuffel. Le 4 mai 1861,
le président de la Chambre des seigneurs, le prince
de Hohenlohe, rappela à l'ordre le ministre des
finances, M. de Patow. Mais ce qui est peut-être
plus décisif encore, M. de Roon lui-même, au moment où il montrait tant de susceptibilité, avait
déjà essuyé et patiemment enduré deux rappels à
l'ordre, l'un dans la séance du 15 mai 1860, l'autre
dans celle du 19 septembre 1862. La première fois,
il s'était incliné silencieusement devant le blâme
qui lui était infligé par M. Simson ; la seconde fois,
il avait répondu à M. Grabow : « Je prie M. le président de recevoir mes excuses ; si en me servant
de l'expression qui m'est reprochée, j'ai manqué
aux usages parlementaires, je le regrette ; ce n'était
pas mon intention. » Sur quoi se fondait M. de Roon
pour refuser aujourd'hui au président un droit qu'il
lui avait si formellement reconnu quelques mois
auparavant ?

A l'heure fixée par le vice-président, les députés
rentrèrent dans la salle et reprirent la discussion
interrompue ; mais le banc des ministres resta vide.
Le lendemain 12 mai, au commencement de la
séance, le président, M. Grabow, communiqua à la

Chambre une lettre signée de tous les ministres, dans laquelle ceux-ci déclaraient « qu'ils s'abstiendraient d'assister aux délibérations du Corps législatif jusqu'à ce que le bureau de l'assemblée leur eût promis qu'une scène semblable à celle du 11 mai ne se renouvellerait plus. » La lettre du cabinet fut renvoyée à une commission, qui proposa unanimement la résolution suivante : « La Chambre déclare : 1° que le président a le droit d'interrompre tous les orateurs, sans excepter les ministres ; 2° que, par une interruption de ce genre, le droit constitutionnel des ministres, d'être entendus toutes les fois qu'ils le désirent, n'est point lésé ; 3° qu'il est, en revanche, contraire à la Constitution que les ministres fassent dépendre d'une condition préalable leur présence à la Chambre, et que, par conséquent, l'assemblée ne saurait se rendre aux désirs exprimés par le cabinet. » La proposition de la commission fut adoptée, le 15 mai, à une énorme majorité (295 voix contre 20). La discussion du projet de loi sur la réorganisation de l'armée fut ensuite suspendue, et l'on résolut de requérir, pour la continuation des débats, la présence du ministre de la guerre. Deux rédactions avaient été proposées pour cette invitation : l'une, par MM. de Vincke, de Schwerin et de Bockum-Dolffs ; l'autre, par MM. Forckenbeck, Schultze et d'autres membres du parti progressiste. Ce fut la seconde, c'est-à-dire la plus sèche et la plus impérieuse, qui réunit la majorité des suffrages. Dans la même séance, la Chambre nomma une commission

pour examiner un projet d'adresse au roi, rédigé pa
M. Virchow et appuyé par toute la gauche.

* *

Depuis le commencement du conflit, les membre
de la Chambre des seigneurs s'étaient naturellemen
rangés du côté du gouvernement ; l'incident du 11 ma
les enflamma d'un nouveau zèle et leur inspira l
désir de faire éclater encore une fois leur dévoue
ment aux intérêts du roi et leur mépris pour le.
représentants du peuple. Immédiatement après l'al
tercation de M. de Roon avec M. Bockum-Dolffs, l
président de la Chambre haute adressa une circu
laire à ses illustres collègues pour les inviter à s
trouver à Berlin dans la matinée du 16. 70 d'entr
eux, sur 243, répondirent à ce pressant appel. Mai
ils suppléèrent à leur petit nombre par un redouble
ment d'activité : en quelques heures, ils expédièren
une demi-douzaine de projets de loi. Le 20, ils tin
rent une nouvelle séance, dans laquelle, après avoi
repoussé une loi sur la pénalité à bord des navires,
parce que la Chambre des députés y avait aboli le
châtiments corporels, ils passèrent à l'examen d
deux pétitions, qui leur fournirent enfin une excel
lente occasion pour la manifestation qu'ils projetaient. La première demandait qu'il fût adressé au
gouvernement des remerciements pour les sages
mesures qu'il avait prises vis-à-vis de l'insurrection
polonaise ; la Chambre des seigneurs décida à l'una-

nimité, moins une voix, qu'elle enverrait cette pétition au roi, en s'associant aux sentiments qui y étaient
exprimés, et en assurant Sa Majesté de sa profonde
reconnaissance pour l'énergie avec laquelle l'insurrection avait été combattue et concentrée dans son
foyer. La seconde pétition proposait d'abréger la
durée des sessions parlementaires et de réduire le
chiffre de l'indemnité accordée aux membres de la
seconde Chambre. Les députés prussiens reçoivent
3 thalers par jour (11 fr. 25); cette somme, assez
minime quand on la compare aux 10 florins alloués
aux membres du Reichsrath autrichien, ou aux 25 fr.
que touchaient, en 1848, nos représentants du peuple,
semblait excessive aux pétitionnaires; et les grands
seigneurs de la Chambre haute furent du même avis.
M. de Waldow-Steinhövel profita de la circonstance
pour déclarer que « la seconde Chambre n'était qu'un
club de démagogues, travaillant à la journée; » M. de
Kleist-Retzow demanda si le gouvernement avait
bien le droit d'accorder de semblables indemnités,
et ajouta, aux applaudissements de la noble Assemblée, « que ce serait bien assez d'un thaler pour
subvenir aux dépenses journalières d'un député. »
Tandis que les seigneurs donnaient ainsi carrière
à leurs mesquines rancunes, les députés discutaient
dans leurs bureaux l'Adresse qu'ils se proposaient
de présenter au roi. Les débats publics eurent lieu
le 22 mai. Le projet rédigé par M. Virchow et recom-
mandé par la commission à l'adoption de la Chambre
résumait nettement les principaux griefs de l'assem-

blée contre le ministère. « Sire, y était-il dit, v
plus de trois mois que nous avons essayé d'éclai
Votre Majesté sur les désirs et les besoins de
sujets, et vos ministres n'ont encore rien fait p
satisfaire ces légitimes exigences. La situation in
rieure est restée la même. La situation extérieur
empiré. Grâce aux mesures impolitiques du cabin
nous avons perdu la confiance des peuples et l'esti
des souverains ; la Prusse est isolée en Allemag
elle est isolée en Europe. Les conseils que nous av
cru devoir donner ont été repoussés ; on nous
répondu qu'on ferait la guerre si on le jugeai
propos, même sans notre consentement. Nos re
tions avec vos ministres sont devenues chaque j
plus difficiles. Ils se sont montrés chaque jour pl
intraitables ; ils poussent aujourd'hui leurs prét
tions jusqu'à refuser à notre président, non pas
pouvoir de leur retirer la parole, nous savons que
Constitution leur donne le privilège de parler tou
les fois qu'il leur plaît, mais le droit de les interrompi
comme si le devoir du président de diriger les déb
n'impliquait pas pour lui le droit d'interrompre to
les orateurs, sans excepter les ministres. Sire, le ma
tien du cabinet au pouvoir est incompatible avec
dignité de la Chambre ; il est incompatible avec l
intérêts du pays. Un changement de personnes, (
changement de système surtout, est nécessaire po
rendre à la nation la confiance et la prospérité. »

A ce projet d'Adresse, M. de Schwerin opposa (
contre-projet, qui maintenait avec une égale énerg

les prérogatives de la Chambre, et qui demandait non moins catégoriquement le renvoi des ministres, mais sans entrer dans la critique générale de leurs actes et en s'appuyant uniquement sur le dernier incident du conflit. Malgré l'autorité de son caractère, malgré la séduction de son éloquence, le comte de Schwerin ne put rallier à son projet que 41 membres. Le projet de la commission, défendu par MM. Virchow, Schultze et Sybel, réunit 239 suffrages, sur 300 votants. Encore la minorité eût-elle été moins forte si les Polonais, qui avaient cherché inutilement à introduire dans l'Adresse une protestation en faveur de leur nationalité, ne s'étaient décidés, au dernier moment, à se séparer de la majorité. On s'occupa aussitôt de choisir les membres de la députation qui devait être chargée de remettre l'Adresse. Mais M. de Bismarck informa le président par écrit que cette députation ne serait point reçue, et lui offrit de faire parvenir ce document à sa Majesté, s'il ne préférait l'expédier lui-même directement au roi. M. Grabow accepta la proposition du ministre.

Le 27 mai, M. Grabow ouvrit la séance en communiquant aux députés la réponse du roi. Guillaume Ier considérait les sentiments exprimés dans l'Adresse comme incompatibles avec la fidélité que les députés lui avaient jurée. L'Adresse elle-même était une tentative de l'Assemblée pour étendre ses prérogatives constitutionnelles. Mais il était bien décidé à défendre l'autorité royale contre tous les empiétements. En demandant un changement de

cabinet, la Chambre avait révélé clairement
dessein de s'emparer du pouvoir. Bien loin de c
gédier ses ministres, il leur conservait toute sa c
fiance et les remerciait de la vigilance avec laqu
ils défendaient ses droits. « Le Tout-Puissant, dis
il en terminant, ne me refusera pas son seco
pour faire échouer des projets coupables. » A pe
le député Hoverbeck avait-il eu le temps de fa
remarquer « que le message royal, n'étant po
contresigné par un ministre responsable, échap
à toute discussion, » que le comte Eulenbourg en
et lut un second message revêtu, celui-ci, des sig
tures de tous les membres du conseil ; c'était
ordonnance de prorogation. M. Grabow déclara a
sitôt la session close ; il résuma en quelques mots
travaux de la Chambre pendant les trois mois
venaient de s'écouler, et termina son discours par
cri de : Vive le roi ! La droite et le centre de l'ass
blée s'associèrent bruyamment à cette démonstrati
monarchique ; la gauche garda le silence. M. Sel
alors le président d'âge, remercia M. Grabow,
nom de ses collègues, de l'impartialité avec laque
il avait dirigé les débats et de la fermeté avec laque
il avait défendu les prérogatives de là Chambre. «
vous suis bien reconnaissant à mon tour, répliq
celui-ci, des sentiments que vous venez de m'exp
mer..... Puissions-nous, la première fois que no
nous réunirons de nouveau ici, nous y retrouver da
des circonstances meilleures ! »

La clôture solennelle de la session eut lieu, com

à l'ordinaire, au château, dans le salon blanc. Jamais cette cérémonie, depuis que la Prusse a un Parlement, n'avait été si froide et si triste. Dans la vaste tribune réservée aux spectateurs, on apercevait tout au plus une demi-douzaine de diplomates étrangers; dans la salle, une vingtaine de membres de la Chambre des seigneurs, ayant à leur tête leur président, le comte Eberhard de Stolberg-Vernigerode, qui attirait tous les regards avec son brillant uniforme de hussard bleu clair. La seconde Chambre était représentée par quelques membres des fractions féodale et catholique, par MM. de Vincke, d'Auerswald et plusieurs autres députés de l'ancien parti libéral; le centre gauche et la gauche n'avaient pas cru devoir venir prendre congé d'un ministère qui leur avait témoigné si peu d'égards; ni le président, ni les vice-présidents de la Chambre n'étaient là. A deux heures précises, les ministres arrivèrent par la galerie de tableaux et vinrent se placer à la gauche du trône couvert d'une housse de velours. M. de Bismarck lut le message de clôture. Essayant de réfuter l'Adresse, paragraphe par paragraphe, le discours royal rejetait sur les députés toute la responsabilité de la situation, léur reprochant d'avoir fait échouer tous les essais de conciliation tentés par le cabinet, et les accusant d'avoir, par leur opiniâtreté, empêché que le budget pût être régulièrement établi. Au moment où le président du conseil acheva sa lecture, le comte Eberhard de Stolberg poussa un cri retentissant de : Vive le roi! qui fut répété par quel-

ques-uns des assistants. La cérémonie était
minée.

Délivré, par la prorogation des Chambres, d'
surveillance importune, M. de Bismarck se
d'en profiter pour s'affranchir d'un contrôle
moins gênant, en obligeant les journaux à n'app
cier désormais ses actes qu'avec une extrême
serve. On a prétendu qu'il s'était, en cette circ
stance, inspiré des institutions impériales, et
son ordonnance du 1er juin 1863 n'est pas sans
semblance avec la loi qui régit chez nous la pre
depuis 1852 ; on nous permettra alors de trou
qu'il ne s'est pas montré imitateur habile, et que,
dérobant au gouvernement français le secret d'
arme si redoutable, il aurait dû apprendre aussi
lui à ne s'en servir qu'avec une certaine modérati
Nous avons sous les yeux une petite brochure
titulée : *Documents pour servir à l'histoire conte
poraine de la Prusse*, et qui renferme uniquem
les textes des avertissements infligés à la pre
prussienne du 1er juin au 31 juillet ; ils s'élèv
à soixante et onze et se répartissent entre soixan
six journaux. Certaines feuilles ont été averties p
sieurs fois ; en revanche, un seul avertissemen
quelquefois frappé du même coup plusieurs jo
naux. C'est ainsi que la première mesure de
genre atteignit simultanément : la *Gazette génér
de Berlin*, la *Réforme de Berlin*, la *Gazette nat
nale*, la *Gazette de Spener*, la *Gazette du peuple*
la *Gazette de Voss ;* ce qui n'empêcha point ces

journaux d'être en même temps déférés à la justice pour avoir déclaré l'ordonnance du 1er juin illégale et inconstitutionnelle. Mais « il y a des juges à Berlin », et les magistrats de cette ville ont prouvé à cette occasion que le meunier de Sans-Souci pourrait encore aujourd'hui compter sur leur indépendance. Ils ont acquitté tous les prévenus.

La sentence du tribunal n'avait fait que confirmer le verdict de l'opinion. Dès le premier jour, les municipalités des villes les plus importantes s'étaient associées aux journalistes pour protester contre l'ordonnance de juin et contre la prorogation de la Chambre ; les bourgmestres, les conseillers municipaux de Berlin, de Breslau, de Stettin, de Bromberg avaient formulé, dans des adresses au roi, leur entière adhésion aux doctrines et aux actes de l'assemblée. Le retour des députés dans leurs foyers provoqua des manifestations non moins significatives. Dans plusieurs villes, une foule considérable se porta au-devant des représentants ; dans d'autres, on les accompagna jusqu'à leur demeure à la lueur des torches et au bruit des vivats ; ici, on donna des banquets en leur honneur ; là, des milliers d'auditeurs se pressèrent autour d'eux pour écouter leur parole. A Bonn, l'arrivée de M. de Sybel fut célébrée par un feu d'artifice et des illuminations ; à Haspe, M. Harkort fut accueilli avec des applaudissements enthousiastes ; à Elbing, le conseil municipal, son bourgmestre en tête, vint à la rencontre de M. de Forckenbeck et le félicita du rôle qu'il avait

joué durant la session. Plus d'un député moins co
reçut les mêmes honneurs : où l'on ne pou
fêter la supériorité du talent, on rendait du m
hommage à la fermeté du caractère ou à la sin
rité des convictions. Le gouvernement ne resta
partout oisif spectateur de ces manifestations
tiles. Plus d'une assemblée d'électeurs fut disso
par la police au moment où elle allait adopter
motion contre le ministère ; plus d'une salle
trouva fermée à l'instant où des conseillers mu
cipaux venaient y rédiger une énergique prote
tion [1] ; mais si ces mesures préventives ôtaient q
que chose à l'éclat des démonstrations projeté
elles n'enlevaient rien à leur portée ; l'adminis
tion ne se serait pas montrée si jalouse d'empêc
ces réunions, si elle n'avait su d'avance qu'on
pouvait que blâmer ses actes.

La solidarité entre les divers membres de
grande famille germanique est trop étroite p
qu'une question qui passionnait si vivement
Prusse pût rester longtemps indifférente au re
de la Confédération. Tous ceux qui comptaient
cette puissance pour régénérer l'Allemagne et
donner l'unité, tous ceux qui voulaient grou
autour d'elle les petits États et les réunir sous s
hégémonie en un solide faisceau, voyaient avec
vif désappointement la maison de Hohenzolle
perdre peu à peu sa popularité, et la nation pr

1. Notamment à Kottbus, le 12 juin ; à Tilsitt, le 19 juin
Tapiau, le 21 juin, etc.

sienne elle-même déchoir de son prestige. Au mois
de juillet dernier, un actif partisan du National-
verein, un ancien membre du parlement de Francfort, M. Welcker, adressa à la Chambre des députés du grand-duché de Bade, au nom d'un certain
nombre d'habitants de Heidelberg, la pétition suivante : « La violation, sans cesse réitérée, et devenue aujourd'hui permanente, de la Constitution prussienne, par le gouvernement qui l'a jurée,
porte une telle atteinte aux droits, à l'honneur et
à la sécurité intérieure et extérieure du peuple
prussien, et en même temps de toute la patrie
allemande, que les soussignés considèrent comme
le devoir de chaque citoyen allemand d'employer
tous les moyens légaux pour faire cesser ce funeste
état de choses. Nous demandons, pour cette grande
entreprise, le concours de nos représentants et de
notre patriotique gouvernement. Nous supplions
donc la Chambre de vouloir bien inviter le gouvernement grand-ducal à user de toute son influence
pour hâter le rétablissement de l'ordre et de la légalité dans le royaume de Prusse. » Cette pétition
fut discutée le 21 juillet; elle servit de prétexte
à une éloquente déclamation d'un professeur de
Heidelberg, M. Hæusser, contre le gouvernement
prussien. « Sur un gouvernement, dit-il, qui gouverne sans budget, sur un gouvernement qui dis-
sout les Chambres pour faire des lois provisoires,
sur un gouvernement qui persécute les députés et
qui bâillonne la presse, il ne peut y avoir ici

qu'une opinion ! » Et, en effet, l'assemblée badoi
à l'unanimité moins 4 voix, décida que la pétiti
serait transmise au ministère d'Etat, avec l'expr
sion des sympathies les plus vives pour la nati
prussienne et ses représentants. On assure pourt
que les pétitionnaires ne furent pas entièreme
satisfaits; ils auraient désiré sans doute qu'on p
une résolution plus énergique, qu'on sommât f
mellement le gouvernement prussien de se montr
désormais meilleur observateur de la Constitutio
et qu'on le menaçât, en cas de refus, de lui fai
sentir le poids des armes badoises. Guillaume
n'avait-il pas voulu dernièrement envoyer ses troı
pes contre un autre souverain de la Confédératic
pour le forcer à se réconcilier avec ses sujetı
Pourquoi le grand-duc de Bade observerait-il plı
de ménagements envers le roi de Prusse, que
roi de Prusse lui-même n'en avait gardé vis-à-vis ἀ
l'électeur de Hesse?

Ce qui est plus grave, pour le gouvernement pru
sien, que les velléités belliqueuses des bourgeois ἀ
Heidelberg, c'est l'unanimité avec laquelle l'oɲ
nion publique s'est prononcée contre lui dans touı
l'Allemagne. On a vu dernièrement, à Francfor
les premiers effets de cette disposition générale dı
esprits. Les projets de réforme de l'Autriche, nἀ
guère encore si impopulaire, ont été accueillis d'aboı
avec faveur, presque avec enthousiasme; et quanı
après un consciencieux examen, ils ont été rı
connus inacceptables, ils ont été rejetés sans maı

vaise humeur ni dédain ; on a même continué à savoir gré au cabinet de Vienne de son initiative inattendue dans une question si chère au pays. La Prusse formula ensuite ses propositions. Mais ce fut en vain qu'elle chercha à satisfaire les exigences du parti libéral, et qu'elle s'appropria les principaux points de son programme ; ce fut en vain qu'elle lui offrit son concours pour obtenir des autres Etats des garanties plus sérieuses de force et d'unité, une organisation plus compacte, un pouvoir central moins divisé, un véritable parlement enfin, directement issu du suffrage populaire, tout ce qu'il y a aujourd'hui en Allemagne d'amis de la liberté repoussa énergiquement une alliance trop suspecte. Pouvait-on confier le soin d'élaborer une Constitution pour toute la Confédération à un gouvernement qui observait si mal la Constitution qu'il avait lui-même octroyée à ses propres sujets? Un cabinet qui cherchait obstinément à faire rétrograder son pays vers les institutions du passé pouvait-il sincèrement pousser dans la voie du progrès les Etats qui l'entouraient? Que Guillaume Ier changeât de conseillers et surtout de politique, qu'il rappelât autour de lui les représentants du peuple, qu'il retirât l'ordonnance sur la presse, qu'il cessât de persécuter les fonctionnaires indépendants, et les espérances de la nation germanique pourraient peut-être se tourner de nouveau vers lui. M. de Bismarck connaît sans doute mieux que nous la fâcheuse position de son pays; il n'ignore

pas que c'est le conflit constitutionnel qui a co
à la Prusse sa légitime influence et l'a précipi
dans ce profond discrédit. Mais, toujours con
quent avec lui-même, il rejette d'un même coup
les députés la double responsabilité de la situat
et du conflit qui l'a produite. Tel est du moin
principal motif qu'il a fait valoir quand il a prop
au roi la dissolution du Parlement, le 2 septem
dernier ; telle est la thèse qu'il a soutenue, en
sant appel au patriotisme des électeurs, et en
engageant à ne plus envoyer à la Chambre
hommes qui, par leur funeste obstination, com
mettaient ainsi les intérêts du pays. Mais il
paraît pas que le peuple prussien ait consenti
laisser donner le change : malgré les efforts
l'administration, malgré la pression exercée
les fonctionnaires, malgré les restrictions apport
à la liberté de discussion, il a donné presque
tout ses suffrages aux candidats de l'opposition
tout fait croire que le ministère va trouver de
lui une Chambre plus résolue et plus hostile en
que celle qu'il vient de dissoudre. Que fera-t
Offrira-t-il au roi sa démission ? Guillaume Ier
l'accepterait probablement pas. Aura-t-il recou
un coup d'Etat? suspendra-t-il la Constitution
bien se bornera-t-il simplement à en appeler
troisième fois à la nation mieux informée ! C'es
expédient commode, que toutes les constitut
parlementaires ont eu soin de mettre à la disposi
des souverains et qui est d'autant plus préc

pour eux qu'elles ont oublié de fixer combien de
fois il leur serait permis d'en user [1].

1. Nous savons aujourd'hui comment s'est terminé ce conflit; comment s'est opéré le rapprochement, qui semblait
alors si difficile, entre le roi Guillaume et les libéraux prussiens. C'est le Danemark d'abord, puis l'Autriche et la France
qui en ont supporté les frais. Commencée sur le champ de
bataille de Düppel, consommée à Sadowa, la réconciliation
a été scellée définitivement à Sedan. Les Allemands, comme
on voit, savent vider leurs querelles de ménage sur le dos de
leurs voisins.

M. DE BISMARCK

EN FRANCE

Ses jugements sur les événements et les hommes de 1870-1871.
(*D'après le journal de son secrétaire Maurice Busch.*)

Nous sommes aux derniers jours de ce lugubre mois de décembre 1870. Au rez-de-chaussée d'une des plus élégantes et des plus confortables villas de Versailles, dans une salle à manger bien éclairée et bien chauffée, autour d'une table chargée des mets les plus abondants et les plus variés, mais aussi les plus bizarres, — oies fumées de Poméranie et sanglier de Varzin, jambon de Rheinfeld et compotes de gelée de framboises à la moutarde, — M. de Bismarck et les principaux fonctionnaires de sa chancellerie, les conseillers ou secrétaires MM. de Keudell et Abeken, Hatzfeld, Lothaire Bucher, Maurice Busch, etc., se rient de la neige qui fouette contre les vitres et devisent gaiement, en buvant tour à tour de l'eau-de-vie de grains qu'on leur a envoyée

de Berlin et du champagne qu'ils ont *réquisition*
dans les caves de M. de Rothschild.

Pendant ce temps, dans la ville assiégée, on sou
fre, on désespère et l'on meurt. Le bombardeme
a commencé; la disette se fait cruellement sent
et le découragement gagne les âmes les plus co
fiantes et les plus vaillantes. Sur les remparts, da
les forts, aux avant-postes, les hommes valid
veillent, les pieds dans une boue glacée, la poitri
exposée aux balles prussiennes; dans les maisor
les femmes et les enfants, les vieillards et les mal
des se désolent et grelottent après du foyer sa
feu et de la table sans pain; heureux si quelq
obus ne vient pas tout à coup s'abattre sur la toitu
et, perçant deux ou trois étages, écraser sous s
éclats le *baby* dans son berceau, le blessé sur s
grabat.

Cependant, au gré des gens que nous voyons da
la commode villa de Versailles, le dos au feu et l
coudes sur la nappe, causant, buvant et fumant, l
maladies, la faim et les canons Krupp ne faisaie
pas leur œuvre assez vite; ils trouvaient que l'ag
nie de la grande ville était trop lente, et, dans le
impatience, quelquefois l'un d'eux se levait et co
rait à la fenêtre, ayant vu ou cru voir au ciel qu
ques lueurs rougeâtres. « Décidément, je pense q
Paris flambe! s'écriait-il joyeusement. — Ne v
y fiez pas, répondait M. de Bismarck; pour moi,
ne serai content que quand je sentirai l'odeur de
chair grillée. » Une autre fois, comme on racont

que, malgré le bombardement, les Parisiens se promenaient sur les boulevards avec leurs enfants :
« Ils ne les ont donc pas encore tous mangés? »
demanda le Chef. Et le complaisant auditoire accueillait avec de bruyants éclats de rire, comme
d'aimables traits d'esprit, ces propos de cannibale.

Telles sont, à quelques variantes près, — car ce
n'est pas seulement à Versailles, c'est aussi à Ferrières, à Meaux et ailleurs que M. Maurice Busch
nous fait assister aux dîners de M. de Bismarck;
mais, si le décor change et si les personnages secondaires se renouvellent, il y a des choses qui ne
varient point : la grossièreté du langage et le mauvais goût des plaisanteries, la brutalité des sentiments et la gloutonnerie des appétits, — telles sont
les scènes que le Dangeau prussien s'est tout particulièrement attaché à reproduire dans son journal,
croyant sans doute servir ainsi la gloire du chancelier, son maître. Tel est le cadre le plus habituel de
ces nouveaux *Dialogues de Platon;* et, s'il n'est point
aussi gracieux que celui du *Banquet* ou du *Phédon,*
nous ne pouvons que nous féliciter de la scrupuleuse
exactitude avec laquelle ce parfait secrétaire s'est
appliqué à sténographier jusqu'aux moindres paroles, à photographier jusqu'aux moindres gestes de son
chef. M. Busch nous aura rendu le service de mettre en lumière certains côtés vulgaires, mesquins,
odieux même, nous pouvons le dire, de l'homme
qui nous porte tant de haine et qui nous a fait tant
de mal. Nous lui devrons aussi de connaître les

appréciations émises par M. de Bismarck sur
principaux personnages de son temps, *inter pocu*
entre une lourde dissertation sur la manière de g
ler les huîtres et une pédante discussion sur
mérites comparatifs du gorgonzola et du from
de Hollande, — jugements pour la plupart au
peu équitables que peu bienveillants, aussi dépo
vus de justesse que de justice, mais qui ont po
tant quelque intérêt et quelque importance, à ca
de la haute situation que la faveur de la fortune, pl
encore que la supériorité du génie, ont faite à ce
qui les a prononcés. Nous lui devrons enfin d'ê
plus complètement éclairés sur divers détails hist
riques qui étaient, en partie, restés obscurs;
savoir, en un mot, définitivement la vérité sur pl
sieurs faits diplomatiques ou militaires qui ont é
jusque dans ces derniers temps, l'objet des pl
vives et des plus nombreuses controverses.

*
* *

On s'est demandé bien souvent, durant ces de
nières années, quelles auraient été les exigences d
la Prusse si, renonçant à une plus longue rési
tance, la France avait déposé les armes, au lend
main du désastre de Sedan ; et cette question
d'autant plus vivement passionné l'opinion publiqu
que certains écrivains ont cru pouvoir soutenir qu
nos vainqueurs se seraient contentés alors de l'A
sace, peut-être même d'une indemnité pécuniaire,

que, par conséquent, nous avions dû uniquement à l'obstination du Gouvernement de la Défense nationale la perte de Metz et d'une partie de la Lorraine.

M. J. Valfrey, dans l'excellent livre qu'il a publié sous le titre d'*Histoire de la diplomatie du Gouvernement de la Défense nationale*, a réfuté victorieusement cette erreur. Il a prouvé, en se fondant sur les paroles prononcées par M. de Bismarck, en présence du général Ducrot, lors de la capitulation de Sedan, et sur une conversation que le correspondant de la *Pall Mall Gazette* avait eue avec le chancelier, le 29 août, à Clermont-en-Argonne, qu'à partir du 2 septembre et même quelques jours auparavant « la revendication de Strasbourg et de Metz comme forteresses allemandes » était devenue l'idée fixe du gouvernement prussien et « la formule invariable de ses prétentions ». Il a cité enfin, à l'appui de son opinion, ce fait curieux que « les cartes de l'Alsace et de la Lorraine allemande, qui furent annexées aux préliminaires de la paix, avaient été éditées à Berlin, dès le mois de septembre 1870. »

L'ouvrage de M. Busch, en nous offrant, pour ainsi dire, jour par jour, le miroir fidèle des sentiments de M. de Bismarck et de son entourage durant cette campagne, et en nous montrant combien l'orgueil et l'ambition des Allemands furent surexcités dès leurs premières victoires, confirme pleinement les appréciations de M. J. Valfrey et nous permettra même de reculer encore un peu plus que ne l'a fait cet écrivain le moment où la résolution de

garder Strasbourg et Metz fut arrêtée dans l'esp
des conseillers du roi Guillaume.

Voici, en effet, ce que nous lisons dans cet
espèce de journal sous la date du 26 décembre 187(
« Après dîner, compulsé des actes et trouvé da:
ces documents que la pensée d'étendre les frontièr
allemandes vers l'ouest a été pour la première f(
soumise *officiellement* au roi, le 14 août, à Hern
Le 2 septembre, un mémoire conçu dans le mên
sens a été remis par le gouvernement badois. » :
maintenant, en quoi consistaient ces projets d'a
nexion qui, avant Sedan, avant Gravelotte, prenaie:
déjà une forme si déterminée? C'est sur quoi no
renseignera M. Busch, qui, lors même qu'il semb
parler en son propre nom, ne fait jamais que répét
ce qu'il a entendu dire au chancelier, son maîtr
Peut-être ne réclamait-on pas encore la Lorrain
car, à la date de 15 août, le secrétaire de M. de Bi
marck écrivait : « Nous commencions à nous sen:
les maîtres du pays conquis et à nous y installe
Combien nous avions, *pour le moment*, l'intenti(
d'en garder comme possession définitive , c'est
que m'avait appris un télégramme destiné à l'All
magne, que j'avais aidé à chiffrer et qui portait qi
nous conserverions l'Alsace, s'il plaisait à Dieu.
Mais les exigences grandirent bientôt avec les su
cès. Le 22 août, après que les combats qui vienne
de se livrer autour de Metz paraissent avoir assu
l'investissement de l'armée de Bazaine, M. Bus
s'écrie : « Il n'y a plus maintenant à en douter! (

cas de victoire définitive, nous garderons l'Alsace et Metz avec ses environs; » et il expose tout au long les motifs qui obligent l'Allemagne à ne pas se contenter de moins et qui sont les mêmes que M. de Bismarck développait le 29 août, dans sa conversation avec le correspondant de la *Pall Mall Gazette :* « Le moins que nous devions exiger pour que l'Allemagne entière, pour que tous les peuples au sud du Mein, qui sont de notre race et qui ont combattu avec nous puissent se déclarer satisfaits, est donc qu'on nous livre les portes par où la France peut faire irruption sur l'Allemagne, c'est-à-dire Strasbourg et Metz. »

On s'est fait illusion, il est vrai, pendant assez longtemps, dans certaines régions; et une notabilité du parti bonapartiste — M. de Persigny, dit-on, ou le prince Napoléon — écrivait encore dans le *Morning Post,* au commencement de novembre 1870, que, « dans ses négociations avec les envoyés de l'impératrice Eugénie, le gouvernement prussien n'avait réclamé que Strasbourg et une étroite bande de territoire dans la vallée de la Sarre avec environ 250 000 habitants; » mais M. de Bismarck, à qui l'on communiquait cet article, n'hésita pas à déclarer que cette assertion était tout à fait erronée et « ne reposait que sur un malentendu ». Le chancelier était incontestablement encouragé et poussé à l'annexion par l'opinion publique de son pays. Il y avait, de l'autre côté du Rhin, toute une nuée de journalistes, d'historiens et d'ethnographes qui, depuis

plusieurs années, s'évertuaient à démontrer que pu
que les Alsaciens et une partie des Lorrains étaient
lemands d'origine, de mœurs et de langue, il fall
à tout prix les faire rentrer, de bon gré ou de for
dans le sein de la grande patrie allemande. M. de B
mark était doué de beaucoup trop de sens pratiq
pour trouver cette argumentation bien victorieus
et il se moquait de ce fameux principe des nation
lités, qu'il appelait dédaigneusement « de la politiq
de professeurs ». Il n'était guère désireux de s'annex
des populations hostiles et ne tenait beaucoup qu'a
places fortes, aux positions stratégiques et militaire
mais, comme il ne pouvait avoir le territoire sa
les habitants, il se résignait à prendre tout. Rien
caractérise mieux ses sentiments à cet égard que
qu'il disait encore après la capitulation, le 22 févrie
en causant avec ses commensaux : « Si les Livera
nous donnaient un milliard de plus, nous pourrio
peut-être leur laisser Metz. Nous prendrions 8
millions, et avec cet argent nous nous bâtirions u
forteresse à quelques milles en arrière, du côté d
Faulquemont ou de Sarrebruck. Il doit y avoir par l
quelque emplacement convenable, et nous aurio
encore 200 millions de profit. Je n'aime pas à avoi
dans notre maison tant de Français qui n'y veule
point être. C'est comme à Belfort; tout y est fran
çais. Mais nos militaires ne voudront pas lâche
Metz, et peut-être ont-ils raison. »

Peut-être ne doit-on pas attacher trop d'impor
tance à ces paroles, qui n'étaient probablemen

qu'un propos en l'air; mais peut-être aussi pourrait-
on, sans trop de témérité, en inférer qu'au mois de
février 1871 la résolution de s'annexer Metz n'était
pas tellement arrêtée dans la pensée de M. de Bis-
mark qu'avec un peu plus d'adresse et d'énergie chez nos négociateurs, avec un peu moins de
froideur et d'indifférence chez les puissances étrangères qui semblaient s'intéresser à nous, on eût pu
encore sauver la ville lorraine. Avec quelle joie
nous aurions sacrifié un milliard de plus, pour arracher aux Allemands, non pas cette forteresse, que
convoitait seule le positif chancelier, non pas cet insensible amas de pierres, mais cette fidèle et vaillante population messine, si profondément dévouée
à la France !

Mais où était alors le négociateur assez ferme et
assez habile pour disputer avec succès à nos vainqueurs quelque lambeau de leur proie? Quelles
étaient surtout les puissances assez amies de notre
pays pour essayer sérieusement de nous obtenir des
conditions moins dures? Personne n'osait élever,
avec quelque insistance et quelque énergie, la voix
en notre faveur. « L'Europe entière, dit fort justement M. J. Valfrey, était comme terrorisée par la
Prusse. » Et cependant, si timides que fussent les
tentatives d'intervention qui, çà et là, se produisirent, si vagues et si hésitantes que fussent ces offres
de médiation, elles exaspéraient au plus haut point
l'irascible chancelier; à chaque instant, dans ses
conversations avec ses intimes, il fait allusion au

danger d'une immixtion des neutres dans ce
appelle les affaires de l'Allemagne. Il tenait p
dessus tout à rester en tête-à-tête avec sa victin
il tremblait sans cesse d'être dérangé dans :
œuvre d'extermination et de destruction. Il était
si l'on veut nous permettre cette comparaison
viale — comme le dogue dont parle Rabelais, c
ayant trouvé « un os médullaire, le serre dévc
ment entre ses pattes et, tandis qu'il le suce e
ronge et le mord, » jette de tous côtés autour de
des regards inquiets et courroucés, grondant furi
sement et montrant les dents, dès qu'il entend
pas de quelqu'un.

M. de Bismarck aurait voulu que le monde en
s'associât à sa haine et épousât ses intérêts;
moindre témoignage de sympathie qu'on nous
cordait lui portait ombrage et lui causait une irr
tion profonde. Rien ne l'a mieux montré que :
faire luxembourgeoise, — c'est-à-dire cette vérita
querelle d'Allemand qu'il chercha aux pacifiq
populations du grand-duché, sous prétexte qu'e
accueillaient mieux, suivant lui, les blessés franç
que les blessés prussiens, — et, si nous ne reven
pas ici sur cet incident si caractéristique, c'est pa
que les détails en sont encore présents à toutes
mémoires, et que le journal de M. Maurice Bu
ne nous fournit, sur ce point, aucun renseignem
nouveau. En revanche, nous y voyons la pre
que le chancelier n'était guère plus satisfait de
Belgique que du Luxembourg, et qu'il doit a

réclamé auprès du gouvernement de Bruxelles contre le langage des journaux belges, puisque son secrétaire écrivait à la date du 29 décembre : « On nous mande de Bruxelles que le roi Léopold est plein de bienveillance pour nous, mais qu'il ne peut empêcher la presse de son pays d'être hostile à l'Allemagne. »

Le ministre de Sa Majesté prussienne était tout étonné que les Espagnols ne fissent pas les vœux les plus ardents pour le succès de ses armes ; et il ne comprenait pas que ceux-ci eussent eu assez de bon sens pour voir tout de suite qu'ils n'avaient été, dans l'affaire Hohenzollern, qu'un prétexte, et qu'elle ne devait pas plus leur inspirer de reconnaissance pour l'Allemagne que de rancune contre la France. « Ah ! ces Espagnols !... s'écriait-il avec amertume ; est-il un seul de ces Castillans, si fiers de leurs sentiments d'honneur, qui ait seulement manifesté son indignation sur la cause de la guerre actuelle, qui n'a été que leur premier choix et la prétention de Napoléon de s'opposer à leur volonté et de les traiter comme s'ils eussent été ses vassaux ? » C'étaient surtout les Italiens que M. de Bismarck accusait d'ingratitude. Il avait été rassuré d'assez bonne heure sur les intentions de leur gouvernement, comme l'atteste cette note de M. Busch, datée du 21 août : « Nous venons de recevoir de Florence la nouvelle positive que Victor-Emmanuel et ses ministres se sont décidés, par suite de nos victoires, à rester neutres, chose qui n'avait été jusqu'ici rien

moins que certaine. » Mais la conduite de Gariba
le révoltait, et il se proposait, s'il le faisait priso
nier, de l'envoyer à la forteresse avec un écrite
portant ces mots : *Venise-Spandau*. Il oubliait q
si les armes françaises n'avaient pas commencé p
donner Milan aux Italiens, ceux-ci n'auraient jam
pu élever des prétentions sur Venise, et que, mê
dans ces événements de 1866, qui affranchirent dé
nitivement de la domination autrichienne la vi
des doges, la France a joué encore un rôle consi
rable, plus conforme, hélas! aux intérêts de
chers alliés de 1869 qu'à ses propres intérêts.

La Russie, au contraire, et les Etats-Unis ne do
naient guère au chancelier prussien que de la sat
faction. Il est vrai que l'empereur Alexandre av
écrit au roi Guillaume pour l'engager à respec
l'intégrité territoriale de la France; mais c'ét
une prière tout amicale que le czar avait faite
bonté d'âme et aussi un peu par acquit de co
science, et l'on sentait bien que, si elle était i
poussée, le neveu ne se brouillerait pas pour c
avec son bon oncle : « Les nouvelles de Saint-
tersbourg sont meilleures (que celles de Londre
constatait M. Busch, huit jours avant la bataille
Sedan; l'empereur, tout en ayant quelques scr
pules au sujet de la mesure que nous projeto
(l'annexion de l'Alsace et de la Lorraine), nous v
du bien, et la grande-duchesse Hélène s'empl
activement en notre faveur. » Aussi il faut voir a
quel empressement et quelle ardeur M. de Bismar

épousa la cause de la Russie quand celle-ci demanda la révision du traité de 1856. « On a toujours prétendu, disait-il à ses commensaux, le jour même où il avait reçu avis du mauvais effet produit en Angleterre par la dépêche Gortschakoff, que la politique russe était extrêmement perfide, pleine de ruses et d'artifices ; je la trouve au contraire excessivement loyale... » Et, quelque temps après, le 13 décembre, — il était de bonne humeur, ayant fait un repas délicat, composé de potage à la tortue, de hure de sanglier et d'une compote à la framboise et au gingembre : « Je ne demanderais pas mieux que d'être agréable à la Russie... Les Russes ne sont que trop modestes... ils auraient dû exiger davantage ; ils auraient obtenu sans difficulté ce qu'ils veulent dans la mer Noire. » Conclusion, scrupuleusement enregistrée par le fidèle Busch, sous la date du 7 janvier : « A la conférence, nous soutiendrons de toutes nos forces les prétentions de la Russie. »

Les Américains étaient les favoris de M. de Bismarck ; il avait pour eux une véritable prédilection (*Vorliebe*), et non sans sujet, comme on le va voir. Lorsque, au lendemain du 4 septembre, le représentant des Etats-Unis à Paris s'était empressé de reconnaître le gouvernement révolutionnaire, on s'était singulièrement mépris, en France, sur la portée de cette démarche. M. Jules Favre, dit M. Valfrey, répondit à la communication de M. Washburne par une dépêche qui prodiguait à l'envoyé américain les expressions de la plus vive reconnaissance, et qui

ne pouvait manquer de favoriser, dans un publ
toujours prompt à se bercer de chimères, la convi
tion que, si les armées allemandes méconnaissaie
l'autorité de la nouvelle République au point de
pas évacuer immédiatement le sol français, les Eta
Unis allaient déclarer la guerre à la Prusse. » Que
illusion ! Et comme il s'en fallait que les sympathi
des républicains d'Amérique pour les républicai
de France se manifestassent par de pareils acte
M. de Bismarck ne s'y est pas trompé un insta
« On apprend, écrit son secrétaire le 12 septembi
que l'Amérique a offert sa médiation entre nous
la jeune République française. Nous ne déclinero
pas cette médiation, nous la préférerons même
toute autre. Seulement, il ne faut pas croire que l'
ait l'intention, à Washington, d'entraver nos op
rations militaires. Le Chef paraît être fort bien d
posé pour les Américains, et l'on disait il y a quelq
temps qu'il espérait obtenir à Washington la p
mission d'armer des navires dans les ports des Eta
Unis, avec lesquels nous pourrions faire beauco
de mal à la marine française... » M. Washbur
s'était chargé de la protection des sujets alleman
restés dans Paris, et il s'acquitta de ce soin de m
nière à mériter les remerciements du chanceli
que l'on ne contentait pourtant pas aisément. L'a
bassadeur des Etats-Unis à Berlin, M. Bancro
adressa à M. de Bismarck une lettre dans laquel
entre autres compliments, il lui disait « qu'il ét
heureux de vivre dans un temps où il y avait d

hommes comme le roi Guillaume et son ministre ».
Et quant à la médiation, on sait à quoi elle se ré-
duisit : à une tentative bien faible et bien vite abandonnée pour ménager un armistice. Le général
Burnside, qui conduisit cette négociation, était arrivé le 27 septembre; il repartit le 12 octobre, après
avoir constamment approuvé toutes les paroles et
tous les actes du chancelier, et appuyé toutes ses
exigences. Telle fut, du reste, pendant toute la campagne, l'invariable attitude de tous les Yankees que
l'on vit affluer soit au quartier général, soit dans les
bureaux de la chancellerie, à commencer par le fameux général Sheridan qui, dès le 18 août, s'était
présenté, en compagnie de son aide de camp For-
sythe et du journaliste Mac-Lean, correspondant militaire du *New-York World.* Sheridan, « un petit
homme obèse, âgé d'environ quarante-cinq ans, portant moustaches et barbiche noires, » ne se bornait
pas à flatter bassement les Allemands, il leur donnait les conseils les plus inhumains et les excitait à
faire sentir le plus possible aux populations les maux
de la guerre, afin de les obliger à demander la paix.
Il s'était pris, pour M. de Bismarck, d'une telle passion qu'il lui parlait en rêve, et que la nuit, quand
il dormait, on l'entendait s'écrier avec tendresse :
« O cher comte! *O dear count!* » Quelques Américains, pourtant, ne partageaient pas cet engouement
de leurs compatriotes, et l'on reçut un jour au quartier général une lettre ainsi conçue :

« *Graf von Bismarck*. Jouissez autant que p
sible, *Herr Graf*, du climat frais de Versailles ; car
jour vous aurez à supporter des chaleurs inferna
pour tous les malheurs que vous avez causés à
France et à l'Allemagne.

« UNE AMÉRICAINE. »

Cette courte mais véhémente épître a pour pe
dant une autre lettre du même genre, qui arri
quelque temps après à la même adresse, vena
celle-ci, d'Angleterre :

« Je vous envoie des extraits du *Standard* et
Times, et vous y verrez. des récits de la condui
cruelle et inhumaine des Prussiens pendant cet
guerre. Plût à Dieu que vous puissiez les contr
dire. Ici, dans notre pays, le cœur nous saigne,
nous nous étonnons que les soldats d'une nati
civilisée puissent y agir si horriblement et que leu
officiers puissent le leur permettre, les y enco
rager même. Vous, monsieur le comte, vous aur
un jour à vous repentir, et cela dans peu de temp
de la manière terrible et diabolique dont est coi
duite cette guerre cruelle.

« UN SOLDAT... *qui n'est point un assassin*. »
(*A soldier... but no murderer*.)

Autant, du reste, les Américains étaient aimés e
considérés au quartier général, autant les Anglais
étaient méprisés, suspectés et tournés en ridicule

Suivant M. Busch, qui, ici comme ailleurs, ne fait qu'exprimer la pensée de son maître, « les Anglais sont un peuple antipathique et désagréable (*wider-wœrtig*) »; ce sont des gens égoïstes et en même temps bêtement sentimentaux, des gens sournois et jaloux, qui, accoutumés à payer les Allemands pour se battre et vaincre pour eux, ne leur pardonnent point d'avoir remporté des victoires pour leur propre compte. Le jour où M. de Bismarck reçut communication de la dépêche de lord Granville constatant que les prétentions de la Russie étaient grosses de complications futures, il haussa les épaules et dit à ses commensaux : « Complications futures! Ils n'ont pas le moindre courage. Toute leur politique est dans ce mot *futures*. Voilà comme on parle quand on est décidé à ne rien faire. Non, il n'y a rien à craindre de ces gens-là, comme il y a quatre mois il n'y avait rien à espérer... Si, au commencement, les Anglais avaient dit résolument à Napoléon : « Nous ne voulons pas de guerre! » il n'y en aurait pas eu. »

Les Prussiens étaient bien ingrats, car ils avaient, en réalité, de grandes obligations à l'Angleterre. Sans parler de la façon dont la presse de Londres avait épousé leurs intérêts, sans rappeler les odieux articles du *Daily Telegraph*, du *Times* surtout, ces « excellents articles » que l'on faisait reproduire dans tous les journaux officieux d'outre-Rhin et où l'on excitait l'Allemagne à punir, comme elle le méritait, cette nation française « légère, ambitieuse,

querelleuse », le cabinet de Londres avait rendu
roi Guillaume, dès le début, un immense servic
celui de préparer et de consommer le complet iso
ment de la France. Comme **M. J.** Valfrey l'a fort bi
démontré dans l'excellent ouvrage que nous avo
cité plus haut, « le gouvernement anglais, en
mettant à la tête de la ligue des neutres, avait po
but de peser sur l'Autriche et sur l'Italie, afin de l
détourner de venir en aide à la France ; » et il n
avait que trop bien réussi. Et, plus tard, lorsqu
s'agit d'obtenir, pour M. Jules Favre, le sauf-cond
dont il avait besoin pour se rendre à la Conféren
de Londres, lord Lyons et lord Granville, bien qu''
fussent singulièrement intéressés à ce que leur a
cienne alliée de Crimée vînt les aider à défend
contre la Russie le traité de Paris, conduisirent cet
négociation avec autant de mollesse que d'indéc
sion. Ils nous privèrent ainsi de la dernière chan
que nous ayons eue de faire entendre notre voix
de plaider notre cause devant l'Europe, — quoiq
nous ne devions peut-être pas beaucoup nous fai
illusion sur l'efficacité de cette suprême ressourc
si nous en jugeons par ces instructions que M.
Bismarck donnait le 1er décembre au conseill
Abeken, en l'envoyant auprès du roi : « Dites à
Majesté que, si nous permettons à un Français
prendre part à la Conférence de Londres, — ce qu
à la rigueur, ne devrait pas être, puisqu'il représer
tera un gouvernement qui n'a pas été reconnu pa
les puissances et qui n'est pas destiné à durer lon{

temps, mais nous pouvons y consentir par complaisance pour la Russie, — ce sera à la condition qu'il n'y parlera que de la question de la mer Noire; s'il veut aborder un autre sujet, il faut le mettre à la porte. »

En somme donc, — et il faut le répéter souvent, pour que nous n'oubliions jamais à qui nous devons de la reconnaissance, — la seule puissance qui nous ait témoigné un sincère intérêt, c'est l'Autriche; le seul homme d'Etat européen qui se soit employé activement, et avec une courageuse persévérance en notre faveur, c'est le comte de Beust. Malheureusement, fait observer l'historien de la *Diplomatie du Gouvernement de la Défense nationale*, l'Autriche fut empêchée, dès le début, de faire cause commune avec nous, par l'attitude inquiétante, presque menaçante de la Russie; et plus tard, quand il ne fut plus question que d'une assistance morale, les bonnes intentions de M. de Beust se trouvèrent gênées et paralysées par l'Angleterre sur le terrain diplomatique, comme elles l'avaient été d'abord par le cabinet de Saint-Pétersbourg sur le terrain militaire.

Il a plu à M. de Bismarck, dans un certain moment, — à la fin de décembre, quand la cause de la France était irrémédiablement perdue, — de faire soutenir par M. Busch, dans un article envoyé à ses journaux officieux, qu'il ne ressentait pas, quoi qu'on en dît, d'animosité personnelle contre M. de Beust. « Nous pouvons affirmer, dicta-t-il à son secrétaire, qu'entre le chancelier de la Confédération de l'Allemagne du

Nord et le chancelier impérial de l'Autriche-
grie il n'existe aucune animosité personnelle. N
savons, au contraire, qu'avant 1866, c'est-à-di
une époque où ils se trouvèrent souvent en cont
ces personnages étaient ensemble sur un très]
pied. Si, plus tard, ils ont pris vis-à-vis l'un de l'au(
comme hommes d'Etat, une attitude hostile, c
uniquement parce qu'ils poursuivaient la réalisat
de systèmes politiques opposés... Mais, comme {
ticuliers, il ne s'est rien passé entre eux qui pût d
ner à leurs mutuels sentiments un caractère d'am
tume, ne fût-ce que pour cette raison bien sim
qu'ils n'ont plus jamais eu de rapports personnels.

Nous n'y contredirons pas ; mais, que ce fût p
des motifs personnels ou pour des motifs politiqu
que ce fût comme particulier ou comme hom
d'Etat, il n'est guère contestable que **M.** de]
marck ne cessa guère, durant toute cette campag
de manifester contre M. de Beust une irritation p
ou moins vive. Nous en trouvons plus d'une pre
dans le journal de **M.** Busch. « Il y a en Autric
Hongrie, écrit cet excellent serviteur, un parti
marche avec l'Allemagne et un parti qui mar
contre l'Allemagne, un parti qui voudrait voir c
tinuer la politique de Kaunitz pendant la guerre
Sept ans, la politique de la conspiration perpétu
avec la France contre l'intérêt allemand et en {
mière ligne contre la Prusse... » Naturellement
comte de Beust est, avec le prince de Metterni
l'un des chefs de ce dernier parti. « L'emper(

François-Joseph, lit-on ailleurs, ne serait peut-être pas sourd à nos représentations sur ce point (c'est-à-dire sur les dangers que faisait courir à tous les gouvernements monarchiques le triomphe, en France, des idées républicaines); mais il n'y a rien à attendre de de Beust, qui, dans sa rancune contre l'Allemagne et contre la Russie, fait des coquetteries avec les Polonais, même avec ceux d'entre eux qui sont républicains rouges. » Et, dans sa colère, le ministre du roi Guillaume fulmine, toujours par la plume de Maurice Busch, des articles violents contre l'Autriche et contre le chancelier austro-hongrois. « On annonce que la diplomatie viennoise fait des démarches pour déterminer les Allemands à accorder un armistice aux Français... Cet armistice ne pourrait profiter qu'à ces derniers... Si l'on nous empêche de recueillir tout le fruit de notre victoire, les Français pourront recommencer la guerre, et nous savons où ils chercheront des alliés! mais nous n'attendrons pas qu'ils se soient relevés, nous attaquerons ces futurs alliés de la France pendant qu'ils seront encore isolés et nous les punirons de nous avoir empêchés d'atteindre notre but. »

Plus significatif encore et plus menaçant était cet autre article dont nous citerons les dernières lignes : «... Tel est le cas de l'Autriche-Hongrie, si, comme les officieux de Vienne s'en vantent, c'est elle qui a pris l'initiative des démarches des neutres en faveur de l'armistice. Cette conduite du comte de Beust acquiert une portée encore plus blessante, quand

on sait qu'elle a été inspirée par M. de Chaudo
le vicaire de Jules Favre à Tours. Et ce qui ac
de nous dévoiler le véritable caractère des proc´
de la diplomatie austro-hongroise, ce qui fait
qu'elle ne tend à rien moins qu'à une immixtion
le règlement de nos comptes avec la France,
le langage que son représentant vient de ten
Berlin, en appuyant les représentations de l'An
terre. Le *Foreign Office* britannique s'est touj
exprimé d'une façon impartiale et bienveillante
l'Allemagne ; l'Italie également ; la Russie s'est
stenue de toute intervention. Mais le ton de la
pêche que M. de Wimpffen a lue à Berlin n'est
moins qu'amical... Il règne dans toute cette dépé
un ton d'ironie qui la distingue, d'une manière
avantageuse pour elle, de la dépêche anglais
D'après cela, nous ne pouvons douter qu'il n'y
dans la démarche du comte de Beust, autant de m
vais vouloir qu'il y a de bienveillance dans cell
lord Granville... Le chancelier austro-hongrois a
bien réfléchi aux conséquences possibles de ses
cédés?... Ignore-t-il que si, grâce à lui, nous ét
obligés de renoncer à une partie de ce que n
sommes en droit d'exiger de la France, nous p
rions bien nous dédommager aux dépens de n
malintentionné voisin du sud-est de ce que ce v
nous aurait fait perdre dans l'ouest? Et se figure
que, dans ce cas, nous serions assez maladroits p
différer notre revendication jusqu'au moment c
France, sa protégée, aurait assez repris ses fo

pour le récompenser du service qu'il lui aurait rendu, en l'aidant à le défendre contre nous?... » Est-il possible de prendre un ton plus arrogant et plus hautain vis-à-vis d'une puissance amie, dont tout le crime est d'avoir offert sa médiation pour amener une suspension d'armes? Peut-on imaginer un langage plus insolent? Napoléon Ier, au comble de sa puissance et de sa gloire, ne parlait pas autrement.

Quelques jours après, il est vrai, au commencement de novembre, l'irascible Prussien se radoucit. Il paraît que, déconcerté par les foudroyants progrès des armes allemandes, découragé par l'influence croissante des amis de la Prusse dans les conseils de l'Europe et même dans les conseils de son propre souverain, le chancelier austro-hongrois renonce enfin à toute initiative en notre faveur et se résigne à subordonner sa politique à celle des autres puissances. Le 4 novembre, dans la soirée, tandis que M. de Bismarck s'entretenait avec M. Thiers, on lui avait remis un télégramme annonçant que « M. de Beust montrait des dispositions meilleures et avait à peu près déclaré que l'Autriche ne s'opposerait aux prétentions de la Prusse vis-à-vis de la France que si la Russie lui en donnait l'exemple, autrement non. » Et, le 20 novembre, le chancelier allemand communiquait à ses commensaux que « le comte de Beust lui avait fait des excuses au sujet de la note grossière (*groben Note*) qu'on avait dernièrement reçue à Berlin, et lui avait assuré que ce n'était pas lui, mais M. Biegeleben qui en était l'auteur.

C'en était assez, à ce qu'il semble, pour désar
le courroux du seigneur de Varzin; et cepend
même après que le cabinet austro-hongrois s
renfermé dans cette prudente réserve, et qu'on
plus à craindre de lui une intervention inopportu
on n'en continue pas moins, à la table de M.
Bismarck, à parler du ministre de François-Jos
sur un ton plein d'aigreur et de malveillance. «
bon M. de Beust! » dit-on avec une amère ironie
bien encore : « notre excellent ami de Vienn
C'est que les négociations pour la restauration
l'ancien empire d'Allemagne au profit de Sa Maj
prussienne n'allaient pas toujours aussi vite et a
bien qu'on l'eût désiré à Versailles; c'est que cha
fois que quelque petit Etat faisait un effort p
échapper à l'absorption dont il était menacé, cha
fois que le Würtemberg ou la Bavière essayait
sauver un lambeau de son indépendance, le pre
ministre du futur empereur s'en prenait au chan
lier d'Autriche-Hongrie et l'accusait d'avoir sus
ou encouragé cette résistance. Les vieilles rancu
du passé se trouvaient toujours alimentées par
soupçons nouveaux.

Il n'en pouvait, du reste, être autrement. A
son caractère vindicatif, ombrageux, jaloux, im
tient de toute contradiction, il était impossible
M. de Bismarck revînt jamais bien complètem
pour M. de Beust, à des sentiments tout à fait bi
veillants ni même tout à fait équitables. Il voyait
lui le seul homme d'Etat de l'Europe qui eût e

la fois, la capacité et la volonté de lui tenir tête; un courageux, vigilant et habile antagoniste qui, plus clairvoyant ou plus honnête que Napoléon III, n'avait voulu être ni sa dupe ni son complice; qui, toujours mû, non point par une mesquine « animosité personnelle », — car ce que M. Busch écrivait, sous la dictée de son maître, sur l'invraisemblance d'un pareil sentiment entre les deux ministres, était vrai de l'un d'eux, — mais par un entier dévouement aux nobles causes qui lui avaient été tour à tour confiées, avait successivement défendu contre la Prusse les intérêts de la Saxe et des petits Etats allemands, les intérêts de l'Autriche et par suite ceux de la France et de l'Europe; il voyait en lui enfin un adversaire qui avait failli le vaincre et qui l'aurait probablement vaincu, s'il avait eu, comme lui, à sa disposition des forces militaires bien unies, bien organisées, bien commandées, s'il avait eu en un mot, au service de sa diplomatie, une armée et un général.

*
* *

Le livre de M. Busch ne nous montre pas seulement quels furent nos amis en ces jours de détresse et ce qu'ils tentèrent pour nous sauver d'une ruine complète, il nous apprend aussi ce que furent nos ennemis et de quels sentiments ils furent animés durant le cours de cette guerre cruelle. Il est intéressant, quoique douloureux, d'envisager pendant quelques instants, du point de vue allemand, ces

événements qui firent et feront si longtemps saig
nos cœurs français; il est curieux quoique pénib

Quanquam animus meminisse horret, luctuque refugit

de contempler encore une fois ces scènes cruell
non plus du haut des murs de nos villes assiégé
mais des bureaux de la chancellerie prussienne
des fenêtres de la salle à manger de M. de Bismar
et de constater quelle impression elles firent sur 1
vainqueurs. Ce serait, du reste, bien mal conna
les Allemands et leur prêter fort gratuitement 1
générosité et une grandeur d'âme dont ils ne s
guère capables, que de s'attendre à trouver ic
moindre mot de compassion ou d'estime pour 1
nation qui, tant de fois trahie par la fortune et ab
donnée de toute l'Europe, n'ayant plus ni fo
resses, ni généraux, ni armée, luttait encore p
sauver au moins son honneur; non, rien que d
colère, de la haine et du mépris.

M. Léo Joubert, dans sa remarquable étude
la bataille de Sedan (*Histoire de la campa*
de 1870, depuis le 13 août jusqu'au 2 septemb
raconte, sur la foi, croyons-nous, d'un corresp
dant du *Times*, que, lors des héroïques charges
cavalerie commandées successivement par le
néral Margueritte et par le général Gallifet, « le
Guillaume, qui, placé sur les hauteurs de la Mar
apercevait distinctement cette partie du champ
bataille, fut saisi d'admiration à la vue de ces ca

liers qui se vouaient à une mort certaine pour re-
tarder d'un moment la défaite de l'armée française,
et s'écria : « Ah ! les braves gens ! » Nous ne nierons
pas que ces paroles, qui font honneur au souverain
prussien, aient été prononcées ; mais nous ferons
remarquer que le fidèle historiographe ne doit pas
les avoir entendues, car il ne les a pas répétées, lui
qui recueille d'ordinaire si dévotement les moindres sottises tombées des lèvres de ses maîtres ; et
cependant il se trouvait, au moment où elles doivent avoir été dites, si près du roi que M. de Bismarck lui enjoignit assez brutalement de se taire,
parce que son babil pouvait ennuyer Sa Majesté.

Le journal de M. Busch couvre en général d'un
dédaigneux silence les exploits de nos soldats et les
avantages qu'ils ont de temps en temps remportés ;
quand les armes allemandes ont essuyé un échec, il
attend d'ordinaire pour l'enregistrer qu'il ait été ré-
paré. Nous y trouvons, il est vrai, un laconique mais
éloquent hommage rendu à l'héroïsme des défenseurs de Châteaudun : « Le combat a été effroyable
(*schauderhaft*), a dit le prince Albert, qui comman-
dait la cavalerie prussienne. » Mais la prise du
Bourget, ce hardi coup de main si brillamment exécuté par nos marins le 28 octobre, n'a été mentionné
à la table de M. de Bismarck ni ce jour-là ni les
jours suivants. On aurait craint sans doute de troubler la laborieuse digestion du Chef qui avait mangé
« de la soupe aux pois et aux saucisses et qui en
avait fait le plus grand éloge ». Ce n'est qu'à la date

du 31 que nous lisons : « Au déjeuner, on racon
que nos troupes ont repris, la veille, le Bourget. |
combat a été terrible... nous avons perdu trois cer
morts et blessés, parmi lesquels trente officiers.
Et maintenant voici dans quels termes notre his
riographe s'exprime sur la bataille de Coulmie
une vraie victoire celle-là, et qui aurait pu chang
complètement la face des événements, si les gouv
nements de Paris et de Tours avaient mieux su co
biner leurs opérations militaires, si nos généra
avaient été plus hardis et leurs troupes plus dis
plinées et meilleures marcheuses, ou bien enco
si le maréchal Bazaine avait voulu, au prix de qu
ques souffrances et de quelques sacrifices, rete
les Prussiens sous Metz cinq ou six jours de pl
en un mot si toutes les fatalités et toutes les rigue
de la fortune ne s'étaient pas réunies pour nous
cabler : « Au déjeuner (le 11 novembre), on anno
que nos troupes venaient d'évacuer Orléans ; \
der Tann n'avait eu avec lui ce jour-là que 16 (
Bavarois et les Français étaient au nombre de 40 0
— Il n'y a point de mal, dit Bismarck-Bohlen (
cousin du chancelier) ; après-demain, Frédér
Charles va arriver et le Gaulois sera rossé ! »

En dépit pourtant de leur superbe assurance,
malgré la légitime confiance qu'ils avaient dans l
bonne étoile autant que dans la supériorité de le
forces, nos ennemis avaient aussi des moments d
quiétude, nous pourrions presque dire de paniq
et nous avons la satisfaction de voir la preuve d

le livre de M. Busch qu'une ou deux fois ils se crurent à la veille d'être chassés de Versailles et s'apprêtèrent à déguerpir au plus vite. Ainsi, sous la date du 17 octobre, — les lignes des assiégeants étaient encore à ce moment-là très peu profondes, — nous lisons : « On nous annonce que nous devons faire nos malles; et dans le cas où l'on donnerait, cette nuit, le signal d'alarme, toutes les voitures auraient à se ranger devant la préfecture, où loge le roi; on s'attend depuis hier à une sortie. » Citons encore ces lignes, datées du 15 novembre, qui montrent combien à cette époque la situation des Allemands était, de leur propre aveu, peu satisfaisante, combien, à ce moment-là, nous aurions eu de chances de salut si nous n'avions eu le malheur ou la maladresse de les laisser échapper! « Theiss m'apprend que les gens de la maison du roi ont emballé tous leurs effets. Je reçois plus tard la confirmation de cette nouvelle; on prétend seulement que Kansgi n'a probablement voulu qu'exercer ses subordonnés et les accoutumer à se tenir prêts pour une éventualité qui maintenant est devenue fort possible. Il paraîtrait, en effet, qu'entre Orléans et Versailles les choses n'iraient pas aussi bien pour nous que nous pourrions le désirer. Le ministre lui-même nous a dit aujourd'hui, en se mettant à table, qu'il ne serait pas impossible que nous fussions obligés de reculer, c'est-à-dire d'évacuer Versailles pour quelque temps. Une attaque venant de Dreux, combinée avec une grande sortie, n'aurait rien d'in-

vraisemblable; et il n'est pas besoin d'être bien ini
aux choses militaires pour sentir qu'un pareil pla
s'il réussissait, exposerait à tomber entre les mai
de l'ennemi, non seulement la cour et l'état-maj
mais la plus grande partie de notre artillerie
siège. Ce serait leur seul moyen de sauver Paris,
c'est pour cela que nous ne devrions pas nous éto
ner qu'ils y eussent songé. »

La bataille de Champigny, malgré son importan
ne paraît pas avoir ému beaucoup l'entourage
M. de Bismarck; le théâtre de la lutte était tr
éloigné, et c'est à peine si l'on entendait le can
L'affaire du 19 janvier, au contraire, quoique mo
sérieuse, y produisit momentanément une ale
assez vive, et M. Busch nous a laissé voir les i
pressions qu'il éprouva ce jour-là avec une sin
rité qui ne lui est point ordinaire : « Vers de
heures, nous entendons distinctement les crépi
ments des mitrailleuses; il faut que les Français
soient qu'à un demi-mille d'ici. Le chancelier mo
à cheval pour se rendre à l'aqueduc de Marly. Je
dirige aussi de ce côté avec Wollmann. En chem
nous rencontrons un soldat qui nous dit que
choses tournent mal pour nous, que l'ennemi
déjà dans le bois, sur les collines, derrière la Cell
Un peu plus loin, nous nous croisons avec le pri
royal, qui retourne à Versailles... : le danger se
donc passé... Bientôt le feu cesse et nous reven
sur nos pas. Il paraît qu'à Versailles la situatio
paru assez grave. On a fait ranger en bataille,

la place d'armes, les Bavarois, qu'on ne rencontre habituellement dans la ville qu'individuellement. On nous dit que les Français, au nombre de soixante mille, campent sous le mont Valérien ; ils ont pris la redoute de Montretout ; ils occupent le village de Garches, à trois quarts de lieue d'ici, et toute la partie occidentale de Saint-Cloud serait entre leurs mains ; nous aurions à craindre qu'ils ne fissent demain de nouveaux progrès et nous obligeassent à évacuer Versailles... »

Dans des journées comme celles-là, quand les grondements du canon français semblaient se rapprocher ; quand, à chaque instant, l'on pouvait s'attendre à voir apparaître les drapeaux tricolores et les pantalons rouges, l'attitude des habitants de Versailles était telle, au dire de M. Busch, que les autorités allemandes, inquiètes, croyaient devoir se prémunir contre un soulèvement de la population. On doublait les postes intérieurs, et les attroupements étaient interdits sous les peines les plus sévères. De temps en temps, d'ailleurs, on se livrait à des perquisitions minutieuses pour découvrir les armes cachées, et un pauvre diable fut arrêté et envoyé dans une forteresse prussienne, parce qu'on avait trouvé chez lui quelques vieux canons de fusil ; un autre fut également expédié en Allemagne, pour avoir dit tout haut, en lisant une affiche relatant les victoires de nos ennemis : « Quels mensonges ! » Malgré toutes ces précautions, le secrétaire de M. de Bismarck n'était pas trop rassuré et se plaignait de

ne pas rencontrer plus souvent dans les rues d
agents de police allemands. Quant au chancelie
son maître, il craignait sérieusement d'être assa
siné, et, un soir qu'il avait rencontré sur son chem
un personnage suspect, il déclara à ses commensa
qu'il ne sortirait plus sans son revolver, ne voula
pas, disait-il, mourir sans vengeance. Et cependaı
à l'honneur de notre pays, malgré l'exaspération
nos populations, malgré les excitations de quelqu
feuilles révolutionnaires, comme le *Combat* de Fé
Pyat, jamais ni le roi Guillaume, ni le comte de B˙
marck ne furent, pendant tout leur séjour en Fran
l'objet d'une seule tentative criminelle. Leurs jou
à l'un comme à l'autre, n'ont jamais été menac
qu'en Allemagne, et par des Allemands.

Mais, ce qui paraît avoir inspiré au chancelier u
véritable terreur, ce sont nos francs-tireurs; no
ne voyons du moins que ce sentiment qui puis
expliquer la haine féroce qu'il leur témoigne chaq
fois qu'on prononce leur nom en sa présence. Il
parle que de les fusiller, de les massacrer, de
pendre, de les brûler vifs; on ne devrait jam
leur faire grâce; on devrait « traduire devant
conseil de guerre ou mettre aux arrêts tout offici
tout soldat qui leur accorde quartier. » Nous re
plirions trois ou quatre pages de ce livre sa
grand profit pour nos lecteurs, si nous voulio
répéter ici toutes les injures, toutes les malédictio
toutes les menaces qu'il profère contre « ces mi
rables, ces bandits, ces assassins. » Nous trouvo

plus intéressant de reproduire la conversation qu'il eut sur ce sujet avec M. Jules Favre, le 25 janvier. « A propos des francs-tireurs et de leurs méfaits, c'est M. de Bismarck lui-même qui parle, il voulut m'opposer nos corps francs de 1813, qui, suivant lui, avaient fait encore bien pis. Je ne le conteste pas, lui ai-je répondu; mais vous devez savoir aussi que les Français ne se gênaient pas pour les fusiller, chaque fois qu'ils réussissaient à les prendre. Et, ajoutai-je, ils ne les fusillaient pas tous en même temps, mais cinq à l'endroit où le fait s'était passé, cinq à l'étape suivante, et ainsi de suite pour inspirer la terreur. » Aussi, aurait pu répliquer à son tour M. Jules Favre, tous vos écrivains, vos historiens, vos poètes, n'ont-ils pas cessé, pendant un demi-siècle , de protester contre cette conduite barbare des lieutenants de Napoléon Ier; ils ont fait l'apothéose de vos francs-tireurs, ils les ont honorés et chantés comme des héros et comme des martyrs; ils ont traité les officiers français qui les avaient fusillés de « bourreaux, de Nérons et de monstres », et nous avions le droit d'espérer qu'après avoir flétri avec tant d'indignation des procédés cruels — plus excusables d'ailleurs il y a soixante ans qu'à une époque d'humanité comme la nôtre — vous n'iriez pas les imiter aujourd'hui.

Le chancelier, d'ailleurs, en veut à la France entière et à tous les Français. L'homme qui, quelques mois plus tard, alors qu'une victoire complète aurait dû apaiser sa colère et désarmer son ressentiment,

a osé dire publiquement que la nation françai
n'était bonne qu'à fournir aux autres nations d
coiffeurs, des danseurs et des cuisiniers, ne pouv
guère, au fort de la lutte, et quand la prolongati
inattendue de notre résistance lui causait une irrit
tion si vive, s'exprimer sur notre compte en term
bien indulgents ni bien flatteurs. Nous ne surpre
drons donc personne en disant qu'en toute occasi
M. de Bismarck nous traite avec le plus profo
mépris; mais nous espérons qu'on nous dispensera
reproduire ses aménités. Laissons-le prétendre q
nous n'avons ni cœur, ni esprit, ni talent, ni origin
lité, ni courage, ni dignité, ni sentiment du devo
que nous ne sommes qu'une « collection de nullité
et « un peuple de femmes »; le jour viendra peu
être où nous lui prouverons que nous avons quelq
valeur et que nous sommes encore des homme
mais, jusque-là, dédaignons ses calomnies et abst
nons-nous de les répéter, même pour les réfut
L'homme de cœur qui a eu le double malheur
recevoir un soufflet et de ne le pouvoir rendre
parle guère de sa mésaventure, même à ses me
leurs amis; et il n'y a que les valets de comédie q
trouvent quelque soulagement à se plaindre au p
blic des coups de pieds qu'on leur a donnés et d
volées de bois vert qu'on leur a administrées.

Mais, si nous considérons comme une tâche au
inutile que peu agréable de citer et de discuter l
mauvais compliments que le Chef de M. Bus
adresse à notre nation, nous croyons en revanc

que ses jugements sur quelques-uns des hommes
qui ont joué un rôle dans les événements de 1870 et
de 1871 méritent de nous arrêter un peu. Non pas
que nous les regardions comme le dernier mot de
la sagesse humaine et que nous prétendions leur
attribuer une autorité excessive; nous nous flattons
de connaître mieux que lui les hommes d'Etat de
notre pays. Mais, si ses appréciations répandent peu
de lumière sur ceux qu'il apprécie, elles en jettent
par contre beaucoup sur lui-même et sur son propre caractère; la façon dont il les motive, les consi-
sidérations sur lesquelles il fonde son éloge ou
son blâme nous révèlent, en quelque mesure, les
maximes qui le dirigent, les sentiments qui l'ani-
ment, les passions, souvent même les préjugés auxquels il obéit; et l'on conviendra qu'il est bien
pour nous de quelque utilité de connaître l'homme
qui a exercé et qui exercera peut-être encore
une grande et funeste influence sur nos destinées, s'il trouve de nouveau notre prudence en
défaut.

M. de Bismarck n'est point indulgent pour Napoléon III, on devait s'y attendre. Mais il y a quelque
exagération à écrire, comme l'a fait un critique :
« Le chancelier ne ménage à personne les traits
désobligeants, mais ce ne sont que des boutades;
quand il parle de l'Empereur, c'est, au contraire,
avec un emportement raisonné et un mépris réfléchi... il l'accable de ses sarcasmes; il lui donne
.le coup de pied du lion. » Il n'y a dans les apprécia-

tions du vainqueur sur le vaincu ni emportemen
mépris, mais seulement un ton de supériorité h
taine, une sorte de pitié dédaigneuse qui, il est v
se traduit quelquefois dans le langage.habitue
ment brutal du hobereau prussien par une épit
un peu dure. Ainsi, après avoir répété à plusi
reprises — ce qui, du reste, n'était point un c
pliment dans sa bouche — que « Napoléon III ´
sentimental, doux et bon », il va jusqu'à dire
était *dumm* (*sot* ou *bête*, comme on voudra). I
taxe « d'ignorance » et lui reproche de « ne p
savoir la géographie », quoique ayant eu le gr
honneur et le grand bonheur « d'avoir fait
études en Allemagne ». Quant à la « bêtise » do
l'accuse, il en donne deux preuves qui ne sont p
être pas de nature à rabaisser beaucoup Na
léon III dans l'estime des honnêtes gens : la
mière, c'est que l'Empereur n'a point su se déci
en 1866, à mettre la main sur la Belgique;
seconde, c'est qu'en ne se croyant pas le droit,
lendemain de Sedan, de conclure la paix, lui pris
nier, au nom de la France, il a laissé échap
l'occasion de sauver sa couronne. Les passages
livre de M. Busch, auxquels nous venons de f
allusion, ont un certain intérêt historique, et n
croyons devoir les reproduire.

M. Thiers m'a demandé, racontait M. de
marck à ses commensaux le 5 novembre, s'il é
vrai que j'eusse dit en 1867 au duc de Bauffrem
qu'avec un peu plus de résolution Napoléon au

pu faire, en 1866, une bonne acquisition, ailleurs, à la vérité, qu'en Allemagne. « C'est, en somme, parfaitement exact. Je m'en souviens encore, la conversation a eu lieu dans le Jardin des Tuileries, pendant que la musique militaire jouait. Napoléon, dans l'été de 1866, n'a pas eu le courage de faire ce qui, de son point de vue, aurait été juste. Il aurait dû, lorsque nous avons marché contre les Autrichiens, occuper... ce qui avait été l'objet de la proposition Benedetti (on ne voit pas pourquoi M. de Bismarck évite de prononcer le nom de la Belgique) et s'en emparer provisoirement comme d'un gage en vue des éventualités. Nous ne pouvions pas alors l'en empêcher; l'Angleterre n'aurait probablement pas essayé de l'en chasser, et, en tout cas, il pouvait l'y attendre. Si nous étions vainqueurs, il devait s'unir étroitement à nous et encourager notre ambition, mais il est — et ne sera jamais — qu'un songe-creux. »

On sait que, lorsque le général Castelnau lui annonça que Napoléon « rendait son épée », la première question de M. de Bismarck fut : « L'épée de l'Empereur ou l'épée de la France? » Dans le second cas, évidemment, la guerre eût été finie, en supposant, bien entendu, que la France, c'est-à dire l'armée, eût obéi à son souverain captif. Rappelant la conversation qu'il avait eue ce jour-là avec le général Reille, le chancelier disait le 22 novembre: « Je lui ai demandé (au général) si l'Empereur était encore sûr de l'armée et de ses officiers. Il m'a

répondu affirmativement ; si sa voix et ses or
seraient encore exécutés à Metz : Reille m'
également oui, et, comme nous l'avons vu, c'ét
vérité, dans ce moment-là. Je crois que s'il a
fait la paix, à cette époque, il serait encore auj
d'hui un souverain respecté. Mais je l'ai déjà
— il y a seize ans, quand personne ne me vo
croire, — il est bête et sentimental. »

M. Thiers n'a pas non plus échappé à ce repr
de « sentimentalité », qui est, aux yeux de M
Bismarck, le plus grave qu'on puisse faire à
homme d'Etat. « C'est un homme intelligen
aimable, spirituel et malin, dit de lui le chance
le 2 novembre, lors des premières négociations
un armistice ; mais pas l'ombre d'aptitude pou
diplomatie, trop sentimental pour le métier. (
certainement une nature plus distinguée que Fa
mais il n'a rien de ce qu'il faut pour un négo
teur... il ne ferait même pas un bon maquigno
se laisse trop facilement déconcerter, il trahi
qu'il éprouve, il se laisse deviner. Ainsi, j'ai tir
lui toutes sortes de choses... entre autres q
n'ont plus de vivres, dans Paris, que pour troi
quatre semaines. » M. de Bismarck, comme
voit, se croit beaucoup plus habile et plus fin
M. Thiers ; il se moque de la vanité du petit hom
et en somme, pourtant, il ne le maltraite pas t
« Il me plut beaucoup, assure-t-il à ses commen
le 22 février, lors des négociations pour les p
minaires de paix ; il a une jolie tête, d'excelle

manières et raconte d'une façon charmante... Par moments, j'ai pitié de lui, car il est dans une triste situation... » Cependant, comme le chancelier allemand n'est jamais à court d'insinuations malveillantes, il nous donne à entendre que, lorsqu'il ne pouvait obtenir de M. Thiers une concession, il n'avait qu'à le menacer de ramener en France Napoléon III pour le rendre aussitôt souple comme un gant; la crainte du retour de l'Empereur aurait été plus forte chez le futur président de la République que toutes les considérations patriotiques. Nous aimons à croire que c'est une calomnie.

M. Jules Favre, aussi, a été traité de « sentimental », avec cette différence pourtant que l'entourage de M. de Bismarck, sinon M. de Bismarck lui-même, a considéré sa sentimentalité comme une comédie et comme une feinte, et qu'en se moquant de ses larmes, désormais historiques, toute cette arrogante valetaille prussienne a refusé de croire à leur sincérité. On sait que, comme M. Thiers, M. Favre s'est mis à deux reprises en rapport avec le chancelier allemand, d'abord au château de Ferrières, ensuite à Versailles pour la capitulation de Paris. Voici ce que nous lisons dans le journal de M. Busch, sous la date du 27 septembre : « Au dîner étaient présents le prince Radziwill et Knobelsdorf, de l'état-major général. Comme on vint à parler du rapport de Favre sur ses négociations avec le Chef, dans lequel il prétend avoir pleuré, le ministre dit : C'est vrai, il m'a semblé effectivement

qu'il pleurait, et j'ai essayé de le consoler; mai
l'observant plus attentivement, j'ai acquis la c
tude qu'il n'avait pas versé une seule larm
s'imaginait probablement qu'avec cette coméd
agirait sur moi, comme les avocats parisiens
leur public. Je suis, en outre, fermement conva
qu'il s'était mis du blanc... surtout la seconde f
afin de mieux jouer l'abattement et le profond
grin. Il peut se faire sans doute qu'il soit réelle
peiné, mais ce n'est pas un politique. Il de
savoir que le sentiment n'a rien à faire ave
diplomatie. » Plus tard, c'est-à-dire lors des n
ciations suprêmes, les Allemands commencent p
tant à prendre au sérieux la douleur de M. Fa
« Je trouve qu'il a beaucoup grisonné depuis
rières, dit M. de Bismarck le 23 janvier. Il a
d'un homme qui a éprouvé beaucoup d'émotion
beaucoup de chagrins et à qui maintenant tout
indifférent. » Quelques jours après, le 28 janvie
ministre des affaires étrangères du Gouvernem
de la Défense nationale, ainsi que le général
Valdan, dinèrent à la table de M. de Bismar
« Ils mangèrent peu et ne parlèrent presque po
Favre et le général, a dit plus tard Delbrück,
semblaient à de pauvres pécheurs qui doiven
lendemain monter sur l'échafaud... » Mais, con
c'était d'ailleurs bien naturel, le ministre françai
persista pas longtemps dans cette attitude farou
Au deuxième ou troisième repas, il mangea de
appétit, fit honneur au champagne de ses hôte

causa familièrement avec eux des souffrances du siège et des incidents du bombardement. Il leur conta, au dire de Busch, qui doit nécessairement l'avoir mal compris, que « le premier obus qui tomba dans le Panthéon avait enlevé la tête de Henri IV ». Il confessa — ce qui en revanche était parfaitement exact — « que, dans les derniers combats du 19, c'étaient les gardes nationaux appartenant aux classes aisées qui s'étaient le mieux battus, tandis que les bataillons recrutés dans les derniers rangs de la société n'avaient pas fait bonne figure »; il avoua que sa situation à Paris était fort difficile et qu'il avait grand'peur des rouges; ce qui lui valut de la part de M. de Bismarck ce conseil, dont il se montra du reste tout indigné : « Provoquez donc une émeute pendant que vous avez encore une armée pour l'étouffer. »

En somme, M. J. Favre n'a point fait une bonne impression sur nos vainqueurs. Ils reconnaissent qu'il avait de l'esprit, qu'il causait bien et s'exprimait avec facilité, avec élégance; mais ils l'accusent d'être mal élevé, comme s'ils étaient eux-mêmes des modèles de bonne éducation et de savoir-vivre; ils raillent son inexpérience des choses de la guerre, son ignorance des termes militaires, comme si un homme qui n'avait jamais porté que la robe d'avocat avait pu en savoir autant que M. de Bismarck, qu'il s'en allait toujours revêtu d'un uniforme de cuirassier et traînant après lui un grand sabre. Ils blâment l'insouciance et la légèreté avec lesquelles

il oublia de faire comprendre dans l'armistice l
mée de l'Est, ce qui fut assurément une imparc
nable faute, mais que, seuls, ils n'ont pas le d
de lui reprocher, ayant montré dans cette aff
plus de duplicité et de mauvaise foi que. M. F:
n'y mit d'insouciance et de légèreté. Ils le tour1
en ridicule parce que, dans ses discussions avec
hommes d'Etat allemands, il était toujours eml
rassé, indécis, incapable de prendre un parti,
sachant jamais se résoudre à dire oui ou non, con
s'il n'y avait pas eu quelques circonstances a
nuantes pour le pauvre négociateur français à
l'on ne laissait d'ordinaire le choix qu'entre
extrémités également pénibles. Ne se trouvait-il
un peu dans la situation de ce prisonnier qu
cruel baron des Adrets obligeait à se précipite
haut d'une tour dans les fossés, et qui, s'y é
repris à deux fois avant de faire le saut mo
répondit à son bourreau qui se moquait de son l
tation : « Monseigneur, je vous le donne en cer
Le baron, dit-on, fut désarmé et fit grâce; mais
ne désarmait M. de Bismarck.

Terminons enfin par une dernière citation
achèvera de donner une idée des sentiments
M. de Bismarck et de ses amis, pour tout ce
porte le nom de Français, en montrant avec
empressement ils accueillent, avec quelle comp
sance ils répètent, quand il s'agit des hommes
ont gouverné notre pays, les accusations les
odieuses, les bruits les plus évidemment men:

gers. « A table (c'était le 26 janvier), nous eûmes MM. Hans de Rochow et le comte Lehndorff... on parla de Gambetta, et quelqu'un dit que la guerre devait bien lui avoir rapporté ses cinq millions; mais d'autres convives exprimèrent le doute qu'il eût fait d'aussi bonnes affaires. Après le dictateur de Bordeaux, ce fut le tour de Napoléon, et Bohlen prétendit que, pendant son règne, il avait mis de côté au moins cinquante millions. — D'autres disent quatre-vingts, fit le Chef; mais j'ai peine à le croire. Louis-Philippe avait gâté le métier; il provoquait des émeutes et il faisait acheter à la Bourse d'Amsterdam; le monde des affaires a fini par s'en apercevoir. — Dans le même but, l'ingénieux monarque feignait aussi de temps en temps des maladies, ajoutèrent Hatzfeld et Keudell... » On comprend encore que ces Prussiens eussent quelque animosité contre Napoléon III qu'ils venaient de combattre, ou contre M. Gambetta, qui continuait à soutenir contre eux une lutte désespérée. Mais quels pouvaient être leurs griefs contre un roi qui avait cessé de vivre et de régner, bien avant que M. de Bismarck jouât un rôle politique dans le monde? Le chancelier allemand voulait-il, en essayant ainsi de flétrir la mémoire de Louis-Philippe, se dédommager du mécontentement que lui causait la conduite patriotique du prince de Joinville et de ses neveux? Voulait-il se venger des inquiétudes que lui inspiraient les talents et le courage des princes d'Orléans, de la conviction qu'il avait et qu'il manifesta dans

une de ses conversations à M. Thiers que, si
d'Orléans remontaient sur le trône, la France ser:
avant trois ans, redevenue assez forte pour cherc
à reprendre l'Alsace et la Lorraine?

Et maintenant, comment jugerons-nous, à no
tour, celui qui nous a toujours jugés, nous et
nôtres, avec tant de sévérité, pour ne pas dire a
tant d'injustice?

Il serait certainement aussi téméraire que pré
turé de vouloir ici devancer les arrêts de l'hist
et formuler, dès à présent, une opinion défini
sur un personnage dont le rôle, dans les affaire
ce monde, n'est point fini. Il ne faut pas félicite
homme de son bonheur avant qu'il soit mort, disa
les anciens; à plus forte raison croyons-nous q
ne doit pas trop se hâter de vanter l'habileté
politique avant qu'il ait achevé sa carrière, sur
lorsqu'il s'agit d'un de ces politiques audacieux
risquent la fortune de leur pays sur un coup de
qui passent pour de profonds calculateurs, quan
ne sont quelquefois que des joueurs heureux.
n'avons pas oublié de quel prestige Napoléon
joui, pendant un certain temps, en Europe, et pr
palement en Allemagne; M. de Bismarck pré
n'avoir jamais partagé cet engouement; mais ı
nous souvenons, en ce qui nous concerne, d'a
entendu répéter bien des fois, par des patriotes
tre-Rhin, durant la plus brillante période de l'
pire, c'est-à-dire de 1855 à 1860 : « Il nous fau
un Napoléon! »

Nous nous bornerons donc, en ce moment, à reproduire les principaux traits de la physionomie de M. de Bismarck, telle qu'elle nous apparaît dans le minutieux récit de ses faits et gestes durant la campagne de France, par M. Maurice Busch. Et, si le portrait que nous obtiendrons ainsi n'était pas parfaitement ressemblant, on ne devrait s'en prendre qu'au chancelier allemand lui-même et à son secrétaire : car le chancelier a posé volontairement et sciemment pour cette espèce de photographie, et c'est certainement avec sa permission, sinon par son ordre, que des retouches ont été faites ; il savait, tandis qu'il causait et plaisantait, mangeait, buvait, que pendant tout ce temps l'objectif était braqué sur lui, c'est-à-dire qu'on prenait des notes et couchait consciencieusement par écrit chacune de ses paroles, chacun de ses mouvements, chacune de ses attitudes ; et, de son côté, le secrétaire était un trop dévoué, nous en avons plus d'une preuve, et un trop plat courtisan pour avoir livré son œuvre à la publicité, sans l'avoir préalablement soumise à son Chef.

M. de Bismarck s'est donné en toute occasion pour un homme profondément religieux ; et, plus équitable pour lui qu'il ne l'est pour nous, nous ne lui ferons pas l'injure de le soupçonner en cela d'hypocrisie. Il y avait peut-être bien de sa part quelque exagération, quand il assurait que, « s'il n'était retenu par la crainte de Dieu, il abandonnerait aussitôt ses fonctions et ses honneurs et s'en irait cultiver ses avoines à Varzin » ; nous ne le croyons pas si détaché des

grandeurs de ce monde et si dénué d'ambition. Mai
nous ne doutons pas qu'il ne fût sincère quand :
faisait l'éloge de sa foi, quand il disait que le solde
faisait mieux son devoir « s'il était convaincu qu'
y avait encore quelqu'un là-haut qui le voyait, dar
les moments où son lieutenant ne le voyait pas.
Nous savons, par M. Busch, que le chancelier ava
toujours sous son chevet deux ou trois livres d
dévotion et que, la veille de son départ pour l'armée
il s'était fait donner la communion, chez lui, dar
sa chambre. Nous lui rendrons même cette justic
que sa piété n'était pas intolérante, que, quoiqu
zélé luthérien, il ne s'effrayait pas des progrès d
catholicisme en Allemagne, et que peu lui importa
que ses compatriotes demeurassent attachés à]
confession d'Augsbourg, pouvu qu'ils restassent d
bons chrétiens.

Nous trouvons en revanche, chez lui, quelque
petites superstitions qui lui font beaucoup moir
d'honneur. Ainsi il craint d'être treize à table (
regarde le vendredi comme un mauvais jour, dar
lequel il ne faut rien entreprendre. Au lendemai
de Gravelotte, voyant ses commensaux témoigne
une confiance excessive et parler comme s'il n
avait plus à redouter le moindre retour de fortun
il les engage à ne point vendre d'avance la peau (
l'ours, *parce que cela porte malheur*. Le 14 octobr
en entrant dans son bureau, il demande à ses en
ployés : « Quel jour sommes-nous aujourd'hui, me
sieurs? — Le 14, Excellence. — C'est l'anniversai

d'Hochkirch et d'Iéna, répond-il; il ne faut pas conclure d'affaires.... d'autant plus d'ailleurs que c'est un vendredi. » Il est fermement convaincu que, « pour posséder une belle et abondante chevelure, il suffit de la confier aux ciseaux du coiffeur à chaque renouvellement de la lune »; et M. Seinguerlet s'étonne à bon droit que, connaissant un secret aussi précieux, il n'en ait point profité pour s'épargner une calvitie qui fait, depuis vingt ans, la joie de tous les caricaturistes allemands. Il a longtemps refusé le titre de comte, parce qu'il a remarqué que tous les nobles de sa province qui l'avaient porté n'avaient pas vécu longtemps. Enfin il prétend savoir au juste quel âge il doit atteindre; il l'a révélé à ses compagnons de table un soir de novembre, après avoir vidé une bouteille de champagne; et comme ceux-ci montraient quelque incrédulité : « C'est un chiffre mystique, » leur dit-il très sérieusement. Il aurait dû leur apprendre en même temps si c'était une tireuse de cartes qui le lui avait annoncé, ou s'il l'avait lu dans du marc de café.

La dévotion n'a point attendri le cœur de M. de Bismarck; son Dieu n'est pas le Dieu clément et doux de l'Evangile; c'est plutôt le Jéhovah jaloux et inexorable de la Bible. On dirait parfois qu'il croit avoir reçu du ciel la mission de fonder, quoi qu'il en pût coûter de sang et de larmes, l'empire d'Allemagne, et qu'il regarde non seulement comme un droit, mais comme un devoir de conscience, d'exterminer tout ce qui s'opposerait à l'accomplissement de

sa tâche. Nous avons déjà parlé de sa haine contr
les francs-tireurs ; mais ce n'était pas seulement co
tre eux qu'il nourrissait ces sentiments féroce
Depuis le commencement de la guerre jusqu'à
fin, il n'a cessé de prôner les mesures les plus dr
coniennes ; il aurait voulu qu'on brûlât sans pit
toute ville et tout village qui ne capitulait pas imm
diatement. Il craignait qu'on ne rendît pas assez
goureux le blocus de Paris, et demandait pourqu
l'on ne tirait pas sur les malheureux qui cherchaie
des pommes de terre en dehors des fortifications.
s'emportait contre la reine Augusta, qu'il soupçonn
de s'opposer au bombardement, et ne compren
pas qu'on se fît le moindre scrupule d'écraser so
une pluie de fer et de feu la Babylone moderne.
pourtant, malgré le superbe dédain qu'il affect
pour l'opinion publique, il eut quelquefois honte
sa barbarie ; car nous lisons qu'un jour, M. Bus
s'étant félicité, dans un article, de ce que les ob
prussiens commençaient à tomber dans le Luxer
bourg, il lui fit effacer ce passage en lui disan
« C'est impolitique. »

Mais, si ses inflexibles rigueurs n'excluent p
toujours certains ménagements hypocrites, elles
compliquent aussi par moments de raffinemer
perfides. C'est ainsi qu'il donna le conseil, pour pur
les habitants d'avoir quitté leurs demeures, de s'e
parer de leurs chevaux, de leurs bestiaux, etc.,
de les accuser ensuite, si l'on parvenait à les rejo
dre, d'avoir caché ces animaux dans les bois.

nous soupçonnera peut-être d'exagératiou et on nous accusera d'attacher trop d'importance à des propos en l'air, à des menaces que le chancelier allemand a pu proférer dans un instant d'irritation, mais qu'il eût été incapable d'exécuter. Nous voudrions bien qu'il en fût ainsi. Nous ne demanderions pas mieux que de pouvoir admettre qu'en effet, M. de Bismarck, par une ostentation singulière, s'est donné pour plus méchant et plus dur qu'il n'est en réalité. Mais, puisqu'il s'est complu à se faire ainsi représenter, puisqu'il s'est ainsi représenté lui-même, pourquoi aurions-nous l'excessive générosité de ne pas le prendre au mot? Voici, du reste, un trait qui achève de le peindre et qui doit faire évanouir toutes les illusions : « A Commercy, raconte le cousin de M. de Bismarck, une femme est venue demander qu'on lui rendît son mari qui avait été arrêté pour avoir frappé un hussard ; le ministre l'écouta d'un air bienveillant, et, quand elle eut fini, il lui répondit toujours de l'air le plus gracieux du monde : Ma bonne femme, vous pouvez être sûre que votre mari va être pendu. » Ainsi, non seulement il ne fait pas grâce, mais il se moque encore et se joue cruellement de la pauvre suppliante.

Une des maximes favorites du chancelier, c'est qu'un homme d'Etat ne doit jamais se laisser influencer par le sentiment ; c'est que la colère, la rancune ou la vengeance ne doivent pas plus intervenir dans la politique que la reconnaissance ou la pitié ! et il aimerait à se faire passer lui-même pour un être

supérieur à toutes les passions, à toutes les faibles
humaines. Mais cette prétention n'est guère justifié
et personne moins que lui ne sait garder ce cal
olympien, cette superbe indifférence dont il se t
guerait si volontiers. La moindre contrariété,
moindre résistance l'exaspère et le met hors de l
Qu'une grande puissance européenne le mena
tout à coup d'une intervention gênante, ou que
ministre d'un Etat allemand de sixième ordre tém
gne quelque velléité d'indépendance; qu'un prir
du sang l'ait contredit dans le conseil du roi, ou si
plement que M. de Moltke ait refusé de lui faire c
naître son plan de bataille, et le voilà furieux
s'emporte, il tempête, il boude, il ne peut plus
manger ni dormir, il est malade, il a ses nerfs. (
homme de fer, ce solide cuirassier, ce colosse, (
se raille du tempérament féminin des Français,
sujet à des malaises de femmelette et à des crises
petite-maîtresse. Son secrétaire ne s'y trompe p
et bien souvent il écrit, sans la moindre ironie,
reste, sans la moindre intention moqueuse : « A
jourd'hui, le Chef n'est point venu dîner, il est ind
posé; c'est sans doute que telle ou telle négociati
telle ou telle affaire ne marche pas à son gré. » P
d'une fois, pendant la campagne, M. de Bismarc
offert au roi sa démission, mais sans que person
pas même le naïf M. Busch, crût sérieusemen
sa résolution de se retirer : « Le Chef, lisons-n
sous la date du 30 novembre, manifeste l'intention
donner sa démission et de partir... comme s'il é

vraiment à la veille de prendre un tel parti!.. » Ombrageux, susceptible, vindicatif, le souvenir d'une injure reçue trouble ses nuits, et il ne songe plus qu'aux moyens de satisfaire son ressentiment ; c'est lui qui en fait l'aveu. « Quand je ne dors pas, dit-il, je pense à toutes sortes de choses, *principalement aux injustices qui m'ont été faites* et dont je n'ai pu me venger. »

Ces insomnies fréquentes, et dont plus d'une, certainement, dut être funeste au repos du monde, avaient en général une cause assez vulgaire : elles provenaient la plupart du temps de ce que, incapable de modérer son appétit, le Chef de M. Busch se surchargeait l'estomac outre mesure ; et les historiens de l'avenir auront peut-être à écrire un chapitre curieux sur les *Indigestions de M. de Bismarck, dans leurs rapports avec les événements européens*. Nous ne plaisantons pas et nous pouvons, sur ce point, invoquer son propre témoignage. « Je mange trop, répète-t-il souvent, et alors je ne puis pas dormir... je ne digère qu'éveillé. Je mange trop le soir, et ensuite je suis comme un boa constrictor... » Cette voracité était héréditaire dans la famille ; son père, son grand-père, ses aïeux furent tous de grands mangeurs et de grands buveurs. « S'il y eût eu, dans notre pays, dit-il, beaucoup de gens mangeant comme nous, la province eût été bientôt affamée et il aurait fallu émigrer. » Il rappelle mélancoliquement le temps où il engloutissait d'un trait un litre de vin, où il avalait, sans en être incommodé, onze œufs durs ; aujourd'hui, il a dégénéré et n'en peut plus

manger que trois. Glouton, gourmand, il se dor
aussi pour gourmet; il connaît toutes sortes de
cettes de cuisine et disserte longuement et péd
tesquement sur les diverses espèces de gibiers,
poissons, de coquillages et sur les différentes faç
de les préparer.

M. de Bismarck savait-il égayer ces repas, auxqu
il faisait si largement honneur, par des récits ar
sants et par de piquantes saillies? Sans doute on
saurait lui refuser un certain *humour* satirique
sarcastique, une certaine verve originale et bruta
mais, comme le fait très bien remarquer M. S
guerlet, ce n'est point de l'esprit tel que nous l'
tendons en France, c'est du *Witz* germanique; et
Witz épais et lourd qui fait pâmer d'aise les bo
geois d'outre-Rhin est à l'esprit français ce que
bière est au champagne, ou, comme le dit enc
l'auteur des *Propos de table*, « ce que l'escri
grossière du bâton est au jeu vif et élégant de l'épé
Nous n'avons guère rencontré dans tout le livre
M. Busch qu'un trait assez plaisant, mais il n'est
du chancelier, son maître; c'est ce mot d'une P
sienne après le siège : « Je ne pourrai plus man
de pigeon, il me semblerait que je mange un facteu
M. de Bismarck cependant vise à l'esprit; et, qu
il veut lâcher une de ces grosses facéties auxque
nous ne trouvons pour notre part aucun sel ni mê
aucun sens, il commence par avertir ses courtisa
par certains gestes bien connus d'eux, qu'il va ê
drôle et qu'ils doivent rire. Le 21 décembre, —

Allemands étaient gais ce soir-là, ils avaient jeté en prison, le matin, sous un prétexte futile, une douzaine d'habitants de Versailles, — on se mit au dessert à parler des bossus; le *Chef* prit alors son air le plus sérieux, raconte son historiographe; puis, comme c'était son habitude quand il allait dire quelque plaisanterie, il se pencha en avant et se redressa ensuite en respirant avec bruit : « Hem! fit-il, les bossus!... on devrait penser que... la bosse! — Une explosion de rires l'interrompit. » Nous avouerons que, en ce qui nous concerne, nous ne pouvons soupçonner les motifs de cette hilarité complaisante.

Voilà, sauf quelques coups de pinceau que nous avons dû négliger et qui n'ajouteraient probablement pas beaucoup à la ressemblance, comment le puissant ministre de l'empereur Guillaume, le moderne Richelieu, ou tout au moins le Cavour de l'Allemagne vient d'être peint par la main amie d'un serviteur qui, pendant toute une période importante de sa vie, ne l'a guère plus quitté que son ombre. Le portrait n'est pas beau, penseront nos lecteurs; et l'on a bien raison de dire qu'il n'est point de grand homme pour son valet de chambre. Mais, si vrai que puisse être d'ordinaire ce proverbe, il n'est pas ici applicable. Nous convenons volontiers que M. Maurice Busch a rempli auprès de M. de Bismarck des fonctions fort voisines de la domesticité, et qu'en plus d'un passage de son livre il a témoigné les sentiments d'un valet; mais son maître est bien, pour lui, un

grand homme, voire même quelque chose de
un être supérieur à l'humanité, un héros, un
Et c'est précisément cette admiration aveugl
culte plus sincère qu'éclairé qui lui ont fait re
à son insu, plus d'un mauvais service à la gloi
son idole. Convaincu que tout ce que peut fair
Chef est bien et que tout ce qu'il peut dire est
prenant ses défauts pour des vertus, ses travers
des qualités, ses faiblesses ou ses ridicules po
perfections, il nous initie imprudemment à une
de particularités et de détails qui amoindriss
personnage, et qui en rapprochant, pour ainsi
de nos regards, une figure que le lointain seul
vait faire paraître majestueuse et grandiose,
laissent trop bien voir ce qu'elle a en réalité de
de trivial et de repoussant.

Rien n'est plus dangereux qu'un maladroit ami,
Mieux vaudrait un sage ennemi.

Les Allemands n'ont point, il est vrai, app
comme nous l'effet de cette publication, et bier
de trouver que le trop zélé secrétaire eût, pa
indiscrétions, nui à la réputation et au prestig
son maître, ils ont décidé que ses deux volu
magnifiquement reliés en un, seraient solenr
ment déposés dans le piédestal de la statue de b
qu'ils vont élever à M. de Bismarck sur un
places de Cologne. M. Maurice Busch peut do
faire illusion; il peut se figurer qu'en écriva
livre il a, comme le dit une feuille d'outre-

« sinon construit en entier le monument que la postérité seule saura dignement élever à la gloire du grand ministre, du moins fourni la première pierre, la pierre angulaire de ce monument » ; mais à nos yeux, et aux yeux, croyons-nous, de tous les juges non prévenus, cette pierre n'est qu'un vulgaire pavé, — le pavé de l'ours.

LE SOCIALISME

CHEZ LES ALLEMANDS

« L'Allemagne est la terre classique du socialisme, » écrivait tout récemment un des chefs du parti libéral dans le Reichstag, M. Louis Bamberger. « L'Allemagne, avait dit avant lui Henri Heine, est menacée d'une révolution sociale auprès de laquelle la sanglante tragédie de 1793 ne sera qu'une innocente idylle. » Sont-ce là seulement des boutades irréfléchies, des accusations sans portée et sans justice, échappées à la mauvaise humeur de deux écrivains mécontents de leur pays; et ne devons-nous faire que sourire de l'assertion de l'un comme de la prophétie de l'autre? Ou bien l'humoristique auteur des *Reisebilder* et le grave publiciste de la *Deutsche Rundschau* auraient-ils parlé sérieusement et auraient-ils tous deux raison? Serait-il donc vrai, en dépit de tous les faits qui, jusqu'ici,

semblaient prouver le contraire, malgré Saint-Si
et Fourier, Pierre Leroux et Cabet, malgré les j
nées de juin 1848 et malgré la Commune de 1
que la nation allemande serait, plus encore q
nation française, plus que toutes les autres nat
du monde, disposée, par son caractère et par
tempérament, à se passionner pour les utopies s
listes? Serait-il exact qu'elle se serait même
éprise de ces funestes doctrines au point de re
vraisemblable la terrible prédiction de Henri He
C'est ce que nous allons voir.

*
* *

Le socialisme, c'est, comme l'a dit quelqu
« la philosophie des appétits, » ou plutôt, comme
l'a dit aussi, en ne faisant du reste que dévelop
cette première définition qui, dans sa concis
n'était peut-être pas suffisamment claire et exa
c'est « l'application des méthodes et des form
de la philosophie à la justification et à la glorifica
des appétits. » Ce qu'il y a de certain, en effet, d
que, tandis que les représentants les plus autor
de la science économique s'évertuent à prouver
travailleurs que l'amélioration de leur sort est e
leurs mains, qu'avec de l'activité, de l'ordre et d
bonne conduite, ils peuvent presque tous parve
sinon à la richesse, du moins à une modeste aisa
que le capital est seulement le fruit de l'épargne
que, s'ils savent modérer leurs appétits et me

chaque jour de côté une partie de leur salaire, ils deviendront infailliblement de petits capitalistes à leur tour, les docteurs de l'école socialiste, au contraire, encouragent les ouvriers à satisfaire largement leurs besoins et leurs goûts, à dépenser sans souci de l'avenir tout ce qu'ils gagnent. A quoi bon, leur disent-ils, vous imposer des privations et jeûner, pour amasser, sou à sou, des sommes dérisoires? Nous avons trouvé le moyen de vous rendre riches du jour au lendemain et sans effort. Nous avons imaginé un système qui mettra tout d'un coup entre vos mains tous les capitaux de la terre, qui vous fera obtenir enfin votre part des bienfaits de l'opulence et des jouissances du luxe. Il faut vraiment, pour rester sourd à d'aussi séduisantes promesses, et pour écouter de préférence les voix austères qui lui prêchent l'économie et l'abstinence, qu'un peuple soit naturellement bien frugal, bien tempérant et bien sobre.

Or la sobriété et la tempérance n'ont jamais été les vertus dominantes de nos voisins d'outre-Rhin; nous pouvons nous en rapporter pour cela au témoignage d'un de leurs compatriotes. « Lorsque le diable fut précipité du ciel, raconte le poète Langbein, ses membres rompus se dispersèrent dans le monde entier; sa tête roula jusqu'en Espagne, et voilà pourquoi les Espagnols sont si fiers et si orgueilleux; le cœur vint en Italie, c'est ce qui a rendu les Italiens si vindicatifs et si pleins de rancune; les jambes, après avoir longtemps tournoyé, ont fini par

s'arrêter en France ; c'est à cause de cela que
Français est toujours en mouvement et ne se ti
jamais tranquille ; le ventre, enfin, est tombé
Allemagne, et voilà pourquoi les Allemands aim
par-dessus tout les bouteilles pleines et les n
abondants. » Aussi, il faut voir comme le fondat
des Banques du peuple, M. Schultze-Delitsch,
froidement accueilli quand il vint conseiller
ouvriers de son pays de prélever leur première
de fonds sur le budget de l'auberge et du caba
Le vaillant adversaire des socialistes s'aperçut b
tôt à ses dépens que si, en France, la victoire
celui qui sait mettre les rieurs de son côté, en A
magne, la première condition du succès, c'est d'a
pour soi les estomacs.

Mais, outre que le socialisme plaidait une c
qui ne pouvait manquer d'être populaire dans le
où — au dire de la légende que nous rapport
tout à l'heure — est tombé le ventre du diabl
avait de plus l'avantage de faire cette apologie,
« glorification des appétits » et des gros appétits
un langage tout particulièrement séduisant pou
oreilles germaniques. Au rebours des ouvriers
çais qui ont été préservés bien souvent par leur
sens naturel et par leur amour de la clarté,
contagion de certaines doctrines, qui n'ont ja
pu goûter par exemple les prédications a
gouriques d'un Pierre Leroux, les ouvriers
mands, au contraire, s'éprennent d'autant
volontiers d'un système qu'il est plus obscur et

entouré de nuages. Une doctrine qui les convie à l'expropriation des riches et qui leur promet les dépouilles des classes privilégiées doit déjà avoir pour eux, comme pour tous les pauvres et les déshérités de ce monde, un certain attrait ; mais elle devient à leurs yeux tout à fait irrésistible par l'attirail pompeux et pédant sous lequel on la leur présente. C'est un publiciste d'outre-Rhin qui en fait lui-même la remarque : « Les articles du *Vorwærts* (le principal organe du parti socialiste) sont bien souvent de véritables dissertations philosophiques, des traités de haute métaphysique ; il faut vraiment que les tailleurs et les cordonniers qui en font leurs délices aient reçu une instruction bien solide et pris au moins quelques grades dans les Universités — s'ils comprennent leur journal. » Nous croyons, nous, et la *Gazette d'Augsbourg* que nous venons de citer est probablement de notre avis, qu'ils ne le comprennent point, mais ils ne l'en goûtent que mieux ; le nombre toujours croissant des abonnés du *Vorwærts* en est la preuve.

*
* *

Nulle part donc plus qu'en Allemagne le socialisme n'affecte la forme et les apparences philosophiques ; nulle part il ne mérite mieux la définition que nous rappelions en commençant et n'est plus véritablement la philosophie des appétits. Nous devons ajouter que cette philosophie est, sous tous

les rapports, parfaitement digne de la noble cau
qu'elle est appelée à servir. Les trois grands do
teurs du parti, Lassalle, Engels et Marx, sont (
ont été de fervents disciples de Kant, de Hegel
de Fichte. Ils ont emprunté à ces philosophe
beaucoup moins peut-être que leurs doctrines, leu
méthodes d'examen et de critique, leurs procéd
d'argumentation et de discussion, leurs moyens
destruction surtout; et là où ces hardis esprits q
ont battu en brèche tant de croyances ont enco
laissé quelque chose debout, les socialistes se so
éloignés d'eux pour chercher des démolisseurs pl
impitoyables et pour s'attacher aux pas de Büchr
et de Strauss, de Feuerbach et de Darwin.

Ils proscrivent toute religion comme une cat
d'asservissement et déclarent, après Bakouni
que « le christianisme a été aussi funeste aux 1
tions occidentales que l'opium l'est aux Chinois
Quelques-uns vont plus loin encore. « Le tem
viendra, lisons-nous dans une brochure de Enge
où il n'y aura plus d'autre religion que le soc
lisme, c'est-à-dire la solidarité de tous en vue
bien-être de chacun; le moment approche où
n'y aura plus d'autre culte que celui de l'humani
où l'on ne sera dévot qu'envers ses semblables
envers soi-même: où l'homme enfin compren
qu'il n'y a rien au-dessus de l'homme et rougira
s'être prosterné si longtemps devant des êtres in
ginaires. » Pas de Providence, bien entendu, et
de Dieu; il n'y a que des forces physiques et des

économiques qui régissent l'univers. Les socialistes allemands en veulent tout particulièrement à la Providence; ils se moquent en toute occasion de cette « fiction creuse qui a été inventée pour tout expliquer et qui n'explique rien »; ils rééditent et ressassent contre elle, sans esprit et sans agrément, tous les vieux arguments qui ont été invoqués contre l'intervention d'une puissance surnaturelle dans les choses de ce monde par les sceptiques de tous les temps. « Voyez, dit Marx, après quelques autres plaisanteries de même force, dans sa réplique à Proudhon, voyez ce qui s'est passé en Ecosse : comme on s'est aperçu que ce pays était tout spécialement propre à l'élevage des bestiaux, on a supprimé toutes les autres cultures pour les remplacer par des pâturages; il a fallu pour cela démolir quelques chaumières et chasser quelques malheureux qui sont allés mourir de faim ailleurs; si c'est la Providence qui a présidé à cette transformation, il faut convenir qu'elle a moins de sollicitude pour les hommes que pour les moutons. » Notre Béranger n'était pas plus impie et était certainement beaucoup plus spirituel quand il faisait dire au « bon Dieu », à propos de ce qui se passe sur la terre :

> Si je conçois comment on s'y comporte,
> Je veux, mes enfants, que le diable m'emporte!

Avec l'athéisme, le matérialisme est un des principaux dogmes des socialistes allemands. Ne se

piquent-ils pas, en effet, d'être conséquents av
eux-mêmes? Et ne leur faut-il pas d'ailleurs u
base philosophique pour établir scientifiqueme
que les besoins physiques ne sont ni moins r
pectables ni moins sacrés que les besoins mora
pour démontrer que le travail manuel ne doit êt
ni moins considéré ni moins rémunéré que le t
vail intellectuel? On se rappelle sans doute co
bien le dix-septième siècle, le siècle spirituali
par excellence, mettait haut la pensée humain
on se souvient que Pascal, après avoir mon
combien l'homme semblait petit au milieu des
jestueux phénomènes de la nature, en face de
mer avec son immense étendue, des montag
avec leurs masses imposantes, du soleil avec
éblouissante splendeur, ajoutait qu'il était cep
dant plus grand que tout cela, uniquement pa
qu'il se savait petit; à quoi Voltaire, qui n'était
matérialiste pourtant, mais que son humeur fr
deuse entraîna quelquefois à prêter des argume
à de fort mauvaises causes, répondait déjà
niquement « qu'il ne comprenait guère comm
le don de rassembler quelques idées, souvent
peu sensées, pouvait être supérieur à la fac
d'échauffer et d'éclairer le monde. » Les philosop
du socialisme moderne ne s'élèvent pas jusqu'à
poétiques comparaisons, et ils se contentent de
prosaïquement que « la pensée n'est qu'une f
tion du cerveau, et qu'ils ne voient pas pour
elle passerait pour quelque chose de plus préci

et de plus noble que la digestion ou la circulation du sang. »

Il y a, dans ce moment, en Allemagne, un couple qui s'est dévoué à la propagation de cette noble et poétique doctrine. M. Oscar et Mme Eugénie Klemich — qui poussent, nous assure-t-on, leur culte pour les grands philosophes matérialistes jusqu'à baptiser leurs enfants, civilement, bien entendu, des noms de Darwin et de Büchner — se sont donné la tâche de déraciner les préjugés spiritualistes, en combattant avec ardeur la croyance à Dieu et la croyance à l'âme. Non contents de tourner en ridicule ces « superstitions » dans leurs nombreux écrits, dans leur journal, les *Blœtter für geistigen Fortschritt des Volkes*, dans leurs brochures populaires, dans leurs almanachs, dans leurs « dialogues à la façon de Platon », le mari et la femme s'en vont de ville en ville, comme de pieux missionnaires, prêcher dans les ateliers et dans les cabarets, partout où l'on veut les écouter, « l'évangile de la matière ».

La *Gazette d'Augsbourg* nous fournit un curieux échantillon de l'éloquence et du bon goût, en même temps que des théories de ce couple intéressant. C'est une sorte d'oraison funèbre prononcée, au mois d'avril 1875, par M. Oscar Klemich sur la tombe d'un de ses coreligionnaires politiques : « Celui que nous venons d'inhumer n'était pas un de ces lâches qui, soit par peur de la mort, soit par ignorance, soit par habitude, croient à une conti-

nuation de la vie dans le ciel. Il savait que l'imm
talité personnelle n'est qu'un produit des imagi
tions peureuses et égoïstes, et que l'homme ne
survit que dans les résultats de ses actions ; que
terre reprenne donc les atomes de notre ami !...
aurait été certainement aussi absurde que ridic
de prier pour qu'il restât plus longtemps par
nous ; car, outre que ces prières ne sont qu'une s
perstition puérile, il est tout à fait indigne d'hom
qui se respectent de supplier un prétendu ê
suprême pour qu'il suspende en faveur d'un in
vidu les lois éternelles de la nature. Il serait ma
tenant tout aussi déraisonnable de nous afflig
il conviendrait plutôt de — l'orateur allait évide
ment dire : de se réjouir ; mais il n'a pas osé, par
il, aller jusque-là — de constater avec satisfacti
que ces lois de la nature sont parfaitement imm
bles et n'épargnent aucune existence, quelque p
cieuse qu'elle puisse paraître ; en attendant q
nous ayons l'égalité dans la vie, nous l'avons
moins dans la mort !... » L'admirable consolati
pour la famille éplorée ! — car nous pensons que
socialistes allemands ont eux-mêmes quelquefois u
famille qui les pleure, — et comme ceux qui regr
taient le défunt devaient être enchantés de ce
démonstration d'une vérité qui n'a guère beso
hélas ! d'être démontrée ! N'aurait-on pas cru e
tendre le bonhomme Orgon :

> Et je verrais mourir frère, enfants, mère et femme,
> Que je m'en soucierais non plus que de cela,

et n'y aurait-il pas eu de quoi lui répondre, avec une légère variante, comme le fait Cléante à son beau-frère :

> Les jolis sentiments, citoyen, que voilà !

Mais c'est surtout la péroraison de cette oraison funèbre qui est un petit chef-d'œuvre, une véritable perle : « S'il y a quelque chose à déplorer, en face de cette tombe entr'ouverte, c'est que, grâce à la persistance de certains préjugés, on s'obstine encore à ne point soumettre les restes humains à l'incinération, qui aurait pour effet de faire rentrer immédiatement leurs molécules dans la circulation de la vie universelle ; qu'on aime mieux les enfouir dans la terre, où ils mettent des années à pourrir, en exhalant des miasmes malsains pour les survivants, et en servant tout au plus à faire croître un gazon inutile, au lieu de produire des végétaux nécessaires à l'alimentation. » Les agréables images !

> Comme en termes galants ces choses-là sont mises !

Et voit-on d'ici la figure que devaient faire la veuve et les enfants du défunt en entendant ainsi exprimer, au sujet de la mort de leur mari ou de leur père, l'unique regret que son corps ne servît qu'à faire pousser de l'herbe, quand il aurait pu faire un si bon engrais pour des pommes de terre ou des carottes ! Il est vrai que les familles des socialistes doivent être accoutumées à ce langage, et qu'on

doit s'attendre à de pareilles oraisons funèbi
quand on a écrit sur la porte de son cimetiè
comme l'ont fait les membres de la *Libre Commi*
à Berlin : « Tâchez qu'ici-bas la vie soit bonne
belle, car vous n'avez pas à espérer d'autre vie
de résurrection. »

> Schafft hier das Leben gut und schön :
> Kein Jenseit ist, Kein Auferstehn !

*

Un des « préjugés » que combattent avec le [
d'ardeur les socialistes allemands, c'est le pat
tisme. Malheureusement, — nous ne le savons
trop, — ce n'est pas seulement en Allemagne qu
affecte depuis quelque temps de dédaigner et
tourner en ridicule ce noble et généreux sentim
cet « amour sacré de la patrie », comme on chai
sous la première République, qui a enfanté tan
miracles et produit tant de héros, à qui nous de
Jeanne d'Arc et les volontaires de 92. Il y a
nous toute une école de doctrinaires qui voudr
substituer dans nos cœurs l'amour du genre hu
à l'amour de notre pays, — ce qui pourrait bien i
conduire à n'aimer personne : qui trop embr
mal étreint, — et dernièrement nous lisions dan
ouvrage, d'ailleurs estimable, que « le patriot
n'est que de l'esprit de corps... une form
l'égoïsme... un produit de notre vanité per

nelle... bien plus conforme que le sentiment politique à la médiocrité de notre nature... enfin, le lot du vulgaire [1]... » Plus récemment encore, ces jours-ci même, nous avions lieu de déplorer que, dans une circonstance solennelle, un grand écrivain, un grand poète français se fût livré, aux dépens du sentiment patriotique, à la glorification de ce cosmopolitisme banal.

Mais nous devons remarquer que, comme les mauvais instincts ne perdent jamais complètement leurs droits, ces prétendus philanthropes ne professent un si ardent amour de l'humanité tout entière que pour haïr d'autant plus violemment certains de leurs compatriotes. Prenant pour devise la morale — selon nous, fort peu morale — d'une fable de La Fontaine,

> Notre ennemi, c'est notre maître,
> Je vous le dis en bon français,

ils reportent sur ceux de leurs concitoyens qui les gouvernent, les sentiments hostiles que devraient leur inspirer les ennemis du dehors; ils ne condamnent les guerres contre l'étranger que pour approuver les guerres civiles. Ici encore, nous avons eu le triste honneur de devancer les Allemands; car c'est en France, c'est dans nos rues qu'on hurlait, en 1848, cette *Marseillaise* du régicide et de l'assassinat poli-

1. Maurice Block, *Dictionnaire de la politique*, article Patriotisme, signé Frédéric Morin.

tique, ce refrain qu'auraient pu chanter Vera
soulitsch quand elle visait le préfet de police, M.
pow, ou Nobiling, quand il couchait en joue l
pereur Guillaume :

> Qu'on mette au bout de nos fusils
> Les oppresseurs de tous pays,
> Les Changarnier, les Radetsky.
> Les peuples sont pour nous des frères,
> Des frères,
> Et les tyrans des ennemis.

Hâtons-nous d'ajouter que, si nous avons peut
formulé les premiers ces maximes de philanthr
féroce et de fraternité sanguinaire, les Allem
ont pris amplement leur revanche, non seule
en les mettant en pratique, comme l'ont montr´
attentats récents, mais en les développant de faç
en faire la base d'une véritable théorie scientifi
comme nous en trouverions de nombreuses pre
dans les écrits de Charles Marx, de Engels et
la plupart des publications socialistes d'outre-R
En sa qualité de fondateur de l'Internationale,
ne pouvait être qu'un irréconciliable adversair
l'idée de nationalité et de patrie, et nous vo
qu'en effet il ne se fait pas faute de déclarer en
tes occasions que « la démocratie socialiste ne
pas de distinctions de nationalités, mais seule
des distinctions de classes, qu'elle ne considère
comme un *ennemi héréditaire* (*Erbfeind*) un cit
étranger, mais bien un compatriote, quand cel
est un oppresseur du peuple, c'est-à-dire un ty

ou un exploiteur du peuple, c'est-à-dire un bourgeois. »

Mais personne peut-être, en Allemagne, n'a exprimé ces sentiments avec plus d'emportement et de violence que ce M. Oscar Klemich dont nous avons déjà parlé et qui est décidément un des enfants terribles du parti. « La nationalité, dit-il dans sa réponse à Bernhardt Becker (Brunswick, 1873), est une fiction non seulement absurde, mais dangereuse. L'idée patriotique ainsi que l'idée religieuse sont des superstitions que la bourgeoisie a inventées pour conduire et mater le peuple. Pour exploiter à son aise les classes ouvrières et pour leur faire prendre patience, elle les berce de l'espérance d'une vie plus heureuse dans l'autre monde. Et quand ce moyen ne suffit plus, quand elle voit qu'elle a tant pressuré et sucé ce qu'elle appelle dédaigneusement la populace, que la bête affolée et mourant de faim a besoin d'une proie, elle la lance sur un autre peuple et lui fait ainsi tourner contre ses frères les armes qu'elle ne devrait employer que contre ses oppresseurs. »

Les socialistes allemands, d'ailleurs, sont grands logiciens, nous croyons l'avoir dit; et ils ont soin que leur morale soit en parfaite harmonie avec leurs doctrines athées et matérialistes. A leurs yeux, tout est de convention; et il n'est pas une maxime si universellement respectée, si profondément gravée dans la conscience humaine, qui ne soit pour eux autre chose qu'un résultat de l'éducation, qu'un

produit de notre état social, discutable, par co
quent, et modifiable comme cette société elle-m
« Il n'y a pas de vérités absolues, pas de prin
immuables, dit Engels. Une autre situation éc
mique, d'autres rapports dans la production e
teraient une autre morale. Ainsi le fameux
mandement : *Tu ne voleras point*, n'est devem
sorte d'axiome inattaquable et de loi invic
que parce que la bourgeoisie, qui s'était emj
de toute la propriété, avait besoin, dans l'intér
sa propre sécurité, d'inculquer cette règle à
ceux qui ne possèdent point. Dans une société
parfaite, *tu ne voleras pas* serait un non-sens.

Ils n'ont pas dit, — du moins que nous sacl
car nous ne nous vantons pas d'avoir lu toutes
élucubrations, — ils n'ont pas dit résolûment, co
notre compatriote Proudhon : *La propriété c'*
vol ; mais ils ont parlé, écrit, agi comme si co
fameux était bien le fond de leur pensée. Dans
attaques sans cesse renouvelées contre le capit
ont fait voir qu'ils considéraient comme illég
toute propriété transmise par héritage, toute
priété qui n'était pas le fruit direct et imméd
travail personnel, et même toute propriété q
passait certaines limites. Dès 1861, Lassalle éc
dans son livre sur les *Droits acquis ;* « Si la me
d'une nation venait à modifier les idées qui c
cours jusqu'ici relativement à la propriété, la
sentation législative de cette nation aurait pa
ment le droit d'abolir non seulement l'hérédi

biens, mais tous les titres de propriété existants.
Elle agirait exactement comme a agi le Congrès
américain quand, en abolissant l'esclavage, il a dépouillé tous les propriétaires d'esclaves de ce qu'ils
considéraient comme une légitime propriété, et cela
sans leur allouer la moindre indemnité. »

Charles Marx n'a pas tardé à reprendre l'idée de
son collaborateur à la *Gazette du Rhin* et à la développer d'une manière tout à fait séduisante. Il n'y
aurait pas besoin, suivant lui, pour exproprier ainsi
les détenteurs du capital, et pour répartir équita-
blement leurs dépouilles entre ceux qui ne possèdent rien, d'une révolution ni d'une lutte violente.
« Grâce à l'extension du droit de suffrage, la majorité de la représentation nationale finira bientôt
par se composer de prolétaires qui agiront conformément à leurs intérêts et aux intérêts des masses
en restituant au peuple, par une simple mesure législative, tout ce dont les détenteurs actuels de la
fortune publique l'ont peu à peu dépouillé. »

Enfin, un autre penseur de la même école, un écrivain anonyme du *Vorwærts*, se complaît tellement
dans l'honnête conception de Marx et de Lassalle
qu'il la croit déjà à la veille de se réaliser. « L'argent, dit-il, appelle l'argent, et il est incontestable
que le nombre des détenteurs de la richesse diminue
de jour en jour ; on peut donc prévoir le moment
où tous ces trésors seront réunis dans trois ou quatre mains, et finalement dans une seule. Alors rien
ne sera plus aisé que de s'emparer d'un seul coup

de cet immense capital pour le distribuer par port
égales entre tous les prolétaires. » Voilà de que
chimères se repaissent les nombreux ouvriers
chaque jour dévorent les feuilles socialistes! Oi
sait, en vérité, ce qu'on doit le plus admirer, du
sens ou de l'honnêteté de celui qui a écrit ces b
vesées. Ce qu'il y a de certain, c'est qu'il n'a
même le mérite de l'originalité : son noble désii
voir tous les capitaux réunis en une main, pour]
voir s'en saisir en une fois, ressemble singuli
ment au vœu de cet empereur romain qui at
voulu que l'humanité n'eût qu'une tête, afin d
couper tout d'un coup.

*
* *

Plus de religion, plus de morale, plus de pa
plus de propriété, voilà ce que veut le sociali
allemand ; et ce qu'il y a de plus curieux, c'est
s'il est sur le point de réaliser ce bienfaisant]
gramme, c'est en grande partie à la bourgeoisie
le doit, à la bourgeoisie dont il est le mortel enn
et qu'il menace non seulement dans la paisible j(
sance de ses possessions et de ses privilèges, 1
dans son existence même. Les chefs du parti le
connaissent hautement; écoutons ce que dit Ch;
Marx :

« C'est la bourgeoisie qui en renversant l'an
ordre des choses, en abolissant les maîtrises e
corporations qui assuraient aux classes ouvri

une existence, sinon très prospère, du moins régulière et paisible, nous a mis dans la nécessité de
chercher une organisation nouvelle. En même
temps, par ses écrits philosophiques, par ses publications anti-religieuses, elle battait en brèche les
croyances qui auraient pu nous faire prendre notre
mal en patience; et, en dépouillant elle-même le
clergé et la noblesse de leurs privilèges et de leurs
biens, elle nous donnait un exemple qui devait lui
être funeste et nous apprenait que nous pouvions
la dépouiller elle-même à son tour, sans violer des
lois immuables, sans nous exposer au feu du ciel...

« En Prusse particulièrement, continue l'impitoyable pamphlétaire, la bourgeoisie libérale a eu
besoin de nous pour lutter contre la royauté, contre
l'aristocratie, contre le parti militaire; et, dans l'espérance de se préparer en nous des alliés redou-
tables, elle s'est occupée de faire notre éducation
politique. En répandant l'instruction dans les écoles
populaires, elle nous a éclairés sur nos droits et
nous a donné le sentiment de l'égalité. Par la liberté
de la presse et de la parole, elle a propagé les idées
révolutionnaires jusque dans la dernière chaumière;
par la liberté d'association et de réunion, elle nous
a facilité les coalitions et nous a permis de rendre
les grèves efficaces. Elle se flattait de trouver en
nous des instruments dociles et croyait que nous
nous contenterions toujours de tirer les marrons du
feu; mais nous lui avons bientôt montré qu'elle se
trompait. »

C'est surtout le suffrage universel qui a contri
au progrès du socialisme. « Si nous pouvions
fois obtenir le suffrage universel, disait Lassalle
ouvriers, en 1863, notre cause serait gagnée; 1
n'aurions plus besoin, pour triompher, d'insur
tions ni de barricades ; la révolution sociale se f
d'elle-même, lentement, pacifiquement, mais s
ment. » Lassalle, comme on sait, est mort a
d'avoir vu l'événement qu'il appelait de tous
vœux ; mais son collaborateur Marx, qui lui su
a été à même d'apprécier l'inestimable cadeau
M. de Bismarck avait fait à la démocratie social
en introduisant dans la constitution de la con
ration du Nord, et ensuite dans celle de l'empi
lemand, le système électoral qui, depuis 1848, f
bonheur de la France. « Maintenant, s'est écr
fondateur de l'Internationale, maintenant que
avons le suffrage universel et direct avec le sc
secret, nous sommes les maîtres ! »

Et Charles Marx ne s'est peut-être pas beau
trompé. Encouragé par les circonstances politi
favorisé par ces dispositions particulières du
pérament allemand que nous constations en
mençant, par le goût pour les théories nuageu
sophistiques, en même temps que par le peu d
pension à l'économie et à la tempérance, le
lisme a fait chez nos voisins, pendant les di
nières années, de rapides et effrayants progrès

Dans l'assemblée constituante, dans le Rei
de 1867, il n'y avait que deux socialistes ; d

parlement de la confédération du Nord, en 1868, il y en eut cinq; dans le premier Reichstag de l'empire, en 1871, on n'en vit plus, il est vrai, que deux ; mais dans le second Reichstag, en 1874, il y en eut neuf, et dans le troisième, celui que M. de Bismarck vient de dissoudre, il y en avait douze. Les chiffres sont encore plus éloquents, si nous passons des élus aux électeurs. En 1874, les candidats de la démocratie socialiste n'avaient réuni que 350,000 voix; en 1877, ils en ont obtenu 485,000, ce qui constitue une augmentation de près de 40 pour 100. Cette fois, sur cinq millions et demi de suffrages exprimés, le parti de MM. Bebel et Liebknecht en peut revendiquer, pour sa part, bien près d'un demi-million, c'est-à-dire que le *onzième* des votants lui est dès à présent acquis [1].

M. Bamberger, à qui nous empruntons ces renseignements, fait remarquer en outre que ces 485,000 votes socialistes, joints à ceux des particularistes ou séparatistes de toutes nuances, Polonais, Danois, Alsaciens, démocrates du sud, s'élèvent au chiffre de 2.395,000 ; et qu'il n'y aurait plus par conséquent à déplacer que 3 ou 400,000 voix pour que les partisans de l'état de choses actuel, les citoyens qui sont satisfaits des institutions existantes

---

1. Les socialistes ne forment cependant que la 33e partie de la représentation nationale (12 sur 397) : ce qui prouve que, grâce aux combinaisons du scrutin, leur force dans le Parlement est loin de répondre à leur force réelle dans le pays. (V. *Deutschland und der Socialismus* von L. Bamberger, 1878.)

et qui souhaitent la conservation de l'empire alle
mand, se trouvassent en minorité dans le corp
électoral.

La statistique des journaux socialistes n'est p
beaucoup plus rassurante. Le rapport officiel, qui
été lu au dernier congrès des ouvriers allemand
constate que les organes du parti ont augmen
considérablement pendant la précédente année,
quantité et en importance; leur nombre est aujou
d'hui de 41, dont 18 feuilles nouvelles. Le chiffre
leurs abonnés s'élève à plus de 100,000, sans compt
ceux du *Neue Welt* (*le Nouveau Monde*), publicati
illustrée qui tire à 35,000. Le *Vorwærts*, qui est
quelque sorte le *Moniteur* du socialisme alleman
n'a pas moins de 12,000 abonnés. Les ressour
pécuniaires, d'ailleurs, ne manquent pas, et
mai 1877 les administrateurs ou caissiers de l'As
ciation générale ont constaté un revenu annuel
54,217 marks, c'est-à-dire 67,771 francs. C'est
cette somme qu'est prélevée l'indemnité que
parti paye à ses représentants dans le Reichst
Chacun de ceux-ci reçoit, pendant son séjou
Berlin, 9 marks (11 fr. 25) par jour. Parmi les do
députés socialistes, deux seulement, MM. Demm
et Rittinghausen, sont assez riches pour se passer
traitement.

« Le parlement allemand, dit mélancoliquem
M. L. Bamberger, est le seul qui possède, à prop
ment parler, un groupe socialiste. Il y a bien d
les chambres françaises quelques députés qu

peut considérer comme appartenant à ce parti ; mais, outre qu'ils n'oseraient pas signer des manifestes comme ceux que publient journellement leurs co-religionnaires d'Allemagne, ils ne forment pas dans l'Assemblée, à titre de socialistes, une fraction politique distincte. » Il en est de même aux États-Unis et en Danemark, malgré les ravages qu'ont faits dans ces deux pays les doctrines révolutionnaires. En Angleterre, il y a deux membres de la Chambre des communes, MM. Burt et Macdonald, qui se donnent pour des mandataires de la classe ouvrière ; mais, jusqu'à présent, ils n'ont jamais fait aucune démonstration ni contre le capital, ni contre l'hérédité des biens, ni contre la propriété personnelle. Le peuple allemand, en un mot, est le seul, toujours d'après l'auteur que nous venons de citer, qui se fasse représenter dans son assemblée législative par des ennemis déclarés de l'ordre social.

Le socialisme allemand a pris la direction du mouvement dans le monde entier ; et l'on s'en aperçoit, toujours d'après M. Bamberger, à « la forme plus dogmatique, plus philosophique qu'ont adoptée depuis quelque temps les manifestes du parti. » Il est bien certain qu'en effet — et nous ne sommes pas fâchés qu'un Allemand le reconnaisse, — les socialistes français, aujourd'hui dépassés et dépossédés, grâce à Dieu, de leur hégémonie, n'auraient jamais su donner à leurs élucubrations cet air pédant et gourmé qui n'est pas un des traits les moins caractéristiques du génie germanique. Ce n'est pas impu-

nément qu'un parti se laisse régenter par des savant
docteurs comme les Marx, les Engels, comme le
Liebknecht, par des professeurs et des pédagogue
comme MM. Schœffle et Adolphe Wagner, Rod
bertus, During, Lange, etc. « On a dit, écrit encor
l'auteur de *Deutschland und der Socialismus*, qu
si les socialistes étaient les maîtres, ils gouverne
raient le monde comme une caserne; moi, je croi
plutôt qu'ils le mèneraient comme une classe d
collège. »

L'Internationale est allemande; Marx, qui l'
fondée, a recruté parmi ses compatriotes ses princi
paux collaborateurs; il a choisi pour son lieutenan
Frédéric Engels. Au second grand congrès de l'In
ternationale, qui fut tenu à La Haye en 1872, sou
sa présidence, sur 65 membres de la réunion
25 étaient Allemands. New-York et Zurich y étaiei
représentées par des Allemands. Si Zurich est l
ville de Suisse où la redoutable association a recrut
le plus d'adhérents, c'est parce que c'est la plu
allemande de toutes les villes helvétiques; à Ge
nève, les meneurs sont également des Allemands
Joseph Becker et Amandus Gagg. C'était un All
mand, le tailleur Eccarius, qui représentait les co
munistes anglais au congrès de Genève en 1873.
en est de même en Amérique, et chaque fois qu'
s'y produit quelques mouvements socialistes, c
sont des Allemands qui se mettent à la tête. Ce soi
des amis et des compatriotes de Marx qui ont fondé
en 1867, à Chicago, la *Fédération internationa*

des travailleurs. Lors de l'échauffourée qui eut lieu à New-York en 1873, ceux qui s'efforcèrent de planter, à Tompkin-square, le drapeau rouge, s'appelaient Christian Meyer et Joseph Hœflicher; et, en 1877, quand les grèves des ouvriers de chemins de fer désolèrent la moitié du territoire de l'Union et y produisirent de scandaleux et sanglants désordres, les noms des plus violents agitateurs, Justus Schwab, Kühriem, Fischer, trahissaient suffisamment leur origine.

* *
* * *

L'Allemagne est donc — de l'aveu même des Allemands de bonne foi — le principal foyer de toutes ces idées anti-religieuses, anti-patriotiques, anti-sociales, qui infectent les deux mondes. Elle souffre elle-même la première, et dans ce moment bien cruellement, du mal qu'elle communique aux autres nations. Ceux qui président à ses destinées se sont émus sous le coup des deux avertissements qui se sont succédé en quelques semaines, et cherchent maintenant, avec une anxiété qu'ils n'essayent même plus de dissimuler, les moyens de conjurer le péril et d'arrêter les progrès de cette lèpre.

Il y a, il est vrai, en Allemagne comme ailleurs, des optimistes incorrigibles pour qui toutes ces leçons de l'expérience sont perdues, et qui dans leur confiance exagérée en la liberté illimitée, s'imaginent que, comme la lance d'Achille, elle est capable de guérir toutes les blessures qu'elle a faites. « fausses lumières, disent-ils, ne peuvent être vi rieusement combattues que par les vraies lumièr Au lieu de gêner ou d'empêcher la propagation ɗ mauvaises doctrines, favorisez seulement et hâ la diffusion des doctrines honnêtes. Opposez sophismes du socialisme lês principes de l'écono politique. Répandez l'instruction parmi les clas laborieuses; multipliez les journaux et les livı. les réunions publiques et les conférences; science plus complète remettra dans le droit cl min ceux qu'une demi-science avait égarés; l'errɛ s'évanouira d'elle-même devant les rayons de vérité. »

C'est fort bien; et nous aussi nous croyons à puissance de la vérité; nous aussi nous somn convaincus, aussi bien que personne, que la plup des hommes ont assez de bon sens et de discerı ment naturel pour distinguer un raisonnement ju d'un raisonnement faux, toutes les fois qu'ils voient à côté l'un de l'autre; mais le difficile, cʹ de les mettre à même de faire cette comparaison. que nous voudrions qu'on nous dît, c'est comm on pourrait forcer l'homme du peuple qui vi d'entendre dans un club des discours subver contre la religion, contre la morale, contre la ciété, à entrer aussitôt dans une église ou dans ı école, pour en écouter la réfutation. Ce que n voudrions apprendre, c'est le moyen d'obliger l' vrier qui vient de lire une feuille révolutionnaı à acheter immédiatement un journal conservateur, pour juger, par un examen impartial et attentif, de quel côté sont la justice et la raison. Le contre-poison est sûr, nous en sommes persuadés; il est infaillible, nous voulons bien le reconnaître; mais, tant qu'on n'aura pas trouvé un procédé pour l'administrer en temps utile à tous ceux qui pourraient en avoir besoin, nous croyons que le plus prudent, c'est de mettre obstacle à la circulation du poison.

Quelques libéraux, pourtant, plus clairvoyants, plus pénétrés de la gravité de la situation, ont songé à chercher le remède dans une modification de la loi électorale, dans une restriction du suffrage universel; et si ceux-ci n'ont peut-être pas encore trouvé un moyen bien assuré d'extirper le socialisme, ils ont du moins le mérite d'avoir compris d'où vient le plus grand danger pour la société moderne. Nous avons constaté plus haut que le plus ardent désir de Lassalle et de ses disciples, c'était de voir établir en Allemagne le suffrage universel. Nous avons fait allusion aux cris de triomphe qu'ils ont poussés quand ils ont enfin obtenu cette satisfaction, et nous avons montré que l'événement avait en grande partie justifié leurs espérances. M. Louis Bamberger ne s'y est pas trompé : « C'est de l'établissement du suffrage universel que datent le rapide développement du socialisme et la forte organisation du parti. Déjà auparavant, sans doute, il avait circulé dans les ateliers des propos de haine et d'envie contre ceux qui possèdent, et des recettes pour une

égale répartition des biens; mais le nouveau s
tème électoral, en même temps qu'il offrait aux
tisans des doctrines antisociales l'occasion de
compter et de se grouper, permit aussi aux passi
et aux convoitises de se produire au grand jou
fallait bien que, dans les réunions préparatoires,
candidats qui voulaient être élus excitassent le
électeurs à manifester leurs aspirations et leurs
sirs, et leur promissent eux-mêmes de tout me
en œuvre pour les satisfaire... »

Sous l'influence de ces considérations, l'idée
réformer le système électoral actuellement en
gueur dans l'empire allemand, a fait beaucoup
chemin; dans le dernier numéro des *Annales p*
siennes (*Preussische Jahrbücher*), un écrivain li
fort connu, M. de Treitschke, a proposé d'y ap
ter différentes modifications. Bien que les lég
teurs allemands — plus prudents que les n
— aient reculé jusqu'à vingt-cinq ans l'âge d
majorité politique, cette garantie ne paraît pas
fisante à M. de Treitschke; et il ne croit pas
l'on soit, avant trente ans, capable d'exercer
discernement le droit de suffrage. Ensuite,
empêcher les trop fréquentes agitations élector
il conseille de donner une plus longue durée
périodes législatives, cinq ans, par exemple, au
de trois. Et le gouvernement? Et M. de Bisma
Le gouvernement est, assure-t-on, fort dispo
formuler des propositions analogues à celles d
dacteur des *Annales prussiennes*. M. de Bism

st, dit-on, résolu à déposer sur le bureau du pro-
hain Reichstag des lois plus restrictives encore de
a liberté de la presse et du droit de réunion, que
elles qui ont été rejetées par la précédente Assem-
lée. Quelles seront ces mesures? Et seront-elles
doptées par le nouveau Parlement?

C'est ce que nous apprendrons bientôt.

En attendant, nous autres Français, nous assistons
u spectacle que nous offre en ce moment l'Alle-
agne, non seulement avec curiosité, mais avec un
if intérêt. Ce n'est ni pour nous en réjouir, ni pour
n triompher que nous venons de constater les ef-
rayants ravages que les doctrines antisociales ont
aits depuis quelques années dans ce pays; et c'est
rès sincèrement que nous souhaitons que ceux qui
e gouvernent parviennent à arrêter les progrès du
al. On a prétendu — et, pour notre part, nous ne
avons jamais voulu croire — que les Allemands
vaient applaudi aux forfaits de la Commune. On
ous a montré, sur une gravure qui est devenue po-
ulaire, et que beaucoup de nos lecteurs se souvien-
ent sans doute d'avoir vue, des officiers prussiens
ontemplant, du haut des forts, avec une joie sau-
age, l'incendie de nos plus beaux monuments, et
ortant, avec du champagne qu'ils n'avaient pas
ayé, un toast à la destruction de Paris. Ce n'est là
rtainement qu'une légende. Mais, quoi qu'il en
ille penser, et qu'il soit vrai ou non que des com-
agnons d'armes de M. de Moltke se soient donné
tte satisfaction cruelle renouvelée de Néron, ce

qui malheureusement n'est pas douteux, c'es
la plupart des journaux d'outre-Rhin ne se so
fait faute, dans ce temps-là, de répéter que no
heurs étaient le juste fruit de notre corruption
n'y avait qu'à Paris, « dans cette Babylon
derne », que pouvaient avoir lieu de pareille
reurs. Ce qui n'est pas contestable, c'est q
plus charitables d'entre eux affectaient de no
sidérer avec une pitié méprisante et de haus
épaules en remerciant Dieu, comme le phari
l'évangile, « de ce qu'il ne les avait pas fait
blables à ceux-ci ». Nous serons plus génére
pour parler plus exactement. plus prévoy
mieux avisés. La maison de notre voisin brûl

Proximus ardet

Ucalegon.

Or nous n'ignorons pas que, au siècle où
vons, les murs qui séparent les nations ne s
de minces cloisons. Nous savons aussi qu
qui, en 1871, a dévoré les Tuileries et l'Hôtel
n'est pas si bien éteint qu'une étincelle ve
dehors ne puisse le rallumer. Nous ne
donc — dans notre propre intérêt même —
avec indifférence aux efforts que va faire M.
marck pour éteindre l'incendie.

UNE

USURIÈRE D'OUTRE-RHIN

D'après les *Mémoires* d'Adèle Spitzeder
(Stuttgart, 1878).

Le 14 juillet 1873, dès six heures du matin, une multitude impatiente et tapageuse assiégeait les abords du *Landesgericht* (tribunal de la province) de Haute-Bavière, à Munich. A voir les précautions minutieuses que la police avait prises et les forces considérables qu'elle avait déployées, on aurait cru qu'elle ne redoutait pas seulement quelqu'une de ces vulgaires scènes de désordre, quelqu'une de ces innocentes « bousculades », qui se produisent si souvent, en pareille circonstance, dans les foules les plus pacifiques et les mieux intentionnées, mais qu'elle craignait qu'un véritable soulèvement populaire, une émeute sérieuse, ne vînt tout d'un coup profaner la majesté du lieu et entraver l'œuvre de a justice. Outre les nombreux gendarmes et ser-

gents de ville qui gardaient toutes les por
surveillaient tous les couloirs, une compagi
fantassins, le casque en tête, le sac au dos
baïonnette au bout du fusil, était rangée en b
dans la cour.

Ce n'était pourtant pas un procès politiqu
s'agissait de juger; ce n'était même pas un
grands criminels qui, soit par les circons
dramatiques qui ont accompagné leur forfai
par les passions violentes et pour ainsi dire
qui les y ont poussés, soit enfin par les i
rieuses ténèbres qui planent quelquefois, ju
dernier moment, sur leur culpabilité, excitei
souvent chez les masses trop impression
presque autant d'intérêt et de pitié que d'ii
tion et d'horreur; c'était une simple usurièi
vulgaire prêteuse à la petite semaine, tout ¡
quement accusée de banqueroute frauduleuse

Il est vrai que cette singulière femme
réussi, nous ne saurions dire par quels sort
à se faire idolâtrer de ceux-là mêmes qu'ell
le plus exploités, pressurés, ruinés; elle leu
inspiré une confiance si aveugle et un dévou
si passionné que, lorsqu'elle fut arrêtée, la ¡
de ces naïfs individus protestèrent bruyamm
que, jusque dans sa prison, ils lui adressère
lettre qui, naturellement, fut interceptée,
était conçue en ces termes : « N'ayez poin
bonne dame; si l'on vous condamne, nous
à la tête de dix mille paysans, vous me

liberté. » C'est ainsi qu'il y a quelque temps, à
Bruxelles, les principaux créanciers de T'Kindt,
c'est-à-dire les principales victimes de ses escro-
queries, se sont cotisés pour que cet intéressant
personnage pût continuer à jouir, durant sa déten-
tion, de tout le confortable et de tout le luxe auquel
il était accoutumé. Il paraît que, de même qu'il y a
des femmes qui adorent ceux qui les battent, il y a
aussi des gens qui aiment ceux qui les volent.

Quoi qu'il en soit, les prétendus libérateurs
d'Adèle Spitzeder — c'est le nom de notre usurière — n'ont pas tenu leur promesse; les dix mille
paysans qui devaient voler à son secours sont restés
chez eux, et, pendant les sept jours qu'a duré son
procès, les soldats de Sa Majesté bavaroise, qui se
tenaient prêts à repousser les émeutiers, n'ont pas
eu une seule occasion de faire le moindre usage de
leurs baïonnettes. Adèle Spitzeder a été impitoyablement condamnée à trois ans de prison, et pendant cette longue captivité elle a employé ses loisirs à écrire des *Mémoires*, qui viennent de paraître
à Stuttgart et qui nous ont semblé curieux à plus
d'un titre.

L'héroïne de cette autobiographie serait déjà par
elle-même, pour le moraliste, un remarquable sujet
d'étude. C'est un type assez rare et fort original que
cette fille de comédienne, comédienne elle-même,
habile musicienne et auteur de compositions esti-
mées, qui, tout à coup, renonce aux arts pour se
mettre dans les affaires, et abandonne le théâtre

pour se confiner dans un bureau ; que cette pr[
gue, cette viveuse, disons le mot, ce panier p
qui se prend de goût pour le Code de commer
pour le *doit et avoir*, et qui, pour n'être plus gr[
par les usuriers, se fait usurière elle-même :
cette espèce de Gobseck en jupons, qui sabl
champagne avec ses commis et jette des poig[
d'écus dans la foule de ses débiteurs, cet incroy[
mélange de générosité folle et de rapacité féroc[
faiblesse féminine et d'énergie plus que viril[
rudesse grossière et d'élégance raffinée, de rou
profonde et de crédulité naïve, de scepticisme
losophique et de superstition enfantine, ce ca
tère, enfin, tout rempli d'inconséquences et tiss
contradictions.

Mais là n'est pas, pour nous, le plus puis
attrait de ces Mémoires. Nous trouvons encore
intéressants et surtout encore plus instructifs
le portrait du principal personnage, ceux des
sonnages secondaires, et, en quelque sorte, des c
parses de cette tragi-comédie, les nombreuse
diverses physionomies des individus de toute[
gine, de toute profession et de tout rang, qui
lent dans ce livre, en si grande foule, et qui en [
pour ainsi dire, comme le tableau de la société
mande tout entière. La peinture n'est pas flatte
nous en convenons, et elle ne pouvait pas l'[
car, par la nature même de son industrie, r
usurière ne devait guère se trouver en rapport
l'élite de la nation. Nous ne ferons pas comm

statisticien qui, n'ayant rencontré chez les médecins d'une ville que des malades, en concluait que tous les habitants étaient mal portants. Mais s'il eût constaté que le nombre de ceux qui venaient ainsi consulter était réellement trop considérable et hors de proportion avec le chiffre de la population, et qu'il en eût induit que l'état sanitaire du pays n'était guère satisfaisant, lui aurait-on donné tort? Nous espérons donc qu'on ne nous accusera ni d'exagération ni de malveillance pour nos voisins d'outre-Rhin, si, en voyant passer dans les bureaux d'Adèle Spitzeder une quantité si incroyable, une masse si énorme d'imbéciles et de coquins, de fripons et de dupes, de gens, en un mot, aussi dénués de bon sens que de conscience et de dignité, nous ne pouvons nous empêcher de concevoir les plus grandes inquiétudes pour la santé intellectuelle et morale du peuple allemand.

On a quelquefois reproché à l'original et humoristique voyageur *au pays des milliards*, au spirituel auteur des *Aventures de Van der Gomm*, d'avoir trop souvent, dans ses peintures des mœurs germaniques, forcé le dessin et outré les couleurs; mais, quand on a lu les *Mémoires* d'Adèle Spitzeder, on serait plutôt tenté de croire que M. Victor Tissot est, sous plus d'un rapport, resté au-dessous de la vérité.

**
* **

Notre usurière est Prussienne et elle s'en vante. Elle est née à Berlin; et quoique, dans le cours de

son existence vagabonde, elle ait vécu bien p
longtemps en Autriche et surtout en Bavière, c'
toujours la Prusse qu'elle considère comme sa v
table patrie et comme son séjour de prédilecti
c'est à Berlin, dit-elle, qu'elle revient avec bonh
et qu'elle se sent vraiment chez elle. Elle fut,
du moins elle aurait dû être fort bien élevée.
sa mère l'avait mise aux Ursulines de Vienne, et
y eut pour compagnes des comtesses et des p
cesses, la plus fine fleur de l'aristocratie au
chienne ; l'impératrice, qui venait souvent d
cette maison, placée sous son haut patronage
prit d'affection pour la fille de la comédienn
daigna plus d'une fois — c'est Adèle Spitzeder
nous l'apprend avec un certain orgueil — « tou
de ses lèvres augustes » ce front destiné aux h
liations de la cour d'assises. Mais le sang de cab
qui coulait dans les veines de l'enfant devait
plus fort que la meilleure éducation. Au lie
profiter des bons exemples et des bonnes le
qu'elle recevait chez les Ursulines, nous la vo
étonner les religieuses par des gamineries à p
excusables chez un garçon, mais qu'elle sava
faire pardonner à force de câlineries et de grim
Dès cette époque, — c'est-à-dire dès l'âge de d
ans, — elle contracte l'habitude de fumer, noi
de modestes cigarettes, mais de gros cigares,
même quelquefois une pipe dérobée à un jard
ou à un maçon; en même temps, elle se prend
les chiens d'une passion qui va toujours gra

sant, au point qu'au moment de son incarcération elle considère comme une grande faveur de pouvoir conserver près d'elle une demi-douzaine d'affreux roquets qui partagent nuit et jour sa chambre et son lit.

Elle prétend cependant que, une fois qu'elle fut sortie du couvent, sa mère fut toujours pour elle un mentor inflexible, une gardienne vigilante de sa bonne réputation et de son innocence virginale. Jusqu'à sa vingtième année, Adèle Spitzeder n'avait jamais eu la permission de sortir seule; quand par hasard elle allait à quelque bal, ou même dans une soirée intime, c'était accompagnée de sa mère; et si elle éprouva pour l'un ou l'autre des jeunes gens qu'elle rencontrait dans ces réunions honnêtes un commencement d'affection, ces liaisons, qui d'ailleurs furent passagères et ne troublèrent pas bien profondément la paix de son cœur, demeurèrent toujours parfaitement pures — c'est elle qui nous l'assure — et rigoureusement platoniques. Il faut du reste lui rendre cette justice, qu'au rebours de tant de comédiennes et de courtisanes plus ou moins célèbres qui, dans leurs mémoires, se sont plu à nous raconter effrontément leurs fredaines galantes, Adèle Spitzeder est très réservée sur ce chapitre; il ne tiendrait même pas à elle que nous ne crussions qu'à son âge encore, — elle est née en 1832, — et après avoir promené sa vertu pendant tant d'années dans les coulisses de tant de théâtres, elle mérite toujours la couronne de rosière. Nous

doutons cependant que cette prétention fût tr'
fondée; car, si Adèle Spitzeder s'est soigneuseme
gardée de nous parler de ses amants, elle nous
en revanche, laissé voir assez clairement qu'elle e
des amis qui, à diverses reprises, payèrent génére
sement ses énormes dettes; or il est bien ra
qu'une jeune et jolie femme trouve des bienfaiteu
complètement désintéressés.

Sa carrière artistique n'a été ni bien longue
bien brillante. Dans l'espace de peu d'années, no
la voyons débuter successivement sur plusie
scènes de second et de troisième ordre, à Cobou
à Mannheim, à Carlsruhe, à Brünn, à Nuremberg
Francfort, à Zurich, à Berne, à Munich, à Alto
elle s'essaye dans les principaux rôles du réperto
tragique et joue tour à tour les Marie Stuart,
Jeanne d'Arc, les lady Macbeth, les Adrie
Lecouvreur, et toujours, à l'en croire, avec le p
grand succès. Partout on la couvre d'applaudis
ments et de couronnes; les princes daignent al
la féliciter dans sa loge, et le public, suivant
coutume allemande, la rappelle trois, quatre
jusqu'à cinq fois de suite. Mais partout aussi
chose étrange! — on refuse de l'engager pour
de deux ou trois représentations.

Elle sait, du reste, expliquer cette anomalie d'
manière flatteuse pour son amour-propre : c'est
partout son énorme supériorité excite contre
des jalousies féroces; c'est que partout elle tro
des rivales qui, jouissant près de leur direc

d'une influence acquise par des moyens que la
chaste Adèle réprouve, en abusent pour écarter de
leur ciel l'étoile qui menace de les éclipser. Elle
raconte avec indignation les odieuses cabales et
les noirs complots dont elle fut victime et qui ne
sont le plus souvent que d'innocentes espiègleries.
Un jour, c'est un chat qu'on lâche sur le théâtre et
qui traverse précipitamment la scène dans le pathé-
tique moment où lady Macbeth se plaint de ne pouvoir effacer la tache de sang ; une autre fois, ce sont
des hannetons qui se répandent dans la salle et
viennent accompagner de leurs bourdonnements
les mélancoliques adieux de Jeanne d'Arc aux
champs de Vaucouleurs. Nous nous figurons pourtant que, si Adèle Spitzeder avait été aussi merveilleusement douée pour le théâtre qu'elle le prétend,
elle aurait fini par surmonter ces misérables obstacles. Mais peut-être qu'elle ne nous a pas mieux dit
la vérité sur son talent d'artiste que sur sa vertu de
femme, et que de même que tout à l'heure sa
pudeur transformait ses... protecteurs en platoniques amis, de même à présent sa vanité métamor-
phose les avanies en triomphes et les sifflets en
bravos.

Ce qu'il y a de certain, c'est qu'au mois d'octobre 1870 notre comédienne se trouvait dans
une position fort gênée. Toutes ses négociations
pour se procurer un engagement convenable avaient
échoué l'une après l'autre. Les directeurs de théâtre
qu'elle harcelait de ses propositions et de ses lettres

lui répondaient, avec une politesse un peu ironique
qu'ils ne pouvaient lui offrir une situation digne
son mérite, ou même ne lui répondaient pas du tou
Les juifs, qui avaient été longtemps sa Providenc
et qui en avaient agi avec elle à la façon de l'Ha
pagon de Molière, lui faisant souscrire de gross
sommes et ne lui en donnant qu'une partie
argent, le reste en marchandises d'une défaite so
vent fort difficile, commençaient à se lasser et
voulaient plus lui confier le moindre crocodile er
paillé. Elle les avait cependant toujours exacteme
remboursés jusqu'alors, avec des ressources do
elle ne dit pas, mais dont on devine la provenanc
mais quelle garantie offrait désormais une femi
dont le talent ne venait pas et dont la beauté s'
allait?

Elle vivait modestement à Munich, dans un hô
de troisième ordre, avec sa dame de compagnie, (
était tout à la fois son amie et sa servante, et av
ses six chiens. « Le matin, raconte-t-elle, j'all
acheter moi-même mes chétives provisions et je l
faisais cuire sur un fourneau portatif, dernier sur
vant de mon confortable mobilier d'autrefois. De
l'après-midi, je prenais mon café et je fumais
cigare; le soir, je m'en allais faire un frugal sou
dans un restaurant à bon marché. » Mais, mal
toute son économie, la pauvre femme voyait s'e
voler un à un les derniers thalers de son dern
emprunt. Ce fut alors que lui vint l'idée subli
qui devait lui valoir d'abord quelques mois

prospérité et de luxe, ensuite plusieurs années de prison.

La spéculation qu'elle imagina n'était pas sans analogie avec celle de cet ivrogne qui, n'ayant plus de crédit chez le marchand de vin, ne trouva pas de meilleur moyen de satisfaire sa passion favorite que de se faire cabaretier lui-même. Cette étrange combinaison réussit pourtant à merveille, et ce fut avec la plus grande facilité qu'Adèle Spitzeder d'emprunteuse devint prêteuse. Ce qui semblait le plus malaisé, c'était de se procurer la première mise de fonds; mais notre ex-comédienne était un *Sonntagskind* (enfant né le dimanche), et, en Allemagne, les *Sonntagskinder* passent pour être tout particulièrement favorisés par la chance. Un beau jour, envoyé par on ne sait qui, poussé par on ne sait quoi, un charpentier du voisinage se présenta chez elle et lui proposa de lui avancer une somme assez considérable, moyennant un intérêt de 10 pour 100 *par mois*, mais sans lui demander d'autre garantie que sa signature; et, chose étonnante, cet homme, si extraordinairement confiant, avait aussitôt une foule d'imitateurs qui accouraient spontanément, comme lui et aux mêmes conditions, déposer leurs économies chez Adèle Spitzeder; enfin, chose non moins miraculeuse, en même temps qu'il lui venait ainsi des prêteurs à 10 pour 100, l'ex-comédienne savait se procurer — elle ne nous dit pas par quels moyens — des emprunteurs à 20 pour 100. Elle réalisait ainsi, sur cette différence des intérêts, des

bénéfices assez nets ; et il est fort probable qu'el
ne se gênait pas beaucoup, sa condamnation en (
la preuve, pour toucher de temps en temps aux ca|
taux, sûre ou se croyant sûre de pouvoir toujou
avec les nouveaux dépôts qui lui arrivaient sɛ
cesse, rembourser, à leur échéance, les anciens.

Toujours est-il que, six mois après avoir co:
mencé ses opérations, Adèle Spitzeder menait d
un train de millionnaire et que, deux ans plus ta:
au moment de son arrestation, elle possédait, ou
une jolie villa sur les bords du lac Starnberg, (
lui avait coûté 70 000 francs, quatorze maisons dɛ
la ville de Munich, qu'elle n'avait pas, il est vɪ
encore payées intégralement, mais qui représɛ
taient une valeur d'un million trois cent mi
francs. Elle avait une voiture et six chevaux
prix, des objets d'art, des tableaux, des bronzes
de superbes bijoux, entre autres une montre
5 000 francs, deux bagues de 10 000 francs et ι
croix en brillants qui fut estimée 23 000 francs. ℉
était propriétaire de quatre journaux dont elle s
dait les rédacteurs, le *Suddeutsche Telegraph,*
Volksbote, l'*Extrablatt* et le *Münchner Tagblatt.* ℉
entretenait une armée de serviteurs, domestiqι
et portiers, employés et commis, secrétaires, ca
siers, et les rétribuait tous fort largement. Les g
tifications ne lui coûtaient guère, et un jour, dɛ
un accès de générosité, elle fit présent, à sa dɛ
de compagnie, de 50 000 florins (107 500 francs)
billets de banque.

Bien loin d'ailleurs d'avoir la dureté de cœur et la sécheresse d'âme qui sont les vices ordinaires des manieurs d'argent et surtout des prêteurs d'argent, cette étrange usurière s'inquiétait des souffrances des classes pauvres et nourrissait toutes sortes de projets philanthropiques. Elle organisa, dans l'une de ses maisons, un de ces fourneaux économiques qu'on appelle en allemand *Volksküche (cuisine populaire)*, et où les ouvriers, les petits employés pouvaient se procurer, pour la modique somme de 10 kreutzer (35 centimes), de la soupe, un morceau de viande et quelques légumes. Sur la porte de l'établissement, elle avait fait graver en grosses lettres d'or : Münchner Volksküche von A. Spitzeder. Le nombreux personnel qui y était employé dit assez l'importance de cette fondation : il y avait un directeur qui recevait cent thalers d'appointements par mois, un teneur de livres, un caissier, un boucher avec ses deux aides, deux cuisinières, quatre laveuses de vaisselle, un sommelier, deux garçons de salle, et enfin trois surveillants, pour le maintien de l'ordre. Ce n'est point tout. Elle songea à doter la ville de Munich d'un tramway et s'aboucha, dans ce but, avec des ingénieurs. Enfin elle se préoccupa d'une question qui est, en ce moment, chez nous, à l'ordre du jour, et pensa à fonder un théâtre populaire où, pour une faible rétribution, les pauvres gens viendraient entendre les chefs-d'œuvre classiques, et où elle-même — car la vanité d'Adèle Spitzeder ne perdait jamais complètement ses droits — jouerait une

fois par semaine. Son arrestation vint faire av[e]
tous ces beaux projets.

.·.

Quelles avaient été les causes de cette rapi[de]
brillante fortune? Comment l'ex-comédienne a[-t-]
elle réussi si vite à passer de la gène, presque [la]
misère, à une opulence si scandaleuse? En ex[ploi]
tant des sentiments, des passions, des faiblesse[s]
sont au fond du cœur des pauvres d'argent e[t des]
pauvres d'esprit; en s'adressant à ce mélange [d'avi]
dité impatiente et de crédulité naïve qui, dans [tous]
les pays du monde, mais en Allemagne, à ce [qu'il]
paraît, plus que partout ailleurs, rend les cl[asses]
populaires si aisément dupes de tous ceux qui [vien]
nent leur promettre de leur faire gagner beau[coup]
d'or, sans qu'elles aient besoin pour cela de [tra]
vailler. Il faudrait remonter jusqu'à l'époqu[e de]
Law et des fameuses actions du Mississipi, jus[qu'au]
temps où, disent les historiens, « on s'éto[uffait]
rue Quincampoix, » pour trouver chez nou[s un]
engouement comparable à celui qu'avait inspir[é aux]
bons habitants de Munich et des pays environ[nants]
la *Banque de Dachau (Dachauer Bank)*, c'est-[à-dire]
la maison de prêt usuraire fondée par Adèle [Spit]
zeder.

Tous les matins, dès sept heures en hive[r, à]
quatre heures en été, — et cela, non point seul[ement]
pendant quelques jours ou quelques semaines[,]

pendant de longs mois, — plusieurs centaines d'individus venaient assiéger les abords de la maison où Adèle Spitzeder avait établi ses bureaux. Il y avait là des paysans avec leurs paniers et leurs hottes, des ouvriers avec leurs instruments de travail sur le dos, des femmes portant leurs petits enfants dans leurs bras; et toute cette foule se poussait, se bousculait, se disputait, et, lorsque les portes enfin s'ouvraient, les nombreux huissiers, les domestiques « aux larges épaules », qui étaient chargés de maintenir l'ordre, avaient quelquefois grand'peine à empêcher que personne ne fût écrasé. Jusqu'à ce moment, du reste, si impatiemment attendu, chacun demeurait à son poste avec une admirable constance. La plupart avaient apporté des provisions; ils buvaient et mangeaient là; de peur de perdre leur place et leur tour, ils ne s'éloignaient pas un seul instant pour aucun motif, et bien souvent ils ne se gênaient pas — c'est Mlle Spitzeder qui l'a constaté, et nous n'osons reproduire ce *shocking* détail que parce qu'il peint assez bien la grossière bestialité des classes inférieures en Allemagne — pour laisser, sur les dalles du corridor, des souvenirs peu ragoûtants de leur présence.

Ce qu'il y a d'assez bizarre, c'est que tous ces individus qui se pressaient ainsi dès l'aube et faisaient queue des heures entières pour pénétrer dans les bureaux de l'usurière venaient lui apporter de l'argent, et non lui en demander. Les emprunteurs, qui étaient d'ailleurs beaucoup moins nombreux

que les prêteurs, appartenaient en général aux
ses supérieures de la société ; ils entraient pai
autre porte et étaient introduits immédiate
près de la maîtresse du logis, avec qui ils pouv
ainsi traiter leurs affaires discrètement et sans l
Les prêteurs, au contraire, étaient, pour la plu
de petits commerçants, des journaliers, des ‹
vateurs, des domestiques, qui, sitôt qu'ils av
économisé sou à sou quelques écus, couraiet
porter chez Adèle Spitzeder et les laissaient
ses mains, sans lui demander d'autre gai
qu'une simple reconnaissance. Souvent elle et
sait ainsi, en un seul jour, par petites somme
30 000 thalers. Elle ne faisait pourtant aucun
— du moins à ce qu'elle assure — pour attire
clients ; elle les malmenait au contraire, elle l
doyait et les accablait d'injures ; car, en dépit
brillante éducation qu'elle avait reçue dans l
aristocratique couvent de Vienne, elle était nal
lement brutale et vulgaire. « Tas d'idiots, leu
sait-elle, pourquoi m'apportez-vous tout cet ar
Vous savez bien que je ne puis vous donner ai
garantie. — N'importe, répondaient-ils, nous
confiance en vous. » Et, quand elle voulait le
voyer, l'heure de la fermeture de ses bureaux
arrivée, ces bonnes gens se jetaient à ses gen
la suppliaient de ne pas les obliger à rem
leur argent. « Mais il est trop tard, disait-e
n'ai plus le temps de vous faire des billets. —
ne fait rien, répliquaient-ils, prenez toujours

gent, vous nous donnerez le billet une autre fois. »
Tant était grand l'aveuglement de cette foule imbécile.

Adèle Spitzeder nous entretient minutieusement
de tous les efforts qu'elle faisait pour tenir en ordre
sa comptabilité; elle nous répète les recommanda-
tions qu'elle réitérait sans cesse à ses employés et
à ses clients, les articles du Code qu'elle leur mettait sous les yeux, les maximes édifiantes qu'elle
avait fait graver en lettres d'or sur les murs; elle
nous décrit avec complaisance la disposition de ses
bureaux, de ses guichets, de ses grilles; elle fait
enfin défiler devant nous son armée de caissiers, de
receveurs, de surveillants, de portiers, et ne se
montre pas peu fière de l'habileté et de l'énergie
avec lesquelles elle faisait manœuvrer tout ce personnel. Mais, en dépit de toutes ses précautions et
de l'incontestable autorité qu'elle exerçait dans sa
maison, il s'y produisait souvent des altercations
violentes, des disputes et des rixes. Quelquefois
aussi, il s'y passait des scènes assez plaisantes.

« Un jour, raconte Adèle Spitzeder, une bonne
femme de la campagne fut accusée par ses voisines
de leur avoir dérobé quelques thalers; elle se dé-
fendit comme un beau diable et finit par quitter la
salle en protestant hautement de son innocence.
Quelques instants après, un cri d'horreur s'élevait
de toutes parts : c'était elle qui venait de rentrer,
tenant ses hardes à la main, et nue comme un ver.
« Voyez, criait-elle toute triomphante, voyez si j'ai

« sur moi la moindre pièce de monnaie ! » Elle
vieille et laide, et l'on s'empressa de l'obliger à
mettre ses habits. » Il paraît, du reste, que les
mandes sont quelquefois assez promptes à se d
biller ainsi en public. Nous lisions dernièrer
dans le compte rendu des tribunaux pruss
qu'une jeune et jolie femme — du meilleur ᵕ
monde berlinois — s'étant vue soupçonnée, dai
magasin, d'avoir dérobé une pièce de dent
s'était dépouillée de sa robe et de ses jupons
une telle prestesse que les assistants scand:
avaient à peine eu le temps de l'empêcher d'en
tout à fait son dernier vêtement. Traduite en ʃ
correctionnelle pour outrage à la pudeur, elle
magistrat qui l'interrogeait cette réponse supe
« Monsieur le président, quand il y va de mon
neur, je me mettrais nue devant toute la ville !

*
* *

Mais nous avions annoncé à nos lecteurs ᵕ
trouveraient dans ces Mémoires comme un ta
de toute la société allemande, et nous n'avon
passer sous leurs yeux, jusqu'ici, que des gei
la plus basse classe. Adèle Spitzeder avait pou
de très distingués et très nobles clients. Seulei
elle est sur leur compte beaucoup moins expl
Soit prudence, soit discrétion professionnelle
s'abstient soigneusement de prononcer leurs
et même de tracer leurs portraits. Elle nous

la vérité, qu'elle prêta souvent de grosses sommes, moyennant un intérêt de 20 pour 100 par mois, à des officiers et à des gentilshommes; et il fallait bien, en effet, qu'il en fût ainsi, car on ne verrait pas sans cela comment elle aurait réalisé ses énormes bénéfices. Elle nous apprend aussi qu'elle fut en relations d'affaires avec des personnes de la cour, avec des membres de l'aristocratie, voire même avec un archiduc d'Autriche; mais ici les détails manquent. C'est déjà assez triste de voir des gens d'une pareille condition, des personnages d'un rang aussi élevé, obligés d'entrer en relation avec une usurière et de puiser dans la bourse d'une Spitzeder; nous n'en pouvons concevoir qu'une médiocre idée de leur moralité et de leur dignité.

Quand il s'agit de simples bourgeois, en revanche, Adèle Spitzeder n'est pas si discrète, et rien n'est moins édifiant que la description qu'elle nous fait des mœurs de la classe moyenne. Nous pourrions dresser une longue liste des avocats et des hommes de lettres, des négociants et des magistrats, voire même des députés au Parlement bavarois, qu'elle met tour à tour en scène dans ses Mémoires, et qu'elle couvre l'un après l'autre de ridicule et de honte. Il est vrai que son témoignage est un peu suspect et qu'on pourrait supposer qu'aigrie par ses malheurs et par une condamnation — juste sans doute, mais sévère — elle s'en est vengée en calomniant ceux qu'elle considère comme ses ennemis. Cependant, il nous semble aussi que, si les ac-

cusations qu'elle a formulées contre eux avaient
dénuées de fondement, quelques-uns d'entre
auraient essayé de se défendre et lui auraient
mandé compte de ses diffamations devant les tri
naux. Or nous voyons seulement que, avant que
livre eût paru, plusieurs ont employé auprès d'
les prières ou les menaces pour obtenir qu'elle
leur y fît point faire trop mauvaise figure ; dep
ils se sont contentés de courber la tête, k
qu'Adèle Spitzeder se fût montrée impitoyable
eût imprimé leurs noms tout au long [1].

De toute cette bande d'intrigants, d'escrocs e
pique-assiettes qui rôdaient autour de l'usur
comme autant de chiens affamés pour ramasser
miettes tombées de sa table, l'un des plus mépr
bles est assurément un sieur B..., rédacteur en (
d'une feuille très répandue, que nous ne croy
pas devoir désigner plus clairement. Ce personn
avait trouvé le moyen de mettre la Spitzeder
coupe réglée et de se faire, avec l'exploitatior
cette femme, un assez joli revenu. Chaque fois (
éprouvait le besoin de se procurer quelques mill
d'écus, — et cette envie le prenait souvent, -
écrivait dans son journal que la banque de la Sch
feldstrasse allait suspendre ses payements ; et, p

1. Plus généreux, — ou plus prudents, — nous dés
rons ces personnages seulement par leurs initiales. Il p
rait leur prendre envie de se venger sur nous du ma
tour que leur a joué leur estimable compatriote. Les
mands ne se mangent pas entre eux ; ils n'en doivent
que meilleur appétit pour dévorer les étrangers.

réfuter cette calomnie, la « banquière » n'avait qu'à lui ouvrir sa caisse et à lui fournir la preuve palpable et sonnante qu'elle payait toujours. Il eut même un jour une idée splendide : l'archevêque de Munich ayant daigné, dans un de ses mandements, fulminer contre l'usurière, B... fit imprimer, en gros caractères, sur un transparent, ce passage de la lettre pastorale, et, la nuit venue, le mit sur sa fenêtre, derrière deux ou trois chandelles. Nous laissons à penser quel émoi dans la ville : c'est émeute que nous devrions dire. Cette plaisanterie dut coûter assez cher à Adèle Spitzeder, quoiqu'elle essaye de nous persuader qu'elle restait inaccessible à toutes ces tentatives de *chantage;* elle avait, du reste, des serviteurs zélés qui, avec ou sans aveu, allaient porter au sieur B... des sommes assez rondes ; quelquefois même aussi, entraînés par leur dévouement à leur maîtresse, ils administraient à l'estimable rédacteur, au lieu d'argent, une bonne correction. B... empochait les soufflets, comme les écus, avec une philosophie qui fait honneur au journalisme allemand.

Il paraît d'ailleurs que le chantage fleurit admirablement dans les Etats de S. M. Guillaume; et que c'est pour beaucoup de nos confrères d'outre-Rhin la plus constante de leurs occupations en même temps que le plus clair de leurs revenus. Nous lisons, en effet, dans les Mémoires d'Adèle Spitzeder, que le sieur B..... ne fut point le seul qui employa cet expédient pour tirer d'elle de l'argent et qu'elle

eut, au **contraire**, presque continuellement à i
tenir en garde contre des manœuvres de ce genr
« On faisait sans cesse contre moi, dit-elle, des cai
catures, des épigrammes et des satires en prose
en vers, espérant sans doute m'intimider et
forcer à financer ; mais je ne m'en inquiétais guère
je considérais plutôt toutes ces attaques comme a
tant d'excellentes réclames. Un jour, raconte-t-el
j'appris que j'étais mise en scène dans une pièce
théâtre qui se jouait à Augsbourg ; je pris des inf
mations, et je sus que l'auteur de la comédie é
un de ces petits littérateurs que j'avais à ma so
et que j'employais dans mes journaux. Une au
fois, H..... vint m'annoncer, d'un air tout bou
versé, qu'on allait faire paraître à Stuttgart un
man où j'étais traînée dans la boue, moi et ma
mille, que l'ouvrage serait tiré à 30 000 exemplai
mais que l'on consentirait à le supprimer si je d
nais 6 000 florins. J'envoyai aussitôt à Stuttgart
de mes hommes d'affaires, l'avocat Will, et celu
découvrit que le roman en question avait pour
teurs précisément ce même H..... et son ami le
teur J....., c'est-à-dire deux individus qui viva
de mes libéralités et de mes aumônes. »

Il serait curieux de retracer, d'après Adèle Spi
der, le portrait de tous ces personnages, de tous
docteurs en philosophie ou en droit qui ne dé
gnaient pas de se faire les confidents, les con
lers, les factotums de l'usurière et de lui former
espèce de cour. On verrait, dans cette intéress

galerie, un docteur Z...., rédacteur du *Volksbote*, qui avait su capter sa confiance au point d'obtenir d'elle un prêt de 13 000 florins que, naturellement, il ne lui rendit jamais, et qui, lui ayant cédé la propriété de son journal, sut s'arranger de façon à garder pour lui le produit des abonnements; un docteur F..., rédacteur de la *Stadtfraubase*, qui fit sa connaissance en lui empruntant 300 florins, et qui lui donna l'honnête conseil de passer en Amérique avec tout l'argent qui était déposé chez elle, lui promettant de favoriser sa fuite, si elle voulait lui donner 10 000 florins; un sieur R...., *reporter* du *Freien Landesboten*, qui s'était insinué dans ses bonnes grâces en se faisant passer pour franc-maçon et qui, s'étant chargé de distribuer ses aumônes, consacrait — du moins, à ce qu'elle croit — la meilleure partie des sommes qu'elle lui confiait à soulager sa propre misère. On y verrait enfin une foule d'individus qui, après s'être introduits modestement chez Adèle Spitzeder, pour mettre à son service leur parole, leur plume, leur connaissance des affaires, ou plus humblement encore pour lui emprunter quelques florins, finissaient par s'installer définitivement dans sa maison et par s'y faire héberger et nourrir, eux, leurs amis, leurs femmes et leurs maîtresses.

Tout en se laissant tromper, exploiter et gruger par eux, Adèle Spitzeder savait pourtant estimer à son prix cette valetaille lettrée et diplomée et la traitait en conséquence. Elle les rudoyait et les injuriait, elle les bousculait et allait quelquefois —

chose à peine croyable — jusqu'à les frapper et l
souffleter. Mais ils n'étaient pas fiers, et, chassés p
la porte, ils rentraient par la fenêtre. C'est que c'ét
un vrai pays de Cocagne, la maison de la Spitzed
on y trouvait de la bière, du vin, du café, des cigar
tant qu'on en voulait, sans compter le solide; et q
n'endure pas un Allemand pour manger, boi
fumer à discrétion et sans payer! Voici, du res
qui en peut donner une idée et peindre mieux q
tous les portraits ces honorables personnages.

« Un soir, raconte l'usurière, j'avais chez moi
docteur Ferdinand F..., les journalistes Z... et R
l'avocat Louis K..., tous mes habitués enfin; il é
près de dix heures, et, fatiguée, je m'étais reti
dans ma chambre, les laissant en compagnie d'
nombre respectable de bouteilles. Au bout de qu
que temps, comme le bruit qu'ils faisaient m'em
chait de dormir, je leur fis savoir que j'étais in
posée et que je les priais de se retirer. Mais ils n
tinrent aucun compte. J'appelai mon intend
Grœbmaier qui, par parenthèse, ne pouvait
souffrir. « Madame, me dit-il, je leur ai mis de l'
« dans leur vin, mais ils sont tellement gris qu'ils
« s'en sont pas aperçus. Maintenant ils demandent
« champagne. — Garde-toi bien de leur en don
« Déclare-leur de ma part qu'ils n'auront plus rie
« que je veux qu'ils se retirent. » Grœbmaier revi
« Madame, ils ne veulent pas s'en aller; faut-il
« j'appelle les autres domestiques et que je les j
« dehors? — Non, mais enlève-leur les bouteille

« éteins les lumières devant leur nez. » Mon intendant obéit ; mais mes hôtes indiscrets n'en restèrent pas moins jusqu'à minuit cloués sur leurs chaises ; et ce ne fut que lorsqu'ils eurent vidé leurs verres rubis sur l'ongle et religieusement égoutté deux ou trois fonds de bouteilles échappées à la vigilance de Grœbmaier qu'ils se décidèrent enfin à se retirer, en chancelant, vers leurs logis respectifs. Et dire, s'écrie mélancoliquement Adèle Spitzeder, que de pareilles scènes se renouvelaient presque tous les soirs, avec quelques variantes ! Dire que ceux qui se conduisaient ainsi étaient des hommes instruits et soi-disant bién élevés ! »

L'ex-comédienne fut-elle plus heureuse dans le choix de ses employés que dans celui de ses amis, et trouva-t-elle dans les rangs inférieurs de la bourgeoisie, où elle les recruta, plus de loyauté, plus de probité et de délicatesse que parmi les gens de robe et de plume ? Tel n'est pas son avis, si nous en jugeons par le chapitre où elle passe en revue ses nombreux caissiers, secrétaires et commis, en formulant presque contre chacun d'eux une accusation plus ou moins catégorique. « Charles S..., raconte-t-elle, était dans la misère quand il est entré chez moi en qualité de contrôleur, avec 50 florins par mois ; il y est resté un an, et aujourd'hui il vit de ses rentes. » Impossible de donner plus clairement à entendre que Charles S... est un voleur. « Georges R... s'est présenté chez moi, la première fois, pour m'emprunter quelques florins ; prise de pitié et séduite d'ailleurs

par son air d'honnêteté, je le chargeai, moyennan
de modestes appointements, de compter l'argen
qu'on m'apportait; à présent, il possède deux mai
sons dans Munich. » Encore un voleur, sans doute
« Jean K... était si pauvre quand je le pris à mo
service, pour rédiger les billets, que je fus obligé
de l'habiller; à présent, il est propriétaire d'une vill
à Kissingen. » Encore un voleur. « Jules G..., qu
tint ma caisse pendant quelques mois et qui receva
pour cela 100 florins par mois, passe pour très-riche
ce qu'il y a de certain, c'est que, pendant qu'il éta
préposé au payement des billets échus, il y eut pres
que tous les jours des réclamations; bien des ge
prétendirent n'avoir point reçu leur compte. » Pou
celui-ci, l'insinuation est par trop transparente : c
Jules G... ne peut être qu'un effronté coquin.
Jacob K..., et Georges C..., et Max D..., et ta
d'autres que nomme encore Adèle Spitzeder, to
des voleurs, rien que des voleurs. Et, ce qu'il y a d
plus remarquable, c'est qu'elle avait recruté ce si
gulier personnel dans des catégories d'individus q
passent en France pour offrir les plus grandes gara
ties d'honnêteté et de probité; elle avait pris po
employés des fonctionnaires ministériels en retrait
des anciens sous-officiers, des ex-gendarmes; ma
il paraît qu'en Allemagne la gendarmerie elle-mê
n'a pas échappé à la démoralisation commune.

Il nous faut fermer ce livre; non pas que nous n
pussions relever encore plus d'un trait caractéri

tique, plus d'une scène plaisante et piquante; mais nous n'aimerions pas qu'on nous soupçonnât de nous trop complaire au spectacle des faiblesses et des infirmités morales de nos voisins. Nous n'avons pas été guidé dans cette étude par des sentiments de malignité et de rancune; nous n'avons même pas cédé à l'envie, qui eût été pourtant assez légitime, de prendre une première revanche sur des gens qui parlent sans cesse de l'immoralité des Français. Nous avons été inspiré seulement par le désir de trouver l'explication d'un grand fait qui a été, dans ces derniers temps, constaté plusieurs fois dans la presse d'outre-Rhin et à la tribune même du Reichstag : à savoir, que l'empire de S. M. Guillaume est, de tous les États européens, celui où le socialisme fait en ce moment le plus de ravages. Nous ne pouvions ignorer que les progrès de ces funestes doctrines sont toujours en raison directe de la puissance des mauvais instincts et de l'influence prépondérante des appétits grossiers; nous avons donc voulu savoir s'il était vrai qu'il y eût en Allemagne moins d'économie et de tempérance qu'ailleurs chez les classes supérieures et moyennes, moins de dignité, moins de respect pour la propriété d'autrui et de scrupules sur les moyens de s'enrichir, plus d'avidité crédule et d'engouement stupide chez les classes inférieures. Nous avons ouvert le livre d'Adèle Spitzeder avec la certitude d'y trouver, au milieu de quelques erreurs sans doute et de mensonges même peut-être, une grande abondance de renseignements exacts; nous avons

interrogé ces Mémoires de l'usurière prussienne, d
bonne foi et sans parti pris, comme nous aurion
consulté une de ces statistiques des crimes et délit
que publie chaque année notre ministère de la jus
tice; nos lecteurs savent ce qu'ils ont répondu.

LE
ROMAN SOCIALISTE

EN ALLEMAGNE

—

Catherine la brune (die schwarze Kæthe)
Par Ernest de Waldow.

Dans un moment où le socialisme fait en Allemagne des progrès que toute la presse conservatrice 'outre-Rhin déplore, et dont le tout-puissant M. de ismarck lui-même s'inquiète, il serait curieux 'étudier quelques-uns des écrivains qui ont le plus ontribué dans ces dernières années — la plupart u temps sans le vouloir et sans le savoir — à proager ces funestes doctrines. Au premier rang de es révolutionnaires, plus inconscients qu'innocents, ous placerions volontiers — non pas assurément our la perversité des théories ou la violence du lanage, mais pour l'originalité des conceptions et la uissance du talent — l'auteur de *Catherine la brune die schwarze Kæthe*), du *Château du Diable (die*

Teufelsburg), de la *Faute héréditaire* (*das Sü*
erbe) et de plusieurs autres ouvrages, qui
semblent faits, contre l'intention peut-être de
qui les a écrits, pour attiser les passions popul
et pour inspirer aux classes ouvrières, avec l
contentement de leur sort, la haine et surto
mépris des classes supérieures.

Ernest de Waldow est un romancier et no
journaliste, un pamphlétaire ou un économiste;
dire assez que, quand il fait du socialisme, ce
pas à la façon de Pierre Leroux ou de Prou
c'est à la manière d'Eugène Sue, de Victor l
ou mieux encore de George Sand, à qui ses c
triotes le comparent quelquefois. Mais il y a ent
et les écrivains français cette différence qu
à, comme eux, une irrésistible propension à pe
sous des couleurs trop odieuses ou trop rid'
les riches, les puissants, les heureux de ce m
il est, en revanche, moins enclin qu'eux à par
toutes les qualités et de toutes les vertus les
vres, les déshérités, les misérables.

Trop sincère, trop consciencieux, trop soucie
la vérité pour chercher à nous faire croire q
gens du peuple, les bohèmes, les vagabonds et l
tards — car tels sont les favoris d'Ernest de W
— sont, plus que les nobles et les bourgeois
exempts de passions, de défauts et de vices, l'éc
allemand s'efforce seulement de plaider les cir
tances atténuantes pour ses héros de prédilecti
de faire retomber la plus grande responsabilité d

crimes sur les difficultés inhérentes à leur condition,
sur l'orgueil et la dureté des classes privilégiées, sur
la mauvaise organisation de la société. Il ne farde pas,
du reste, ses préférés ; il est *réaliste*, non pas tout à
fait dans le sens que nous ont fait donner à ce mot
les Zola et les Courbet, mais dans une acception,
suivant nous, meilleure et plus élevée. Il ne cherche
pas à photographier l'intérieur d'une mansarde ou
d'un cabaret avec la minutieuse exactitude de l'auteur de l'*Assommoir* ; il se contente de peindre en
quelques vigoureux coups de crayon, ou quelques
touches énergiques et saisissantes, les lieux qui servent de théâtre à ses romans, et s'attache principalement à reproduire fidèlement la physionomie et
le langage, le caractère et les mœurs des personnages qu'il met en scène. C'est l'éloge que lui ont
dressé tous les critiques qui se sont occupés de ses
œuvres ; c'est le mérite que lui reconnaissent unanimement, dans les nombreux articles qu'ils lui ont
consacrés, les principaux journaux de l'Allemagne
et de l'Autriche, la *Gazette de l'Allemagne du Nord* et
la *Presse*, la *Gazette de Voss* et le *Fremdenblatt*, la *Post*
de Berlin et la *Gazette* de Vienne, et d'autres encore.

Ernest de Waldow n'a eu jusqu'à présent, à notre
connaissance, dans toute la presse française, qu'un
seul appréciateur, M. Catulle Mendès, qui a cru
devoir louer sans réserve non seulement son talent
de romancier, mais ses tendances politiques et sociales : « Ernest de Waldow, ainsi parle notre con-
frère, a regardé de près l'aristocratie orgueilleuse et

la populace destituée de joie et d'espoir; il sai
ce qu'il a observé et ose penser que les misèr
seront pas éternelles, que les jougs tomberont e
le niveau de deux cent mille têtes sous le sabre
ou impérial n'est pas le dernier mot de l'égalit
Catherine noire conduit le lecteur dans la man
et dans l'atelier; le sombre prolétariat alleman
couvre ses laideurs, articule ses haines et fo
ses espérances toujours trompées... » Ce d
roman — dont nous traduisons, il est vrai, l
un peu autrement que ne l'a fait M. Mendès
selon nous, celui qui caractérise le mieux les q
et les défauts de l'auteur, la nature de son
l'inspiration à laquelle il obéit et le genre d'infl
qu'il peut exercer; et voilà pourquoi nous le
sissons, entre tant d'œuvres également remarqu
pour faire connaître à nos lecteurs un des pl
tingués et des plus populaires romanciers de
magne contemporaine.

*
* *

Les principales scènes de notre roman se p
à Breslau. Rien ne convenait mieux en effet à
vain qu'une de ces vieilles villes à la fois co
çantes, industrielles et aristocratiques, une
riches et populeuses cités où les contrastes
genre abondent, où à chaque instant l'extrêm
lence coudoie la plus affreuse misère, où à
pas les guenilles frôlent les robes de soie et les

de velours. C'était ce qu'il fallait à Ernest de Waldow pour marquer fortement, dès les premières pages de son livre, l'antithèse qui résume toute sa pensée, en nous montrant la masure délabrée où végètent les « prolétaires », à côté du somptueux palais où vivent les riches au milieu de toutes les jouissances du luxe

Le palais de Reichenstein est situé sur le quai de l'Oder à quelques pas du pont qui joint au reste de la ville ce qu'on appelle l'*Ile Sainte*, c'est-à-dire le quartier où s'élèvent les principales églises, les couvents et la résidence de l'évêque. Ce n'est peut-être pas un palais, dans le sens moderne du mot, quoique ce soit sous ce nom qu'on le désigne d'ordinaire. L'architecture n'en est ni très régulière ni très élégante : il a été construit à plusieurs époques, et les diverses générations qui y ont tour à tour mis la main ne se sont guère souciées de suivre un plan uniforme; mais en somme, avec ses murs massifs en pierres de taille, avec sa haute porte armoriée, avec ses tourelles en culs-de-lampe et ses balcons grossièrement sculptés, c'est un édifice majestueux et imposant, qui donne une grande idée de l'opulence et de la puissance de ceux qui l'habitent.

Mais ces fiers aristocrates ont le chagrin de voir tout près de leur orgueilleuse demeure, et séparé d'elle seulement par une terrasse fort basse, un affreux « taudis », comme ils disent dans leur langage dédaigneux, où « grouille », toujours suivant leur expression, « une nichée de vauriens et de mendiants. »

Et pourtant la nature a pris en pitié cet asil
misère et du malheur et l'a gratifié d'un orn
que le palais voisin pourrait envier. Au pied d
informe baraque aux murs humides et bra
aux poutres vermoulues et mal jointes, s'él
superbe marronnier deux fois centenaire, qui
d'un air protecteur ses larges rameaux au-des
toit défoncé et le jonche amicalement de ses
Une galerie de bois, assez semblable à celles
corent les chalets suisses, fait le tour de la
masure, à la hauteur du premier étage, et lui
un aspect assez pittoresque, malgré l'usage fo
saïque qu'en font bien souvent les habitants
servent de la vieille balustrade de chêne
mettre sans façon sécher leur linge.

C'est ici que demeure l'héroïne du roman
sa mère Marguerite Haller. Celle-ci, fille d'u
médienne, qui ne lui a laissé d'autre héritag
le souvenir de sa misérable existence, s'était e
d'abord de gagner honnêtement son pain a
travail de ses doigts; mais elle a rencontré s
chemin un jeune homme riche qu'elle a aimé
l'a abandonnée. Elle a repris alors courageus
son aiguille pour tâcher de se nourrir, elle et l'
de sa honte qu'elle élève durement, car elle a r
sur la petite Catherine une partie de la haine
ressent pour son séducteur. Malheureusem
chômages sont fréquents, les salaires sont i
sants; elle devient chaque jour plus pauvre,
est bientôt réduite — comme il arrive du res

quemment aux indigents, dans l'Allemagne du Nord — à se loger dans une cave. Encore lui faut-il partager son étroite et sombre habitation avec la veuve d'un maçon et ses trois enfants. Ce triste intérieur a été décrit par Ernest de Waldow avec une vérité saisissante ; et nous voulons reproduire en entier ce petit tableau, parce qu'il montre quelle scrupuleuse exactitude notre conteur apporte dans sa peinture des mœurs et des habitudes du peuple.

Pour parvenir jusqu'au logement qu'ont loué en commun, pour la modique somme de douze thalers par an, Marguerite Haller et la veuve Wegener, il faut descendre plusieurs marches usées et écornées, puis suivre un long corridor, au fond duquel vous apercevez dans l'obscurité, si vous avez d'assez bons yeux pour cela, une porte basse. Poussez cette porte, vous êtes arrivés ; mais, en entrant, vous ne distinguez d'abord que fort peu de chose, la chambre étant presque tout entière remplie d'une tiède vapeur qui monte en spirales bleuâtres vers la voûte enfumée. Vous entendez le clapotement de l'eau, le grincement du savon sur le linge, le bruit d'un battoir : c'est Mme Wegener qui se hâte d'expédier, comme elle dit, la besogne qu'elle a rapportée tout à l'heure de la ville.

La veuve du maçon est blanchisseuse et lave chez elle le linge des petites gens du voisinage. Mais elle aime beaucoup mieux aller en journée dans les maisons bourgeoises, où elle est bien nourrie et fort estimée par les domestiques, à qui elle rend toutes

sortes de petits services et qui l'en récompe[
largement, aux frais de leurs maîtres, bien ent[
en lui glissant furtivement dans son panier, so[
bouteille de vin, soit une demi-livre de café. [
emmène aussi bien souvent ses enfants, qui tro
toujours à y grapiller quelque chose. Les petit[
doux et bien élevés. Leur mère n'a rien ép[
pour cela, ni les bons conseils, ni les réprima[
ni les tapes. Il n'y a que l'aîné qui n'ait pas su
fiter jusqu'ici de cette bonne éducation et qui [
le désespoir de Mme Wegener.

Fritz était un garçon de dix ans, intelligent,
adroit, et d'une précocité excessive. Mais il [
un mauvais usage de ces dons du ciel et ne se s[
de son adresse, qui aurait fait honneur à un pr[
gitateur, que pour faire passer lestement da[
poche le bien d'autrui.

« Mauvais sujet! gredin! filou! criait-elle en
tuant chacune de ces épithètes d'un bon s[
ou d'un coup de houssine, quand elle avait t[
en sa possession quelque objet de provenance[
pecte et qu'elle avait réussi à le tenir par le c[
on te mettra en prison, et ce sera bien fait! Chen[
vaurien! continuait-elle en frappant toujours; s[
là les leçons que je t'ai données, et ne t'ai-je pa[
fois répété que bien mal acquis ne profite jam[

Il se sauvait dehors dès qu'il pouvait, mais b[
il revenait jusque sur le pas de la porte; et t[
frottant son échine endolorie et en lorgnant[
cieusement sa mère du coin de l'œil :

« Dites donc, m'man, faisait notre gavroche, si le bien mal acquis ne profite pas, comment se fait-il que vous digériez si bien le café du conseiller et le sucre du colonel?

— Attends, garnement! » criait la mère.

Mais le garnement n'attendait pas, et, s'étant mis d'un bond hors de la portée de la redoutable blanchisseuse, il continuait à la regarder d'un air de défi, en sifflotant entre ses dents quelque air à la mode parmi les gamins de son espèce.

« Je n'en peux plus venir à bout, se plaignait la pauvre veuve encore ce matin, après une scène semblable; il tournera mal, et pourtant j'ai fait mon possible pour l'élever honnêtement.

— A quoi bon vous désoler, madame Wegener? répondit la mère de Catherine; c'est bon pour les riches d'avoir de pareils soucis; nos enfants, à nous, ne deviendront jamais rien de bon — quoi que nous fassions — un peu plus tôt, un peu plus tard... »

Et, complétant sa pensée avec un haussement d'épaules, elle prit son panier pour aller reporter l'ouvrage de la veille.

La veuve du maçon s'était mise à savonner avec ardeur, et, tandis que le linge de ses pratiques allait et venait rapidement sous ses mains actives, ses idées avaient pris un autre cours, et elle ne pensait plus guère à la correction qu'elle avait promise à son garnement, quand, à la nuit tombante, celui-ci se glissa sournoisement dans la chambre et vint s'asseoir dans le coin le plus obscur.

Quelques instants après, la porte grinça de no
veau sur ses gonds, et Catherine, entrant tout douc
ment, regarda timidement autour d'elle et pous
un soupir de soulagement en voyant que sa mè
n'était point là ; puis elle posa son panier et s'accro
pit à côté du feu.

La flamme de quelques copeaux que la blanch
seuse venait de jeter dans l'âtre éclairait d'une
mière crue la taille élancée, les formes grêles
anguleuses de l'enfant. Son maigre corps flottait d;
une mince robe d'indienne que recouvrait à mo
une jaquette de laine rapiécée. Ses petits pieds
traînaient de lourds souliers de cuir trop larges.
longue et abondante chevelure noire, dont les na
défaites pendaient en désordre, encadrait un vis
qui n'avait ni la fraîcheur ni aucune des grâce
l'enfance. Ses traits trop accentués avaient quel
chose de dur ; sa peau trop brune avait de ces
grisâtres qui trahissent la pauvreté du sang ;
des yeux noirs d'une grandeur extraordinaire
sombres prunelles au regard profond illumin
cet ensemble peu séduisant et lui communiquaie
charme étrange. Ce genre de beauté, il est vrai, n'
guère apprécié des gens vulgaires au milieu des
elle vivait et qui ne croyaient pas lui faire un
pliment quand ils l'appelaient la *brune*. Elle n'
que neuf ans ; mais elle paraissait plus que son

« Elle a la figure vieille, avait dit ce matin Mme
gener à Marguerite ; prenez-y garde, ce pou
bien être signe qu'elle mourra jeune.

— Dieu le veuille! » avait répondu la mère d'un air sombre; et, comme sa voisine lui reprochait ce vœu impie, elle avait ajouté : « Ne vaut-il pas mieux qu'elle meure jeune que de mener une vie comme la nôtre ou de devenir... ce que tant d'autres deviennent? »

En ce moment, Catherine suivait attentivement les ondulations capricieuses de la flamme, tout en chauffant avec une satisfaction évidente ses longs doigts que le froid avait rougis; car bien qu'on ne fût encore qu'en novembre et que, pendant la journée, il eût fait un beau soleil, la soirée avait été rafraîchie par un brouillard épais et pénétrant. Tout à coup elle fut tirée de sa méditation par un léger frôlement. C'était Fritz qui venait de regarder dans son panier et qui lui touchait le bras :

« Tu n'as pas vendu grand'chose aujourd'hui? demanda-t-il.

— Non, rien du tout.

— Aïe! aïe. Il y aura des coups ce soir, ou tout au moins pas de fricot. »

La petite poussa un profond soupir, elle savait bien ce qui l'attendait.

« Bah! reprit Fritz pour la consoler; ta vieille aura peut-être récolté elle-même quelque argent, et dans ce cas elle ne te battra pas. Mais il faut avouer aussi que tu es bien bête de ne pas savoir mieux te défaire de tes bouquets. Je viens de voir la petite Dora, tu sais, Dora Wenckhardt; elle s'était assise au coin de la place, et elle comptait ses gros sous;

elle en avait plein son tablier, sans parler d
gâteaux qu'elle avait achetés et dont elle se dép
chait de se bourrer avant de rentrer chez elle.
voilà une qui entend le commerce!

— Oui! fit Catherine avec une moue dédaigneu
elle court après les messieurs, elle se suspend
leur bras, et elle mendie!... Fi!...

— Et toi? tu es trop fière pour cela, tu ain
mieux revenir à la maison les mains vides.

— Je ne suis pas une mendiante, moi!

— Nous sommes tous des mendiants, toi com
les autres; seulement tu es par-dessus le marché
sotte! Mais tiens, regarde ce que j'ai là. »

Catherine poussa un cri d'admiration. Fritz, pr
tant de ce que sa mère avait le dos tourné et é
trop absorbée d'ailleurs par son travail pour f
attention aux enfants, avait tiré de dessous sa ve
boutonnée un magnifique cœur en pain d'épice.

« Où as-tu trouvé ça? demanda la petite, dont
yeux brillaient de convoitise.

— A la grande boutique, sur le marché.
acheté une nonnette d'un sou, et, pendant que
marchand encaissait mon argent, je lui ai subti
ce que tu vois.

— Mais c'est mal!

— Bah! pourvu qu'on ne se laisse pas attrap
fit le petit philosophe, en mordant de bon c
dans son pain d'épice. Ce n'est pas difficile; si
veux, je t'apprendrai. »

Catherine secoua la tête négativement. Mais

pauvre enfant, qui n'avait rien mangé depuis son maigre café du matin, ne pouvait détacher ses yeux du superbe cœur que son camarade dévorait à si belles dents, et nous n'oserions pas répondre qu'en ce moment l'action de celui-ci ne lui parût pas un peu moins criminelle.

« Donne-moi ton collier de marrons d'Inde, lui dit Fritz, qui devina ses pensées, et je partagerai avec toi.

— Qu'en veux-tu faire? Un garçon !

— C'est pour en faire cadeau à ma bonne amie, répondit Fritz en se rengorgeant.

— Qui est ta bonne amie?

— Dora Wenckhardt.

— Elle te donne peut-être de ses gâteaux?

— Des gâteaux et des baisers, tout ce que je veux. Ça y est-y? Me donnes-tu le collier?

— Non!

— Eh bien alors, donne-moi un baiser, et tu auras ce gros morceau qui reste encore.

— Je n'en ai pas envie, dit Catherine en détournant dédaigneusement la tête.

— Eh! tant pis pour toi! Tu n'es qu'une bégueule! »

Malgré les efforts de Catherine pour prendre un air indifférent, une grosse larme déborda sa paupière et descendit lentement sur sa joue amaigrie. Était-ce l'injure qui la faisait pleurer, ou les douloureuses sollicitations de son estomac vide, ou la perspective des coups qu'elle craignait de recevoir?

Ce qu'il y a de certain, c'est que le garnemen[t]
avait vu cette larme et qu'il en fut touché. Il jet[a]
sans façon le reste du pain d'épice dans son tablie[r]
et lui dit :

« Tiens, mange ; je donnerai à Dora la belle bal[le]
que j'ai trouvée hier. »

Catherine ne bougea pas ; mais son visage [se]
rasséréna visiblement, et ses larmes cessèrent [de]
couler.

« Veux-tu la voir, la balle? »

La petite tourna un peu la tête.

« Mais il faut d'abord que tu manges. »

Catherine glissa un morceau de pain d'épice da[ns]
sa bouche et regarda curieusement la balle mul[ti]
colore que Fritz avait fait rouler sur ses genoux.

« Je l'ai trouvée dans le jardin des Reichenste[in,]
fit-il.

— Tu y as été? demanda la petite, dont les ye[ux]
s'allumèrent. Est-ce que c'est beau là dedans?

— Je crois bien !

— Beau... comme chez le roi?

— Plus beau ! répondit Fritz d'un air importa[nt.]

— Est-ce qu'on peut y aller?

— Oui, par la terrasse du bord de l'eau ; il y a [un]
trou dans la haie. Je t'y ferai entrer si tu veux.

— Ah ! pour voir ce qu'il y a dedans, murm[ura]
Catherine toute rêveuse, un instant, rien qu'un i[ns]
tant... je donnerais... je donnerais... »

La pauvre enfant cherchait ce qu'elle pourrait b[ien]
donner, quand tout à coup elle s'interrompit :

« Chut! voici ma mère! » fit-elle tout bas, et elle se blottit contre son petit camarade comme pour lui demander protection.

Marguerite Haller était bien changée depuis le temps où on l'appelait la belle Marguerite. Ses traits s'étaient flétris; sa physionomie avait pris, sous la continuelle contraction de la fatigue, du chagrin, de la rancune et de la haine, une expression de dureté qui n'avait jamais été plus visible qu'en ce moment. Elle se jeta sur la chaise de bois qui, avec le grand lit qu'on voyait dans le coin de la chambre, composait tout son mobilier, et, posant son panier à côté d'elle, elle en tira un morceau de pain et un saucisson qui représentaient probablement tout le salaire de sa journée. Son œil perçant aperçut alors Catherine :

« Eh bien! lui demanda-t-elle rudement, combien as-tu rapporté aujourd'hui? »

Et comme l'enfant ne répondait que par un silence trop éloquent :

« Rien?... Alors, tu n'auras pas à souper. Quand on ne gagne rien, on ne mérite pas de manger. Couche-toi, et malheur à toi si demain tu ne fais pas mieux. »

Et l'enfant, partagée entre le chagrin de se coucher sans souper et la satisfaction d'échapper aux coups qu'elle redoutait, se déshabilla lestement et se glissa sans mot dire dans le grand lit. Lorsque, quelques heures après, sa mère vint l'y rejoindre, celle-ci s'aperçut qu'un faible sourire éclairait le visage de l'enfant qui dormait :

« Oui, souris maintenant! murmura Margueri
d'une voix sourde, il viendra bientôt un temps où
ne souriras plus, même en rêve. »

Nous avons tenu à reproduire cette scène en e
tier, tout en ne nous dissimulant pas que quelqu
détails en sembleront peut-être un peu puéril
mais nous ne voyons guère le moyen de peind
des enfants autrement que sous des traits enfantin
quand on veut que ce soient de vrais enfants, t
que la nature les a faits, et non de petits prodige
comme le Joas de Racine. Le portrait de Fritz no
paraît tout particulièrement réussi, sans compt
qu'il sert à établir une thèse à laquelle, sans dout
l'auteur tient beaucoup, et qui n'est d'ailleurs p
absolument fausse, à savoir que les enfants d
basses classes se trouvent placés, dès leur nai
sance, sur une pente bien glissante, et qu'il fa
presque des miracles pour les empêcher de deven
des vauriens.

En regard de ce tableau, nous en devons mett
un autre, quoique celui-ci soit moins fidèle et no
satisfasse beaucoup moins; nous voulons parler
la description du palais de Reichenstein et de s
principaux hôtes. Ici, en effet, l'écrivain socialis
se laisse entraîner par l'esprit de système à forc
son dessin et à outrer ses couleurs; il tombe dans
charge, et ses portraits ne sont plus que des caric
tures. Il peut certainement y avoir, il y a mê
probablement dans les rangs de l'aristocratie all
mande des personnages aussi laids, physiqueme

et moralement, que ceux qu'on va nous montrer; mais ils sont rares, et l'artiste, qui veut être en même temps un moraliste, ne doit pas s'attacher à représenter des exceptions.

Le comte Reinhardt de Reichenstein est de haute et vieille noblesse; la comtesse Juliane, sa femme, est issue d'une famille princière, et on lui donne, à cause de cela, le nom d'Excellence. Mais l'hermine de l'Excellence n'est point immaculée, et il y a, dans son passé et dans celui de sa mère, des taches auxquelles l'auteur fait discrètement allusion. Le blason du comte est plus souillé encore, et il y a dans sa vie un mystère de boue et de sang : une femme séduite, — une femme du peuple, bien entendu, — mourant d'une mort violente et inexpliquée en laissant un fils que le comte a pris plus tard à son service ; un mari se brûlant la cervelle, mais non sans avoir fait auparavant des révélations qui auraient mené le noble Reinhardt en cour d'assises s'il n'avait réussi, grâce à de puissantes amitiés, à étouffer l'affaire. Le couple aristocratique n'est point uni, et parfois ils remuent cette boue et e sang pour se les jeter mutuellement au visage. e mari est voltairien, athée, matérialiste avec osentation ; la femme est hypocrite et dévote ; mais ous deux sont égoïstes et méchants ; c'est en quoi ls se ressemblent et s'accordent.

Au moment où nous sommes introduits pour la remière fois dans l'intérieur du palais, trois peronnages se trouvent réunis dans un grand salon

dont les fenêtres donnent sur la terrasse dont
avons parlé et sur la masure où demeure Cathe

C'est d'abord Son Excellence la comtesse Juli
elle approche de la soixantaine, et on lui donne
son âge, malgré ses faux cheveux, ses fausses
ses sourcils postiches et ses joues fardées. El
vêtue d'une robe de soie claire, et sa petite
ridée est surmontée d'un échafaudage de den
et de rubans roses. Ses membres délicats et
sont enfouis dans un pouf moelleusement capit
et ses mains blanches, dont elle est fière et q
rent, du reste, toujours sa seule beauté, repos
évidence sur ses genoux.

A quelques pas d'elle, le grand et sec Rein
à demi renversé dans un fauteuil à la Voltaire,
le plus loin qu'il peut ses longues jambes qui
ressembler à un faucheux. Un sourire sard
plisse ses lèvres minces, et ses petits yeu.
gris verdâtre sont fixés avec une expression
lice railleuse sur son frère cadet, Léo de Re
stein, qui est en ce moment debout près de la
et regarde au dehors. Celui-ci a été officier ;
une jeunesse orageuse et passe pour avoir de
libérales, — ce qui lui vaut d'être sans cesse
par son frère aîné d'une grêle d'épigramme
ne supporterait peut-être pas aussi philosop
ment, s'il n'avait besoin, pour vivre à sa g
pour élever son fils Guido, des libéralités du
Reinhardt.

« Que contemple donc si attentivement m

beau-frère ? demanda tout à coup, après un silence, la comtesse Juliane.

— La vieille maison, là en face, répondit Léo. Je trouve que, malgré son état délabré, elle a quelque chose de pittoresque et même de poétique. Seulement, c'est au clair de la lune qu'il faut la voir plutôt qu'à la lumière du soleil. »

Reinhardt voulut éclater de rire ; mais son accès de gaieté dégénéra aussitôt en une violente quinte de toux qui fit monter le sang à ses joues blafardes.

« Voilà bien mon frère ! s'écria-t-il dès qu'il put parler ; voilà bien ses fantaisies de poète et d'artiste. Moi, je regarde bien souvent cette masure au clair de la lune, car il ne m'arrive que trop souvent de ne pouvoir dormir, et la seule pensée qui me vienne, c'est qu'il est vraiment injuste que les gueux qui sont là dedans dorment si bien, tandis que moi je suis obligé de veiller. J'en sens par moments une telle colère que je voudrais que le feu prît à la bicoque et la consumât avec tous ceux qu'elle renferme. C'est, du reste, un bien malséant voisinage, et je ne sais pas pourquoi nous tolérons que de pareilles canailles demeurent si près de nous... »

Le comte Reinhardt aurait continué longtemps sur ce ton, si des cris perçants, qui semblaient partir du jardin, n'étaient venus tout à coup l'interrompre.

Tous trois prêtèrent l'oreille pendant quelques instants ; mais la comtesse n'était point patiente. Elle agita d'une main fiévreuse la sonnette d'argent

qui était devant elle sur le guéridon, et Charl
vieux valet de chambre, parut.

« Que signifie ce bruit ? J'ai cru reconnaîti
voix de ma petite-fille ?

— Excellence, on vient de surprendre da
jardin une enfant de la maison voisine. Il p
qu'elle a cassé la poupée de la comtesse Elisabet

— Mais c'est abominable, cela ! s'écria la v
dame ; il faut que cette créature reçoive un c
ment exemplaire. Dites à la comtesse Elisabet
venir immédiatement avec sa gouvernante.

— Amenez aussi la délinquante, dit le comt
veux juger moi-même cette petite canaille. »

Le domestique s'éloigna aussitôt, et lorsque,
ques minutes après, la porte s'ouvrit de nou
on vit paraître un groupe assez singulièrement
posé : d'abord une femme d'un certain âg
maintien humble et à la mise modeste, qui t
par la main une jolie petite fille de sept à huit
rose et blonde et très coquettement habillée ;
derrière, traînée par le vieux Charles, une ch
créature, pauvrement vêtue, qui, toute pâle et
tremblante, promenait sur l'assistance ses g
yeux effarés.

La petite comtesse courut à sa grand'mère
jeta dans ses bras en pleurant :

« Maman, dit-elle, ma belle poupée est ca
tu sais, ma Flora ; et c'est la vilaine petite fill
a trépigné dessus !...

— Madame Gérard, fit sévèrement la vieille d

expliquez-nous donc un peu ce qui s'est passé.

— Excellence, répondit la gouvernante en balbutiant et sans lever les yeux, je ne puis pas dire au juste ; je n'ai pas vu le commencement de la querelle. La comtesse Elisabeth avait couru en avant... Quand je l'ai rejointe, elle se disputait avec cette petite fille et lui avait arraché un collier que celle-ci portait au cou.

— Oui, maman, interrompit Elisabeth, parce qu'elle avait voulu me voler ma poupée ; elle tenait déjà dans ses mains ma Flora...

— Ce n'est pas vrai, s'écria Catherine, — car c'était elle, — je voulais seulement l'embrasser.

— Est-elle assez rouée, cette petite canaille ! fit Reinhardt en tournant vers le comte Léo sa tête chauve et pointue. Venez encore me parler de la naïveté des enfants du peuple, monsieur mon frère !

— Tu m'as volé aussi ma belle balle, reprit Elisabeth.

— Je ne vole pas ! répliqua fièrement Catherine en relevant la tête et en faisant un pas vers son accusatrice.

— Ce qu'il y a de sûr, c'est que tu as pris ma poupée et que tu l'as cassée.

— Tu m'avais arraché ma chaîne, ce n'est qu'alors que j'ai jeté ta poupée par terre et que j'ai marché dessus.

— Un joli échantillon de la douceur de ces pauvres opprimés que vous protégez, mon cher frère ! » ricana le comte, qui commençait à s'amuser énormément.

Mais la comtesse, que cette scène ne divert
pas autant que son noble époux, reprit sèchem

« Vous avez commis une grande imprud
madame Gérard, en exposant ma petite-fill
brutalités de cette vagabonde. Si pareille cho
renouvelle, je vous chasse. Reconduisez la com
Elisabeth dans son appartement. Et vous, Cha
emmenez cette mendiante qui s'est glissée ic
demment pour voler, et ayez soin qu'elle reço
récompense qu'elle mérite. »

Catherine, qui n'avait pas bien compris l
gage de la vieille dame, leva sur elle un œil inq
mais Reinhardt ne la laissa pas longtemps dan
certitude sur ce qui l'attendait.

« Vous entendez, Charles, dit-il, fouette
comme il faut cette canaille, et ne vous laisse
attendrir. Si je ne l'entends pas crier, je desce
moi-même. »

Le comte Léo, le dos tourné, regardait par l
nêtre ; quoique révolté intérieurement de tant
justice et de cruauté, il n'osait rompre ouverte
en visière à son frère aîné, et sa philanthro
sympathie pour les prolétaires n'allait pas j
compromettre pour eux ses intérêts.

« Ma bonne dame, fit la petite d'une voix
pliante, je vous jure que je n'ai pas voulu vo
poupée ; priez le monsieur de ne pas me faire de

La vieille Juliane ne lui répondit que par u
gard de mépris, et Reinhardt, qui commen
s'impatienter, s'écria :

« Allons, marche, file, et, quand tu auras reçu dans la cour la volée que tu mérites, tu pourras aller te faire pendre où tu voudras.

— Je ne veux pas que l'on me batte ! dit Catherine en frappant du pied et en rejetant en arrière, d'un air de défi, sa tête pâle ; vous n'avez pas le droit de me battre ! »

Le comte se mit à rire aux larmes :

« Délicieux ! elle a de la race, cette petite canaille !... »

Mais cet accès de gaieté provoqua chez lui, comme à l'ordinaire, une violente quinte de toux, et, tandis qu'à demi étouffé il cherchait à se remettre, il ne remarqua pas qu'un nouveau personnage venait d'entrer sans bruit, un bel adolescent à la tournure gracieuse, aux traits nobles, quoique un peu efféminés, qui s'arrêta un instant sur le seuil en contemplant avec un mélange d'étonnement et de dégoût la physionomie méchante de son oncle. C'était le fils du comte Léo, le jeune Guido de Reichenstein.

« Ah ! je n'ai pas le droit de te faire battre, ma petite donzelle ! reprit Reinhardt dès que la toux lui permit de parler. Voilà le fruit de vos belles théories modernes, mon frère ! La canaille n'osait pas venir nous braver chez nous, quand nous avions sur nos terres le privilège de haute et basse justice. Mais, si je n'ai plus le *jus gladii*, je puis encore faire fouetter une voleuse que je surprends dans mon jardin. Allons, Charles, emmène-la et fustige-la d'importance ! »

Le domestique essaya d'exécuter l'ordre d
maître ; mais la petite résistait et se débatta
pleurant et en criant :

« Non ! vous n'avez pas le droit de me battr
ne veux pas que l'on me batte !... »

En ce moment, elle aperçut Guido, et, co
prise à la vue de ce doux et sympathique v
d'une inspiration subite, elle s'arracha par un
que mouvement des mains qui la tenaient, et
versant rapidement la chambre, elle courut se
ponner aux bras du jeune homme en lui disant

« Défends-moi, toi ! protège-moi !

— Mon cher oncle, fit en effet le jeune ho
d'une voix grave et émue, laissez aller cette pa
petite, qui n'est pas coupable. J'ai tout vu d
fenêtre. Ayant aperçu la poupée sur un banc
s'était approchée et s'était mise à genoux po
regarder de plus près. Ma cousine arriva, et elle
lait se sauver ; mais Elisabeth l'a retenue par
collier qu'elle a cassé. C'est alors seulement q
petite, dans un mouvement de colère, a jeté
terre la poupée. Je vous en prie, mon oncle,
faites pas de mal.

— Tudieu ! Léo ! quel avocat que ton fils !
le vieux comte. Fais-lui faire son droit ; il se c
crera avec bonheur à la noble mission de sauv
gredins de la potence. »

A bout de patience, la comtesse Juliane s
evée ; elle foudroya son beau-frère d'un regar
digné et quitta le salon en lui disant :

« Voilà, monsieur, comme vous avez élevé votre fils ! L'héritier présomptif de notre nom, de nos titres et de nos biens, un Reichenstein, prend parti contre nous pour une petite mendiante, pour la lie du peuple ! »

Mais, au lieu de se montrer touché de ce reproche, le comte Léo, à qui le généreux exemple de son fils avait rendu un peu de courage, se mit à plaider éloquemment la cause de Catherine ; et, quand il vit que ses exhortations restaient sans effet, il chuchota à l'oreille de son frère quelques mots qui firent sur celui-ci une impression surprenante :

« Eh bien ! s'écria Reinhardt, qu'elle s'en aille au diable ! Mais si je te reprends jamais, petite canaille, je me charge de te fustiger moi-même avec ma cravache ! »

Catherine lâcha le bras de son protecteur et allait se retirer toute joyeuse, lorsqu'elle se rappela qu'elle ne l'avait pas remercié. Elle se rapprocha de lui et, d'une voix basse et tremblante, lui balbutia quelques mots de reconnaissance. Guido se pencha vers elle pour l'entendre ; mais tout à coup elle jeta ses deux bras nus autour du cou du jeune homme et, l'attirant brusquement à elle, appuya sur sa bouche ses lèvres brûlantes. Avait-elle ainsi cédé à l'attraction instinctive d'une soudaine sympathie, ou bien avait-elle songé, en se rappelant les insistances de Fritz, qu'un baiser d'elle pouvait être une récompense ? Quoi qu'il en soit, elle devint rouge comme du feu, et, toute confuse, elle s'enfuit avec la rapi-

dité d'un oiseau captif dont on vient d'ouvrir
cage, sans regarder derrière elle, sans entendre
vieux Reinhardt, à qui cette dernière scène a
rendu toute sa gaieté, et qui murmurait en se fr
tant les mains :

« Charmant! superbe! Elle a de la race, la pet
canaille! C'est dommage qu'elle n'ait pas dix ans
plus! »

Plusieurs années se sont écoulées depuis ce j
qui a certainement laissé un ineffaçable souve
dans l'âme méditative de Catherine. Notre rom
cier nous décrit toute cette période de l'existei
de son héroïne avec des détails que nous ne p
vons reproduire ici et que nous nous contenter
de résumer rapidement. La fille de Marguerite Hal
n'est plus une enfant, elle aura bientôt seize a
Elle est toujours mince et élancée, mais ses me
bres ont acquis plus de rondeur et de grâce.
pommettes sont moins saillantes, et ses joues,
devenant plus pleines, ont adouci les contours
peu anguleux de ses traits; son teint, quoique t
jours très brun, s'est sensiblement éclairci ;
opulente chevelure noire a encore épaissi;
grands yeux noirs ont pris plus d'expression. C
qui passe auprès d'elle ne la trouve point jolie; c
qui s'arrête et la considère avec attention est b
près de la trouver belle.

Elle n'a pas été heureuse pendant ces sept
huit années. Sa mère, quoique devenue dévot
continué à la maltraiter; elle n'a pas voulu s'imp

la dépense de l'envoyer en apprentissage ; elle s'est bornée à lui enseigner juste assez de couture pour raccommoder grossièrement ses hardes, et tout ce qu'elle demande à sa fille, c'est de tricoter chaque semaine quelques paires de bas qu'elle vend à ses pratiques. Mais Catherine a rencontré un ami, et comme, pourvu qu'elle fournisse sa tâche, sa mère ne se soucie guère de ce qu'elle devient pendant son absence, la jeune fille, sitôt qu'elle est seule, prend son ouvrage et va travailler chez son voisin qui demeure au premier étage.

Ernest Steiner avait voulu être peintre ; mais soit qu'il manquât de talent, soit que la fortune ne l'eût pas favorisé, son art n'avait pu le faire vivre. Bien souvent il s'était trouvé sans asile et en avait été réduit à dormir sur le canapé d'un camarade, à se nourrir d'un petit pain oublié dans l'armoire d'un ami, à chausser des bottes empruntées et à fumer des cigares dus à la générosité de l'un ou de l'autre.

C'est ce bohème — car Ernest Steiner n'est pas autre chose — qui est le véritable héros du roman. Lui seul n'a point de faiblesses, point de défauts, ou tout au moins ne commet point de fautes. C'est lui qui interprète la pensée de l'auteur, et ce sont ses dissertations, ses homélies que nous devrions reproduire si nous voulions exposer en détail le système socialiste d'Ernest de Waldow. Ce système peut du reste se résumer en deux mots : c'est la fraternité universelle qui doit résoudre le grand problème social, c'est la loi de l'amour qui doit

mettre fin à toutes les misères et à tous les anta
nismes.

En attendant que ce beau rêve se réalisât, no
philanthrope avait du moins trouvé un mo
d'existence assez régulier et assez sûr : il bros
des décors pour le théâtre de Breslau.

Catherine était tout heureuse quand elle pou
aller s'installer sur le balcon de l'oncle Stein
— comme elle appelait son voisin, — qui, au l
de la rebuter et de la rudoyer, l'écoutait avec bo
et cherchait à développer son intelligence. Malh
reusement le peintre était souvent obligé de sor
et, dès qu'il avait tourné les talons, l'enfant mettai
pillage sa bibliothèque et dévorait avidement t
les livres qu'elle y trouvait, bons ou mauvais.
lectures mal choisies, mal digérées, ne pouvai
manquer d'exercer une fâcheuse influence : e
surexcitèrent son imagination et sa sensibili
elles développèrent outre mesure les côtés roma
ques de son caractère, et bientôt Catherine n'
plus qu'un rêve : entrer au théâtre.

Steiner, qui avait combattu d'abord cette rés
tion, finit par la favoriser. Il fit entrer sa proté
moitié à titre d'élève dans l'art dramatique, mo
comme femme de chambre chez une actrice, Ge
gina Grenelli. Marguerite Haller y avait conse
malgré ses dévots scrupules, alléchée par la
messe d'un thaler toutes les semaines; sa fille
lui rapportait certainement pas autant en trico
des bas. Catherine mena pendant quelque te

une existence assez agréable dans la maison de la prima donna ; on y recevait toute la jeunesse dorée de la ville, des officiers, des écrivains, entre autres Guido de Reichenstein, qui était devenu un beau jeune homme et qui, au grand scandale de ses nobles parents, s'adonnait avec quelque succès à la littérature et à la poésie. Mais ce bonheur eut son terme, et un beau jour la Grenelli lui apprit qu'elle avait accepté un engagement dans un des principaux théâtres de Berlin, et la congédia en lui annonçant qu'elle partait le lendemain matin pour sa nouvelle résidence.

Catherine était bien triste ce soir-là ; elle avait dû aussi se séparer quelques instants auparavant de son ami Steiner, qu'une affaire importante obligeait de s'absenter de Breslau pour plusieurs semaines. Elle se trouvait singulièrement seule et abandonnée, et ce fut en frissonnant qu'elle rentra dans le sombre et pauvre logement où s'étaient écoulées les premières années de son enfance.

Sa mère était là qui l'attendait, debout près du poêle éteint. Marguerite Haller avait beaucoup vieilli pendant ces quelques années ; la dévotion n'avait pas tempéré la dureté de ses traits ; elle paraissait d'ailleurs irritée, et sa physionomie avait une expression menaçante.

« Il est grandement temps, dit-elle, quand elle vit entrer sa fille, que tu sois tenue plus sévèrement et surtout mieux surveillée que je ne le puis faire.

J'ai entendu aujourd'hui sur ton compte des chos(
qui ne m'ont pas fait plaisir.

— Sur mon compte?

— Oui, à cause de tes assiduités chez le décor:
teur du théâtre. Tu n'es plus une enfant, et tu d
vrais savoir qu'une pareille intimité avec un homn
qui est encore jeune n'est pas convenable pour u
fille de ton âge. »

Le rouge monta aux joues de Catherine, m
elle ne répondit pas.

« Du reste, continua la mère, tout cela va fin
ainsi que ta fréquentation avec des comédiens
des comédiennes. J'ai rencontré tout à l'heure
comtesse de Reichenstein à l'église. En sortant, e
m'a fait l'honneur de m'aborder et de me propo
de te prendre chez elle pour t'attacher au serv
de sa petite-fille, la comtesse Elisabeth, qui d
quelques jours revient du couvent.

— Moi, s'écria Catherine, en service! Et chez
gens-là! Jamais! »

Un éclair de colère brilla dans les yeux de M
guerite Haller : elle se contint pourtant, et ce
d'une voix assez calme qu'elle répliqua :

« Pourquoi pas? Est-ce à cause de ta sotte
toire avec la poupée? Il y a des années qu'on
pense plus; et d'ailleurs bien des choses ont chai
dans la maison depuis ce temps-là : il y règne m
tenant un esprit chrétien.

— Je n'entrerai jamais au service de ces no
insolents qui n'ont que le plus profond mépris p

les gens de notre classe, quoiqu'ils s'efforcent maintenant de cacher leur orgueil sous le masque de la
dévotion !

— Catherine! fit la mère d'un ton menaçant,
mais elle se contint encore une fois. Parlons raison,
dit-elle. Tu ne peux plus à ton âge gagner ta vie en
vendant des bouquets ou en tricotant des bas; et tu
ne sais rien : ni broder, ni coudre, ni repasser.
C'est tout au plus si tu pourrais trouver une misérable place de bonne d'enfant avec douze thalers
par an. La comtesse t'en donnera vingt-quatre, et
elle te fera instruire par sa vieille femme de chambre.

— Excusez-moi, ma mère, répondit doucement la
jeune fille; mais je ne puis accepter; je hais et
méprise trop ces gens-là pour pouvoir les servir.

— Aveugle et orgueilleuse créature!... Alors,
mets-toi servante chez le cordonnier du coin de la
rue, qui m'a fait l'honneur l'autre jour de me proposer de te prendre. Je ne souffrirai pas que tu
mènes plus longtemps cette vie d'oisiveté et de paresse.

— Je ne me mettrai servante chez personne.

— Eh bien!... alors?...

— Je n'ai pas non plus l'intention de rester oisive.
J'ai travaillé du reste, je me suis instruite...

— Ne me parle pas de tes sottises. Veux-tu, oui ou
non, accepter la place qu'on t'offre chez Son Excellence?

— Non, répondit Catherine d'un ton ferme; car
je peux faire quelque chose de mieux. J'ai étudié,

j'ai trouvé ma vocation; j'entrerai au théâtre...
serai... artiste... »

La jeune fille n'acheva pas, tant elle fut effray
de la révolution qui venait de se produire sur
traits de sa mère. Celle-ci en effet était deven
tout à coup pâle comme la mort et avait été ok
gée de se retenir au dossier d'une chaise pour
pas tomber.

« Voilà donc où nous en sommes! murmura M
guerite dès qu'elle put parler. J'aurais dû m
douter!... On n'a pas impunément du sang de cal
tin dans les veines!... Mais, grâce à Dieu! il
encore temps, reprit-elle, en retrouvant toute
énergie. Je saurai bien te sauver malgré toi, mi
rable créature! Je te traînerai demain chez la cc
tesse, et nous verrons si tu oseras me résister.

— Mère, entends-moi, dit Catherine suppliar
— Parle. »

Et la jeune fille, avec une éloquence entraînai
se mit à raconter ses travaux, ses efforts, ses es
rances, ses illusions, tout le bonheur, l'honneur
gloire que la carrière d'artiste promettait à
imagination de seize ans. Mais Marguerite Hallei
l'écoutait pas; la figure cachée dans ses mains,
évoquait les souvenirs de son enfance, la miséra
et honteuse existence de sa mère, la comédien
cette vie de privations et d'orgies, ces nuits
bombance et ces jours sans pain. Et ces tri
tableaux lui paraissaient encore plus hideux et
sombres à la lumière de ses nouvelles idées r

gieuses, au point de vue des sentiments qu'on lui avait inculqués depuis qu'elle s'était faite dévote, depuis qu'elle fréquentait les églises et les prêtres. Le métier de comédienne, ce n'était pas seulement la pauvreté et l'humiliation, c'était le vice, c'était le péché, c'était la damnation éternelle!

Cependant Catherine parlait toujours.

« Assez! lui cria tout d'un coup sa mère en faisant un pas vers elle, les bras croisés sur sa maigre poitrine qu'agitait la colère. Assez! malheureuse! méprisable créature, sans honneur et sans cœur!

— Mère! mère! dit la jeune fille avec un accent où se mêlaient le reproche et la prière.

— Je ne suis plus ta mère!... Tu n'es qu'une fille perdue!... »

Catherine bondit sous l'insulte, et s'élançant vers Marguerite :

« Non! c'est vrai! fit-elle d'une voix sourde, tandis qu'elle lui serrait le bras de ses doigts nerveux et que, rapprochant son visage de celui de sa mère, presque jusqu'à le toucher, elle plongeait dans les yeux gris de la vieille ses yeux noirs étincelants de colère et de haine; vous n'êtes plus... vous n'avez jamais été pour moi une mère. Vous n'en avez jamais eu pour moi l'amour, vous n'en avez jamais rempli les devoirs. J'ai tout lieu de croire que si, quand je suis venue au monde, vous n'avez pas, comme tant d'autres, étouffé dans vos mains le fruit de votre honte, ce n'est ni la pitié ni la tendresse qui vous en ont empêchée. C'eût été moins

cruel cependant que de me laisser vivre pour i
rendre malheureuse et pour me faire porter sa
cesse au front la tache de ma naissance. C'eût (
moins injuste que de me jeter à présent au visa
une injure que je ne mérite pas, moi, et que :
eu souvent l'humiliation d'entendre répéter sur vo
passage!... »

Marguerite Haller demeura pendant quelques i
tants immobile et muette de stupéfaction. Jam
sa fille n'avait eu jusqu'ici le moindre mouvem
de révolte : elle avait enduré avec une résignati
silencieuse tous les affronts, toutes les injustic
tous les mauvais traitements. D'où lui venait aujo
d'hui ce courage, cette audace inaccoutumée?

Mais peu à peu l'étonnement fit place à un nou
et plus violent accès de fureur. Elle se précip
sur sa fille, elle la saisit par le bras avec une vigue
qu'on n'aurait pas attendue de sa frêle apparenc
elle lui fit remonter les trois ou quatre degrés v
moulus qui menaient dans le corridor, et, l'entra
nant rapidement jusqu'au bout de ce sombre coulo
elle ouvrit la porte de la rue et lança la pauvre e
fant, qui ne résistait pas, littéralement sur le pa
fant, qui ne résistait pas, littéralement sur le pa

« Va-t'en! dit-elle, fille dénaturée! Je ne ve
plus entendre parler de toi. Va... vivre comme
voudras et... crever comme tu pourras! »

La porte se referma. Catherine, qui était tomb
sur ses genoux et qui n'avait été préservée d'u
chute complète que par la présence d'esprit qu'e
avait eu de se retenir à la rampe du perron, s'as

sur les marches de pierre, tout étourdie, toute tremblante. Le ciel était sans étoiles, et une pluie fine et glaciale qui tombait sans interruption traversait ses légers vêtements et la mouillait jusqu'aux os.

** **

Chassée par sa mère, la pauvre Catherine était allée se réfugier chez la comédienne qui faisait, comme on s'en souvient, ses préparatifs de départ, et qui, prise de pitié, avait consenti à l'emmener avec elle à Berlin. Là, elle ne tarda pas à rencontrer de nouveau le comte Guido de Reichenstein. Le jeune homme était épris de la belle Georgina Grenelli, et celle-ci n'était pas cruelle. Il était d'ailleurs plus que jamais passionné pour le théâtre, pour la poésie et les lettres ; il composait des essais dramatiques pour lesquels il cherchait un *impresario* et faisait imprimer des vers qui n'étaient pas sans mérite, bien qu'ils ne fussent guère connus que de ses amis et de sa maîtresse.

Mais l'actrice était inconstante et légère ; et, ses infidélités aidant, Guido, qui jusqu'alors n'avait fait qu'une médiocre attention à la soubrette, finit par s'apercevoir que son ancienne voisine de Breslau avait de bien beaux yeux. Nous passerons rapidement sur cette partie de notre récit, non pas qu'elle soit moins bien écrite et moins intéressante : E. de Waldow excelle au contraire dans la peinture

du sentiment et dans le développement des passio
Mais nous étudions en lui le socialiste et non le
mancier ; et les doctrines des Cabet et des Leroux
l'Allemagne ne sauraient guère tenir de place d
les conversations de deux amoureux. Le diable
pendant — c'est-à-dire la cause démocratique
sociale — ne perd jamais complètement ses dr
avec notre auteur ; et la scène suivante montr
que, même dans les situations les plus touchar
et les plus pathétiques, il n'oublie pas son antith
favorite, l'opposition des classes, et ne voit pas s
lement deux beaux jeunes gens ardemment épris
de l'autre, mais d'un côté un représentant de l'a
tocratie, de l'autre une fille du peuple.

Georgina Grenelli était sur le point de quitter l
lin pour aller passer aux eaux de Hombourg ou
Bade le congé qu'elle avait obtenu. Guido supp
Catherine de n'y point accompagner sa maîtr
et de venir habiter avec lui ; mais la jeune fille,
était restée pure, refusait, bien résolue à n'aller v
sous le toit de celui qu'elle aimait que lorsqu'
serait devenue son épouse légitime.

Les deux jeunes gens venaient d'avoir ensen
sur ce sujet une de ces discussions pénibles
depuis quelque temps, se renouvelaient à chacun
leurs entrevues. Guido, agité et nerveux, se pro
nait en long et en large dans la chambre ; Cather
debout près de la fenêtre, considérait distraiten
le ciel tout chargé de nuages.

« Tu me demandes, dit-elle après une pause,

sacrifice qui serait pour moi le bonheur céleste, si
je pouvais te le faire sans me rendre coupable. Mon-
tre-moi un chemin où je ne sois pas sûre de rencontrer le repentir et la honte, et je te suivrai au
bout du monde.

— Si ton amour ne te montre pas ce chemin,
répondit Guido avec un accent de dépit, je ne puis
te l'indiquer; si ce bonheur est pour toi un sacrifice,
ce n'est plus du bonheur, et j'ai tort de te le proposer. »

Un éclair passa dans les yeux de Catherine.

« Ferais-tu une pareille proposition à une jeune
fille de ton rang? demanda-t-elle en regardant son
amant en face.

— Oui, si je pouvais croire qu'elle m'aimât assez
pour me sacrifier des préjugés surannés.

— Des préjugés? pour vous, peut-être pour les
hommes? Pour nous, ce sont de saintes maximes
que nous ne transgressons jamais impunément.

— Tu parles comme une pensionnaire, comme le
ferait ma cousine, la comtesse Elisabeth, qui sort
de son couvent!

— C'est qu'il n'est pas besoin d'être comtesse
pour avoir de l'honneur; c'est un sentiment commun à toutes les femmes, à la fille de l'ouvrière
comme à celle de la noble dame.

— Ce qui est commun à toutes les femmes, quand
elles ont l'âme grande, c'est de reconnaître pour
leur loi suprême les inspirations de leur cœur;
c'est de tout subordonner à l'amour, — qui purifie

tout, — qui ennoblit tout, — qui sanctifie tou

— Et quand cet amour est passé? demanda Cat
rine d'une voix sourde, qu'arrive-t-il?... »

Guido haussa les épaules et se jeta sur le sop
en tordant entre ses doigts son mouchoir de bati
La jeune fille craignit de l'avoir blessé et, se tourr
vers lui, lui dit d'une voix suppliante :

« Guido! »

Il ne répondit pas.

« Guido! parle donc; est-ce que je t'ai offensé

— Non! fit-il d'un ton sec et froid; tu ne m'as
offensé, mais tu viens de dire un blasphème
prouve que tu ne sais pas ce que c'est que l'am
que tu te trompais quand tu croyais m'aimer...

— Je ne t'aime pas! » s'écria douloureuse
Catherine.

Et d'un bond elle courut s'agenouiller près de
et, jetant ses deux bras autour de son cou,
cacha sa tête dans sa poitrine et se mit à sangl

« Oui, tu m'aimes, murmura doucement G
en caressant les longues tresses de la jeune
mais moi aussi je t'aime; pourquoi me sacrifi
à un monde qui n'a jamais eu pour toi que
haine et du mépris? »

Catherine se releva, et, rejetant en arrière l'a
dante chevelure qui était tombée sur son front,
répondit d'une voix tremblante d'abord, mais
devint peu à peu plus ferme et plus assurée :

« C'est justement parce que le monde m'a touj
témoigné un mépris que je ne méritais pas, q

ne veux pas aujourd'hui m'exposer à mériter son mépris. C'est parce qu'on m'a fait cruellement souffrir en me rendant responsable de la faute d'une autre que je me suis promis de ne point ajouter à cette tache originelle une souillure dont je fusse vraiment coupable. C'est parce que j'ai été abreuvée, dès ma naissance, d'injustes humiliations, que je me suis juré de montrer à ceux qui m'ont humiliée qu'on peut être issu de la fange et marcher dans la vie aussi immaculé et aussi pur que si l'on était sorti d'un berceau d'hermine!... »

Tandis qu'elle parlait avec une exaltation croissante, Guido s'était levé à son tour; il ne la regardait pas, il l'écoutait à peine et arpentait la chambre à grands pas, d'un air mécontent.

« Ce beau discours signifie, reprit-il, quand elle eut fini, que tu as plus d'orgueil que d'amour et que tu préfères les satisfactions de cet orgueil à tout le bonheur que je t'offrais. »

La jeune fille ne répondit pas. Elle s'était rapprochée de la fenêtre, et, son front brûlant appuyé contre la vitre, elle contemplait mélancoliquement l'horizon, où, au milieu des nuages, apparaissait un petit coin bleu. Les dernières paroles de son amant, en lui rappelant les séduisantes promesses dont il l'accablait depuis quelques jours, avaient évoqué devant sa pensée de riantes images : une villa solitaire au bord d'un lac de la Suisse ou de la haute Italie, et là, au milieu de cette sublime nature, loin du monde, seule avec celui qu'elle aimait, sans

autre témoin de leur bonheur que les cimes
Alpes et les étoiles du ciel…, quelle félicité!
ferma les yeux; et soudain à cette délicieuse vi
succéda un autre tableau : elle revit la triste ma
où elle avait été élevée et le sombre visage d
mère, courbée depuis tant d'années sous le p
du remords et de la honte; elle entendit la voi
Steiner qui lui disait : « Souviens-toi, enfant, d
que tu as vu! et n'oublie jamais qu'aucun bie
la terre ne vaut l'estime de soi-même. »

Elle se retourna vivement vers Guido et lu
d'un ton affectueux et d'une voix émue, mais
l'accent d'une résolution inébranlable :

« Je mourrai peut-être de chagrin s'il faut
séparer de toi, mais je mourrais certainemen
honte si je consentais à te suivre; mon choi:
fait. »

Le jeune homme se retira sans serrer la ı
qu'elle lui tendait et rentra chez lui déses|
Catherine allait le quitter pour longtemps, peut
pour toujours. Il ne pouvait trouver aucun pré
plausible pour l'accompagner dans la petite
où elle se rendait avec sa maîtresse. Il compr
d'ailleurs parfaitement les scrupules de celle
aimait; et si quelquefois, dans l'ardeur de sa
sion, il essayait de les combattre, il sentait ı
dans son for intérieur, combien ils étaient honı
et respectables. Et cependant pouvait-il obéir
vœux secrets de Catherine, aux inspirations de
propre cœur? Le comte Guido de Reichen

pouvait-il conduire à l'autel la fille illégitime de l'ouvrière Marguerite Haller?

Guido avait hérité des principes libéraux de son père. Il aurait eu le courage de braver les préjugés sociaux. Mais ce qu'il n'avait pas la force de braver, c'était la colère de son oncle Reinhardt et de sa tante Juliane. Ce qui l'effrayait par-dessus tout, c'est qu'il savait que, s'il avait l'imprudence de commettre une pareille mésalliance, ses orgueilleux parents non seulement le déshériteraient à l'heure de leur mort, mais lui supprimeraient sur-le-champ la pension qu'ils lui servaient et qui était son principal revenu. Il avait peur des privations et de la gêne.

Au milieu de ces perplexités, une dépêche appela tout à coup notre jeune homme à Breslau. Le comte Léo venait de mourir subitement. Lorsqu'il eut rendu pieusement les derniers devoirs à son père, Guido alla voir Steiner, qui demeurait toujours au premier étage de la vieille maison, et lui confia dans un moment d'abandon son amour, son chagrin et les combats de son âme.

« Ainsi, lui demanda gravement Steiner, vous aimez sincèrement, profondément cette pauvre enfant?

— Oui, répondit le jeune comte.

— Et vous croyez qu'elle partage vos sentiments?

— Je le crois.

— Et vous m'assurez que la seule considération qui vous empêche de combler vos vœux et les siens, en lui donnant votre nom, c'est la crainte du scan-

dale et de l'éclat que produirait dans votre mond
un pareil mariage?

— Je vous le jure!

— Eh bien ! il y a moyen de surmonter, ou to
au moins de tourner l'obstacle qui s'oppose à v
désirs. J'ai un cousin qui est le pasteur d'une peti
commune saxonne; allez le trouver de ma part,
vous donnerai une lettre pour lui, et je crois êt
sûr qu'il ne vous refusera pas son assistance. »

La peinture d'un bonheur sans mélange cou
grand risque d'être monotone. C'est sans doute po
cela que notre romancier ne nous dit presque ri
des trois ou quatre années qui s'écoulèrent apr
que Guido eut suivi le conseil de Steiner, et qu'il
reprend, à proprement parler, son récit qu'au m
ment où cette félicité, d'abord si parfaite, cor
mença à se couvrir de quelques nuages.

Nous retrouvons le jeune couple à Berlin, da
une modeste habitation, située dans un quart
éloigné du centre de la ville, mais entourée d'
petit jardin où Eugène, un charmant baby de tr
ans, peut s'ébattre à son aise. Guido et Catheri
s'aiment toujours; mais le premier commence
n'être plus complètement satisfait de son sort. I
dépenses du voyage qu'il vient de faire en Suisse
en Italie ont obéré ses finances, et il a été obl
d'avoir recours aux usuriers. Il était revenu à Ber
dans l'espérance de se créer des ressources avec s
travail; mais ses poésies ne trouvent pas d'éditeu
ses drames ne trouvent pas de théâtre qui conse

à les représenter. La gêne entre dans le ménage et y apporte, comme c'est l'ordinaire, des germes de mécontentement et de discorde. Guido a la nostalgie du luxe et de l'élégance, de la société aristocratique au milieu de laquelle il est né et a été élevé. Catherine s'en aperçoit; elle en est affligée d'abord, puis froissée et profondément blessée dans son amour-propre. Un jour, le jeune homme reçoit une invitation de la baronne de Beringen, une de ses tantes; elle avait appris son adresse par le vieux comte Reinhardt de Breslau, qui envoyait de temps en temps, moins par générosité que pour l'honneur du nom, quelque argent à son neveu. Guido revoit chez la baronne sa cousine Élisabeth. devenue une belle jeune fille à la tournure noble et gracieuse, à l'esprit cultivé, ornée enfin de tous les avantages que peuvent prêter à une femme l'élégance des manières et l'éclat des toilettes. Élisabeth n'a pas oublié que, toute enfant, ses grands-parents la destinaient à son cousin; et, bien qu'elle ait vaguement entendu parler de ce qu'on appelle dans la famille « l'intrigue » de celui-ci « avec la petite aventurière », elle n'a pas perdu l'espoir de ramener un jour à elle ce bel enfant prodigue. Elle l'accueille avec un mélange de familiarité affectueuse et de coquetterie mutine qui séduit le pauvre Guido. Il promet de revenir, il revient, en effet, et peu à peu, sans en avoir conscience, sans envisager les conséquences, il se laisse entraîner, par légèreté et par faiblesse, à une de ces *flirtations* dangereuses qui

enlacent insensiblement deux jeunes cœurs dar
un inextricable filet.

Naturellement Guido n'a point dit à Catherine
secret de ses visites chez la baronne de Beringe
mais elle l'a bientôt deviné. Il a imaginé des p
textes pour justifier ses fréquentes absences, il
descendu jusqu'au mensonge; elle s'en est aperç
et, droite et fière comme elle est, elle s'est mis
mépriser l'homme qui cherchait à la tromper. E
aurait pu conjurer le danger en provoquant u
explication, car Guido l'aimait encore; mais ell
préféré dévorer sa douleur, sauf à soulager
temps en temps son cœur ulcéré, soit par des b
deries, des allusions détournées ou des mots
quants, soit par de violentes sorties contre les nob
parents du jeune homme, contre ses aristocratiq
relations et les aristocrates en général. Elle a
elle-même retrouvé une ancienne connaissan
dans un de ces jours d'isolement, où elle se pro
nait seule, avec son enfant, dans les rues de Ber
elle avait rencontré Fritz, ce mauvais garnem
qui dévalisait les boutiques et se faisait régaler
la petite Dora, mais qui heureusement, grâce
bons conseils de Steiner, s'était arrêté à temps
cette pente glissante. Il était devenu un bon ouvr
un excellent père de famille, ce qui ne l'empêc
pas d'être un ardent socialiste. Il recevait c
lui un chef de société secrète, un agitateur in
gable, un faiseur de barricades, le vieux Salo
Friedmann.

Grâce aux dispositions d'esprit et de cœur où se trouvait en ce moment Catherine, ce personnage n'avait pas tardé à prendre sur elle un grand empire. Comme socialiste, il n'était pas de la même école que Steiner, et au rebours du pacifique décorateur de Breslau, qui comptait sur l'amour, sur la fraternité universelle pour amener le règne de la justice, Friedmann ne voulait s'appuyer que sur la haine et sur la violence pour assurer la revanche du peuple. Estimant qu'une femme jeune, belle et intelligente serait pour son parti une excellente recrue, il s'était appliqué à attiser la sourde colère que Catherine nourrissait contre Guido et à la transformer en un sentiment d'animosité contre toute la caste à laquelle appartenait le jeune comte de Reichenstein. La semence tombait, nous le savons, sur une terre bien préparée, et le vieillard eut bientôt réussi à l'enrôler dans la société dont il était le président et à obtenir d'elle la promesse de déclamer des vers dans une réunion qui devait prochainement avoir lieu. On touchait à la Noël, et Guido avait annoncé l'intention d'aller passer les fêtes auprès de son oncle et de sa tante à Breslau; il n'avait pas ajouté, il est vrai, qu'il y devait accompagner sa cousine Elisabeth. Mais Friedmann, qui s'était trouvé par hasard à la gare au moment du départ des deux jeunes gens, n'avait point manqué d'en avertir Catherine; ce fut pour la jeune femme une poignante douleur, le dernier coup porté à son amour; à partir de cet instant, il n'y eut plus de place dans son cœur que pour la vengeance

La veille de la Noël, à sept heures du soir, un fiacr
s'arrêta devant la petite maison de la Hirschstrasse
Friedmann en descendit et entra rapidement dar
le vestibule; mais il y avait à peine fait quelques pɑ
qu'il s'arrêta avec un geste d'admiration. Elle ét
en effet vraiment belle, la jeune femme qui s'ava
çait, dans ce moment, au-devant de lui, bi
qu'elle ne fût vêtue que d'une robe de soie bla
che, sans le moindre ornement, sans le moind
bijou. Mais cette robe, œuvre d'une habile faiseus
moulait admirablement les contours d'un cor
digne du ciseau de Praxitèle. Elle n'avait dans l
cheveux pas une fleur, pas un ruban; mais le
grosses torsades formaient au-dessus de son fr
bien modelé un majestueux diadème. Une so
de feu sombre et mystérieux brillait dans
grands yeux noirs, et l'émotion colorait ses jo
ordinairement un peu pâles.

« Venez, il est temps, » dit Friedmann en l'aid
à s'envelopper dans un épais manteau.

Pas un mot ne fut échangé entre eux pendan
trajet, et, lorsque la voiture se fut arrêtée dev
une petite auberge située dans un des faubou
les plus pauvres et les plus éloignés, Friedm
aida sa compagne à descendre et la conduisit sil
cieusement dans une salle basse donnant su
cour. Puis il la laissa, pour aller sans doute pr
dre quelques dispositions et s'entendre avec
autres-organisateurs de la réunion.

Catherine s'assit, en relevant soigneusement sa robe, sur la moleskine graisseuse d'une espèce de divan, et se mit à promener des regards qui n'avaient rien d'admiratif sur le mobilier de la chambre et sur les informes enluminures qui en couvraient les murs. Elle entendait dans la cour les grossiers lazzis des palefreniers et des servantes, et de minute en minute des pas lourds faisaient craquer les marches de l'escalier. Elle se couvrit le visage de ses deux mains et songea : Si Guido me voyait ici ! se dit-elle, seule en un pareil lieu, au milieu de ces hommes vulgaires ! Et une rapide rougeur colora ses joues. Mais aussitôt les leçons de Friedmann lui revinrent à l'esprit, et elle se reprocha le sentiment peu démocratique qui venait, pendant un moment, de s'emparer d'elle : Ces hommes vulgaires, pensa-t-elle, ce sont des enfants du peuple comme toi ; ce sont tes frères. Ceux-là du moins te considèrent comme leur égale. C'est parmi eux, c'est pour eux que tu dois désormais vivre, travailler et combattre !...

Une voix joviale qui retentit tout à coup à côté d'elle la tira de sa méditation :

« Mille tonnerres ! la Brune, est-ce toi ou n'est-ce pas toi ! Tu es si belle que je ne te reconnaissais pas.

— Voilà qui est plus flatteur pour ma robe que pour moi-même, mon cher Fritz, répondit-elle en souriant.

— On dit, reprit celui-ci, que l'habit ne fait pas le moine ; mais il l'embellit joliment. Ainsi, moi-même,

en ce moment, tel que tu me vois, j'ai toutes le
peines du monde à ne pas me prendre pour un d
ces gredins d'aristocrates. »

Et il jeta un coup d'œil de satisfaction sur u
morceau de glace qui pendait à la muraille.

La noble et gracieuse silhouette de Guido pas
devant les yeux de la jeune femme, et, à cette co
paraison que le pauvre Fritz avait eu lui-mê
l'imprudence d'évoquer, elle étouffa une violen
envie de rire. Avec son bourgeron de travail et
casquette crânement posée sur l'oreille, l'ouvri
mécanicien pouvait passer pour un beau garço
Mais endimanché comme il l'était aujourd'hui, s
habit noir grimaçant sur ses larges épaules, s
gilet blanc orné d'une grosse chaîne de cui
doré, ses gants blancs trop larges, et ses bot
vernies trop étroites, toute cette toilette enfin q
portait si gauchement faisaient ressortir cruell
ment sa vulgarité naturelle.

Heureusement pour Catherine, qui allait lui l·
cer quelque mot piquant et qui s'en serait cer
nement repentie ensuite, Friedmann entra et,
présentant cérémonieusement la main, l'introdui
après lui avoir fait monter quelques degrés, d
une vaste salle assez bien éclairée et pleine
monde.

Toujours guidée par la main, elle passa les y
baissés au milieu des groupes bourdonnants
houleux, et arriva sur une estrade, où étaient
sieurs jeunes gens en habits noirs et en crav

blanches, qui lui firent place avec une politesse un peu gauche. Tout à coup il se fit un grand silence; et elle entendit dans le lointain la voix de Friedmann qui, après avoir dit quelques paroles dont elle ne distingua pas le sens, finit par prononcer son nom.

A ce moment, elle vit — ou, pour mieux dire, elle sentit, car une sorte de brouillard obscurcissait sa vue — que toutes ces têtes se tournaient vers elle, que tous ces yeux s'attachaient sur elle. Le sang avait reflué à ses joues, son pouls battait violemment, et il lui sembla que le maigre et terne lustre qui pendait au plafond lançait mille éclairs. C'est la fièvre de la rampe, pensa-t-elle, Guido m'a toujours dit que je ne pourrais la supporter. Aurait-il donc eu raison?... Non, je ne veux pas qu'il ait eu raison!... et, rassemblant toute son énergie, elle fit un pas en avant, promena sur l'assistance un regard assuré et commença d'une voix ferme et sonore :

LES MORTS AUX VIVANTS [1]

Le trou d'une balle au milieu de la poitrine,
Au front la large entaille d'un sabre,
Sur une planche branlante vous nous avez élevés,
Comme sur un pavois...
Comme sur un pavois vous nous avez élevés,
Pour que les convulsions de notre agonie
Soient, pour celui qui commanda de nous tuer,
Une malédiction éternelle!

1. C'est la première strophe d'une espèce de *Marseillaise* des travailleurs, qui n'a pas été mise en musique et qui par conséquent n'est point chantée, mais seulement déclamée. Elle a été composée en 1848, après que le roi de Prusse, Frédéric-Guillaume IV, eut ordonné de tirer sur le peuple.

Les accents de cette poésie sauvage vibrai
d'une façon étrange au milieu du lugubre siler
qui planait sur l'assemblée comme les sombres ai
de la mort. Au dehors, la tempête mugissait et h
lait plaintivement en faisant fouetter contre
vitres des tourbillons de neige ; et, un moment
rafale ayant pénétré dans la salle par les fenêt
mal jointes et fait vaciller les lumières, tous
assistants se courbèrent en frissonnant : ils avai
cru sentir passer sur leur tête le souffle glacé
esprits que Catherine évoquait de sa voix puissar

La jeune femme continua, et l'émotion alla gr
dissant autour d'elle. Avec sa parole ardente et ļ
sionnée, avec sa taille majestueuse, avec son
et énergique visage, avec ses noirs sourcils fror
et ses grands yeux qui étincelaient de colère et
haine, elle apparaissait à ces hommes simļ
comme un être surhumain, une sorte de Ném
vivante. Les poitrines se gonflaient, les poings
serraient et se crispaient menaçants, et plus d'
larme coula furtivement sur ces joues bronz
N'étaient-ce pas en effet des camarades, des ar
des frères que ces *morts*, — tombés, pour la ca
du peuple, sous les balles de la tyrannie, —
leur adressaient ce douloureux appel à eux,
vivants, et leur reprochaient de ne les avoir
même vengés ?

Catherine s'était tue. Sans laisser aux sentime
qu'elle venait d'allumer le temps de s'éteindre
de se refroidir, Salomon Friedmann se hâta de pi

dre à son tour la parole et de prononcer une de ces courtes mais violentes allocutions avec lesquelles il savait émouvoir et passionner les masses. Puis, descendant de l'estrade, il se mit à parcourir les groupes, excitant les uns, recommandant la patience aux autres et obtenant de tous des adhésions et des engagements, des promesses, des serments.

Ce ne fut que lorsqu'un des jeunes gens cravatés de blanc dont nous avons parlé se mit à lire des vers de sa composition, et qui n'étaient guère qu'un article de l'*Ami du peuple* pauvrement rimé, que l'infatigable vieillard trouva enfin le loisir de s'approcher de Catherine et de lui dire tout bas :

« Eh bien! mon enfant, êtes-vous contente de l'effet que vous avez produit? Avez-vous vu de quoi vous êtes capable, et quel glorieux rôle vous pouvez jouer en ce monde, si vous voulez vous dévouer à notre cause? »

La jeune femme fit de la tête un signe affirmatif.

« L'acceptez-vous, ce rôle? demanda Salomon; et êtes-vous décidément et irrévocablement des nôtres?

— Oui, répondit-elle d'une voix ferme.

— Vous le promettez?

— Je le jure. »

Et elle mit sa petite main nerveuse dans la main du vieillard.

. . . .

Il était près de minuit quand Catherine rentra. Elle courut au lit de son enfant et s'assura qu'il

dormait paisiblement. Puis elle revint dans le p
salon qui précédait la chambre à coucher et se c
sidéra un instant dans une grande psyché qui
renvoyait son image tout entière.

« Est-ce bien toi, Catherine? murmura-t-
lentement. Cette fière créature au front haut,
regard superbe qui tout à l'heure tenait cour
sous sa parole puissante, palpitants, haletants, to
cette vaillante cohorte d'hommes forts et courage
qui, si elle l'eût voulu, les eût entraînés au coml
à la mort, est-ce bien la même que cette fen
humble et faible qui, il y a quelques jours enc
se prêtait à tous les caprices d'un maître, mend
de lui une caresse, guettant avidement un reg
d'amour — qu'elle n'obtenait pas? Non, cette lâ
esclave n'existe plus. Il n'y a plus ici qu'une ame
de la liberté, qui a commencé par secouer
chaînes avant de travailler à briser les chaînes
autres; il n'y a plus qu'une apôtre de la foi nouve
une prêtresse du peuple! »

Elle promena une dernière fois ses regards
cette chambre, où elle avait aimé et souffert et
lui rappelait, avec de tristes heures, plus d'un 1
ment de bonheur et d'ivresse. Son grand œil 1
devint humide, et un soupir faillit s'échapper de
lèvres : Non, dit-elle, en secouant résolument
beau front noyé dans sa chevelure qu'elle venai
dénouer; non, tu n'auras pas de moi un regret. Ad
passé! salut à l'avenir!

. . . .

Le lendemain, de grand matin, une voiture de louage s'arrêtait devant la maison de la Hirsch-strasse. Un jeune voyageur en descendait lestement et traversait le petit jardin d'un pas rapide. Quelle imprudence! s'écria-t-il, quand, en mettant la main sur le loquet, il s'aperçut que la porte n'était pas fermée. Toujours son habitude de bohémienne de dormir la porte ouverte!

Guido, car c'était lui, revenait dans des dispositions fort différentes de celles avec lesquelles il était parti. Il s'était querellé, au palais de Reichenstein, avec son oncle et sa tante, qui, après l'avoir bien accueilli, avaient fini par lui reprocher amèrement la vie irrégulière que, selon eux, il menait. Il avait même eu quelques scènes pénibles avec sa cousine Elisabeth; celle-ci, ne comprenant pas pourquoi son cousin, après s'être montré fort épris d'elle et lui avoir positivement fait la cour, ne tenait pas un langage plus sérieux et semblait au contraire éviter soigneusement toute parole qui aurait pu être considérée comme un engagement, était étonnée et offensée et lui avait fait sentir sans ménagements son dépit et sa mauvaise humeur. L'arbre de Noël, aussi, tout étincelant de lumières et de bijoux, lui avait causé une impression douloureuse; il avait songé que son cher petit Eugène n'avait probablement pas eu son arbre de Noël, — en cela il ne se trompait pas, — qu'il avait dû se coucher sans un bonbon, sans un joujou. Il s'était reproché sa conduite envers ces êtres aimés qu'il avait laissés là-bas, dans

la triste et froide petite maison de Berlin, et il re
nait, plein de remords et de tendresse, impatient
les serrer dans ses bras et de les couvrir de baise

Mais, au moment où il traversait rapidement
chambre où Catherine s'était la veille déshabillé
la hâte, ses regards tombèrent sur un objet q
dans la demi-obscurité de cette heure matinale
ne reconnut pas tout d'abord. Oui, c'était bien
robe de soie blanche qui était là gisant en désor
sur une chaise, cette robe qu'il lui avait don
jadis et qu'elle n'avait mise qu'une fois, dans
circonstance solennelle. Il s'arrêta pour mieux s
assurer et vit à terre un mouchoir de dentelle
des gants blancs; il les ramassa machinalem
Qu'est-ce que cela signifiait? Catherine avait d
été en soirée, hier? Quels amis avait-elle don
Berlin, qu'il ne connaissait pas et chez qui elle a
en pareille toilette?

« Catherine! cria-t-il d'une voix où l'étonne
et l'inquiétude se mêlaient à un commencemen
colère.

— C'est toi, Guido? répondit-on du dedans.

— Eh! sans doute.

— Me voilà! » dit la jeune femme, qui, réve
par le bruit de la voiture, avait passé précipit
ment sa robe de chambre.

Presque aussitôt, elle parut sur le seuil, pâle
cheveux dénoués, et demeura immobile.

« C'est ainsi que tu me reçois! fit Guido
ton de reproche.

— C'est ainsi que tu te précipites dans mes bras ! »
répliqua Catherine avec un accent ironique.

Elle avait remarqué tout de suite, en entrant,
que les regards de Guido étaient attachés sur les
objets de toilette qui étaient épars sur les meubles,
et, devinant ce qui allait se passer, elle se prépara
au combat.

Il se jeta dans un fauteuil, après en avoir écarté
assez brutalement un jupon brodé.

« Pourrais-tu me dire quel genre de distractions
tu as pris pendant mon absence?

— C'est un interrogatoire que je vais avoir à subir? demanda-t-elle froidement.

— Comme tu l'entendras; ce qu'il y a de sûr, c'est
que je veux une réponse.

— Je ne réponds pas quand on m'interroge de
cette façon.

— Et... si je l'exige.

— Je refuserai.

— De quel droit?

— Du droit que m'a donné ta conduite, dans ces
derniers mois, de reprendre ma liberté.

— Ne me brave pas ainsi, Catherine! s'écria-t-il
en élevant la voix; je ne le supporterais pas.

— Tu n'as pas besoin de parler si haut pour que
je t'entende, répondit-elle toujours avec le même
calme. Je m'étonne seulement que tu me contes-
tes la liberté dont tu uses toi-même si largement, et
que tu me demandes des comptes aujourd'hui, quand
depuis près d'un an tu sors presque chaque jour et

me laisses seule, sans que je t'aie jamais question
sans que j'aie jamais cherché à savoir où tu vas.

— Tu devrais bien sentir que l'homme et la fe
ne sauraient jouir de la même liberté, et que l'ho
a le devoir de veiller sur son nom.

— Je ne comprends pas bien, fit Catherine, dont
à coup les yeux étincelèrent ; répète donc un pe

— Je n'ai voulu ni t'accuser ni t'offenser, rép
Guido d'un ton plus doux. J'ai voulu dire seule
que, comme je ne te connais ici aucune société
venable et digne de toi, j'en dois nécessaire
conclure...

— Que je fréquente une société inconvenan
indigne, n'est-ce pas ? Eh bien, tranquillise-toi
été introduite dans cette société par Fritz Weg
mon camarade d'enfance, et tu peux être sûr par
séquent qu'elle est tout à fait en rapport avec
principes et avec mon origine.

— Je m'en doutais, s'écria le jeune homme,
leva brusquement et se mit à parcourir la cha
à grands pas, tandis que Catherine, toujours i
bile et appuyée contre le poêle, qui malgré le
n'était pas allumé, suivait du regard tous ses
vements. Tu ferais bien, reprit-il après un sil
de ne pas rappeler si souvent ton origine.

— Je serais coupable si je l'oubliais.

— Mais tu devrais te souvenir aussi que j
d'une autre condition, et que j'ai le droit de n
souffrir que la mère de mon enfant me co
mette en fréquentant de mauvaise compagnie.

— Fais attention à ce que tu dis, Guido. Ceux que tu méprises sont des gens de ma classe, mes frères par le sang aussi bien que par le cœur, et, s'ils ne sont pas dignes de ma fréquentation, je ne le suis pas davantage de la tienne.

— Assez de subtilités comme cela. Ce qu'il y a de clair, c'est que je suis résolu à t'apprendre ce que se doit à elle-même une honnête femme. Je suis fâché d'en être réduit là, mais je devais m'y attendre, étant donnée... »

Catherine ne le laissa pas achever. Toute tremblante de fureur, elle bondit vers lui, et lui saisissant le bras :

« Achève, fit-elle hors d'elle-même, achève si tu n'es pas un lâche !

—Étant donnée ta naissance, acheva en effet Guido, qui, dans son horreur de ces emportements vulgaires, oublia tout ménagement. Comment la fille de Marguerite Haller saurait-elle ce que c'est qu'une honnête femme ? »

Le jeune homme n'eut pas prononcé plus tôt cette dure parole qu'il s'en repentit. Catherine, en recevant l'insulte, avait senti au cœur comme un coup de poignard ; elle s'était reculée pâle comme la mort et, appuyée contre un meuble, considérait d'un œil hagard l'homme qu'elle avait tant aimé et qui venait de l'outrager si cruellement.

Guido était bon, malgré sa légèreté, et il éprouva un véritable remords de lui avoir fait tant de mal.

« Pardonne-moi, chère enfant.... » balbutia-t-il en

faisant un pas vers elle. Et, voyant que ses avanc
n'étaient pas même remarquées, il reprit en affe
tant un air dégagé :

« Mais que nous sommes fous de nous querell
ainsi, un jour de Noël... sans feu, par quinze degr
de froid ! Il y a de quoi vous donner la fièvre, et l'o
ne sait plus ce qu'on dit... Il faut pourtant que cet
scène pénible finisse, ajouta-t-il impatienté de s
silence.

— Oui, et il ne faut pas qu'elle recommence,
Catherine d'une voix sourde.

— A la bonne heure ! s'écria-t-il avec une gaie
forcée, voilà qui est parlé ! c'est la première paro
tout à fait sensée qui soit sortie de ta bouche depu
un quart d'heure.

— En tout cas, ce ne sera pas la dernière, car
vais m'expliquer sérieusement avec vous.

— Ne vaudrait-il pas mieux commencer par fai
allumer le feu ? dit-il en s'asseyant.

— C'est inutile, j'aurai bientôt fini... Vous m'av
trompée, Guido !... non point tant quand vous m'av
juré un amour éternel qui ne devait pas durer lon
temps ; vous étiez sincère alors, vous vous croy
capable de plus de constance. Vous m'avez trom
quand vous avez cherché à me dissimuler les se
ments qui vous entraînaient vers... celle qui a p
votre cœur. »

Le jeune homme voulut protester ; d'un ge
impérieux elle lui imposa silence.

« Vous m'avez menti, poursuivit-elle froideme

Vous me donniez à entendre tout à l'heure que, née comme je le suis, je ne devais pas savoir ce que c'est que l'honneur; eh bien! je vous jure que, toute fille du peuple, toute bâtarde que je sois, j'aurais cru me déshonorer si je vous avais menti comme vous l'avez fait, vous un gentilhomme!...

— Tu es dans l'erreur, Catherine...

— N'essayez pas de le nier. Votre premier mensonge date du jour où vous m'avez caché l'invitation que vous aviez reçue de la baronne de Beringen — le hasard l'a fait tomber entre mes mains — et où vous avez inventé je ne sais quel prétexte pour me laisser seule. Vos mensonges ont recommencé à chaque nouvelle visite que vous avez faite dans cette maison, quand vous prétendiez sortir pour affaire, dans mon intérêt et dans l'intérêt de notre enfant, et qu'en réalité vous n'aviez d'autre affaire que votre passion pour cette femme... que je hais depuis que je suis au monde. Oui, Guido, reprit-elle après un moment de silence, j'ai deviné tout cela, et je n'ai pas besoin de vous dire que j'ai souffert, que j'ai pleuré. Mais ces larmes ont glacé mon cœur... il est froid maintenant comme ce marbre..

— Oui, répondit le jeune homme d'un ton humble, je conviens que j'ai eu des torts envers toi; mais tu te les exagères, et c'est mon imagination seule qui a été coupable; mon cœur t'est resté fidèle. Pardonne-moi un égarement passager. »

Il lui tendit la main; mais elle ne daigna pas s'en apercevoir.

« Un égarement passager, dit-elle amèremen[t]
C'est quand vous êtes venu à moi que vous vou[s]
êtes égaré, c'est votre entraînement vers moi q[ui]
était passager. Ne vous y trompez pas, comte Guid[o]
de Reichenstein ! Vous êtes un aristocrate, malg[ré]
vos maximes libérales, et c'est parmi les aristocrat[es]
qu'est votre véritable place. Votre amour pour u[n]
prolétaire était une anomalie, l'erreur d'un mome[nt]
mais votre amour pour une femme de votre cas[te]
de votre rang et de votre sang doit être durab[le]
car il est parfaitement naturel et logique.

— Comment peux-tu parler ainsi de mon amo[ur]
pour toi, Catherine, après toutes les preuves que [je]
t'en ai données, après tous les sacrifices que j[e]
faits pour toi ?

— Des sacrifices ! fit Catherine blessée. Et m[oi]
ne vous ai-je donc rien sacrifié ? Ne vous ai-je [pas]
sacrifié mes goûts et ma vocation pour le théâtre, [la]
carrière artistique que j'aimais avec passion, à [la]
quelle je m'étais préparée et qui pouvait me don[ner]
l'indépendance, la dignité et peut-être la gloi[re]
Vous ne vouliez pas qu'on pût dire un jour que [la]
comtesse de Reichenstein avait été vue sur [les]
planches. Mais c'est assez m'immoler à vos p[ré]
jugés. A partir d'aujourd'hui, je reprends ma [li]
berté et je vous en donnerai bientôt la preuve. »

Le jeune homme bondit sur son siège :

« Même si je vous le défends, s'écria-t-il a[vec]
emportement.

— Vous n'avez plus le droit de me rien défend[re]

— Vous voulez donc une séparation éternelle !

— Il y a longtemps que cette séparation a commencé. »

Et la tête haute, la démarche fière, elle rentra dans sa chambre. Guido fit quelques pas pour l'y suivre; mais arrivé près de la porte, qu'elle avait refermée sur elle, il s'arrêta et hésita un instant. Puis, changeant d'avis, il saisit brusquement son chapeau, s'enveloppa dans son pardessus garni de fourrures et s'élança hors de la maison.

Ce ne fut qu'à une heure assez avancée de la soirée qu'il reprit le chemin de la Hirschstrasse. Toute la journée, il avait erré dans la ville, cherchant en vain à se distraire. Il avait été voir plusieurs de ses amis; il avait fait une visite à la baronne; il avait essayé de causer et de rire; mais il avait le cœur serré et la tête en feu.

Quand il arriva devant la maison, il fut étonné de n'y point voir de lumière. Catherine sera peut-être sortie, se dit-il, pour aller chercher quelque joujou pour Eugène. Le pauvre enfant aura eu un triste Noël !

« Est-ce que madame est sortie? demanda-t-il à la domestique qui vint lui ouvrir avec un air tout consterné.

— Oui, monsieur.

— Et... y a-t-il longtemps?

— Environ une demi-heure. »

Et, après avoir répondu avec ce laconisme qui n'était guère dans ses habitudes, la servante s'éloi-

gna au plus vite, comme si elle eût craint d'êtr
obligée de donner d'autres explications.

Il courut d'abord à la chambre où d'ordinaire,
cette heure, son fils, qu'on venait de coucher,
dormait pas encore, et il s'attendait à entendre
cri joyeux qu'Eugène ne manquait jamais de pouss
en reconnaissant le pas de son père; mais le silenc
comme l'obscurité, était profond; et lorsque,
tâtons, ses mains cherchèrent sous les couvertur
les petits membres dodus de l'enfant, elles ne re
contrèrent qu'une couchette vide et un lit désert.
poussa un cri étouffé et faillit tomber à la renvers
D'une main fiévreuse, il frotta successivement deu
trois allumettes. La troisième seulement s'e
flamma, et à la lueur vacillante qu'elle jeta il ei
brassa d'un coup d'œil l'étrange spectacle qu'offr
la chambre : des armoires bouleversées, des tiroi
ouverts, des effets de femme gisant par terre, pêl
mêle avec des jouets brisés; enfin, sur une tabl
bien en évidence, une grande enveloppe sur laquel
était écrit son nom.

Il en savait assez. Il ne prit même pas la pei
d'allumer une bougie, et, laissant tomber le bo
d'allumette qui lui brûlait les doigts, il s'affais
sur une chaise près du berceau qu'avait occupé s
Eugène, et, cachant son visage dans ses deux main
il se prit à pleurer.

. . . .

. . . .

Au même moment, une voiture chargée de mall

et de paquets s'arrêtait devant une maison de chétive apparence, dans un faubourg, et une jeune dame en descendait, tenant dans ses bras un enfant.

« Soyez la bienvenue, Catherine! dit d'une voix grave un vieillard qui était sorti au devant de la voyageuse.

— Prenez l'enfant, je vous en prie; il a fini heureusement par s'endormir. J'ai eu toutes les peines du monde à l'emmener; il pleurait et criait, et je n'ai pu le calmer qu'en lui assurant que je le menais voir son père. »

Et elle fondit en larmes.

« Du courage! lui dit-il en lui serrant affectueusement la main. Dans le monde nouveau où vous entrez, il faut, même aux femmes, une fermeté virile. Les enfants du peuple doivent être toujours prêts à combattre, à souffrir et à mourir; ce n'est qu'à ce prix qu'ils méritent de vivre. »

*
* *

Deux années entières s'étaient écoulées depuis que Catherine s'était enfuie de la petite maison de la Hirschstrasse, en emportant avec elle son enfant. Libre enfin de suivre sa vocation, elle s'était faite artiste dramatique; comme beaucoup d'actrices, elle avait pris pour le théâtre un nom qu'elle n'avait pas tardé à illustrer et voyageait maintenant de ville en ville, en donnant des représentations qui étaient fort suivies. Le vieux Salomon Friedmann l'accom-

pagnait partout, afin de veiller à ses intérêts maté-
riels et de régler les questions d'affaires avec les
directeurs; en même temps, il continuait à lui inculquer ses principes politiques et économiques et
cherchait à tirer parti de la renommée, du talent et
de la beauté de sa fille adoptive pour sa propagande
démocratique et sociale.

Ainsi abandonné et délaissé, Guido était retourné
vivre à Breslau, au château de Reichenstein, où son
oncle et sa tante, le comte Reinhardt et l'Excellence
Juliane, menaient toujours leur existence triste et
oisive, égayée seulement par la présence de leur
petite-fille Elisabeth. La jeune comtesse était alors
dans tout l'éclat de ses vingt ans. Moins grande,
moins majestueuse peut-être que Catherine, elle
avait plus de grâce, plus d'élégance aristocratique,
plus de charme féminin dans sa physionomie et
dans ses mouvements. Son abondante chevelure
blonde encadrait admirablement dans ses boucles
soyeuses ses traits fins et réguliers, son visage d'une
fraîcheur éblouissante; ses yeux bleus auraient été
d'une douceur infinie si, par moments, certaines
lueurs métalliques n'avaient tout d'un coup durci
son regard, et rappelé que cette délicieuse enfant
avait pourtant dans les veines quelques gouttes
du sang des méchants vieillards dont elle portait
le nom.

La passion de Guido pour sa cousine n'avait fait
que grandir, quoique toujours puissamment combattue par le souvenir de Catherine, qui pesait s

lui comme un remords. Élisabeth, de son côté, aimait son cousin avec toute l'ardeur dont elle était capable et ne pouvait s'expliquer pourquoi celui-ci ne pressait pas davantage une union qui semblait devoir combler ses vœux, et qui était si impatiemment désirée par leurs grands-parents. Elle trouvait dans la conduite du jeune homme de singulières inconséquences, et s'irritait quelquefois au plus haut point de voir si souvent succéder chez lui aux transports de la plus vive tendresse de soudains et inconcevables accès de froideur.

Au moment où nous reprenons notre récit, le haut et puissant seigneur comte Reinhardt de Reichenstein vient d'être atteint de la maladie qui doit l'emporter; et le romancier nous fait assister aux derniers moments de cet homme qui n'a fait que du mal toute sa vie et qui meurt en faisant le mal. Guido vient d'être mandé, en toute hâte, dans la chambre du moribond.

Le vieillard était assis, dans son lit, sur son séant, soutenu par une pile d'oreillers et de coussins; ses traits altérés portaient déjà l'empreinte de la mort, mais ses yeux étaient vifs, et l'on y lisait l'expression d'une résolution inébranlable. Il fit signe à Guido de s'approcher et lui dit d'une voix enrouée, mais encore ferme :

« Mon cher neveu, mon temps est trop précieux pour me permettre un long préambule; je t'ai appelé pour te faire connaître ma dernière volonté, écoute-moi : j'exige que dans deux heures d'ici tu aies épousé ta cousine Elisabeth, ou, de mon héritage, tu n'auras pas un rouge liard.. m'entends?

— Mon oncle, s'écria Guido, effrayé, faites-la grâce de m'écouter... »

Un méchant sourire passa sur les lèvres décolo du moribond.

« Mon cher ami, répondit-il, je n'en ai p loisir. Mes minutes sont comptées; je ne puis accorder que cinq pour prendre ton parti. Car, suis obligé de te déshériter, j'aurai à faire un testament, ce qui entraînera toutes sortes de fo lités. Mais je serais désolé de laisser mon château de Reichenstein à un autre que toi... qui j'ai toujours eu un faible, malgré tes capı littéraires et tes fantaisies libérales, et qui n'as a goût, tout poète que tu es, pour vivre d'amo d'eau fraîche dans une mansarde.

— Mon oncle, dit Guido, un peu remis de sa mière émotion, j'admire et j'aime Élisabeth· pour accepter sa main, il ne serait pas néces de me contraindre si j'étais encore libre... si honneur...

— Silence! fit Reinhardt avec une telle én que le jeune homme n'osa pas ajouter un mot. J veux pas de tes confidences, et, quant à ton neur, tu as là-dessus des idées modernes que j partage pas. Tu épouseras Élisabeth, ou je lég à un autre ma fortune, mes biens, mes titres pourras alors t'en aller faire où tu voudras études d'expérience personnelle sur la condition des classes pauvres... citoyen Reichenstein !...

— Mais encore une fois, mon oncle, daignez m'entendre..

— Je ne veux qu'un mot : oui ou non !

— Pour l'amour de Dieu ! mon oncle !

— Tu sais bien que je ne crois pas en Dieu !

— Je vous en supplie, laissez-moi le temps de la réflexion...

— Il y a deux ans que tu réfléchis. Je ne peux plus attendre. Votre sort est entre mes mains, il me plaît de le régler à ma guise; cela m'amuse de jouer ici-bas le rôle de Providence avant que... je... »

Une espèce de râle convulsif l'interrompit, et il retomba sur ses coussins.

« Mais c'est un crime que vous exigez de moi ! s'écria Guido.

— Que m'importe ! » murmura péniblement le vieillard.

Trop révolté de sa cruauté pour être très touché de ses souffrances, le jeune homme se pencha sur le lit de son oncle : « Il faut que vous m'entendiez, lui dit-il, il faut que vous sachiez que j'ai enfreint votre défense... qu'à votre insu j'ai contracté un engagement sacré, irrévocable... »

Reinhardt fit un soubresaut et essaya de parler; mais il étouffait, et tout ce qu'il put faire fut d'agiter violemment la sonnette d'argent qui était à sa portée sur la table. Un domestique entra, suivi bientôt du médecin; on souleva le moribond pour qu'il pût

mieux respirer et on lui administra quelques gout
d'un cordial qui le calma et le fortifia. Dès que
yeux se rouvrirent, son regard se fixa de nouv
sur Guido avec une dureté inexorable, et ses lèv
pâles murmurèrent d'un ton impérieux, quoiqu
peine perceptible : Oui ou non?... Oui ou non

Le jeune homme ne put résister plus longte
à cette torture. Il s'enfuit de la chambre, trav
rapidement la chambre voisine sans remarquei
notaire qui était là, attendant, et allait franchir
la même précipitation une autre pièce où rég
une obscurité presque complète, quand il se s
tout d'un coup arrêté doucement par le bras :

« Où cours-tu ainsi, Guido? lui demanda une
bien connue, où vas-tu?

— Je ne sais!... loin! loin d'ici, répondit-il,
regarder Élisabeth, qui était là toute trembla
attachant sur lui des yeux suppliants.

— Mais c'est du délire! Je ne te laisserai pas p
ainsi.

— C'est de la raison, Élisabeth. Il faut que
fuie. Adieu, chère, bien chère enfant! Adieu
toujours! »

Il se dégagea doucement de l'étreinte de la j
fille et fit un pas vers la porte; mais, avant q
fût arrivé, Élisabeth s'était élancée vers lui et l'
saisi dans ses bras avec un emportement passio

« Non! s'écria-t-elle en fondant en larmes,
puis vivre sans toi. Je t'aime... à en devenir fol
Si tu t'en vas, emmène-moi!... »

Quand le jeune homme sentit cette poitrine palpitante qui se serrait contre sa poitrine, cette jolie tête blonde renversée sur son épaule et ces lèvres de feu qui cherchaient ses lèvres, tout son courage l'abandonna :

« Une félicité céleste!... murmura-t-il, mais une félicité qui nous tuera! »

Les deux amants se tenaient étroitement enlacés, confondant leurs soupirs, leurs sanglots et leurs baisers, lorsque tout à coup la porte s'ouvrit sans bruit et un flot de lumière vint éclairer ce groupe charmant. C'était la comtesse Juliane qui entrait, tenant à la main un gros livre de prières richement doré, et accompagnée de son intime ami et confident, le pasteur Orlonius.

« Voyez, madame la comtesse, dit le révérend en montrant Guido et Élisabeth, qui n'avaient pas eu le temps de se dégager, comme le Seigneur est bon! Au milieu de vos plus poignantes douleurs, il vous envoie une grande joie.

— J'en bénis le Seigneur, répondit gravement Juliane, car ce n'est pas seulement pour moi une grande joie, ce sera aussi une bien douce consolation pour mon pauvre Reinhardt à ses derniers moments. Allons, enfants, continua-t-elle affectueusement et presque gaiement en poussant les jeunes gens devant elle, précédez-nous. Votre bon oncle va être bien heureux d'apprendre que vous êtes si bien disposés à satisfaire son plus ardent désir. »

L'impérieuse comtesse avait toujours exercé un

grand ascendant sur Guido, et il n'avait jamais ⸱
entrer ouvertement en lutte avec elle ; en mê⸱
temps, il ne se sentait pas la force de résister à
muette éloquence des regards qu'Élisabeth attach
sur lui ; fasciné, subjugué, vaincu, troublé au po
de ne plus savoir ni où il était ni ce qu'il faisait
marcha en chancelant, soutenu et entraîné tou
la fois par la jeune fille, qui, suspendue à son br
l'attirait doucement en avant.

Lorsqu'il entra dans la chambre du moribond,
spectacle étrange et imposant tout à la fois s'offr
ses yeux éblouis. Il vit près du lit une table rec
verte d'un épais tapis de damas blanc et or
comme un autel ; sur cette table, entre deux gr
chandeliers d'argent qu'on avait allumés, quoiqu
lustre, avec ses vingt-quatre bougies qui brûla
également, répandit dans la pièce une clarté
que suffisante, un superbe crucifix doré. Le v
lard, qui, avec cette finesse de perception p
culière aux mourants, avait deviné plutôt qu'il n'
entendu le retour de son neveu, s'entretenait
bas avec le notaire, qui lui répondit aussi, à
basse, quelques mots au milieu desquels on di⸱
gua seulement ceux de « dispense... formalit
dernière volonté... »

A la vue de ces préparatifs dont la significatio
pouvait lui échapper, le jeune homme sortit co
d'un songe et, se dégageant brusquement du
de sa cousine, s'approcha du lit du malade.

« Mon oncle, fit-il en joignant les mains, je

avons fait récemment allusion, et que semblaient confirmer les marques d'affection et de confiance dont l'honorait par moments l'égoïste et soupçonneux vieillard.

Tout à coup le moribond fit un mouvement, sa main s'agita, et ses lèvres pâles laissèrent échapper des paroles incohérentes :

« Silence donc! misérable!... Tais-toi donc! Veux-tu révéler ton déshonneur au monde entier?... Mais vous n'avez pas d'honneur, vous autres gens du peuple... Hou!... j'ai froid... couvrez-moi... mieux que cela!... encore... encore!... »

Hugo se leva et voulut aller chercher du secours; il avait peur et ne se sentait pas la force de rester seul avec ce mourant. Mais la main décharnée du vieillard s'étendit brusquement vers lui, et lui saisissant le bras avec une vigueur qui avait quelque chose de surnaturel :

« Reste, reste! Veux-tu donc me laisser paraître seul devant le juge? Il faut que tu viennes avec moi... que tu témoignes que ce n'est pas moi qui l'ai tué!... Ce n'était pas ton père, tu sais!... C'est moi qui suis ton père. Pardonne-moi de n'avoir rien fait pour toi... je ne pouvais pas... *Noblesse oblige*, vois-tu! C'est écrit là-haut, sur mon écusson.... L'écusson, c'est notre cœur, à nous... »

Le vieillard se tut, et sa main retomba inerte sur sa couverture. Élisabeth entra sur la pointe des pieds.

« Est-ce qu'il dort? » demanda-t-elle à Hugo.

Celui-ci fit un signe de tête négatif, et, emmena la jeune fille près de l'embrasure de la fenêtre, se mit à la supplier tout bas de s'éloigner, de fu cet horrible spectacle. Un cri rauque qui partit l'alcôve vint tout à coup l'interrompre, et les de jeunes gens coururent en tremblant vers le lit.

Le moribond s'était dressé sur ses coussins; l'épo vante était peinte sur ses traits contractés, et s bras s'agitaient comme pour repousser une visi effrayante :

« Otez d'ici cette paille ensanglantée! ôtez-la!. Pourquoi me regardez-vous ainsi? Puisque je vo dis que c'est lui qui s'est brûlé la cervelle! Oserie vous soupçonner votre maître, le comte de Re chenstein ? Allons , vilains! obéissez !..... Fait disparaître ce crâne fracassé!.... Enlevez ce c davre!... »

Élisabeth était haletante, elle songeait aux vagu rumeurs qui étaient arrivées jusqu'à elle, aux all sions détournées que quelquefois, dans son ei fance, les domestiques avaient faites devant elle un drame terrible qui aurait eu lieu dans le châte Elle se rappelait que sa vieille nourrice ne pass jamais devant la porte de l'écurie sans faire le sig de la croix, et qu'elle prétendait avoir vu qu quefois, la nuit, apparaître entre les barreaux l'étroite fenêtre une tête pâle et sanglante.

Élisabeth eut pourtant le courage de prend dans ses mains la main glacée du moribond d'essayer de l'arracher à cet affreux cauchemar.

« Grand-père! lui dit-elle, réveillez-vous. Grand-père! nous sommes là, près de vous! »

Mais le vieillard attacha sur elle un regard morne et sans intelligence :

« Eh! quoi! murmura-t-il, tu veux entrer en lutte avec moi, pauvre fou? avec ton maître! Tu te fâches parce que je t'ai fait l'honneur de trouver ta femme jolie!... Tu prétends me dénoncer, me traîner devant les tribunaux, moi, le comte de Reichenstein!... Ah! ah! le rejeton d'une famille princière en prison et pour la femme d'un cocher!... Tu vas me forcer à employer les grands moyens... *Noblesse oblige!* Ah! tu le veux?... Eh bien! crève, chien!... Un Reichenstein ne peut pas... finir... en prison... »

Et il retomba en râlant sur ses coussins. Élisabeth avait détourné les yeux de cette épouvantable agonie et fixait sur Hugo un regard interrogateur : « Est-ce vrai? semblait-elle lui demander, est-il possible que ce vieillard dont je porte le nom, cet homme respecté ait commis le crime dont il s'accuse? » Mais le jeune homme, évitant de répondre à cette question muette, joignit les mains et se mit à réciter le *Pater noster.*

Le moribond se tordait en gémissant sur sa couche :

« Enlevez! enlevez ce cadavre! Je ne puis soutenir cette vue... Ah! voilà qu'il se dresse et se jette sur moi! Il me prend à la gorge, il m'étrangle!... Ah! j'étouffe! ah! ah!...

— Et pardonnez-nous nos péchés, » disait en c
moment la voix grave et émue du jeune Hugo.

Au même instant, la porte s'ouvrit sans bruit,
la comtesse Juliane entra, accompagnée du pasteu
et tenant son mouchoir sur ses yeux pour essuy
des larmes qui peut-être ne coulaient pas. Le do
teur, arraché brusquement aux douceurs de sa coll
tion, suivait, la bouche encore pleine et la serviet
sous le bras. Il s'approcha du lit et saisit le bras q
pendait inerte et raide : plus de pouls. Il posa
main sur le cœur et attendit : plus de battemen
Le corps se refroidissait déjà.

« C'est fini ! dit-il en essayant de prendre un air s
lennel qui ne seyait guère à sa grosse et courte pe
sonne ; le comte Reinhardt de Reichenstein a véc

— *Beati qui moriuntur in Domino,* » fit à son to
d'une voix grave et pleine d'onction le pasteur Or
nius, ne soupçonnant pas sans doute combien
paroles de l'Écriture étaient ironiques devant
pareil mort : heureux ceux qui meurent dans le S
gneur !

.   .   .   .

.   .   .   .

Quoiqu'ils éprouvassent toujours l'un pour l'au
une passion assez vive, les deux jeunes époux d
l'union avait été célébrée sous ces lugubres auspi
n'étaient pas réellement heureux ; et ce n'est p
le tableau d'une paisible et douce lune de miel
nous trace le romancier en nous faisant l'hist
des premiers mois qui suivirent le mariage. G

était pour sa femme une indéchiffrable énigme.
Affectueux par moments, aimant et tendre, il devenait tout d'un coup et sans transition d'une froideur
glaciale; enjoué et gai, il tombait brusquement dans
une tristesse profonde. Ni les inconséquences d'un
caractère faible et impressionnable, d'une nature
presque féminine, ni les variations d'une santé pré-
maturément ébranlée par les attaques chaque jour
plus fréquentes d'une véritable maladie nerveuse
ne suffisaient à expliquer ces perpétuelles inégalités
d'humeur. La pauvre comtesse en était venue à se
demander si elle possédait toujours l'amour de son
mari. Elle rechercha avec une curiosité anxieuse
si parmi les femmes de leur société et qui toutes
accueillaient fort gracieusement le jeune et beau,
le spirituel et élégant comte de Reichenstein, il n'y
en avait pas une qui se fût emparée de son cœur.
Et quand elle vit que ses suppositions n'étaient pas
fondées, elle s'en prit aux goûts et aux occupations
littéraires de Guido, qui continuait en effet à composer de temps en temps de jolis vers qui, richement reliés et dorés sur tranche, faisaient les délices
des salons. Elle fut jalouse de sa poésie et finit par
croire, quand elle le voyait plongé dans ses mélancoliques rêveries, qu'il cherchait tout simplement
une rime. Ses soupçons, en revanche, ne se portaient que fort rarement sur le passé, qu'elle ne
connaissait que très imparfaitement. Elle considérait la liaison de son mari avec Catherine comme
une amourette sans conséquence; elle ignorait que

cette « petite moricaude », comme elle disait quel
quefois en plaisantant, — dont elle se rappelait d
reste toujours, quoique un peu vaguement, et l
physionomie étrange et les traits caractéristiques
— avait donné à son mari un fils que celui-ci ido
lâtrait.

Il y avait près d'un an que les jeunes épou
menaient, dans le palais de Reichenstein, cette exis
tence dont la monotonie était interrompue par de
bouderies et des brouilles, suivies il est vrai presqu
aussitôt de raccommodements, quand un de leur
plus intimes amis, qui venait également de se ma
rier, le comte de Donnersberg, voulut inaugure
son magnifique hôtel par une fête brillante. Élisa
beth, que fatiguait une grossesse déjà assez avancée
proposa d'abord de décliner l'invitation ; mais Guido
qui aimait beaucoup le monde et qui savait d'ailleur
tout particulièrement gré à la comtesse de Donners
berg du cas qu'elle faisait de son talent de poète
insista vivement et finit par triompher des hésitation
de sa femme. Le programme de la fête était sédu
sant : on y devait entendre d'excellents musiciens
on y devait voir figurer dans des tableaux vivant
une artiste dramatique qui jouissait depuis quelqu
temps d'une grande réputation et qui était de pa
sage à Breslau.

L'hôtel était vaste, et la comtesse Aurélie de Don
nersberg, qui aimait passionnément les lettres et l
arts, y avait fait disposer un théâtre très élégant
très confortable. Élisabeth arriva d'assez bonn

heure et vint s'asseoir dans un des fauteuils du premier rang; son mari, après l'avoir conduite à sa place, alla rejoindre un groupe de jeunes gens qui, debout près d'une porte latérale, s'entretenaient gaiement, en attendant la représentation, des nouvelles et des bruits du jour.

« Je vais avoir à plaider ces jours-ci une affaire fort délicate et fort désagréable, disait en ce moment un jeune avocat; c'est un de mes amis, un homme que je croyais plein d'honneur et digne de toute mon estime, qui est poursuivi pour crime de bigamie...

— Votre client, mon cher, interrompit Donnersberg, qui venait de se rapprocher du groupe, ne me paraît pas mériter beaucoup d'intérêt. Comment peut-on, quand on porte un nom respectable et qu'on a, comme vous dites, des sentiments d'honneur, commettre une pareille lâcheté? Faire à la fois le malheur et la honte de deux femmes, dont on prétend, sans doute, aimer au moins une! Mais qu'avez-vous donc, Reichenstein? vous changez de visage. Est-ce que vous vous sentez incommodé?

— Mais non!... Je n'ai rien, » balbutia Guido, qui était en effet devenu très pâle; mais heureusement, avant que son embarras eût été remarqué, le rideau, en se levant, avait attiré d'un autre côté l'attention de ses interlocuteurs.

Le spectacle qui s'offrait à leurs regards était vraiment saisissant : c'était la dernière scène d'un drame bien connu de la plupart des assistants, *La mort de Charles d'Anjou, roi de Hongrie.* Sur 1 devant du théâtre est étendu le corps de Charles, qui vient d'expirer. La princesse Marie détourne le yeux comme si elle ne pouvait supporter cette vu et repousse avec horreur le meurtrier, qui n'a cepen dant frappé le tyran que pour l'amour d'elle et qui ayant espéré une autre récompense, honteux main tenant et consterné, jette loin de lui son poignard Dans le fond, l'inflexible chancelier, qui a condui tout le complot, contemple d'un air triomphant s victime.

L'actrice qui représentait la princesse Marie étai surtout magnifique. Un ample manteau de velour rouge rehaussait la majesté de sa taille; un dia dème orné de pierreries, et d'où s'échappait u long voile, faisait ressortir la noblesse de ses traits et sur son visage expressif se peignaient tour à tou les sentiments divers qui faisaient bondir son cœu dans sa poitrine oppressée, l'indignation et la piti´ le dégoût et le remords.

« C'est Judith Friedmann, dit tout bas à Élisabet une de ses voisines qui s'était aperçue que la co tesse de Reichenstein considérait l'artiste avec u mélange de stupéfaction profonde et de curiosit ardente.

— Où donc ai-je déjà vu, se demandait la jeun femme, cette abondante chevelure noire et ces trai énergiques, cette bouche plissée par le dédain par la colère, ce front hautain, ces grands ye sombres?... »

Un soupçon étrange traversa sa pensée. Instinctivement, elle se tourna vers Guido. Il était livide; un tremblement nerveux semblait agiter tout son corps, et ses regards fascinés ne pouvaient se détourner de la scène.

« J'avais donc deviné ! » se dit-elle; et elle fit un mouvement pour quitter son fauteuil. Elle voulait rejoindre son mari et lui demander une explication ; elle voulait surtout l'entraîner au plus vite loin de cette maison fatale. Mais elle craignait de faire du scandale, ou tout au moins d'attirer l'attention sur elle, en dérangeant, pour passer, plusieurs personnes; et elle prit patience. La représentation ne pouvait se prolonger. La toile, en effet, tomba bientôt; mais quand Élisabeth se leva, — ce qu'avaient fait du reste en même temps qu'elle tous les autres spectateurs, — elle chercha vainement son mari. Sérieusement inquiète alors et ne se préoccupant plus des remarques qu'elle pouvait ainsi provoquer, elle s'élança rapidement dans le couloir; à peine y avait-elle fait quelques pas qu'elle rencontra la maîtresse de la maison.

« Où allez-vous si vite, chère belle? lui demanda celle-ci.

— Je cherche Guido; je crains qu'il ne soit indisposé, malade...

— Malade? Je ne crois pas, répondit en souriant la comtesse Aurélie. Je viens de le voir se diriger vers la loge que j'ai fait réserver à la Friedmann. Il aura voulu la complimenter sur son admirable talent.

Vous n'êtes pas jalouse d'une comédienne, j'espèr

Élisabeth ne répondit pas ; et ce fut toujours si
cieuse et en tenant sa main sur sa poitrine, pour c
primer les battements de son cœur, qu'elle s'en
gea sur les pas de son amie dans l'étroit corrido

Quand elles arrivèrent au petit salon, la porte
était toute grande ouverte ; Judith Friedma
encore vêtue de sa robe de velours cramois'
coiffée de son diadème d'or, était adossée à
colonne de marbre ; devant elle, et le dos tour
la porte d'entrée, se tenait Guido, dans une attit
suppliante.

« Et maintenant, disait-il, maintenant que je
tout raconté, pardonne-moi, Catherine, je t'en pr
moi qui t'ai tant aimée !... »

Mais Catherine — car c'était bien elle — avai
et reconnu Élisabeth, qui, poussée par son in
tience, avait devancé sa conductrice.

« Ce n'est pas à moi qu'il faut demander par
comte de Reichenstein, répondit-elle d'un ton
c'est à celle-ci... vous l'avez offensée encore
gravement que moi. »

Guido se retourna et vit... Élisabeth. La soud
apparition de la tête de Méduse ne lui aurait
causé plus d'épouvante : tremblant, éperdu, fo
honte et de douleur, ses regards troublés all
de l'une à l'autre de ces deux femmes qui avaie
pour lui tant de tendresse et d'amour ; ils ne lis
plus sur le visage de l'une que du mépris, sur
de l'autre que de la colère, dans les yeux de to

deux que de la haine. C'était plus qu'il n'en pouvait supporter. Il prit dans ses deux mains son front brûlant, et, passant comme un trait près d'Élisabeth, qui ne daigna pas le retenir, il se précipita au dehors.

Cependant la comtesse s'était remise de sa première stupeur; soutenue par sa dignité d'épouse offensée autant que par l'orgueil de son rang, elle fit un pas vers sa rivale.

« Je crois, lui dit-elle d'un ton hautain, que ce n'est pas la première fois que nous nous rencontrons; j'ai failli jadis faire chasser à coups de fouet une petite mendiante qui vous ressemblait... »

Un éclair passa dans les yeux de Catherine; mais elle se contint, et ce fut d'une voix froidement dédaigneuse qu'elle répondit :

« Oui, je m'en souviens... J'avais cassé un de vos jouets; aussi veux-je aujourd'hui vous en dédommager, en vous faisant cadeau d'un autre jouet auquel j'avais eu pendant quelque temps la folie de m'attacher et dont je ne me soucie plus. Puisqu'il vous plaît, puisque le cœur de Guido a du prix pour vous, vous ne serez pas trop fière, comtesse de Reichenstein, pour accepter... des mains de la mendiante... cette aumône!... »

C'en était trop pour l'orgueilleuse et irascible Élisabeth. Son sang aristocratique bouillonna dans ses veines, la colère empourpra son visage, et se rapprochant brusquement de l'artiste, qui gardait son attitude impassible, elle lui lança un regard chargé de mépris.

« C'est ainsi, lui dit-elle, que tu fais parade de
déshonneur! effrontée coquine!... fille perdue!.

Mais elle avait à peine prononcé cette pai
imprudente, qu'elle sentit une main nerveuse s'al
tre sur elle et cinq doigts de fer s'enfoncer dans
chairs de son bras; et tout près de son visage
visage enflammé de sa rivale, qui la foudroyai
ses yeux étincelants de courroux, tandis qu
voix sourde laissait tomber un à un, comme
gouttes d'huile bouillante, ces mots menaçants

« Demain, Élisabeth de Reichenstein, tu
demanderas pardon de cette injure... à geno
dans la poussière... »

Desserrant les doigts, Catherine laissa écha
le bras qu'elle tenait, et se redressant de tou
hauteur, sans daigner retourner la tête, elle s'
gna avec la majesté d'une reine. La comtesse
était tombée sur une causeuse, épuisée, terr
suivait d'un œil hagard les longs plis de la
rouge qui disparaissaient lentement, semblab
une traînée de sang.

. . . .

. . . .

Le lendemain, vers onze heures du matin
jeune femme, simplement mais élégamment
de noir, descendait d'une voiture de louage d
le grand portail du palais de Reichenstein. On
en grand émoi dans l'aristocratique demeur
comte était rentré la veille fort malade; il
passé une mauvaise nuit, et l'on était allé che

en toute hâte un médecin. Grâce sans doute à cette circonstance, la visiteuse avait pu traverser la cour d'honneur et monter l'escalier sans que personne lui demandât où elle allait. Au premier étage, elle rencontra un domestique qui, soit qu'il fût troublé, soit qu'il la prît pour une amie intime de la maison, l'introduisit sans l'annoncer dans un petit salon où la comtesse Élisabeth se tenait dans ce moment, en négligé du matin, avec sa grand'mère, Son Excellence la comtesse Juliane.

Lorsque l'étrangère parut sur le seuil, la jeune comtesse, qui était elle-même fort souffrante et qui n'avait pu dormir de la nuit, poussa un cri de surprise et de terreur, et se leva pour quitter la chambre, après avoir jeté tout bas à son aïeule le nom de la visiteuse.

Mais Catherine lui demanda de lui accorder une courte audience, et elle accompagna sa requête d'un regard si impérieux, si menaçant, qu'Élisabeth n'osa refuser et se rassit en murmurant :

« Eh bien! soit, parlez! Mais soyez brève!... »

Juliane aussi, qui avait été également sur le point de se retirer, resta, d'abord parce qu'elle craignait de laisser sa petite-fille toute seule avec cette femme redoutable, ensuite parce que, supposant qu'il s'agissait de la part de l'ancienne maîtresse de Guido de quelque demande d'assistance pécuniaire, elle voulait régler elle-même cette affaire d'intérêt. Elle s'installa commodément sur son siège capitonné, et, en attendant que l'étrangère parlât, elle se mit à la considérer avec une curiosité impertine

Catherine, sans se déconcerter, approcha un
teuil; mais elle ne s'y assit pas; elle s'y app
seulement, et, sa main ayant rencontré la couro
comtale qui ornait le dossier, un sourire d'ironi
de dédain effleura ses lèvres.

« Je suis venue, commença-t-elle gravement, p
vous apprendre qu'on peut être né dans la misèr
dans l'abjection, qu'on peut être un enfant du peu
et cependant avoir plus de générosité, plus de vi
noblesse que certaines gens issus d'une mai
princière.

— A quoi bon ce préambule? interrompit la ci
tesse Juliane d'un ton moqueur.

— Vous aviez promis d'être brève, ajouta Él
beth avec impatience.

— C'est en effet mon intention; mais j'estime q
si précieux que soient vos instants, ces quelq
minutes que je vous demande sont bien peu
chose en comparaison de mes longues années
souffrances.

— Eh bien! donc, continuez... dit Élisabeth a
un air de résignation.

— J'ai toutes sortes de raisons pour vous h
D'abord vous appartenez à une caste qui m
odieuse, parce qu'elle opprime et méprise le peu
Ensuite vous m'avez infligé, dans mon enfance,
de ces humiliations qu'on ne pardonne pas; c'é
ici même... dans cette chambre... Oh! ma mém
est fidèle. Enfin, vous m'avez pris mon unique b

l'amour de l'homme à qui j'avais donné ma vie et qui était tout ce que j'avais de cher au monde. Et pourtant je vous en ai laissé jouir en paix. Je ne me suis pas vengée; je n'ai dit à personne, pas même à vous, que la comtesse Élisabeth de Reichenstein... n'était que la maîtresse... de mon mari! »

Les deux nobles dames restèrent un moment stupéfaites et muettes de tant d'audace. La comtesse Juliane se remit la première; et, haussant dédaigneusement les épaules, elle se leva et fit un pas vers la porte :

« Tu vois, dit-elle, ma fille, à quoi l'on s'expose quand on se commet avec des gens de cette espèce; quelles grossièretés et quelles sottises on court risque d'entendre. Allons, viens, ne restons pas plus longtemps en pareille compagnie! »

Élisabeth se leva à son tour et fit un mouvement pour suivre son aïeule; mais Catherine la retint par le bras et lui dit d'une voix si tranquille et si pleine d'assurance que la vieille comtesse elle-même, inquiète et troublée, s'arrêta :

« Il n'y a que les fous et les lâches qui avancent ce qu'ils ne peuvent prouver; or je ne suis ni l'un ni l'autre; et si j'ai dit que vous êtes la maîtresse de Guido, c'est que je suis en mesure de prouver que je suis seule son épouse légitime. »

Ce fut sur la vieille comtesse que ces paroles, prononcées d'un ton calme et ferme, firent le plus d'impression. Elle venait de se rappeler tout à coup certaines circonstances inexpliquées, certains bruits

qui étaient arrivés jusqu'à elle, certains mots
avaient échappé à Guido lorsqu'on le pre
d'épouser sa cousine, et, saisie de je ne sais
vague pressentiment, elle se demanda en trem
si cette femme ne disait pas la vérité.

Élisabeth, au contraire, qui n'avait pas pour é
ler ses soupçons les mêmes indices, trouva l'a
tion de sa rivale si invraisemblable, si extrava
qu'elle se refusa à la prendre au sérieux.

« Nous savions déjà, dit-elle ironiquement,
vous êtes une très habile comédienne, et ce n
pas la peine de vous déranger de si bonne
pour nous montrer cet échantillon de votre ta
mais, maintenant que vous vous êtes donné la
faction de nous jouer cette petite scène, vous p
vous retirer. Vous êtes trop au-dessous de moi
que je vous honore de ma rancune. Je vous pro
de vous pardonner et même d'oublier jusqu'à
portunité de votre visite.

— Eh bien ! fit Catherine, qui malgré sa ré
tion de rester calme commençait à sentir son
bouillonner dans ses veines, nous avons mei
mémoire, nous autres gens du peuple ! Je n'
oublié que je vous ai promis hier de vous fo
me demander pardon, agenouillée dans la pous
Le moment est venu de tenir ma promesse
genoux donc, comtesse de Reichenstein ! à g
devant la comédienne, devant la fille de l'ou
devant la bâtarde ! ou, par le Dieu qui nous v
m'en irai crier si haut votre déshonneur q

gamins des rues vous montreront au doigt!..... »

Élisabeth était terrifiée; mais elle ne voulait pas encore s'avouer vaincue.

« Mon déshonneur? demanda-t-elle en essayant de faire bonne contenance. Que signifient ces insolentes menaces?

— Elles signifient, répondit Catherine froidement, que Guido vous a trompée; que, lorsqu'il vous a donné sa main et son nom, il a disposé de ce qui ne lui appartenait plus, de ce qui était à moi et qu'il ne pouvait plus m'ôter... Oh! ne secouez pas la tête, j'ai apporté mes preuves. »

Elle tira de sa poche et jeta sur la table une liasse de papiers chargés de signatures et de cachets officiels :

« Lisez ces documents, et vous vous convaincrez que, seule, je suis bien la femme légitime du comte Guido de Reichenstein; que si, grâce à la complaisance d'un ami, certaines conditions de publicité, qui n'étaient pas d'ailleurs indispensables, ont pu être éludées, toutes les formalités rigoureusement prescrites par la loi du pays où ce mariage a eu lieu ont été scrupuleusement remplies... Examinez, continua-t-elle, en voyant que les deux femmes, incapables de persévérer plus longtemps dans leur dédaigneuse attitude, s'étaient penchées sur la table avec une curiosité fiévreuse; étudiez à votre aise; j'ai le temps... »

Et Catherine s'approcha de la fenêtre et se mit à regarder au dehors. Elle avait sous les yeux la triste

masure où s'était écoulée son enfance ; elle revoyai
les lieux où elle avait essuyé tant de mauvais traite
ments, où elle avait eu froid, où elle avait eu faim
Combien sa situation était maintenant différente
Elle avait échangé ses haillons contre des vêtement
de velours et de soie. Elle traitait d'égale à égal
ces orgueilleux aristocrates que, dans ce temps-l'
elle considérait comme des dieux, et elle venait e
un instant de se venger de vingt années d'humili
tions et de souffrances... En était-elle plus he
reuse ?...

Un cri étouffé vint la tirer tout à coup de sa m
ditation ; elle se retourna. La vieille comtesse, pâ
comme la mort et les traits bouleversés, était re
versée dans son fauteuil ; elle avait repoussé l
d'elle les fatals papiers, et ses lunettes d'or avai
glissé sur le tapis. Sa petite-fille, penchée sur el
l'interrogeait avidement du regard :

« La vérité, murmura-t-elle en se tordant
mains... Vous dites que c'est la vérité, mère ?
mon Dieu ! comment ai-je mérité cette honte !

— Voilà bien les riches et les grands de ce mon
dit Catherine d'une voix dure. Quand un malh
vient les frapper, ils trouvent que le ciel est inju
et, au temps de leur prospérité, il ne leur est jai
venu à l'idée de se demander ni comment ils s'étai
rendus dignes de tant de faveurs, ni comment
misérables et les pauvres qu'ils voient autour d'
ont mérité leur pauvreté et leur misère. »

Mais Elisabeth ne l'entendait pas, et, tout

tière à sa confusion et à sa colère, elle répétait :

« Le lâche! m'avoir trompée de la sorte!... le misérable!

— Et moi? demanda Catherine, ne m'a-t-il pas trompée plus indignement encore que vous? Ne m'a-t-il pas trahie après m'avoir juré devant l'autel une fidélité éternelle? N'ai-je pas plus que vous le droit de me plaindre?

— Vous! vous avez été punie de vos intrigues, comme vous méritiez de l'être. Guido était fiancé avec moi bien avant de vous connaître; et, pour que vous l'ayez ensorcelé au point de le faire consentir à descendre jusqu'à vous, il a fallu que vous missiez en œuvre toutes vos séductions de comédienne et de courtisane... Il était juste que vous ayez le sort d'une courtisane!...

— Malheureuse! s'écria Catherine en bondissant vers elle, tu m'insultes encore, quand tu devrais me demander grâce!... A genoux! orgueilleuse créature! à genoux! ou bien, aujourd'hui même, je fais jeter en prison le comte de Reichenstein, et tu verras après comment l'aristocratique société à laquelle tu te vantes d'appartenir accueillera la maîtresse d'un repris de justice et le bâtard que tu vas mettre au monde!... »

Un sourd cri de rage s'échappa de la poitrine de la comtesse; mais ses yeux rencontrèrent ceux de Catherine, et ils y lurent une volonté si inébranlable, une résolution si implacable que, subjuguée, domptée, elle baissa la tête, comme si une lourde

main l'eût courbée malgré elle ; elle fléchit len
tement, ses genoux ployèrent et touchèrent enfi
le sol.

« Grâce!... pitié!... » balbutia-t-elle d'une voi
haletante.

Catherine savoura un instant son triomphe.
fille du peuple avait vaincu la grande dame. El
voyait abattue, prosternée presque à ses pieds
fière comtesse qui l'avait tant de fois humiliée ; e
quelques pas plus loin, sur le divan, brisée el
aussi et succombant sous le poids de la douleur
de la honte, l'orgueilleuse Excellence qui, la fa
livide, les traits altérés, l'œil vitreux, assistait
cette scène avec l'immobilité et l'impassibilité
la mort.

Un sourire de vengeance satisfaite illumina
moment le visage de l'artiste ; mais ce ne fut qu'
éclair, et elle reprit aussitôt sa physionomie glacial

« Oui, dit-elle froidement, j'aurai pitié... je
dénoncerai pas... mon mari... Vous pouvez vo
relever. »

Elisabeth avait à peine quitté sa posture su
pliante qu'une femme de chambre entra :

« Monsieur le comte est plus mal, dit-elle ; le m
decin fait appeler madame la comtesse.

— Il est plus mal ! s'écria Élisabeth avec une soi
de joie sauvage. O mon Dieu ! vous êtes juste!... »

Et comme Catherine lui lançait un regard de i
proche, elle continua, en levant les deux mains v
le ciel :

« O mon Dieu ! vous qui m'avez si sévèrement
punie de mon orgueil et si profondément humiliée,
exaucez la prière que je vais vous faire : « Que
« maudit soit l'homme qui a apporté dans notre
« maison le déshonneur et la honte ! Que maudit soit
« l'enfant que je porte dans mon sein ! Puisse-t-il ne
« jamais voir la lumière du jour !... »

— Taisez-vous, malheureuse ! s'écria Catherine
en frissonnant, prenez garde que Dieu n'entende
votre vœu impie !

— Mieux vaut qu'il meure que de vivre désho-
noré !... »

Mais Élisabeth avait à peine prononcé ces mots
qu'elle fut prise d'un tremblement convulsif ; ses
traits se contractèrent, ses dents claquèrent, et elle
s'affaissa lourdement sur le sol, en proie à une violente crise de nerfs.

Catherine, émue enfin de pitié, courut à la comtesse et voulut la relever, mais celle-ci se débattit
et la repoussa. Elle s'approcha de Juliane pour la
supplier de venir au secours de sa petite-fille ; mais
la vieille dame n'entendait plus et ne voyait plus,
quoiqu'elle eût les yeux tout grands ouverts ; immobile et raide, on eût dit que l'intelligence et la vie
l'eussent abandonnée ; elle respirait pourtant encore,
son cœur battait et sa peau était moite ; ce n'était
probablement qu'une attaque de paralysie.

La domestique était sortie à la hâte, pour aller
chercher le médecin qui se trouvait auprès de Guido,
dans une autre partie du château. Catherine restait

seule avec ces deux femmes, dont l'une, les pa
pières fermées, les lèvres écumantes, paraissait
tordre dans les dernières convulsions de l'agoni
tandis que l'autre semblait avoir été déjà frappée p
la mort.

« Voilà ton ouvrage, » se dit Catherine. Et elle
sentit prise d'un immense remords. Incapable
supporter plus longtemps la vue du mal qu'e
avait fait, elle se précipita chancelante et la t
basse hors de ce salon où elle était entrée le fr
si haut et la démarche si fière, et s'enfuit comi
une criminelle.

. . . .

. . . .

Le roman est fini, à proprement parler, et, si l'
voulait tirer un drame de l'œuvre d'Ernest Waldo
c'est ici qu'on pourrait faire tomber la toile.
revanche de la fille du peuple sur l'aristocratie
famille a été complète : quelques heures après c
scène, Élisabeth mettait au monde prématurém
un pauvre petit être, qui n'ouvrait les yeux à la
mière que pour les refermer aussitôt. Le lendem
la comtesse Juliane expirait sans avoir repris c
naissance, et Guido lui-même ne devait survivre
de peu de mois à ces événements qui avaient p
le dernier coup à sa santé ébranlée. Restée se
brisée par tant de douleurs et abdiquant tout org
Élisabeth fait venir auprès d'elle Catherine et
fils Eugène, et supplie le jeune homme de vo
bien prendre possession de l'héritage paternel.

gène, qui a été élevé par Steiner dans les vrais principes démocratiques, accepte la fortune, parce qu'il
peut s'en servir pour le profit de la bonne cause ;
mais il refuse le nom et les titres de son père,
comme des hochets enfantins.

Voulant concentrer, dans un espace relativement
peu considérable, la matière de trois volumes, nous
avons été obligé nécessairement de ne reproduire
que les scènes principales, celles qui permettaient
le mieux de suivre le développement des caractères
et la trame du roman. Nous avons par conséquent
dû omettre bien des détails intéressants, mais qui,
en égard au cadre étroit que nous nous étions im-
posé, auraient tenu trop de place et ralenti la marche
de l'action. Nous avons négligé, par exemple, certaines conversations et discussions qui ont pour effet
d'établir la différence entre le socialisme violent et
militant de Salomon Friedmann et le socialisme
doux et pacifique de Steiner, c'est-à-dire de l'auteur
lui-même. Nous avons également laissé de côté
quelques pages curieuses qui montrent qu'Ernest
Waldow a beaucoup étudié la plupart des problèmes
économiques et qu'il est en particulier très versé
dans tout ce qui concerne l'existence des ouvriers,
l'organisation et la rémunération de leur travail.
Mais ce que nous en avons mis sous les yeux de nos
lecteurs suffit pour leur faire voir que *Catherine la*

Brune est bien un de ces « écrits favorisant les idées démocratiques et sociales », que le gouvernement prussien a désignés, dans le projet de loi présenté par lui au Reichstag, et qui, si ce projet de loi avait été voté et sévèrement appliqué, ne circuleraient plus aujourd'hui que fort difficilement dans les États de l'empereur Guillaume.

Après avoir fait connaître l'œuvre, nous voudrion maintenant faire aussi un peu connaître l'auteur Nous n'avons, du reste, pour cela qu'à reproduir le portrait qu'a tracé d'Ernest Waldow un des ro manciers les plus féconds et les plus populaires d l'Allemagne contemporaine, Frédéric Gerstæcker Cet homme audacieux et entreprenant, qui, avan d'embrasser définitivement la carrière des lettres avait été tour à tour chauffeur de bateau à vapeur matelot, fermier, orfèvre, bûcheron, marchand, au bergiste, et qui, dans le cours de cette vie aventu reuse, devait avoir vu assez de choses pour ne plu s'étonner de rien, nous raconte qu'il eut, à deu reprises, au sujet d'Ernest Waldow, une surpris assez vive : la première fois, quand on lui dit qu cet écrivain, au style mâle et à la plume hardie, c peintre vigoureux des mœurs et des souffrances d peuple, ce vaillant et énergique champion des idé démocratiques était une femme, et — ce qui l parut encore plus singulier — une femme qui ava du sang aristocratique dans les veines, qui était né dans un château et non dans une mansarde ; quan il apprit qu'Ernest Waldow s'appelait en réalité l

baronne Lodoïska von Blum ; la seconde fois, quand,
au congrès littéraire qui eut lieu à Weimar peu de
temps avant la guerre de 1870, il fit la connaissance de l'auteur de *Catherine la Brune*.

« Lorsqu'on m'annonça, écrivait-il quelques jours
après, qu'on m'avait placé à côté d'Ernest Waldow,
au banquet qui devait terminer le congrès, je fis
une assez vilaine grimace ; je m'attendais à avoir
pour voisine quelque vieille pédante aux traits mas-
culins, aux coudes pointus, aux doigts tachés
d'encre, — Gerstæcker n'aimait point, paraît-il, les
femmes auteurs, — quelque échalas mal tourné,
mal fagoté ; quel ne fut pas mon agréable étonnement quand je vis s'avancer de mon côté une toute
jeune femme, fort bien faite, ma foi ! et fort élégamment mise, relevant gracieusement de sa petite
main potelée et parfaitement immaculée l'extrémité
de sa traîne, de manière à montrer un pied mignon,
finement chaussé ! Je fus plus charmé encore quand,
tout en engageant avec ma voisine une de ces conversations familières qu'autorisait la circonstance,
je l'examinai plus attentivement et remarquai toutes
sortes de détails qui m'avaient échappé d'abord :
des traits, il est vrai, peu réguliers, mais qui avaient
à la fois quelque chose d'original et de sympathique ;
les jolies petites mèches blondes qui se jouaient en
frisotant sur son front intelligent ; les gentilles fos-
settes qui riaient dans tous les coins de son visage,
et, mieux encore que tout cela, une paire de beaux
grands yeux bleus, dont l'expression habituelle devait

être pensive et mélancolique, mais qui pétillaie
en ce moment d'une franche et malicieuse gaieté.

Mais ce qui intéressera sans doute nos lecteu
encore plus que ce portrait, qui est peut-être flatt
— le peintre n'ayant regardé son modèle qu'à tr
vers les fumées du champagne, — c'est d'appren
que, quoique née sur le sol prussien, la baron
Lodoïska von Blum n'a jamais cessé de manifes
hautement ses sympathies pour la nation françai
A l'époque de la guerre, elle était attachée à la
daction d'un des rares organes de la presse vienno
qui ont pris parti en notre faveur dans ce fune
conflit de la *Tagespresse,* qui, à la date du 9
vrier 1871, osait imprimer ceci : « Que la nat
française cède s'il le faut, mais qu'elle se console
l'espoir d'une glorieuse revanche qui ne saurait
manquer, le triomphe de la barbarie et de la fo
brutale ne pouvant être de longue durée; qu'elle
console aussi par la pensée que, dès à présent,
courageuse attitude commande l'admiration et
respect du monde entier! » Ces lignes ne sont
bablement pas sorties de la plume de l'auteur
Catherine; mais elles étaient conformes à ses se
ments, et elle en assumait jusqu'à un certain p
la responsabilité par son active collaboration
journal où elles ont paru. En tout cas, c'est elle
écrivait, ces jours derniers, à propos de l'attenta
Nobiling, dans une lettre qui nous a été comm
quée et que nous voudrions pouvoir publier
entier : « Ce sera l'éternel honneur du peuple f

çais que, pendant que l'Allemagne a armé, en trois semaines, deux assassins contre l'empereur Guillaume, la France, durant les six mois que ce prince a foulé son sol en ennemi et en vainqueur, n'en a pas suscité un seul! » Nous pensons qu'après de telles paroles nous devons avoir à notre tour quelques sympathies pour Ernest Waldow, et que, en reconnaissance de cet éloquent et chaleureux hommage qu'il — ou qu'elle — rend à la France, nous pouvons bien lui pardonner d'avoir un peu trop contribué à propager le socialisme... en Allemagne.

FIN

TABLE DES MATIÈRES

COULOMMIERS. — Imp. PAUL BRODARD et Cie.